丛书主编/张树华 赖海榕

《国外社会科学》精粹

张静 赖海榕 主编

· 社会科学总论卷
（1978—2018）

中国社会科学出版社

图书在版编目（CIP）数据

《国外社会科学》精粹：1978－2018．社会科学总论卷／张静，赖海榕主编．
—北京：中国社会科学出版社，2020.2
ISBN 978－7－5203－6070－8

Ⅰ.①国… Ⅱ.①张…②赖… Ⅲ.①社会科学—研究—国外—文集
Ⅳ.①C11－53

中国版本图书馆 CIP 数据核字（2020）第 036830 号

出 版 人	赵剑英
责任编辑	喻　苗
责任校对	李　莉
责任印制	王　超

出　　版	中国社会科学出版社
社　　址	北京鼓楼西大街甲 158 号
邮　　编	100720
网　　址	http://www.csspw.cn
发 行 部	010－84083685
门 市 部	010－84029450
经　　销	新华书店及其他书店
印　　刷	北京明恒达印务有限公司
装　　订	廊坊市广阳区广增装订厂
版　　次	2020 年 2 月第 1 版
印　　次	2020 年 2 月第 1 次印刷
开　　本	710×1000　1/16
印　　张	25.5
字　　数	405 千字
定　　价	139.00 元

凡购买中国社会科学出版社图书，如有质量问题请与本社营销中心联系调换
电话：010－84083683
版权所有　侵权必究

学术指导委员会（以姓氏笔画为序）

马　援　邓纯东　王　镭　王灵桂　曲永义　闫　坤
朱光磊　何德旭　李　林　李培林　吴白乙　辛向阳
杨光斌　张冠梓　张树华　张顺洪　张宇燕　张政文
房　宁　郑秉文　周　弘　郝立新　姜　辉　荆林波
赵剑英　高　洪　唐洲雁　黄　平　程恩富　赖海榕

总编

张树华　赖海榕

执行总编

张　静　陈永森

编辑委员会（以姓氏笔画为序）

冯颜利　刘　仓　阮传瞰　陈永森　陈　云
张　静　张　莉　祝伟伟　高　媛　傅慧芳

引领新时代哲学社会科学的创新和发展

李培林[*]

中国特色社会主义进入新时代，我国改革开放度过了40个春秋，《国外社会科学》也迎来创刊40岁的生日。面对国际形势和世界经济政治格局的深刻变化，《国外社会科学》也需要认真总结40年来的办刊经验，在新形势下为加快构建中国特色哲学社会科学，加强中国特色新型智库建设，发展面向现代化、面向世界、面向未来的中国特色哲学社会科学做出新的贡献。作为这个刊物的编委会主任，我谈一点体会。

一 40个春秋的基本经验

《国外社会科学》创刊于1978年改革开放初期，那时我国的哲学社会科学还比较封闭，国内多数学者的外文水平较低，获得国外信息的渠道有限。在这种情况下，《国外社会科学》的主旨就是介绍国外哲学社会科学最新的学术理论、学术议题、学科进展、研究方法和发展趋势等。反映的信息非常强调一个"新"字，即新理论、新思潮、新流派、新方法、新成果等。这适应了当时我国哲学社会科学发展之急需，受到学界极大的欢迎，甚至一时"洛阳纸贵"。创刊40年来，可以说《国外社会科学》不忘本来、借鉴外来、面向未来，在推动我国哲学社会

---

[*] 中国社会科学院原副院长、《国外社会科学》编委会主任。

科学发展繁荣方面取得了学界公认的骄人成绩，也积累了一些基本的办刊经验。

1. 坚持马克思主义的立场、观点、方法。随着时代的发展，国外哲学社会科学各种新的资料和信息爆炸式的扩展，各种学术流派、学术思潮、学术议题层出不穷，各类学术成果数量呈几何式增长，其中也鱼龙混杂、泥沙俱下、真伪难辨，甚至有的是在学术旗号下进行意识形态侵蚀和维护霸权。正是由于坚持马克思主义的立场、观点、方法，《国外社会科学》始终能够坚持正确的政治方向和学术导向，结合我国国情和发展需要，引领我国国际学术前沿信息的传播和借鉴。

2. 紧密联系我国发展的重大理论和现实问题。《国外社会科学》始终紧扣时代发展的脉搏，在介绍和借鉴国外学术成果的过程中，紧密联系聚焦我国发展的重大理论和现实问题，为推进中国特色社会主义发展和哲学社会科学繁荣服务。比如在建立确立中国特色社会主义市场经济体制的理论基础过程中，《国外社会科学》刊发了相关的系列文章，包括《不平等的市场经济》《走向可调节的市场经济之路》《向市场经济过渡的远期与近期后果》《世界市场经济的发展趋势》《苏联市场经济发展前景》《法国学者认为应把市场经济和资本主义区分开来》等，受到国内理论界的普遍关注。近年来《国外社会科学》围绕21世纪马克思主义、新型城镇化、依法治国、收入分配、老龄化等重大议题问题，组织了一些关于国外相关研究的专题文章，这些文章对我们思考这些重大问题，具有重要的启发作用，产生了广泛的影响。

3. 把握国际学术发展的前沿问题和发展趋势。40年来，《国外社会科学》刊发了13000多篇文章，内容涵盖经济、政治、文化、社会、生态各个发展领域，广泛介绍和评析哲学社会科学各学科的前沿问题和发展趋势，让国内学者通过这个窗口，可以准确把握世界学术发展潮流，全面了解学术发展最新成果，及时洞察学科发展最新动向。

40年辛勤耕耘，40年春华秋实，40年砥砺前行。《国外社会科学》的成绩得到了国内学术界的公认，多年来一直位居人文社会科学核心期刊、全国中文核心期刊、中文社会科学引文索引来源期刊的前列，也是国家社科基金首批重点资助期刊。与此同时，在新的起点上，《国外社会科学》的未来发展也面临一些新的挑战。

二　国际新格局下面临的挑战

当今世界正处于大发展大变革大调整时期，世界多极化、经济全球化、社会信息化、文化多样化深入发展，全球治理体系和国际秩序变革加速推进。和平和发展仍是时代主题，打造人类命运共同体，弘扬共商共建共享的全球治理理念，促进国际经济秩序朝着平等公正、合作共赢的方向发展，共同应对全球性挑战，日益成为人类社会追求的共同目标。但是，世界经济增长仍然乏力，国际贸易保护主义抬头；全球治理体系深刻变革，大国博弈日趋激烈，冷战后形成的单极体系的结构平衡正在打破；地区冲突热点此起彼伏，占领运动、恐怖袭击、生态危机、网络攻击、难民潮、核扩展等传统安全与非传统安全威胁复杂交织。在这种国际新形势下，我国对国际社会科学介绍、借鉴、评析、吸收、融入也面临一些新的挑战。

一是如何在国际社会科学研究不断细分的情况下把握发展大势。随着现实的发展，一些传统的学科发生嬗变，一些新兴的学科则异军突起，社会科学的研究日益专门化，研究领域细分的趋势非常明显，"宏大叙事"的研究往往会被贴上"非科学"的标签，"小圈子学问"盛行。在这种情况下，如何在纷杂多样的学科进展中把握发展大势，并把这些规律性的大势介绍给国内学界，是需要认真面对的。

二是如何在引进国外社会科学优秀成果过程中坚定文化自信。我国已经走过了改革开放初期在社会科学领域大量地、单向地引进的阶段，国内学者在国际上发文量大幅度地增长，"中国研究"成为了热门话题。在这种情况下，怎样在借鉴外来的同时不忘本来、面向未来，怎样在引进中形成学术对话，怎样参与构建社会科学的国际话语体系，都是我们要认真思考的。

三是如何在海量国外社会科学信息中突出重点。互联网的迅速普及、信息存储能力无限增强，使学术信息的总量爆炸式扩展。在这种情况下，怎样筛选有效、有益、有用的学术信息，如何抓住重点，怎样突出重点，突出什么样的重点，都成为需要面对的关键选择。

类似的挑战还有许多，要把《国外社会科学》的办刊质量推上一个新的台阶，就要认真研究这些挑战的应对举措。

三　面向未来的办刊选择

习近平总书记在哲学社会科学工作座谈会上的讲话中指出，"国外哲学社会科学的资源，包括世界所有国家哲学社会科学取得的积极成果，这可以成为中国特色哲学社会科学的有益滋养"。他同时强调，"对人类创造的有益的理论观点和学术成果，我们应该吸收借鉴，但不能把一种理论观点和学术成果当成'唯一准则'，不能企图用一种模式来改造整个世界，否则就容易滑入机械论的泥坑"。这些论述，应当成为《国外社会科学》办刊的基本遵循。

要认真总结40年来办刊的基本经验，坚持这些基本经验，在未来的发展中发扬优势，积极应对新挑战，再创新的辉煌。要特别注意加强对以下几个方面的关注。

一是聚焦国际社会科学重大议题、前沿问题和我国现代化建设的重大问题。要筛选出一批国际社会科学的重大议题，有系统有步骤的讨论；要跟踪重要学科的学术前沿问题，把握这些前沿问题的新进展；要结合我国现代化建设的重大问题，主动设定学术议题；要加强对国际智库成果的关注，组织有深度的评析文章。刊物不能被动地跟着热点走，要通过揭示学术发展的规律性趋势起到引领作用。

二是把"引进来"和"走出去"紧密结合起来。正如习近平总书记所说，"当代中国的伟大社会变革，不是简单延续我国历史文化的母版，不是简单套用马克思主义经典作家设想的模板，不是其他国家社会主义实践的再版，也不是国外现代化发展的翻版"。在引进国外社会科学成果的过程中，要结合我国发展的需要，在比较、对照、评析、批判基础上吸收和升华，形成真正的学术对话，形成有国际影响力的学术议题，为中国学术的走出去建设一个重要平台和窗口。

三是注重探索网络时代的办刊规律。随着互联网技术在学术出版领域的应用和发展，学术期刊的编辑和出版业态发生了深刻变化，学术成果的电子版、数字化和通过新媒体快速传播已经成为未来的发展趋势，传统的纸质学术期刊的发行量不断下滑。要顺应信息化时代的这种变化，积极探索新的传播方式,特别是注重研究如何利用新媒体扩大学术成果的知晓度和影响力,提高引领学术发展和服务学术发展的能力。

历史表明,社会大变革的时代,一定是哲学社会科学大发展的时代。《国外社会科学》要在认真总结过去40年办刊经验的基础上,把握发展大势,发挥独有优势,找准定位,办出特色,在新时代续写刊物新辉煌,为实现中华民族伟大复兴的中国梦贡献力量。

以国际学术交流促进人类文明互鉴
（代总序）

张树华[*]

2019年是新中国成立70周年。70年风雨彩虹，70年春播秋种。

欣逢盛世，看九州方圆，普天同庆；揽四海苍穹，共襄盛举。

40年前，伴随着中国改革开放的脚步，《国外社会科学》顺利创刊了。在科学的春天里，当时的中国社会科学院情报研究所在短短两年的时间里先后创办了《国外社会科学》《国外社会科学著作提要》《国外社会科学快报》《国外社会科学论文索引》等刊物，加上原有的《国外社会科学动态》，一共形成了5种信息情报系列刊物。这些刊物相互补充，又各具特色，在当时的学术界产生了良好的影响。

创刊初期，《国外社会科学》特别关注和介绍了当时国际上一些前沿学科或研究方向，如未来学、科学学、生态学、情报学、社会心理学、交叉和跨学科研究、全球化问题、控制论、国外中国学研究等新兴学科和专业，推动了我国相关学科的创建，填补了一些学术领域的空白，并促进了相关研究的深入和专业领域的拓展。

1978年至2018年，《国外社会科学》杂志走过了40个春秋。40年间，《国外社会科学》杂志共出版330期，发表文章1万余篇，数千万字。作为中文社会科学引文索引来源期刊、全国中文核心期刊、中国人文社会科学核心期刊、国家社科基金首批资助期刊，《国外社会科学》在

---

[*] 张树华，中国社会科学院政治学研究所所长、研究员。

坚持正确的办刊方向和学术导向的基础上，积极借鉴和吸收世界上有益的学术成果，为推动中国哲学社会科学学科创新和学科发展做出了应有的贡献。

40年砥砺奋进，40年春华秋实。伴随着改革开放和中国特色社会主义的伟大实践，《国外社会科学》参与并见证了中国哲学社会科学事业的繁荣与发展。可以说，在国内外专家学者的支持和浇灌下，在一代又一代编辑人员的辛勤努力下，《国外社会科学》这一大家共有的园地里花团锦簇、硕果累累。

立足中国，打开世界。

2016年5月17日，习近平总书记在全国哲学社会科学工作座谈会上的讲话中指出："国外哲学社会科学的资源，包括世界所有国家哲学社会科学取得的积极成果，可以成为中国特色哲学社会科学的有益滋养。"40年来，我们始终坚持自己的办刊理念，秉持中国立场，拓展国际视野，洞察全球语境，贴近学术界的关心与思考，跟踪国外学术和理论动态，积极吸收或借鉴先进、适用的人类文明的优秀成果。知己知彼，洋为中用。

打开心灵之窗，世界会进来。打开学术之窗，智慧会进来。

2017年5月14日，习近平总书记在首届"一带一路"国际合作高峰论坛开幕式上的演讲中指出，我们"要以文明交流超越文明隔阂、文明互鉴超越文明冲突、文明共存超越文明优越，推动各国相互理解、相互尊重、相互信任"。这一论述深刻地阐释了人类文明繁荣进步的真谛，勾画了构建人类命运共同体的宏伟蓝图。

我们相信，伴随着信息化、全球化和人工智能技术的发展，孤立主义、种族主义、排外思潮等雾霾终将散去，人类文明多元化和国际关系民主化的步伐定将加快。各国文化将变得更加丰富多元，人类文明花园定会绽放得五彩缤纷、多姿多彩。

在迎接新中国70周年华诞之际，我们精选40年来不同学科和领域的优秀论文，汲取精华，分类结集。我们希望通过编辑出版这套"《国外社会科学》精粹（1978—2018）"丛书，回望国际学术发展历程，把握国际理论创新脉搏，梳理全球学术热点和态势，推动国内外学术沟通和对话，拓宽海内外学术交流的平台和渠道。这是 40 年来《国外社会科学》广大作者、译者、读者和编者齐心合力、携手并进的答卷,未来我们愿与学界同仁一起砥砺前行,为将《国外社会科学》杂志构筑为连接国内外学术界的桥梁和窗口而共同努力。

谨为序。

于 2019 年 3 月 4 日
第十三届全国政协第二次会议上

目 录

社会科学管理与评论

马列主义和社会科学方法
　　……………………［苏］E. 乌克兰采夫　文贯中摘译；戚桂华校(3)
改变社会科学：为人类谋福利 …［美］小邓肯·麦克雷　李瑞华摘译(11)
第二次世界大战以来的社会科学 ………［美］D. 贝尔　范岱年摘译(20)
第二次世界大战以来的社会科学(一续)……………………………………
　　………………………………………［美］D. 贝尔　范岱年摘译(32)
第二次世界大战以来的社会科学(续完)……………………………………
　　……………………………［美］D. 贝尔　李昆锋　李国民摘译(42)
现代社会科学的发展及其与自然科学的结合 ……………裘　辉(62)
现代科学中跨学科过程的某些
　　发展趋势 ……………………［苏］C. 斯米尔诺夫　亦　舟译(74)
社会科学研究的国际化和本土化 ………………………………王兴成(83)
社会科学研究中的多元化和理性 ……［瑞典］I. 约翰松　禾　子译(90)
社会人文科学危机与"对价值的
　　重新评价" ………………［俄］B. И. 奥夫相尼科夫　王兴权译(98)
以社会的"健全发展"为己任的世界
　　社会科学 …………………………………［日］藤井隆　陆象淦译(107)
跨学科研究的未来 ……………………………………………秦麟征(114)
二十世纪社会科学中的系统理论 ……………………………钟　明(124)
国外社会科学发展百年回顾 …………………………………刘仲亨(135)

交错性:人文社会科学研究的新范式 …………………… 郭爱妹(148)
比较历史分析的学术演进和经典议题
　——因果关系的过程分析 …………………………… 花　勇(161)
交叉学科取向的国际发展研究:构想、实践与挑战 ………… 方　劲(175)

各国社会科学

日本人文社会科学研究概况 …………………………… 何培忠(193)
日本社会科学在决策中的作用 ………………………… 童　斌(205)
印度社会科学的研究特征 ……………………………… 张淑兰(214)
英国社会科学的历史发展和现状 ……………………… 郑海燕(227)
白厅与英国的社会科学(上) …………………………… 黄育馥(242)
白厅与英国的社会科学(下) …………………………… 黄育馥(253)
法国社会科学的现状及发展(上) ……………………… 马胜利(260)
法国社会科学的现状及发展(下) ……………………… 马胜利(272)
法国社会科学的现状和趋势 ………… [法]M. 贡达等　李培林译(282)
世纪之交的德国科学研究政策 ………………………… 赖升禄(289)
德国科研资助体系的现状 ……………………………… 祝伟伟(301)
荷兰国家图书馆对数字资源保存的探索 ……………… 张　静(316)
俄罗斯社会科学研究的组织与管理 …………………… 于文兰(326)
俄罗斯科研经费资助结构的变化 ……………………… 高　媛(336)
美国政策科学的形成、演变及最新趋势 ……………… 陈振明(350)
加拿大的社会科学和人文科学 ………………………… 穆洁林(357)
九十年代拉丁美洲的社会科学和政治前景
　………………………… [秘鲁]J. 科特勒　徐世澄　杨仲林译(366)
澳大利亚社会科学研究概况 …………………………… 李瑞华(377)
新西兰社会科学的发展状况 ………………… [新西兰]J. H. 罗布(386)
后记 …………………………………………………………………(392)

社会科学管理与评论

马列主义和社会科学方法[*]

[苏] E. 乌克兰采夫[**] 文贯中摘译；戚桂华校

人们可以公正地把科学看作是一种社会体制，一种在自然、社会和思维领域中，对事物本质及演变过程的知识的产生、积累、综合和概括的方式。经验知识是在社会中自发而无秩序地产生和积累起来的，是代代相传的，这是社会物质生产的一个必要条件和不可分割的方面。但是，只有在出现反映客观世界事物和过程的本质的理论知识时，在这种知识发展成为一整套相互联系的根本原则、概括性原理、范畴和科学规律的体系时，在形成了能够认识现象的内在原因并预测这些原因的近期和远期效果的逻辑手段时，知识生产才具有科学的社会形式。科学的出现和科学家之间的思想交流，变革并加速了知识的社会生产及其社会化，因为知识由被神学院、行会师傅和个人所严加防护的秘密，变成了社会本身的财富。

科学理论在其形成和发展的过程中，照例经历两个主要阶段：科学事实的积累阶段和由抽象转变到具体的阶段。这两个过程——从经验上的具体到抽象，再从抽象到理论上的具体——并不是任意进行的，而是在一个系统地阐述了的计划下，根据基本原理和科学规律进行的。

对社会发展的客观统一性的理解，使马克思主义的社会科学家有信

---

[*] 摘译自苏联英文版《社会科学》杂志1978年3月号。

[**] E. C. VicpaHHueB，苏联哲学家，现任苏联科学院哲学研究所所长，苏联《哲学问题》杂志编委。

心在社会现象的最错综复杂的相互作用中不迷失方向，有信心鉴别历史事件的要点、原因和联系，并预言这些原因的近期的或远期的影响。相反，在过去整整一个世纪里，非马克思主义的社会科学曾经抛弃了大量的概念，因为这些概念，由于其原理在理论上和方法上都是不正确的，所以没有一个有助于解释历史前进的真正原因。仅在过去20年里，我们就已经看到过"单一工业社会""福利国家"以及"后工业社会"等概念的出现。这些概念主要是把需要进行社会革命的观点同认为今天只要技术进步就能解决社会的一切问题这种观点相对立，以转移对意识形态问题和阶级问题的注意力。

在西方，非科学的历史概念是由逻辑实证主义最明白无误地表达出来的，它倾向于把静止状态当作一种绝对状态，而否认客观的辩证的发展。逻辑实证主义的反历史概念由卡尔·伯倍尔最明确地表达出来。归纳起来，这些观点可以简化为以下几点：历史的前进取决于人所积累的资料的增长，取决于知识的提高；用理性的手段预测知识的提高是不可能的；所以，预测人类发展的历史也是不可能的；因而，理所当然，人们必须摒弃任何一种理论历史，这种理论历史主张，它在认识社会时是理论物理的等同物；历史主义的大部分方法因而在事实上也就没有坚固的基础。伯倍尔声称：并无社会发展的一般规律，只有一般趋势，这种趋势并没有必然的属性。

今天，所有的实证主义学派都试图在脱离认识对象的情况下，搞出一套科学的方法论。逻辑实证主义者宣布：对象的客观存在是被当作一个虚构的问题来认识的。他们坚持：研究和论证科学的方法论，与从理论上理解被研究的对象，是完全没有联系的。

在逻辑实证主义的压力下，西方的社会科学和人文科学广泛接受了这样一种观点，即这些科学的对象首先应被看作是人们的理性活动的结果。因而这些领域正积极努力阐述和证实所谓的理性原则，尤其是历史学家、经济学家、社会学家，事实上所有的社会科学家都要根据这种原则研究人们的自觉活动的目的、方法和手段。人们非理性的和潜意识的活动所产生的结果及其相互联系和相互作用，则被完全忽视了。

这就自然地产生了一个问题：资产阶级的社会科学方法一开始就否认历史进程及其物质基础的客观统一性，并宣扬宿命论，在这种情况下，其方法又怎能指明方向呢？

任何公开忽视科学的哲学、并对哲学表现无知的科学家，最终必然在思想上成为实证主义和唯心主义的牺牲品，也就是说，成为非科学的哲学的牺牲品。这不仅会延缓理论的发展，而且实际上完全把它的道路堵死了。

辩证唯物主义同专门学科的方法之间的相互作用，既是直接的，又是间接的。我们来考虑一下辩证唯物主义和具体的社会科学之间的间接联系。

各门社会科学有一种共同的理论和方法论——历史唯物主义——这是整个马列主义哲学的一个不可分割的部分。知识和科学的分化与综合，导致出现了以该领域理论上的领导学科为首的特殊学科领域的科学集合体。在社会科学中早就形成了一些学科领域，像以通史或世界史为领导的史学领域，以资本主义和社会主义的政治经济学为领导的经济学领域，以国家与法的理论为领导的法学领域，以及语言学、文艺评论和其他学科领域。

科学和技术革命，产生了一种需要，这就是不但在有共同的分析主题（自然科学、社会科学和技术科学）的基础上，而且也在不同的分析对象的某些机能具有统一性的基础上，把知识综合起来。这样就产生了由于有可能运用数学的、控制论的、结构—系统的、物理的、化学的和其他专门学科的方法而结成一体的科学领域。于是，有些社会科学就开始使用数学方法（经济科学、社会学、人口统计学，等等），控制论方法（经济科学、法学），结构的方法（语言学），物理和化学的方法（考古学），等等。

一门专门的社会科学，其方法上的特殊性并不取决于数学方法、控制论方法、物理方法和其他借用的方法，这些方法不如说是些辅助性手段，只是专门解决某个学科的技术性研究课题，使用借用的方法并不能决定这门或那门社会科学本身的方法的发展，而且，其本身也并不能解决方法论上的任何问题。例如，除非在理论经济学命题的基础上进行数学推理，并且除非把经济学方法本身也考虑进去，单靠数学手段是不可能分析和解决任何经济问题的。同样，如果研究人员不是从经济科学理论出发的话，控制论方法也无济于事。

片面地夸大和过高估计借用的方法的重要性，会给社会科学带来严重的危险，并且被西方哲学家用来反对辩证唯物主义和历史唯物主义。

看一看结构主义在西方的运用。信奉结构主义的人坚持认为，它会使社会科学的分析更加"科学"，并把它们提到"精确的和客观的"科学高度。结构的分析和结构的概念本身，如果当作一种工具去具体地、历史地探讨所分析的对象的话，那么，它们本身并不和唯物辩证法相冲突。但是结构主义倾向于把结构分析奉为绝对的东西，并把它和辩证的方法相对立。

法国版的结构主义就是表达得最清楚的一种形式。这种主义的理论家之一列维－斯特劳斯坚持认为，不能把精确的自然科学放在一边，而把社会科学和人文科学放在另一边。他认为只有精确的自然科学的方法是具有科学精神的。按照他的观点，在把人作为世界的一部分研究时，人文科学应努力借助这种方法。

毫无疑问，这些主张是站不住脚的，必须当作完全非科学的东西加以摒弃，因为科学上关于精确这个概念，既不是绝对的，也不是含糊不清的。这取决于所分析的对象，并不能单凭有无使用规范性方法的可能性而定。

在处理辩证唯物主义、历史唯物主义同一般领域的方法、专门学科的方法和借用的方法之间的相互关系时，必须特别强调这种关系是活的，受到有着不同程度的共同性的方法所施加的相互影响。历史唯物主义的所有命题及作为整体的理论，有反映社会发展一般规律和一般趋势及其辩证法的任务，并且是用抽象的理论的形式来完成这一任务的。这样，在社会经济形态理论中，历史过程只是在其本质特征上表现为社会生产的一定的、具体的历史类型的一种自身发展和更替的过程。但是，假如认为在实际生活中可以找到这些社会的历史类型的完美无缺的形式，那就未免太天真了。在特殊的社会中这主要适用于对抗性社会和过渡时期，社会生产或社会各部门的不同类型是相互交织在一起的。

对历史学家和经济学家来说，如果他们在某种单一形态的范围内发现一种多成分的经济时，便怀疑社会历史是否划分为各种形态的思想，那就是错误的。但是，那些企图把具体的经济生活、具体的社会和民族历史搞成一套刻板公式的人，如果想使历史唯物主义的理论由研究的指南和方法变成硬要历史现实去适应的一种教条主义的削足适履,并因为历史事实和经济事实不容于这种片面的因而也是刻板的公式,就把它们的"头"和"脚"砍去,那也是错误的。

关于"亚细亚生产方式"的讨论,关于社会主义国家在社会主义的基础和上层建筑的相互作用中的地位的讨论表明,不仅在历史科学和经济科学方面,而且也在历史唯物主义方面,存在着未被充分研究过的、或悬而未决的问题。但是,这些讨论也暴露了有些研究者在方法论修养和哲学水平方面的不足,这些研究人员在理解那些往往是没有"全球性"重要意义的新事实、或根本经不起起码的检验、其结果是未经证明的或最多是尚待证明的所谓的"事实"时,刚一碰到困难,就会用令人吃惊的轻率态度去牺牲马克思主义哲学的基本原理。

历史唯物主义的社会经济形态的理论,从来不要求先验地确立一定数目的连续性形态。它们曾经有过多少形态呢?历史学家本身已在历史唯物主义理论的范围内提供了答案。如果把无可争辩的事实汇集起来,以证明形态的数目是不同的,这并不会给历史唯物主义及其关于社会经济形态理论带来任何损失。但是无论何时,在考虑到形态的数目时,决不应该放弃历史唯物主义的基本原理,即把社会存在和生产方式的第一性原理,作为一种特殊形态的存在的基本标准,否则就有这样的危险,即在对社会现象的研究中,接受一种完全非科学的研究方法。试图证明存在着一些前资本主义形态,这些形态的出现和发展据称不是由于经济关系而是由于意识形态关系所决定的,从理论和方法论角度来看,这种做法是荒谬的。

在考虑一般原理和专门科学的理论命题之间的相互作用的趋势时,必须强调,**一般概念在理论上的具体化正是理论基础的发展**。在各种专门学科的方法中,作为所有社会科学共同方法的历史唯物主义理论的具体化,是有助于丰富和发展科学的哲学的。这种方法借助于这个时代或那个时代以来的人工制品,从理论上重建这个时代或那个时代的社会生产模式、生产关系和意识形态关系以及文化关系。历史重建法是科学的哲学的各种原理的具体化,如发展(历史主义)、反映、过程和现象的可认识性,社会发展的客观统一性,还有社会存在对社会意识的第一性原理和社会经济形态的理论。

在社会科学的各领域中，领导学科的理论和方法，比起同一"领域"中其他学科的理论和方法来，要更为抽象。通史的理论和方法有一种遵循世界历史发展的客观逻辑而不重复历史事件的曲折盘旋的倾向，可以说，通史的理论和方法比断代的或一国的历史理论和方法更有逻辑性。个别国家的历史必须拘泥于事件的前因后果和时间先后，必须研究所谓的盛衰以及具体社会生活中的倒退和前进。从这种意义上说，个别国家各时代的历史，比通史更带有"历史"的性质。

政治经济学排除偶然因素阐明了经济关系发展的客观逻辑。这种逻辑然后就构成该领域中分析各种具体经济现象的其他经济学科的理论结构和方法的基础。

但是，在通史的理论和方法中过分使用逻辑方法，往往使这种方法变得贫乏，使它失去具体性和历史性的必要水平，而没有这一切，这种方法有变成历史社会学的危险。在政治经济学里，主题的广泛解释，往往抹杀政治经济学和社会学之间的界限。无论是通史还是政治经济学或国家和法的理论，都不应该是历史唯物主义的照抄、照搬，因为这会使它们本身的理论和它们本身的科学方法失去效用，削弱了这一领域中更为专门的科学的理论和方法论上的潜力，并妨碍历史唯物主义本身的丰富。

科学研究的特殊方法的应用是从什么地方开始的呢？首先是从系统阐明科学探索的一个一般目标开始的。一般的分析目标的提出，照例起因于并取决于既定科学的理论发展中的内在逻辑，及其悬而未决的问题和矛盾，在新科学事实的压力下，既定的科学概念时时刻刻都会被破坏，并且会因发现理论和社会发展的实际情况并不相符而产生危机。研究的目的也许是整理理论，使其摆脱陈腐的概念的累赘，或反过来，为了引进那些总结了已获成果的新的科学概念。应当强调，研究的目的归根结底起源于社会生活的需要。所有这一切，研究者都是自觉或不自觉地受到基本哲学原理和认识论的各种指导的。

研究的目标为科学探索提供一般的指导方针，但这还不够。研究者必须提出他想为之寻求答案、从而达到他的全部目的的问题。

清晰地提出一个问题之后，紧接着就要对作为出发点的理论原则下一个定义，并精心钻研分析过程的理论本身。同样重要的是，要精心钻研验证结果的可靠性的理论。这种理论，离开认识论，离开其一般的原则和结论，是不行的。一种科学理论，一种专门的科学分析理论的构成，以及对其结果的可靠性的检验，有助于选择典型的分析对象，其发展的统一性是该对象所属的整个类别的发展的统一性的一种表现。这对运用统计资料来分析社会现象有着特殊的重要性。

一旦对目标下了定义，清晰地阐明了问题，精心钻研了分析的理论和对其结果进行检验的理论，并且选定了典型的分析对象之后，就有制订科学探索计划的任务和选择完成这项任务的理想的和物质的工具。在理想的分析工具中，有科学仪器、成套的专门方法、数学资料处理、借用其他学科的方法，等等。物质工具包括诸如用于考古学、美学史、犯罪学、心理学和某些其他社会科学的计算机、物理和化学工具。

一旦完成了研究计划，问题有了答案之后，还需要检验结论的可靠性。社会科学中，由于两种情况而使这点变得更为困难：首先，和许多自然科学相比，由于社会现象的复杂性，社会科学的研究结果从来不是十分直截了当的；其次，在许多情况下，社会科学不可能通过实验对其结论加以肯定或否定。这并不是说，在研究错综复杂的社会现象时，在原则上是不可能进行实验的，或者考虑到社会现象的特殊之处，就不能从另一种角度来看待实验。但是在那种情况下，需要事先确立一项精确的标准以区别社会实验和社会实践，并明确规定何为与社会实践相区别的社会实验。

只要实验性检验的可能性受到限制，剩下的就只有彻头彻尾的逻辑上的检验了，即用别的方法，对别的对象，重复一遍研究，如此等等。在社会科学中，这些程序是高度错综复杂的，并不总是像纯演绎性科学（像数学）中的程序那样，证明起来显而易见。还有另一种检验科学结论的最可靠的方法，这就是用社会实践来检验社会科学的结论和预言。当然，这需要更多的时间，但是，在社会主义条件下，社会进步的步伐空前地加快了。

最后，运用科学研究的专门方法的最高阶段是借助于已经得到检验的科学探讨的结果，使理论和方法深化和更为精密。

在研究中，对专门性的科学方法的运用需要加以严密的研究。每种社会科学都在这种过程中加进自己的特征。对这些特征做出比较，将有助于丰富作为整体的方法论,并对于科学方法的发展作为一种创造性过程,获得更好的理解,这一创造性过程是和科学理论的发展及其应用于社会实践不可分离的。

我们不妨做出这样的结论:在社会科学中对于论题的方法论问题的研究是和这些方法的理论上的发展同样重要的。这种研究能够也必须由社会科学家同哲学家一起来完成。这需要每一社会领域的科学家更密切地注意钻研他们的方法,并培训具备适当的专业技能和哲学素质的工作人员。对和社会科学的方法论打交道的哲学家来说,他们可以通过掌握具体的社会科学理论的基本原理,并且通过和人文学科的科学家一起寻求组织方法论研究的最好形式,给予社会科学家以实质性的帮助。

(选自《国外社会科学》1979 年第 6 期)

改变社会科学:为人类谋福利[*]

[美] 小邓肯·麦克雷　李瑞华摘译

社会科学家往往认为他们没有责任要去拯救世界。在到达一定的年龄——或许是在研究院学习几年——确定自己的专业以后,才按照同行——如科学家、社会科学家、历史学家或不论我们那时认为自己是什么家——公认的"职责"来考虑改进这个世界的问题。如果我们认为我们的专业应该有所作为的话,我们就把注意力转向我们的专业所重视的价值,以及通过这种专业的活动所能达到的目的。而这种专业所达不到的目的则留待其他专业了。因此,米勒指出,制定公共政策的,除了社会科学家以外还有很多其他活动家;假如我们想要囊括所有这一切活动,就有可能使我们所承担的任务的界限不明确,而且"社会科学家和道德哲学家、教师、政治家之间的区别"就会消失。一个时期以来,我曾经表明过这样的看法,即另外创造一些新的任务和专业是一个重要的办法。考虑到这些新的任务时就产生了一个问题,作为改变世界的一种手段,究竟应该是"社会科学"还是某种其他手段。

社会科学的目的

人们曾经提出,一般科学、特别是社会科学有两个主要目的:改善人类的福利和作为其本身目的探求基础知识。本文支持第一个目的,认

---

[*] 本文摘译自美国《社会科学历史》杂志1979年第3期。

为热情地支持"改善人们的状况"是"发展有关人类行为的可靠的、有力的和有成效的理论的一个必要条件"。米勒看来赞成第二个目的，强调基础科学是为了寻求了解，其动机是要"发现事物如何进行活动"。

我们可以把注意力集中于寻求基础知识这一点，但心目中却不只是一个目的。我们可能确实认为寻求基础知识就是目的本身；但是假如我们这样做的话，可能也还是倾向于认为艺术、营养、缓和贫困状况、世界和平以及避免生态退化等本身也是一些目的。在伦理学中，正如在科学中那样，我们经常在选择一些特殊原理时把它们扩充成一个较大的原理体系。但是，假如我们把这些原理扩大成为多元论的伦理学，我们就不能在基础科学和其他活动之间合理地分配人力物力。一个道德体系（从结构说，是在我们的科学理论中常见的）不会是由根本不同的原理拼凑起来的东西，而是真正有系统的。这样一种体系可能试图把人类的特殊价值归入一个比较一般的概念（例如人类福利的概念）中去，以便比较各种活动所做的贡献。

因而，我们可能认为基础科学是促进人类福利的一种手段这一说法是有道理的，主要是在它对这个总的价值所做出的贡献而言。假如我们这样认为的话，那么基础科学看来应在两个方面做出贡献：一是由于更深入地认识世界，这种认识为我们提供直接的和内在的价值；二是通过我们对于方法和目的之间关系的了解，基础科学的发现间接地帮助我们做出公共的和私人的选择。但是它也会通过干扰已经肯定下来的看法或提供人们所不希望的技术而起到一些反面作用。

或者，站在科学的社会系统之外，我们也可能认为：假如科学家在从事他们的活动时把基础知识本身当作目的的话，可能会更好地为人类福利服务。那么我们就应当作一个类似亚当·斯密在1937年做出的关于"无形的手"这样的判断。科学家就像斯密所说的个体生产者和商人那样，他们自己用不着去寻求，就能促进整个状况改善。

人可能通过更深入地认识世界来改善人们的福利，这就告诉我们，人类状况的改进并不总要求"变革世界"。这种改进可能既涉及我们认识的内部世界的变化，也涉及外部世界的变化。然而，假如我们把这种认识同其他幸福的根源相对比来权衡对人类的利益的话，那么我们很多人都支持的那些价值体系将使我们懂得，从认识得到的收获比之通过其他途径可能得到的收获要小。

在社会科学家中间,对于改善人类福利的这个目标和为进一步探求知识而探求知识的这个目标之间,看来可能存在着潜在的矛盾。这种矛盾往往表现在社会价值被一些术语的含义所掩盖。对于暴行、社会流动性、发展、偏见、合乎社会准则的行为以及很多其他专题研究,显然涉及一些在客观上可以衡量的概念,但同时它们又是研究人员的价值观念的具体表现。在研究这些特殊概念时,他们遵照他们学科的准则;但是由于没有能对这些概念所包含的多重价值进行明确、广泛的讨论,他们也就不能制定一个能够归纳和比较这些特殊价值的合理的道德体系。假如社会科学家把这种关于价值的论述在他们的研究中提高到一个单独的并公认的地位,那么这种变化可能不仅会有益于人类福利,而且也可以用他们的严格的科学论述把掩盖着的价值发掘出来。

经济学具有的一个特别有利的条件,是它既成为高度合理的、合乎道德的"福利经济学",同时又无须做出任何明显属于个人或有争议的价值假设。

评价以往的成就

本逊提出一个问题:自从19世纪末叶以来社会科学在变革世界中是否获得成功。他得出的结论是并未获得成功。另一方面,米勒提道:"过去三十年以来我们已经认识到……广泛范围的人类行为,例如关于人口增长、群众性选举行为、种族关系、有组织的环境中的人道条件、消费者的行为、对工作的满足,或一系列其他现象。"可以设想两种看法都是正确的,不过也要看到,我们认识到很多东西而未能加以运用。但是也有可能存在着一种真正的经验主义的分歧。

假如我们希望解决这一分歧,我们就必须利用历史和社会科学所能提供的最好的方法。奇怪的是,我们以社会科学的名义讨论这类问题而不去弄清我们的概念,提出一些有代表性的实例,或者做出严格的因果关系的推论。我自己将要提出这方面的一些看法,但是对这样重要的问题仅仅作些推测是不够的。这些问题事实上也得到了相当的重视;但是对问题的分析经常局限于特别有利于足以引起政府官员注意的一些例子,希望为基础研究争到经费。与此有关的一件事情是研究"科学指数"，目的是为了衡量科学的条件。例如对各个领域、不同时期的人员、出版物、引用次数、舆论和费用的统计。这些指数大部分只能衡量投资量，而不能衡量支出量，因此未能从合理的道德结构方面去衡量科学的成就，进而使这种衡量帮助社会去判断它应该对科学投资多少。

假如我们想衡量科学的应用情况，我们也可以从计算人们征求科学家意见的次数，来进行衡量；可以对例如总统科学顾问委员会或经济顾问委员会等收集这些意见的机构进行研究；期待会有一些由于运用科学上的发现，例如心理测验而设立的具体机构或设施；或者尽可能对由于推广这些发现而产生的不那么明显的"思想上的启发"做出估价。

本逊在提到社会科学的实际目标后，又提出一个问题："我们对美国社会科学家作为一个集团来说在不同时期的工作成绩能做出怎样的合理评价呢？"他认为，结果是不能令人满意的，并认为工作成绩之低是由于在研究人和社会方面两种不同的态度，即法国实证主义者的唯科学主义的方法和德国唯心主义者的历史主义方法之间存在着思想分歧所致。虽然我不具备历史学方面的足够知识来评价这一论断，但是我认识到历史和"行为科学"所特有的那些基本假设是十分不同的，这些假设把这两种不同的研究领域割裂开来。历史学家经常研究一些独特的情况，而很少借助统计数字来检验一般的假设，而行为科学家则倾向于忽视历史。社会科学中两门最数学化的、最讲求数量的学科经济学和心理学，具有最少历史性；经济学在变得更加科学化的过程中，实际上已不那么重视它在"制度"这个分支领域中的历史贡献了。

本逊建议在历史学和其他社会科学之间建立更紧密的联系，期望社会科学家对价值的研究将促使这个联合起来的、更强有力的研究领域推动社会改革。我不能肯定其结果是否果然会是这样。很多社会科学家在从事他们本领域的研究工作时是考虑到社会改革的，但是在我看来，他们虽有这个目的，却没有把研究工作同改革像本逊所竭力主张的那样密切结合起来。更确切地说，看来研究院（在大学教育的协助下）在使社会科学家都成为单纯的学者方面在做着相当有效的工作。对于科学化的社会科学是否有生命力，也就是说，它是否可能在对价值和实践的关心上并无明确方向的情况下存在下去，我感到怀疑。

本逊建议，假如我们"赋予社会科学以一个更好的概念"，加上一些历史的成分，我们就能更好地改变世界。对于社会上的巨大变动而言，这一主张可能在某种程度上是正确的；但是对一些较小的变化来说，我们也可以提出这样一个问题，即利用我们已经掌握的工具是否还能做得更好一些。这样，对于本逊提出的疑问，即如何根据我们的期望去估计社会科学的总的情况，我们却提出了一个不同的问题。可能总的情况不是我们应该寻求的唯一资料，我们可能还需要知道我们所研究的对象的各个部分之间的差异。为了政策上的目的，我们必须过问我们眼前的各项选择各自有什么长处，而不是单纯地回顾以往。

过去所取得的成就方面的某些主要差异看来是由于各个不同学科之间有差异。政治学、社会学和历史学是最不能令制定和以此来解释政策的人满意的。政治学具有能够引导我们去选择哪一种政治制度的作用，虽然很难判断它的具体成就。经济学可以成功地使它的实践者在政府中身居高位；心理学则在治疗、教育和能力测验方面做出了贡献。

通过试验和反馈来改革世界

在建议改革方面，我不同于米勒的是，我认为我们有着重要的、实际的目标，而且可能要承担实现这些目标的责任。前句话中的"我们"，可以指社会科学家中的一小群人，或是扩大到自然科学和各种职业的较为广泛的一群人，甚或包括那些过去我们认为应属于"公民"而不是属于我们的专业所应起作用而被搁置一边的那些混合的活动。

我要提出两项建议来代替本逊的建议：第一，采取一种渐进的、试验性的方法，而不要求对各学科进行重大改革；第二，在政策分析的研究领域中使不同学科的各个方面同公民的作用结合起来。

假如我们希望实现这些实际的目标，一个办法是对提出的公共政策进行试验。"实施"的领域，也就是米勒认为不属于基础社会科学的领域，是我们所要承担责任的一部分。由于对我们的工作的最终结果要承担责任而不是推诿给别人，我们就必须仔细检查科学知识的运用情况，并且要考虑知识的研究情况是否使它便于应用。米勒曾警告我们这样做将冒使得我们的作用模糊不清的危险。所以在开始谈政策时，我首先要退后一步，只对某些大学研究人员已经考虑过的制定政策的那个方面负起责任。当各个学派的社会科学家和自然科学家把他们的研究工作同实际的选择联系起来时，都以这种方法为例。社会试验与卫生、教育、福利、法律制度、计划和其他领域的政策选择特别有关系。

要求得实际结果，就需要在现实生活的各种情况中检验我们所建议进行的干预。工程师深知这一事实，但基础社会科学家则往往忽视这一点。在付诸实施时，涉及很多复杂的问题；可能必须规定一些标准、组织和制度。在创建和管理试验性的计划时，要求具备同进行学术研究完全不同的技巧。我们越是想要使干预能产生出一般的理论知识，我们就越需要设计并实施一个周密的比较方案。因此，如果想要通过试验获得实际知识的话，学院中的社会科学家就必须也搞管理（或者同行政官员密切合作），要不就得接受别人的很具体的知识。

社会科学方面的发现有时慢慢地在当地转变成持续存在的制度，而且这些制度在以后某个时期还向外扩展。但这个过程往往要求对受到影响的公众进行说服或启发的工作。在应用社会科学方面有一个特殊的困难，就是由于社会科学的研究题材包括人类，而人类不仅时常改变他们对世界的看法，而且也往往拒绝改变他们的生活条件，不管这些变化是否潜在地对他人或者甚至对他们自己有利。自由社会的一些保障，例如迁徙或组织抗议运动的自由，对于进行这些改革造成了额外的困难，当然，建立这种制度的原因之一也是为了使人们所不期望的变化不至于发生。自由社会进行改革的一个中心问题涉及对于私人权力和特权的有害的政治影响能够限制到何种程度，而用不着以被错误引导的公众力量来取代他们。

因此，我答复本逊的第一个建议就是，我们可以考虑一种社会反馈体系，而不必考虑一项对学科进行改变的总的计划。通过试验得到反馈，这种反馈类似于自由市场和民主制度所自称存在的那种反馈系统。要把试验结果加以实际应用，这就取决于这些结果是否能到达政治决策中心，而且也能为公民所理解。

我的意思是说，社会科学对人类福利的贡献是一些我们可以识别的、确定其价值的独特的发现。社会科学还通过另外的途径起作用，即一般大众的明智。我已经提到过，消费者的科学知识对他们选择商品和服务时可能有利。但是公民和决策者也可能获得使他们的行动更开明的一般知识。他们可以从普通文科教育中学到有关思想或通过阅读和亲身经历来间接地获得这些知识。社会科学家经常自称他们的影响是通过这种办法起作用的，虽然不能准确地做出估价。可以想象，虽然基础社会科学一般只关心认真的社会分析而同特定政策无关，但社会科学却可以通过这种办法对人类福利做出贡献。历史在这方面对公民教育的贡献，比之对特定政策的选择进行分析的训练，确实可以起更大的作用。此外，这样启发人们心灵的一个结果，可以使得从试验中产生出来的那些政策建议更易于推行。

改变社会科学

我的第二个可供选择的建议，是使社会科学发生更大变化；这个建议类似本逊的建议，涉及各个学科的重新组合。但是，我不主张把历史学同社会科学结合起来，而建议使用从哲学中引申出来的系统伦理学去指导我们进行的实际努力；应用验证公共政策预期结果的实际因果关系模式的一种渐进的、也可能是非渐进的方法；还应当对于我们所建议的政策在政治上是否可行的条件进行审慎的研究。这种结合在政策分析的领域中是潜在地存在着的。

政策分析的组成部分，及其同现有学科的关系的概况如下。

（1）社会学、政治学和历史学所研究的问题的定义。

（2）经济学、哲学和标准的政治理论所研究的选择准则。

（3）可供选择的方案、模式和决定。这个领域方面的合理结构涉及统计学的决定理论。把受价值影响或不受价值影响的各种政策联结起来的模式。利用全部科学，既利用基础科学，也利用应用科学。一个特别重要的模式就是经济学中阐明的自由竞争市场和市场衰退的模式。

（4）从政治学、社会学、心理学和不同的应用领域去考虑，在政治上是否行得通（包括政策的制定和实施）。

基础科学本身就是已成为一种体制的、涉及质量控制和改进的反馈制度——虽然它可能有时抵制范式上的改变。这种体制产生的历史条件对于提出如何改变社会科学的建议，例如建议建立新的学科，是有启发意义的。然而，由这种反馈产生的标准或目标，在发展有用的知识方面和在纯粹科学研究方面是不可能相同的。也许需要建立一种用以取代的已建立的体系，这种体系虽然仍然适合于在现代大学中使用，但还要有另外一个目的。

我在提出这个新的体系时，至少在表面上同意米勒的这个看法，即："当社会科学家所能得到的人力财力能够与他们试图解决问题的数量比较相称时，就会产生出比较好的社会科学"。实际上，对于"比较好"这个词意味着什么，我同米勒的看法不同。我把这个词更多地同实践联系起来，而不单单同基础科学联系起来。假如能把这些办法（指社会科学家所能使用的）引用到政策分析的领域中去，我相信所产生的结果将会是受到研究工作的启发的更好的政策，而不只是等待某人去运用的更好的知识。但是对于这个建议，也应该进行试验性的尝试，对它的结果进行严格的考查。

在注意使用广泛的方法和题材作为构造社会理论的手段这一点上，米勒同本逊是一致的。他们都赞成一种基础广泛、跨学科的共同寻求基本概括的社会科学。他们在方法论方面的兴趣可能不同，但是都认为历史能够同其他社会科学合作。他们的主要分歧在于：本逊寻求社会变革，而米勒认为这对社会科学来说是一个不恰当的目标。

为了进一步研究他们提出的那些目标，我们不妨提出一个问题：为什么社会科学各学科如此分散。确实这些学科看起来对于同一现象持有不同的观点，正如我在通过不同的学科探索基本伦理概念时所看到的那样。相反，自然科学中却在不断地产生各种十分活跃的领域，这些领域把先前互相分离的学科联结在一起，包括物理化学、化学物理、生物化学、生物物理和生物化学遗传学等。本逊认为，造成社会科学之间如此分散的一个根由是在思想史方面。

另一个根由可能是由于缺乏足够强烈的愿望来弥补它们中间的缺口。社会科学所能提供一流的、持久的和经过证实的发现的可能性要比自然科学少得多。有一些领域，例如经济学和心理学，可能比其他学科更接近于达到这种指望，但纵然如此，它们也仍然不能同自然科学相比拟。我要称呼这种差别为社会科学的不精致性。

对于那些想寻求一流发现的人们来说，社会科学可能不是他要进行工作的领域；社会科学可能更适宜于改进社会——虽然这一工作很艰巨——而不适宜于发现牛顿定律。本逊引用米·马尔科维奇的这样一种说法：没有必要把科学法则看作是普遍性的或不变的。富特认为"社会学的概括不会积累起来，它们将逐渐过时"。阿尔蒙德和吉恩科在论述政治学时也指出，我们所发现的规律性看来是短命的，它们将迅速消逝。

假如社会科学确实是不精致的，在精致的理论和经验验证之间不够适应的话，那么使自然科学家去从事学科间研究的动机——即期望某些一鸣惊人的发现——就不可能存在了。拒绝对提出另一种范式方面进行合作的情况，在自然科学和社会科学中可能同样存在，但是在自然科学中我们的目标是求得一般原理，因而克服这种拒绝合作的愿望可能更强烈一些。为人类福利服务而结合起来的必要性也可能是另外一种动力，但是它又被基础科学的准则所排除了，这个准则要求按照每个学科本身的理论，选择出各个学科中的重要问题。由于题材的困难造成社会科学的不精致，这也会有碍于使社会科学具备一个明确的、范围广泛并经过验证的理论结构。

我最后这个论断对于基础社会科学来说是悲观的，可能也是不适当的。假如社会科学中发现了牛顿定律而证明我是错了的话，我将很高兴。但同时，做出这样的推测也是有趣的：即社会科学家最好通过直接寻求的办法，找到他们的潜在的价值目标——用经过广泛考虑的实践目标指导基础研究，而不是仅仅致力于建立符合各学科标准的基本原理。有些进行解释的自然科学家断定，实践能够丰富理论。实践对社会科学基本研究的影响，可能不仅有助于使各个学科互相衔接起来，而且也有助于"改造世界"。

简单来说，对指导政策研究的政策评价工作应当从形式上使之达到高度合理化（如福利经济学）；要特别注意那些与在社会上占主导地位的价值相一致的价值前提（例如美国的自由市场模式的价值前提）；政策分析这一学科要审慎地在评定价值体系方面树立多元论，而不要在其研究者和实践者中间建立一种正统观念。

（选自《国外社会科学》1980 年第 6 期）

第二次世界大战以来的社会科学

[美] D. 贝尔** 范岱年摘译

1971年2月，K. 多伊奇在《科学》杂志上发表的一篇文章，列举了从 1900—1965 年社会科学中的 62 项重大进展。这 62 项如下表：

学科	重大贡献		
	1900—1929	1930—1965	共计
心理学	7	6	13
经济学	5	7	12
政治学	7	4	11
数理统计	4	7	11
社会学	6	1	7
哲学与科学史	3	2	5
人类学	1	2	3
共计	33	29	62

其中，（I）心理学方面的贡献是：

---

* 本文摘译自《今日的伟大思想：1979》英文版，芝加哥，1979 年，第 139—181 页。

** 作者信息：Daniel Bell，美国著名社会学家和未来学家，现任哈佛大学教授。著有《美国的马克思社会主义》(1952)、《工作及其不满》(1956)、《意识形态的终结》(1960)、《普通教育的改革》(1966)、《后工业社会的到来》(1973)、《资本主义的文化矛盾》(1976)。他还和克利斯托尔合编了《对抗》(1969) 和《今日资本主义》(1971) 等。

1. 弗洛伊德等人的心理分析和精神分析心理
2. 杜威等人的实用和行为心理学（1905—1940）
3. 桑戴克等人的学习理论（1905—1940）
4. 宾纳特等人的智力测验（1905—1927）
5. 巴甫洛夫的条件反射（1910—1930）
6. 韦尔台梅尔等人的格式塔心理学（1912—1932）
7. 罗夏赫等人的投射测验（1923）
8. 豪克海默等人的专断人物与家庭结构（1930—1962）
9. 列文等人的关于小集体的实验研究（1932—1936）
10. 盖洛普等人的态度调查和民意测验（1936—1942）
11. 斯金纳的运算规定与学习，教学机（1938—1958）
12. 格特曼等人的标度理论（1941—1954）
13. 拉波尔特的冲突理论与变和博弈（1960—）

（Ⅱ）经济学方面的贡献是：

1. 帕累托等的关于社会不平等的理论和量度（1900—1908）
2. 熊彼得等人的革新在社会经济变革中的作用（1908—1966）
3. 克拉申等人的中央经济计划（1920—1926）
4. 庇古等人的社会福利在政治与经济学中的功能（1920—1956）
5. 凯恩斯的经济倾向、就业与财政政策（1928—1944）
6. 张伯伦等人的垄断竞争经济学（1930—1933）
7. 库兹涅茨等人的国家收入计算（1933—1953）
8. 列昂节夫的投入—产出分析（1936—1953）
9. 康托罗维奇等人的线性规划（1938—1958）
10. 罗申斯坦—罗丹等人的经济发展理论（1943—1958）
11. 廷伯根等人的计量经济学（1935—1964）
12. 克莱因等人的经济系统的计算机模拟（1947—1960）

（Ⅲ）政治学方面的贡献：

1. 列宁的一党领导组织和革命理论（1900—1917）
2. B. 韦伯等人的渐进的社会变革（1900—1938）
3. 列宁等人的一党制的苏维埃国家（1917—1921）
4. 甘地的大规模非暴力政治行动（1918—1934）

5. 里查等人的对战争的定量数学研究（1921—1966）

6. 麦里安等人的定量政治科学和基本理论（1925—1936）

7. 毛泽东的农民和游击队组织和政府（1929—1949）

8. 拉斯韦尔等人的内容分析（1938—1956）

9. 多伊奇等人对民族主义和一体化的量的模型的研究（1942—1967）

10. 希契的成本—效益分析（计划程序与预算）（1956—1963）

11. 麦克菲、西蒙等人的社会政治制度的计算机模拟（1956—1966）

（Ⅳ）数理统计方面的贡献：

1. 皮耳逊等人的相关分析与社会理论（1900—1948）

2. 瑟斯顿的因子分析（1926—1948）

3. 杰柯布逊和布拉格学派和乔姆斯基的结构语言学（1927—1967）

4. 冯·诺伊曼等人的对策论（1928—1958）

5. 汉森的社会研究中的大尺度取样（1930—1953）

6. 瓦耳德的统计决策理论（1939—1950）

7. 布拉凯特等人的运筹学研究和系统分析（1941—1958）

8. 布什等人的计算机（1943—1958）

9. 申农、维纳的信息论、控制论和反馈系统（1944—1958）

10. 西蒙的分级的计算机化决策模型（1950—1965）

11. 柯耳曼的社会过程的随机模型（1965）

（Ⅴ）社会学方面的贡献有：

1. M. 维贝尔的官僚政治、文化和价值的社会学（1900—1921）

2. 莫斯卡等人的优秀人才研究（1900—1952）

3. 莫林诺的社会计量学与社会图解学（1915—1943）

4. 曼海姆、默顿、普赖斯的知识和科学社会学（1923—1960）

5. 派克等人的生态系统理论（1926—1938）

6. R. 林德等人的社区研究（1929—1962）

7. 斯陶弗等人的与社会理论有关的多变量分析（1944—1954）

（Ⅵ）哲学、逻辑和科学史方面的贡献有：

1. 罗素、怀特海的逻辑与数学的统一（1905—1914）

2. 施里克、卡尔纳普等人的逻辑经验论与科学的统一（1921—1950）

3. 布里治曼的操作定义（1927—1938）

4. 贝塔朗菲等人的普通系统论（1936，1956）

5. 康南特、柯亨、库恩、普赖斯的科学认识动力学（1946—1964）

（Ⅶ）人类学方面的贡献有：

1. 拉德克利夫－布朗的功能主义的人类学和社会学（1925）

2. 本涅狄克特、皮阿热等人的文化、个性与比较儿童教育（1930—1960）

3. 列维－斯特劳斯的人类学与社会科学中的结构主义（1949—1966）

在所有这些重大进展中，定量的问题或发现占三分之二，在1930年以后的进展中，则占六分之五。

1940年以后，社会科学获得了新的威望和影响。其原因有五。

（1）由于精密的新技术的急剧进展，特别是在引入计算机以后，理论不再仅仅停留在观念或咬文嚼字上，而成了可以用经验的、可验证的形式表述的命题。社会科学正在变成像自然科学那样的"硬"科学。

（2）由于［自然］科学的光辉影响，特别是它在第二次世界大战中的关键性作用，如果广泛动员自然科学的力量，就可以产生科学和技术的突破，为什么不能在社会科学中做类似的动员产生类似的结果呢？为战争动员经济学的力量就是一个现成的例子。

（3）"二战"后美国大学的巨大发展，扩大了教授的队伍，增加了从事研究人员的数量。

（4）美苏之间的冷战，使美国政府需要研究苏联、中国、东南亚、非洲、中东、拉丁美洲的政治、经济、语言的专家。在军事方面不仅需要武器专家，还需要从事系统分析、运筹学和后勤计划的人员。大学和企业也需要大批经济学、心理学和政治学方面的专家。

（5）新发现了一些社会问题，特别是在60年代。这些问题是：不公平待遇、贫困、家庭破裂、住宅环境恶劣、种族骚动、生态与环境问题，等等。政府为了很快应付这些问题，需要社会科学专家作顾问。

所以，在过去30年内，社会科学成了公众最注意的学科，这是历史上前所未有的。虽然社会科学的许多重新组合与突破早在"二战"结束之前，但对社会科学的关注，为社会科学要求应有的权利，却主要是战后的事情。因此，人们有理由认为，从1945—1970年，在社会科学方面出现了一系列的希望——在学科、方法论和技术以及社会计划方面，它们标志着社会科学的时代来到了。

经济学

战后，特别是60年代，经济学家被认为不仅"有权回答"经济管理问题，而且还能制定其他社会计划。1969年建立诺贝尔经济学奖是承认经济学地位的象征。在卡特的15名阁员中，有4名是经济学博士。这一时期，经济学在六个领域稳步前进。

1. 凯恩斯的革命

凯恩斯理论的核心，就其对公共政策的影响而言，是在资本主义经济制度中恢复经济平衡不是自动的，但可以通过政府的干预来实现。凯恩斯的诊断有两个要素：一是这个制度中的储蓄并不自动地转为投资，即使利率高也是如此；二是经济活动水平以及就业水平取决于整个需求。因此凯恩斯处方的核心即今天所谓的"需求管理"，其机制就是政府的财政政策，即税收水平与政府开支的程度。

2. 国民收入计算

国民生产总值一词现已广泛使用，但采用的时间还很短。罗斯福总统在1945年的预算咨文第一次提议估价国民生产总值。而最早做这方面计算的是30年代美国的库兹涅茨（1971年诺贝尔奖获得者）和英国的克拉克。

国民生产总值是一个国家的经济在一年内提供的全部货物与劳务的货币价值的总和。它主要包括两个部分：一是一切生产阶段上对货物与劳务的需求，这点反映在货物与劳务的价格上；二是生产这些货物与提供这些劳务的个人的收入。

国民收入计算像是建立经济制度的一块块基石。它们表明了整个国民产品中所用原材料、中间产品与劳务以及全部最终需求所占的比例。由此，人们可以算出生产过程每一阶段所增加的价值。在账目的另一方，我们可以计算国民生产总值用于个人消费、政府与企业公司等的比例。

每年的数据告诉我们经济活动的水平；年复一年的数据使我们可以

衡量增长率、劳动生产率，等等。因为每一个大企业公司都预先在一定程度上作计划（例如资本增长、库存规模、劳动资本量、劳动力来源等），国民生产总值的预测明显地影响它们的计划与决策。对政府来说，国民生产总值是衡量就业水平、未使用的经济能力、经济活动的预期规模的基本工具，以便安排增长目标、失业率和通货膨胀率。

3. 投入—产出分析

列昂节夫（1973年诺贝尔奖获得者）建立的投入—产出分析法是经济系统的生理学，它反映各工业部门之间的交易与流通，每一工业的投入或产出方面的变动对其他产业的影响。

投入产出表的观念渊源于18世纪后期法国重农主义者的经济表。投入—产出表是矩形方格，其核心是81行×81列的正方矩阵，共有6561个方格，它们是经济的蜂房。每一行代表一种工业，表格表明各工业之间的交易，每一工业与其他工业之间的买卖，这种交易、买卖把高度分化的系统连接为一个整体。

为了分析的目的，81种工业分为七个基本方面，例如基本金属（如钢），基本非金属（如玻璃、纸、木材、塑料），能源（如石油、天然气、煤），金属制品（如汽车、飞机），非金属制品（如鞋、衣服、家具），等等。右边的十列把这些交易集合成国民生产总值。……

在每一方格内，是投入—产出系数的值。由此人们可以一眼看出每一方格中货币的投入量与整个一类工业的产出量之比。列昂节夫在30年代后期开始这项工作，花了五年时间完成这个经济表。随着高速计算机的引入，投入—产出表成了计划与分析的主要工具。因此，用一个完整的投入—产出表，人们可以很快算出石油价格涨五倍对所有其他工业与经济部门的影响。这样，投入—产出表允许对政府和其他方面的不同措施对整个经济系统的"生理学"的影响作"同位素的示踪"。

4. 数学分析与经济模型

数学分析最初是用代数或其他数学符号来表示一些变量（消费与投资，工资与价格）之间的关系。计量经济学是从统计的量集（即特定指标和变量之和）开始的，当这些量集纳入经济模型时它们被表示为这些变量系数，而模型本身取数学的形式。

数学在经济学中已有漫长的历史。而现代数学分析开始于萨缪尔逊的《经济分析基础》（1947）。他认为经济学只有把文字表述变为数学命题才能得到进展。30年前，经济学研究生很少甚至不用数学，而今天的经济学研究生如不精通高等代数和微积分，就不能入学。

计量经济学是通过统计推理和数学模型将经济理论作经验的应用。美国经济学的统计分析主要始于哥伦比亚大学的米切耳。米切耳精通正统的经济理论，这种理论似乎是抽象的和演绎的，而他断言，人们只有通过对现实活动作经验研究才能理解经济学。他开始绘制商业循环图，后来他的学生伯恩斯等开始构造不同时间—序列的统计指标（如零售、货币供应、存货等）。从这项开创性工作出发，开始构造像消费品价格指标这类集合指标，后来，由库兹涅茨的工作，开始国家收入计算。

模型是实在的一种表示。人们可以有物理模型，如飞机的小模型、原子的图像模型，或者把关系（如价格水平、利率、失业、国民生产总值）转述成变量并写出它们的数学方程的数学模型。第一个建立模型的经济学家是宾州大学的克莱因。克莱因的第一批模型只用了12个方程去表示最终需求的诸成分（如消费、固定资产、库存，等等）。当代的一个模型，例如哈佛的爱克斯坦的DRI（数据资源公司）模型，共有898个变量，大都通过800个方程表示为比率、平方根和对数。利用计算机解这800个方程，计量经济模型企图在一年以前甚至在25年前预测经济活动的主要变量。这些基本变量是：实际的国民生产总值、消费品价格、批发价格、公司利润、失业率，等等。这种预测已成了政府、公司、财务机构等决策的根据。

5. 增长模型

人们应该区分经济发展理论和增长模型。经济发展理论是判断一个社会中刺激经济发展的最合适的方法，它和政策问题有直接的关系，特别是对于不太发达的国家。增长理论试图给主要从静态考虑的经济理论加上一个动态的尺度。

"二战"后，许多经济学家转向如何刺激一个国家的经济发展的经验问题。典型的问题是：人们应该优先投资重工业（如苏联）还是优先投资农业？人们应该着重投资于人力资源（即教育）还是引进外资和技术？在各地区各经济部门之间是平衡增长还是不平衡增长（即允许一个主导部门发展而不惜牺牲其他部门）？

正如这个领域的一位先驱 W. A. 刘易斯在他的《经济增长理论》（1955）中所说，多数早期著作都集中于制订与采纳政府计划的作用，并且许多天才致力于发展这些计划。但是在十年工作以后，在这个领域的大多数理论工作已经削弱了，因为人们认识到经济发展与政治社会因素紧密联系，而对于这些关系还没有出现令人满意的理论。

另一方面，增长模型已在探索采取新经典理论，这种理论根据资金与劳力的固定常数，引入系统的变化理论。以邓尼孙和索洛为先驱的主要工作是在经济相互作用的模型中建立一个技术变化理论。

6. 福利经济学

福利经济学试图在平衡条件下确定对货物与劳务的最佳分配。著名的帕累托定理规定，当至少有一个人过得更好而没有一个人过得更坏时，这种分配就可以认为是最佳的。在博弈论中，如果一个人赢，另一个人输，这是零和博弈。可是，如果人人赢，没有人输，这就是非零和博弈。这方面的许多工作都是高度理论性的。在战后年代，有两项重大发展。一项是阿劳的著作《社会选择与个人价值》（1951）（这部著作与他关于平衡分析的著作，使他获得 1972 年诺贝尔经济学奖）。另一项是罗尔斯的《正义论》（1971），这虽是一本政治哲学著作，但它从印度经济学家 A. K. 申恩的福利经济学出发，对分配的公平合理作了许多分析。阿劳从理论上证明，不可能有这样一个社会选择：它会满足社会的全部参加者，或者为他们所同意。

因为许多社会财富是公共财富，不能分给个人作为私人财富——如道路、武器系统，在这些方面如何作理性的决策是一件令人困惑的事情。在这方面已经出现了以"公共选择"为标题的大批著作。

如果人们回顾一下这一时期经济学想要解决的问题，那么，人们已经可以得出这样一种信念：经济学家已经学会如何管理经济，已经没有大的商业周期危机了，因为政府能够在商业周期的高潮或低潮来临时予以调整。全面就业是一种可能性；经济增长可以保持；凯恩斯革命已经给予经济学家实现所有这些目标以理论工具与实用工具。

关于思维与社会的模型方法

"二战"后，人们预料会出现某些新的控制科学，从而使社会科学能够理解精神的认识过程，创造控制系统作为社会的模型然后去管理社会，在这种期望中出现了对社会科学来说大有前途的第二个领域。这些雄心与许多智力发展相联系，它们主要是信息论、控制论、结构语言学、人工智能和自动机理论以及普通系统论

1. 控制论

控制论与教育理工学学院的数学家维纳的名字相联系，他在1948年出版了《控制论：或动物与机器中的控制与通讯》一书。控制论的核心是"反馈环路"，这意味着信息回到控制源（通过感觉器官或类似装置）和它的调节机构。系统是能适应的和稳态的，有保持稳定与平衡的倾向。讲得更概括一些，它是通信和控制的理论。因此控制论不是在一个领域，而是可以在许多领域应用的一种理论。

2. 信息论

信息论起源于麻省理工学院和贝尔实验室申农的工作。它的最初目的是设计一种电话开关线路，增加传输系统的通道容量。但是信息论很快运用了逻辑代数，一种选择的代数。申农曾指出："写一句英语可以认为是一个选择过程，从一些可能的第一个词中以各种概率选择第一个词；然后以取决于第一个词的概率选择第二个词；如此等等。"这类统计过程称为随机过程，在信息论中，信息源被认为是随机过程。

知道了语言的统计特征，人们就可以推导出一个决定某一随机过程产生信息的速率的一般公式，并且通过适当编码，在传递时间上导致巨大的节省。传递是形成信息论的动力，但这个概念的核心是编码的思想，而概念的方法是决定一个通信应该如何编码的统计理论。通信必须通过通道，并且必不可免地被噪声和其他形式的畸变所变形，这些噪声和畸变是由通道的物理性质所引起。申农发现，有可能使通信编码甚至在通

信通道不佳的情况下也能正确传递，只要通道有足够的容量。

令人惊异的是通信的数学理论很快建立起来并且推广到许多领域。1948年7月和10月，申农发表了两篇论文，奠定了他的理论。几个月以后，就出现了许多通信工程方面的新论文。1949年11月，信息论被应用于心理学（弗里克和米勒），1950年8月，杰柯布逊把它应用于生理学和光学。1950年11月，这个理论应用于物理学（伽波尔）和语言学（斯特劳斯）。同年12月，应用于生物学和社会学（拉谢夫斯基）。到1951年，在统计学杂志中作了讨论（巴纳尔德）并且还在迅速扩展。申农和维纳的工作，有希望通过信息概念形成一个物理和人类行为的统一理论（至少在生理学、心理学和语言学方面）。

3. 结构语言学

语言学是上述新雄心所依靠的第三个支柱，特别是麻省理工学院的乔姆斯基的工作。他的开创性工作是结构语言学，力图证明，虽然语言是全人类最多种多样的"创造"（即存在几十种语系，诸如印欧语系、乌拉尔—阿尔泰语系、汉姆—闪族语系、泰和中—藏语系以及3000种不同的语言，更不用说方言了），但有一个基本的句法结构（即控制意思的词序），并且在每一种语言中有少数法则的"深刻结构"，由它派生全部其他文法规则。当乔姆斯基开始研究结构语言学时，他的工作把他引入认识论和哲学的基本争论；战后的一场严重争论是斯金纳（和其他行为学家）与乔姆斯基关于人们获得语言的方法的争论。

斯金纳是一位经验论者，他认为儿童学习语言是对刺激做出反应，并通过联想一点一点学会的，这种语言学习方面的努力通过别人的反应得到肯定或否定当中学会语言。一个儿童通过条件反射，通过加强（即赏罚），通过刺激概括（即扩大联系），学习一种语言。

在乔姆斯基看来，语言的获得是天生的。他曾论证：一个人的语言知识不"能够表示为一组模式，它们通过经常的重复和详细的训练而被学得烂熟，而革新至多不过是一种'类比'"，而是，"一个知道一种语言的人，在他的头脑中表示了某种很抽象的基本结构系统以及一个抽象的法则系统，这些系统通过自由的重复，决定了一个无限的声—意对应范围。对这种文法的掌握是心理学和神经生理学必须最终说明的一个事实。"乔姆斯基认为"［句法的］基本深刻结构从一种语言到另一种语言至多也只有极小的变化",而精神的结构是这样的:一个人可以不知道或未曾听到许多例子,就可以掌握使他所听所讲的语言结构可以理解的这种法则。

4. 人工智能

控制论、信息论和乔姆斯基语言学的结合对认识心理学和人工智能（或逻辑自动机的理论和实践,更通俗地叫"思维机器"）有最直接的影响。人们希望信息论和语言学使心理学家能够懂得精神如何活动,使逻辑学家和计算机专家能够给计算机编写一个程序而使它成为一般的问题解决者（不是一个只能很快地遵循详细指令行事的白痴机器）。

神经生理学家麦克科勒试图证明,中枢神经系统的确具有控制论所预言的那种联系能力,即精神当它"看"时,并不仅仅是像照相机那样反映外部的东西,而是选择知觉经验的要素,综合并认识它所看到的东西。

将信息论与认识心理学结合的主要工作是哈佛的米勒做出的。他认为,"7"这个数目十分合于人的心意可能有一个内在的原因。米勒指出,在一维刺激（如音频、音响、线上的点）中,一个人能做出分辨判断的范围、人们能传送的信息量、直接记忆的范围,差不多是七个不同的选择。米勒试图证明计算机程序的编制也说明了个人思维的方式。

人工智能的观念是英国数学家图灵提出的。对电子计算机的某些重大发展做出贡献的大数学家冯·诺伊曼在《自动机的一般和逻辑理论》（1951）一文中,规定了用数字程序（全或无）或逻辑程序的自动机能够作类似于形式逻辑的推理的条件,也规定了自动机产生自动机或变成自繁殖机的方法。

冯·诺伊曼的纲领是很宏伟的,但在五六十年代,后继的工作主要是明斯基和他在麻省理工学院的同事做出的,他们制定了会"推理"（即证明数学定理、解决语言学困难和解决问题）的计算机程序。人工智能的程序设计师想让计算机能作类比,或者遵循形式逻辑步骤,或者分析和解剖复杂陈述以便"计算",在计算机指令中运用"启发式方法"。启发式方法只是意味着根据类似情况的比较做出可能的判断的一种指令,或者使探索程序更快的某种规则。

　　人工智能的希望今天并不像 15 或 20 年前那么光明。然而这毕竟不能扑灭真正信仰者内心的火焰；人们也不应该因为它的最初的要求没有实现而用命令取消一个领域。（待续）

（选自《国外社会科学》1981 年第 7 期）

第二次世界大战以来的
社会科学(一续)*

[美] D. 贝尔** 范岱年摘译

一 整体论观点

在人类学和社会学中,战后二十五年有三个运动支配着这个领域。

1. 文化与个性

在人类学中,有一门新的跨学科研究叫作"文化与个性"。其基本的思想来自本尼迪克特的"文化的样式"(1934)。本尼迪克特试图证明,每一种文化都有其基本结构,人们可以用文化的整体性原则来描述各种文化。而这种思想又来自斯宾格勒的《西方的衰退》(1934),其中西方的文化被称为浮士德型,而阿拉伯文化被称为古波斯拜火教僧型。这类似于索罗金《社会与文化动力学》(四卷本,1937—1941)的议论,他认为文化精神可以分为"理智型"和"感情型",而历史就是这两种类型的交替更迭。最重要的是,这种整体论观念是贯串一种文化的一切方面的线索,所以,浮士德型或感情型,是孕育生活的一切方面的要素——从科学到艺术、价值(伦理准则)和生活方式。原则上,它是马克思的信

---

* 本文摘译自《今日的伟大思想:1979》,芝加哥,1979 年,第 139—181 页。

** 作者信息:贝尔,美国社会学家和未来学家。1919 年 5 月 10 日生于纽约一个犹太血统的工人家庭。1939 年获纽约市立学院理学士学位。

仰的扩展，马克思认为，起主导作用的生产方式扩展到社会的各个方面，所以，在资本主义社会中，工人被当作商品，而其他的要素，包括艺术，也成了商品。马克思、斯宾格勒和索罗金在漫长的历史油画上留下了他们的彩笔，而本尼迪克特试图把"整体"观念应用于各种文化。一种文化是和谐的生活方式，一种是狂热的，第三种是压抑的、彼此敌视的。

"文化与个性"的思想很快纳入"民族性"的研究之中。本尼迪克特研究了日本民族〔《菊花与剑》（1946）〕；弗罗曼分析了日耳曼民族性格中的"肛门虐狂"特征〔《回避自由》（1941）〕；阿多尔诺引用法兰克福社会研究所未发表的著作《独裁与家庭》，写了《独裁的个性》（1950），他与两位心理学家合作试图揭示美国社会走向法西斯主义的潜在倾向。也有些人类学家、心理学家、政治学家研究俄罗斯人与布尔什维克的性格。有20多年，人类学、个性理论，在某种程度上还有社会学，几乎全为"文化与个性"的领域所支配。然而到了20世纪70年代，整个领域几乎完全消失了。

2. 结构

功能主义社会学 第二个希望是在社会学方面，在那里，对功能主义的强调也支配了这个领域，直到70年代初。权威人物是哈佛的帕森斯。在他看来，一个社会是通过它的"价值（伦理准则）系统"结合为一个整体，这些价值（伦理准则）表示为支配行为的准则，或者规定了个人所起的作用，将社会中的基本行为模式合法化。但是，帕森斯还有更大得多的雄心：创造一个社会行为的一般理论。为此，帕森斯必须达到两个理论目标。第一，要定义一组术语，它们可以给出行为的可能组合的详尽范围。社会学，直到20世纪初，主要用历史术语来描述，例如马克思关于生产方式从奴隶制到封建制到资本主义的社会进化概念。但是马克思假定了这种进化的决定论模式，在进化过程中社会主义是资本主义的当然后继者。第二，要论证历史的一般进展或多或少是不可抗拒的。

如果这样的一种决定论并不存在，那么人们就陷于历史相对主义的泥沼中了。

第一代社会学家试图回避这种决定论历史哲学或者非决定性的相对主义，试图通过规定社会关系的某些形式的、非历史的类型（例如团体和社会、或者有机的团结和机械的团结，传统的和理性的行为），将社会模式加以分类。基本的对立是紧密结合、直接接触的、原始的和未分化的集团（家族或部落）与城市社会的没有人情味的、泛泛交往的、分化的类型。

在帕森斯看来，这种类型学太简单了，他试图代之以他〔在《社会制度》（1951）中〕称之为基本"模式变量"的东西：

规范：普遍论的或特殊论的

地位：争取到的或外加的

义务：特定的或多样的

情绪：中立的或带感情的

规范是普遍论的，如果价值（伦理准则）系统对一切人都是适用的；准则是特殊论的，则某些集团受到特殊的优待。地位要么是根据个人能力争取到的，要么是外加的，例如由于出身或委派。在社会流动性方面，美国更为开放（普遍论的），英国则更受限制（特殊论的）。

帕森斯进一步试图建立一个行动的普遍理论，建立一个无所不包的体系来分析社会行动。普遍理论不探讨具体的社会，而是作为一种分析的抽象的社会。在帕森斯的方案中，有一个文化系统（具有四个方面：认识的、表现的、评价的、超验的）。

同样，帕森斯竭力要证明任何社会如何力图通过四种功能——确定目标、整体化、适应性和紧张关系的管理——维持它的稳定性或平衡，而不同的社会机构——经济、政府、文化机构——在执行这种或那种功能方面变得专业化了。

马克思曾想用"基础和上层建筑""生产方式阶级斗争"等建立一个普遍的社会理论。马克思认为社会的秘密在于以生产方式为根源的基本阶级划分，他没有什么办法来说明政治和文化系统的自律或变化。（例如德意志帝国、魏玛共和国、纳粹德国、战后联邦德国在经济制度上都是资本主义，可是在政治结构上有很大区别。）M. 维贝尔试图首先通过探讨社会中理性与非理性行为的类型而提供一个分析的框架。帕森斯试图写出一个完整的社会形态学从而在非历史分析的逻辑上走得最远。他在35年内所做的这种巨大努力，是他对社会科学的巨大贡献之一。

结构—功能主义社会学曾被指责为政治上保守，因为它集中注意整体化和平衡。但是结构—功能主义的分析根本上确实是认识论问题和哲学问题。马克思试图创造一个普遍的理论，是功能主义的，因为他假定每个社会都通过某种内部原则联系在一起，这个原则在他看来就是生产方式。帕森斯把这一逻辑推到极端，企图创造一个全面的社会制度与社会行动的形态学。不仅如此，它是这一代人的伟大智力贡献之一。但是，或许未能实现原来的希望，这并不意味着不够伟大；它不过表明，实现目标必然可以比理解目标更伟大。

3. 社会政策研究

社会科学中第三个重大希望是明显的，特别是在20世纪60年代。这就是为了社会政策的目的而应用社会科学的努力。因为这些努力是如此多种多样，而其中许多又是纯经验的，所以很难把这些努力集合成一个清单，即使是重大意义的探索也是如此。但我可以简要地指出这些运动的意图和性质。

（a）社会指标 "二战"后经济学家建立宏观经济计算的系统的例子，必然使社会学家注意到这样一个问题：是否可以创造类似的社会指标系统？例如，提出了这样的问题：我们知道有多少钱用于医生、护士和医院，但是国家是否更为"健康"？我们知道有多少钱用于学校和教师，但是学生是否学会了更多的知识？又如，我们有大规模的移民从农村走向城市，在国家中有巨大的地区转移，这种移民是否破坏了家庭？移民率与犯罪率之间有无关系？如此等等。1966年，美国卫生、教育和福利部建立了一个由D.贝尔和W.戈尔汉姆为首的社会指标专家小组，于1966年发表了一个《社会报告》。此后做了许多努力，建立了关于合适环境、生活质量等各种不同的社会指标。由于各种原因，结果是有好有坏，预期的希望大部分没有达到。

（b）社会预测 1965年，美国艺术和科学院建立了一个以D.贝尔为主席的"2000年委员会"，它有30个委员，其中包括W.列昂节夫、布热津斯基等人。在两本书（一本是贝尔编的《走向2000年》，1968；另一本是H.卡恩和A.维纳编的《2000年》，1967）出版以后，建立了十个工作组探索各种问题，从美国政府结构（其结果是H.S.佩尔洛夫编的《美国政府的未来——到2000年》，1971）到价值（伦理准则）和权利、生命循环、计算机的未来、文化制度等问题。

"未来主义"运动急剧而又广泛地扩展。类似的运动开始于英国、法国和波兰。大量的组织致力于系统的预测。世界未来学会是一个有25000名会员的组织，已成为对各种研究与思辨进行交换的场所。而其结果也远远落后于原来的希望。

（c）社会评价　今天社会评价已成为政府政策的一个特点。既然成十亿的美金用于政府计划，政府当然也要知道计划执行得怎样？研究结果可以指导政策到什么程度。

社会评价最杰出的例子——十年来受到最大关注的一项工作——是所谓的《柯耳曼报告》，这是由 J. S. 柯耳曼作出的，内容是关于种族隔离的学校环境对美国中小学少数民族学生成绩的影响。

1964年的民权法案包含了一个条款，它使得教育专员执行了一项调查：由于种族、宗教和天然的原因"而失去受同等教育的机会"。在两年之内，柯耳曼和他的合作者在50个州和哥伦比亚特区的4000所学校对近60万个儿童（在五个不同年级）进行了测验，同时也询问了60000名老师以及这些学校的校长。1966年美国政府出版局出版了737页的报告。

报告做出两点结论：（1）少数民族儿童在入学之初，在一年级就感到严重缺乏教育，这显然不是学校造成的结果；（2）他们到了学校生活的终了（第十二年级），甚至有更严重缺乏教育的表现，显然有一部分是由于学校造成的结果。柯耳曼论证道："教育机会不平等的根源看来首先在于家庭本身以及家庭附近的文化影响；然后在于学校没有能力摆脱家庭的影响，也在于学校文化的单一性，它使得家庭及其环境的社会影响永久化。"这个报告开始未被人们注意。直到公共政策季刊《公众利益》开始讨论以后，才引起了广泛的注意，特别是在黑人社会。其反应是：如果事情确是这样，那么学校中事实上的种族隔离必须结束。《柯耳曼报告》或许是近几十年来美国社会给人印象最深的社会科学报告。它的结论和命运都是富有教益的。

二　困难与失望

如果人们回顾从1940—1970年社会科学中的重大进展，它们在某种程度上都是有限制、有保留的。

1. 经济学

（a）凯恩斯理论已日益受到攻击。理由之一是它忽视货币理论。对于马歇尔时代的新经典经济学家，经济活动水平为货币量和货币政策所量度，在某种程度上为它们所控制。对于凯恩斯学派，至少在他们中的极端分子看来，货币是无关紧要的。因为他们看到，在不景气年代，货币储备与集体需求水平之间只有微弱的联系，他们认为货币政策对经济活动水平很少、甚至没有影响。近十年来这种观点受到 M. 弗里德曼及其追随者的猛烈挑战。第二个因素是"宏观经济"政策作为管理经济的一种手段是太粗略了。因此，经济学家转向"微观经济学"或者个人与公司的行为，并正在试图理解微观与宏观活动之间的关系。第三个论据是，凯恩斯经济学主要集中注意于有效需求，认为供应仅仅是对需求变化的一种反应；可是现在的论点是：供应的变化（例如新能源的投资、取代有限的金属和矿物）更是政府政策的一个职能，或者从长期愿景来看，凯恩斯理论不再适用于处理这些问题。

主要问题是通货膨胀的难以控制。凯恩斯经济学的发迹是由于它能够提出有助于从衰退到复苏的措施。可是凯恩斯理论看来不能解决通货膨胀，而这遭到了货币学派的反击。

（b）国民生产总值。用国民生产总值来评价经济增长已受到质疑。第一，国民生产总值是市场中交易的量度，因此必然不能考虑到家庭主妇的服务和农庄中的消费。第二，国民生产总值是所有产品和服务的总和而没有对它们做出区分。因此，如果一个工厂把废料注入河中，那就必须来清除污染，然后把减少污染的费用加到国民生产总值中去。近年来，像托炳这样的经济学家主张用一个净的国家福利指数去修正国民生产总值，把这种实际不增加生活质量的生产从国民生产总值中减去。但是，要给生活质量与福利的概念下一个定义，这方面的困难是很大的。

（c）计量经济模型。计量经济模型变得空前复杂，使用得也空前广泛，但是预测的准确性问题使得模型设计者极为苦恼。这有两个原因：一是重要的变量是外生的，即存在于系统之外，例如政治决定，这些是难以预料的；二是不确定程度的上升（如人们用不同的方法来对付通货膨胀）给经济带来干扰，而模型在有严重起伏时不易反映这些干扰。

2. 认识科学

设计经济模型是困难的，作精神的模型就更困难了。问题就在于"复杂性"。人体细胞数大约达 1015 到 1016 数量级。中枢神经系统的神经元数在 1010 数量级左右。冯·诺伊曼曾说："对于这种复杂程度的系统，我们过去毫无经验。"我们是否能掌握这种复杂性还是一个争论未决的问题。语言学也有某些未预料到的障碍。语言学家开始发现词序的基本句法规则，数学家和计算机科学家认为机器翻译是比较简单的事情。但是，自然语言如果按句法规则进行机器翻译，就有语义的困难，不容易把一种语言等同于另一种语言。例如成语"out of sight, out of mind"（眼不见，心不想），用机器翻成中文，再译成英文就会成为"invisible idiot"（看不见的白痴）。今天的语言学家已几乎完全放弃了机器翻译的思想。

3. 人类学与社会学

（a）如果说复杂性是认识科学的绊脚石，简单性却使某些社会学理论失效。"文化与个性"这个大领域几乎完全消失的理由之一是在巨大复杂的社会中难以用比喻的和整体论的术语来分辨不同的文化模式。令人惊讶的是，看一看任何社会，似乎都存在对立的文化模式，或者互相继承，使得文化模式的稳定性成了问题。例如，有人说英国人是讲究实用、注重事实和功利主义的，奉公守法、行为端正；而有人又强调英国人生活的浪漫主义、拘泥于传统和它的保守主义，而其他一些人又强调英国人的狂暴、摆地主和绅士架子。

在另一个意义上，帕森斯的方案是太形式化了。作者在《资本主义的文化矛盾》（1976）中曾提问：是否人们可以用整体论术语看一个社会。社会是选言性质的，理由有二。一是，看一看经济、政治和文化领域，每一个领域都有不同的主导原则，它们常常是彼此对立的。在现代西方社会，经济是由效率、专业化和极大化原理支配的，其中个人是按他们的作用分别对待的。主导的结构是官僚机构化。在政治形态方面，主导原则是平等——在法律面前平等，机会均等，甚至某些需求均等、成果均等,而主导原则是一种分享原则。因此,在官僚化与分享之间有一种紧张关系,而这种紧张关系在过去70年内支配了西方社会。文化的主导原则是自我实现,其极端是自我满足,这种文化提倡的强调个人、享乐主义又与经济的效率原则甚至和劳动道德相冲突。

如果看一看社会变革,也有不同的分离倾向。在技术经济领域,有一种"线性"原理,因为有明确的置换法则:如果一个机器、工具或产品更便宜、更好、效率更高、更节能,它就取代它的前辈。但在文化中却没有线性原理,或者甚至没有"进步"。包列兹并不取代巴赫,二者共存。文化扩大了人类的道德的和表现的全部剧目。可是,如果这是正确的,那么文化与经济并不适合,那么把文明看成一个整体的观念,例如黑格尔所说的希腊和罗马文明、现代世界文明,或者马克思的社会进化方案中的相继的生产方式,或者斯宾格勒或汤因比的各种术语就都错了。如果这种分离理论是正确的,我们需要不同的方案把历史的不同时期加以归类。

(b) 在使用社会科学于政策方面也面临着方法论与政治上的困难。在社会指标方面,主要问题是概念上的困难。例如人们问:一个国家怎么叫更为健康?很快的、习惯的回答是人们更为长寿。但是人们活得更长,在医院里住的时间更长,医药费用更高。经济学比较简单,把苹果、梨、马铃薯、汽车都用一个尺度——钱——来衡量。但是用什么尺度来衡量健康呢?又如,用什么来衡量罪行的大小?如何把杀人犯、强奸犯、打人犯、盗窃犯等的罪行都用一个指标来衡量?在罪行方面,这就是判刑"时间"。一个杀人犯、强奸犯、盗窃犯应该监禁多少年?这里的困难是判罪的可变性。所以,从概念上讲,近年来社会指标的遭遇也不佳。

社会预测遇到了另一种困难。这里需要区分预言与预测。预言要确认一个事件:谁将当选?谁将继任勃列日涅夫?这些事件受许多偶然因素的制约,所以预言很少可能,这是机密谍报和内部情报的一种职能。社会预测是试图找出有关的各种社会结构或主要的结构关系,以便人们可以断言哪一类问题在往后某个时期将会发生。

这些结构中,有些是与人口方面有关的。例如,拉丁美洲、亚洲、非洲的人口中,17岁以下的占40%—50%,西方工业化国家占20%—27%。这意味着墨西哥在今后十年内将进入劳动力与高等学校的人口比率将增加一倍。墨西哥经济如何吸收这一大群年轻人？又如，在苏联，亚洲地区的出生率为欧洲地区的一倍，15年内，俄罗斯人将成为苏联的少数民族。苏联十个兵士中，将有三个是穆斯林。苏联计划工作者将如何处理这个问题？如果他们把大量、过剩人口从中亚移到欧洲俄国地区，就要冒民族关系紧张的危险。如果他们在亚洲地区建立新的工厂与装备，那就要产生巨大的投资的新问题，并要冒失去政治控制的危险。总之，我们可以看出这些问题，但我们不知道如何来对付（主要是政治方面）这些问题。

我们可以证明，在西方社会有一种从制造工业（产品生产）向服务行业转移的趋势，正如前50年由农业转向工业一样。例如在美国，到2000年，将只有10%的劳动力是工业工人，而今天有17%的劳动力在工厂劳动，如果将微处理机与数字控制机床运用于生产，那么这种机器取代人的劳动的过程将更快。10%看来似乎很低，但是谁在50年前会预料到今天美国只有4%的劳动力从事农业，为美国和世界其他地区生产食物？因此，从工业体制到后工业体制的转移，是社会结构部署的转移。

4. 社会科学的极限

如果人们回顾一下"二战"后25年来社会科学可望提供的东西和未能实现的情况这不应该使人们对它丧失信心，而是要认识科学的各种极限。

（a）一个理论或一个模型必然是实在的一种简化。没有理论和模型可以完全表示五花八门的实在的全部多样性。认为人们能够做到这一点，那就是怀特海所说的"把具体性放错位置的谬误"那种错误。在这种意义上，任何理论在探讨一个具体的实在（特别是一个社会实在）时，必然有某种不适合的地方。

（b）一门科学——任何科学——只能探讨一类事件，而不能探讨特殊事件。科学发现它探讨的实在如果具有抽象的、均匀的、具有可用线性术语表述的性质，在某种程度上就更易于处理，因为非线性方程的数学是极为有限的。物理学和化学的简单性在于它处理的是均匀的因素。但是社会科学常常研究特殊情况或特殊事件，例如个人的意志和品格。正如胡克在《历史中的英雄》（1943）这本书中所指出的，有"创造时势"的人，但时势并不一定在正确的时间造就出正确的人。没有列宁的钢铁意志，就不一定会出现十月革命。如果不是戴高乐在1958年继任总理，阿尔及利亚法军反对法国政府的叛变也可能成功。

（c）大多数事件（即使在物理世界中也是如此）都不是完全决定论的，而是随机的，即它们涉及规则或偶然的概率，我们并不完全生活在牛顿式的宇宙之中；在量子物理的微观世界或社会中，都不是牛顿的决定论的。近几十年来，处理概率的新数学发展很快。但是，1975年诺贝尔经济学奖获得者库普曼曾指出，超过某个界限，外加复杂性的引入可以使得到的结果越来越不可靠。因此，想得到完全的信息的努力只能是自欺欺人。

战后25年内，在方法论和技术上出现了惊人的进展。在对策论、决策论和可行性理论中都是如此，它们都是整理问题的方法，而更重要的是澄清选择的方法。在经济学中，在成本—利润分析和线性规划中已取得一些进展。在社会学中，发展了多重回归方法和网络分析方法。

技术本身，如果不能应用，就是无用的。在一种意义上，方法论和技术的进展已超过了我们的理论，而理论时常还采取不能检验的形式。

以上是"二战"后社会科学答应提供的一些东西，在20世纪70年代，社会科学有一些新的重要转折，其中有某些新的激进的起点，例如社会生物学、经济学的突破与许多新方法的发展（特别是微观经济学）。在社会学中我们看到新马克思主义的复兴和向注释学转变，以及与前一时期的实证主义的相对立的解释社会学。而在心理学和人类学中，则有结构主义的兴起，对皮阿热有新的高度评价，而列维-斯特劳斯像新星爆发一样作为一个主要人物而出现。这些将在下一部分探讨。（待续）

（选自《国外社会科学》1981年第8期）

第二次世界大战以来的
社会科学（续完）*

[美] D. 贝尔** 李昆锋 李国民摘译

从 1954—1970 年，第二次世界大战以后的 25 年中，社会科学似乎正在出现一套包含各种综合性的范式，这套范式不仅能够提供使人类知识体系井然有序的、首尾一贯的论纲，而且也为利用新的研究技术以及采用迄今为止主要用于自然科学中的那些数学和定量模型来制定社会政策和计划提供了可靠的指导。这方面最好的例子是经济学。不仅新古典经济学与凯恩斯的工作结合在新的综合（主要是 P. 萨缪尔逊的工作）中，而且新的宏观经济方法的发展也有希望形成一套思考工具，它们使政策制定者可以"很好地调节"经济。其他社会科学的发展显示出相似的前景。控制论、语言学理论、认识心理学和计算机科学的结合，似乎预示着即将出现一个可以成功地"模拟"思想和社会的新学科。

但是正如本文第一部分中所论述的那样，这些希望大部分都没有实现。例如经济学中，虽然科学的数学表述变得更复杂精致了，但是，要处理更加复杂的社会经济实际问题，似乎仍无能为力。20 世纪 70 年代，社会科学朝两个不同的方向发展。一方面，社会科学已退到更世俗、更经验的、更"小"、更容易处理的研究中去了。人们都希望有朝一日能找

---

* 本文摘译自《今日的伟大思想：1980》，大英百科全书出版社。范岱年译，蜀马尹铭校。

** 作者信息：贝尔，美国社会学家和未来学家。1919 年 5 月 10 日生于纽约一个犹太血统的工人家庭。1939 年获纽约市立学院理学士学位。

到某些可靠的概括,以便把各门学科再结合在一起。无疑,不少领域在有关研究的定量模式和复杂的数学工具方面有了重大的进展。但是事实上却是传播了"经验主义",并从宏大理论方面退却下来。另一方面,在 70 年代有一些重大的、新的提纲挈领式的尝试,想提供一些理解社会行为的主要钥匙。这些努力常引起新的、往往是激烈的争论。在过去十年中,人们可以看到社会科学中的四个主要的发展。

（1）社会生物学的出现,试图通过以遗传学为基础的各个参数（它们支配亲族选择、防卫活动区域的本能、分工、群的大小等）,通过动物行为学、生态学、群体遗传学和新进化论的融合,来统一解释所有社会行为。

（2）H. 西蒙、H. 莱本斯坦和 T. 谢林研究中的许多宏观经济学新范式。

（3）新马克思主义的许多新学派,提出形形色色的新观点,这些观点大都仍然停留在关于马克思"确实"说了什么或者意味着什么这种咬文嚼字的争论之中。

（4）结构主义,这个词虽然意义很多,但已用来描述人类学中的列维－斯特劳斯、心理学中的皮阿热、文学中的 R. 巴塞斯、马克思主义中的 L. 阿尔都塞、心理分析中的 J. 拉坎等人的工作,许多追随者已把这个词用于几乎每一个知识领域。

本文目的在于探索这四个方面的发展,并提出如下的疑问:统一的社会科学或某种总的体系的梦想是否可能实现?

1. 社会生物学

哈佛大学的 E. 威尔逊在 1975 年出版了《社会生物学·新的综合》一书,标志着一个新学科的诞生。这门学科将使社会科学与生物学联系起来,并用新达尔文主义进化论的原理解释社会生活的基本样式。社会生物学试图论证两种主张:在解释某些人类行为的基本的和普遍的不变性时,人们不能无视生物学的作用——特别是美国社会学家和未来学家。1919 年 5 月 10 日生于纽约一个犹太血统的工人家庭。

遗传学的作用,而且,一个统一的理论能够解释某些群体行为的不变性,诸如防卫活动区域的本能、交配行为的型式、攻击性反应。从长远的进化眼光来考察问题,这些理论的上述方面可以用来解释人类的社会行为。

威尔逊的著作很快受到人们的欢迎,几乎使所有的观察家大为吃惊。但是,他的著作也成了一场争论的风暴中心,这场争论的激烈程度,足以使它在思想史上占一个地位。但是社会生物学并非突然产生的。过去40多年中,动物行为学、生态学、群体遗传学等学科中发展了许多新理论和新思想,威尔逊想从中推导出一些基本原理,并给它们一个精确的、在许多场合采取数学形式的一种表述。这使得威尔逊的工作具有特色。

经典的达尔文主义以两个假说为基础:一切哺乳动物(包括人)来源于同一种祖先;解释物种的巨大变异的自然选择是一种适应环境的机制。但是达尔文对变异的机制或来源、遗传信息通过基因从亲代传到子代的方式并不了解。经典的达尔文理论认为,每个生物都为自己的生存和繁殖机会进行斗争,但这个理论不能解释为什么某些生物帮助同类中的其他成员。一只草原犬鼠看到捕猎它的动物就叫,向其他犬鼠报警,给它们以逃跑的机会,但叫声暴露了自己,减少了自身的生存机会。人们怎样解释这种"利他主义"行为?1964年,英国遗传学家W.汉密尔顿指出:"利他主义行为"实际上是为了确保那些具有共同基因的生物的生存,自然选择要由"亲族选择"来补充。利他主义的发生与受益者的关系密切程度成正比:来自共同祖先的基因越多,生物的行为越倾向于利他主义。

威尔逊在自己的著作中探索了动物社会的各种形式,从机器般的水母群落到尖叫的黑猩猩,研究的题目从时间—能量计算到交配方式和亲族选择。所有这些都包括在前26章里,第27章论及人类。威尔逊承认人类社会组织有很大的可塑性。同时他还坚持,人们不妨提出如下问题:是否阶级地位与宗教的因素也是在基因上早已安排好了的?后来他又在《论人类本性》(1978)一书中写道:"如果人类本性的遗传成分不是来源于自然选择,进化的基本理论就难以解释了。无论如何,进化论必须改变到能够说明群体中的遗传变化的新形式。因此,人类社会生物学的一个辅助目标,就是了解人类本性的进化是否符合传统的进化理论。"

对社会生物学的第一次批评高潮,来自左翼集团和自由主义人士。他们担心社会生物学成为有利于种族主义和保守主义的意识形态。这种担心并不是没有一点理由的。过去 15 年里，已有人在动物行为学的一些书籍中说：攻击性、防卫活动区域的本能、等级制度是天赋的或"自然的"。而改变人类本性的乌托邦或自由主义思想是荒谬的。还有一些心理学家认为，学生在学校里功课好坏主要取决于智力商数；如果社会地位是平等的，或政府倡导一种给同等成就以同等机会的政策，智力商数较高的人就会逐渐占据较高的社会地位。关于社会生物学是否正确的争论，一度纠缠在这些政治、意识形态问题之中，无法解决。

在新达尔文主义原理的范围内，围绕社会生物学的争论主要是三个理论问题：第一，亲族选择原理是否像在其他物种里那样，在人类群体中也起强烈的作用；第二，人类文化的可变性是不是关于意识的独特的新的原理在起作用；第三，用生物学去解释人类行为比用心理学和社会学是否更不适合？——用术语来说，就是"还原主义"问题。

社会生物学中的基本推理——亲族选择的适应作用——是基于下述命题的：一个人身上的基因有一半与他的同胞兄弟姊妹相同，同胞兄弟姐妹的利他主义行为将有利于这些基因。这样，"利他主义基因将传播到整个群体"。有人攻击这种推理是不科学的。文化人类学家 M. 沙林认为，亲族行为在人类社会并不符合遗传学方面的推理。"婚姻规则"是变化多端的，在任何人类社会制度中，共同基因数的递减速度要比社会义务的变化快得多。

可是，从文化与生物学之间的对立提出问题，不仅是错误的，而且是使人误解的。更困难的问题是，遗传特征以什么方式来限制人类行为的范围；或者，遗传素质怎样去促进那类变化？总之，人类的"生物学图式"允许我们去做什么，而哪些则是它不允许我们去做的。威尔逊采纳了变异性观念。他在《社会生物学》中写道："社会组织的参数，包括群体规模、等级性、基因变化率，在人类群体中的变化比在任何其他灵长目中的变化快得多。""但促进社会行为中的灵活性的基因是经历了严格选择的，它们因人而异。但是，社会组织中的变异只是这种过程的可能结果，而不是必然结果。"威尔逊做出结论说："我相信正确运用进化论，就会得出这样的看法：基因库中的多样性是一个重大优点。如果智力和体力的变异是受到中等程度的遗传影响，那么正如事实证明的那样，我们就能期望具有非凡能力的个人可以在普通家庭中出乎意料地出现。"

当许多社会生物学家试图确定由基因来控制的行为特征（有些是灵长目共有，有些是人类特有的）时，问题就变得更有争论了。例如，威尔逊就提到，乱伦的避免、与雄性结合、防卫活动区域的本能、语义的符号语言、特有的面部表情等特征是遗传上限定的。他认为："要把具有这种物种特征的人类加以社会化，即使不是不可能，也会是很困难的，而且对于智力的发展肯定是有害的。"正是这种"物种特征"的定义和决定论的严格程度方面，成了争论的焦点。

关于还原主义的争论具有两重性。一方面是担心社会生物学将贬低人类的地位，它把人类行为看成是要么是在遗传上预先造成的，要么是增加自己那一类基因的自然界的一种战略。另一个方面是更富有方法论意义的，并涉及科学哲学的若干问题的核心：即一个社会问题的解释可否完全用社会学一级的术语来回答？是否这样一个回答也需要"还原"为心理学一级，然后更还原到遗传密码的生物学一级知识？某些作者（例如 F. 克里克）论证生物学解释本身又必须还原为物理、化学定律。人类学家 C. 吉尔兹指出，还原主义方法是社会生物学中所固有的。

对所有的狂热分子来说，有一点是十分清楚的，那就是在未来的十年中，生物学与社会科学的关系将更加密切。如 M. 哈里斯所说："为了能捕鱼、猎取和种植食物，为了适应水上、陆上和空中的运动，为了具有掠夺和防卫的武器（例如牙齿、爪和甲），自然选择用了几十亿年的时间去创造各种专用的适应方式。但是通过不到一万年的文化进化，发展出了同样的一些专长。因此，人类社会生物学的主要焦点应当是解释为什么其他物种只有如此微不足道的文化仓库，而只有人类的文化仓库则如此巨大和重要。"

威尔逊在《生物学与社会科学》一书中的结语是："生物学是理解人类本性的钥匙，社会科学家们不能无视生物学中出现的新原理。"然而他又补充道："各种社会科学的潜在内容可能还远远丰富得多。最终它们将吸收生物学中的有关思想，并进一步通过比较去降低这些思想的价值。"

2. 经济学

"二战"以后，25年来，凯恩斯主义是经济学中占统治地位的"典范"，总的说来，它主张政府干预，认为可以通过财政政策来管理经济。

进入20世纪70年代以后,这种一致的主张开始土崩瓦解。通货膨胀成为粉碎这一"范式"的礁石。

古典的均衡分析的理论结构是从萨伊的市场定律开始的,简单地说,这个定律主张"供给自行创造需求"。马歇尔之后的新古典经济学家利用边际分析改进了萨伊的定律,从而表明如何决定实际产量水平。按新古典主义的理论,货币工资的削减,同实际工资削减一样,因为价格水平没有变。价格水平并不决定于工资水平。反过来也一样,价格水平本身是由货币数量理论决定的。每一个新古典主义作家都同意这一点。只要货币总量保持稳定,一般价格水平就不会上升,虽然个别价格通常在"最高限价"条件下相互之间将自行调整。但几乎所有的新古典主义经济学家都认为,货币数量的变动和一般价格水平的变动之间,在经济上存在着大致的比例。新古典主义经济学家懂得,在现实社会中,剧烈的价格波动是经常出现的。而且,单纯的货币性质的事件,在短期内能够产生实际影响。他们认为,这种波动只是暂时的现象。在这些表面上汹涌澎湃的激流下面,存在着基本均衡的结构。强调均衡的市场经济学认为,如果出现动乱,最好听其自然,因为纠正总难免"矫枉过正"。

凯恩斯的学说给新古典主义的理论带来很多重要的更改。其中一项认为:市场动乱,即暂时偏离均衡,往往会延续很长的时间,并产生破坏性的社会后果。总之,凯恩斯主义者论证的是:市场经济不会出现"天然"平衡,而必须通过政府财政金融政策的干预来调整平衡。凯恩斯主义没有认识到名义货币工资高于实际价格水平造成通货膨胀,所以没有把通货膨胀看成是个问题。

有一项说明工资水平同失业和通货膨胀的关系的"补缺"方程式,这就是著名的"菲利普斯曲线"。这个伦敦经济学派的经济学家,要根据英国1862—1957年按小时计算的工资率的变动同失业率进行比较。他的发现似乎清楚地表明:工资膨胀率——也许就是价格膨胀率——乃是反映总体经济紧张程度的一个绝妙的函数。

菲利普斯曲线是一种"坦率"的实证主义的研究。但是把这个理论应用于政府的政策,以及阐明它对凯恩斯经济学的理论意义,则应归功于萨缪尔逊和索洛。他们为价格膨胀率和失业率炮制了一种假设的关系。他们写道:"这就是,根据最近25年的美国数据作出的粗略估计:不同的失业水平和价格稳定水平之间有可供选择的菜单。"

以菲利普斯曲线著称的价格和失业的关系以及 R. 利普舍对它的概括和推广，已经赢得美国经济思想界及时而广泛的承认。但是 70 年代特别是其最后五年的通货膨胀多半是两位数。事实证明，政府的政策对通货膨胀不起作用，因此这个问题已成为凯恩斯主义经济学家的一个难题。

凯恩斯主义宏观经济政策的这些不足之处，已经产生了两种不同的反应。一种是回到货币主义的老路，其论点是假设能够按企业生产能力经常得到货币供应，即假定有一个固定的扩大生产率，那么各种均衡力量就能继续保持。

另一种反应属于"后凯恩斯主义"的反应。这个理论是由凯恩斯的伙伴 J. 罗宾逊和 P. 斯拉法以及波兰经济学家 M. 卡莱茨基创立的，后者同凯恩斯虽无关系，但也得出了同样的结论。

货币主义论点的主要代表是 M. 弗里德曼。此人是芝加哥学派的首领，1976 年诺贝尔经济学奖金获得者。他的主要政策方案是：货币主管当局一旦把经济体系中过多的货币挤压出来，就应当规定固定的货币供应水平，加上同社会的"自然增加"潜力相符的额外增加率。通过对货币数量的控制，一般物价水平将会保持相对稳定。

弗里德曼的方案出了许多问题。首先是关于货币本身的定义。现有货币量往往是按两种方式计算的。此外在信用制度的性质方面发生了结构上的改变，加上欧洲美元泛滥，这就使得货币计量问题更加困难和变化多端。其次，也许是更大的难题：货币供应和利息率似乎挂不上钩，同时，在这两个方面，政府的控制对企业的行为似乎没有产生所设想的作用。

这种态度的坚定性使得人们的注意力越来越转向一批新的青年经济学家，他们正在创立一种名为"理性的预见"的理论。货币主义的理论前提是货币能起作用；而这个新学派的前提是货币不起作用，因为人们会吸取过去的经验，对发生的事情抱怀疑态度。他们会根据自己掌握的情况对自己是否有利，来决断是否借钱。这同短期的货币率不发生关系。

这个想法是 J. 穆什在 1961 年首先提出来的，1972 年芝加哥大学的 R. 卢卡斯曾详加发挥，并做了很有力量的技术加工。

由美英经济学家在 70 年代发展起来的后凯恩斯主义运动，已经完全摆脱了货币主义的和"合理预期"论的集团，甚至摆脱了新古典主义经济学派。它反对一般均衡论，理由是一般化的"永恒"理论，不管多么高雅，对于了解千变万化的现代经济制度毫无用处。这些新凯恩斯主义者断言，了解经济的出发点，不是决定分配的相对价格，而是收入的分配，后者决定要控制什么和生产什么。从纯理论上讲，正如斯拉法所说，这是回到古典经济学的老套了。L. 罗宾斯再次把经济学解释为竞争各方对稀有资源的分配；而新凯恩斯主义者则坚持经济学必须首先研究增长和投资。

后凯恩斯主义经济分析的出发点是增长问题，即同"静态经济学"相对立的"动态经济学"，也就是竞争（或不完全的竞争）的市场经济中的均衡机构。牛津大学经济学家 R. 哈罗德，首先努力说明其理论轮廓，然后由美国麻省理工学院的经济学家 E. 多玛尔加工定形。他们试图并入新古典主义理论的这个哈罗德—多玛尔方案，认为经济增长率是由储蓄（储蓄率）和增长中的资本—产量比率决定的，换言之，是由资本的生产能力的增加决定的。

哈罗德—多玛尔模型的效用，在技术上、实验上和制度上都出现了若干问题。尽管如此，这个模型仍然提供了一种令人满意的分析结构。问题的核心是：投资是怎样进行的？新古典主义的理论是投资决定于储蓄，后凯恩斯主义的理论恰恰相反，认为储蓄决定于投资。后凯恩斯主义的理论认为，投资的集中引起关于分配的争论，即经济收入是怎样规定的。后凯恩斯主义者否认劳动收入是按劳动市场微观经济水平和边际主义原理决定的。

大多数正统的凯恩斯主义经济学家都同意这样一个论点：通货膨胀和经济不稳定主要是由于制度上的因素。但是他们远远不能接受斯拉法或卡莱茨基精心炮制的理论结构。他们认为，萨缪尔逊和索洛阐述的马歇尔—凯恩斯综合理论是超政治制度的有效经济模型。当然，他们承认政治制度在现实社会中的决定作用，并试图通过对二者相互作用的考察，寻找政策方案。但是，作为经济学家，他们相信，一种纯粹理论还是可以创立的，并且可以用来作为一种虚构或"假设"。——假设个人行为是按照理性行为的最大化方案行事的。

美国经济顾问理事会主席 C. 舒尔茨在 1959 年的国会经济委员会联

席会发表了一篇专题论文,题为《美国近期的通货膨胀》。文章用实证主义分析法论证:如果工资和物价如此"坚挺",不能下降,那就必然要出现通货膨胀。该委员会成员 W. 诺德豪斯 1976 年 5 月发表的《通货膨胀的理论与政策》一文,提出一种"双重经济"模型:一个部类是"叫卖市场",那里农产品、证券市场和某些国际交流的货品,同在商品市场一样,供求关系和灵活价格畅行无阻。另一部类是"管理市场",在那里,买卖双方控制市场的实力能够左右价格的运动。根据这个论点的逻辑推理,A. 奥肯、H. 华里奇和 S. 韦恩特劳这类经济学家,建议政府采用税收鼓励政策,对于不按灵活性的指导方针规定价格和工资的公司和商行加以惩罚。可是,正如 E. 屠弗特等人指出的那样:现在还有越来越多的"政治交易周期",政府为了笼络人心,特别在选举时间,而不是在经济周期,动用或调整国家预算,从而给社会制造了一大堆问题。正如 A. 林德贝克所说:"现在西方经济的'危机'主要不是经济学的'危机',虽然我们经济学家对宏观计量经济的行为函数的稳定性的确估计过高了。主要问题不在于我们对发生的事情不能作有分析的理解,而在于宏观经济的稳定性所必不可少的制度上的改变和企业自主的政策在政治上难以实行。"

总的说来,经济理论是以古典机械论为根据的模型,它试图按照自然科学的形象创立一门科学。古典机械论导致一种均衡概念,其中各种自然力总要企图表现自己,并使经济关系恢复平衡。其中心支点就是十足的竞争。古典的机械论力图成为一门科学,以原理的形式提出命题,并对各种不同行为做出解释,从而创立一种普遍而永恒的理论和一套概括性的定律,给一切可能的行动规定范围和类型。

经济学是研究"人类行动"的,但是它预先提出一种合理的自利行为的定义,作为各种假设和论断的根据,好像这些行动就跟物质运动的定律一样。从根本上说其结果是以机械论的观点观察人类行为。(同样,马克思在《资本论》里也是假设他能解析资本主义的"运动规律。")然而,这样说是否符合事实,还不十分清楚,当然,特别是如果以对人类行为的预期为依据的话,这一论断能否成立,也不太清楚。

几年前,我在《后工业社会的到来》一文中指出:"市场的理论优点,在某种最适当的形式下根据买者与卖者的偏好协调人与人之间相互依赖的关系。"可是，正如凡勃伦很久以前指出的那样，最后给经济提供指导的不是价格准则，而是文化方面的价值准则，而经济是在文化中培植起来的。价格体系只是产生各种需求的结构内部对货物和劳务进行相对分配的一种机制。因此，经济的指导思想只能像形成这种指导思想的、文化上的价值准则那样发挥作用。经济学究竟是理论知识，还是实用知识；它究竟是自然科学，还是行为科学。最近十年左右的困境和经济理论的危机，使得这个问题成了社会科学的一个中心问题。

按惯例，经济学分为两大部门，即宏观经济学和微观经济学。前者研究国民生产、储蓄、投资、货币供应等总量。关于经济的政策讨论大多数属于宏观结构范围。微观经济学研究个人和商行如何根据与供给和需求有关的偏好，做出反映市场价格的个人决定，因此，宏观经济学是千百万由价格交易登记下来的个人决定的总体行为，而微观经济学的基本原则——关于个人行为的假设——则是宏观经济学概念结构的基础。

新古典主义微观经济理论是功利主义的。它作了若干关于行动（但不是动机）的特定假设，假定个人的决定是合乎理性的（指为达到目的而选择的手段）；这些个人决定是以关于市场可供选择的价格的确实情报为根据的；以及所作决定是为了获得最大化或最优化的利润（或效率），而把成本和损失降到最小限度的。

近年来，宏观经济理论已受到挑战。反对的理由是：这种理论上属于排他性的、变量互相影响的体系，由于政府决策这类"外在"因素起着较大的作用，而没有多大意义。不仅如此，它还同样受到对微观经济学本身的挑战。世界上有像"经济人"这样的动物吗？或者说有像"理性行为"这样的行为吗？

芝加哥大学的 G. 贝克尔和其他一些经济学家论证说：不仅个人是为利润最大化而行动，因而功利主义的基本原理是正确的，而且这种经济学方法还适应于最广泛的人类行为，包括犯罪与婚姻等通常认为不属于经济范畴的行为。这些经济学家在社会生物学方面发现了对他们论点的支持。洛杉矶的加利福尼亚大学的 J. 赫什雷弗尔的《从生物学观点看经济学》一文认为，用于经济学和社会生物学的主要分析结构的根本组织概念是惊人地相似。

关于"经济人"的这些说法，一些社会科学家曾表示反对，他们认为，功利主义经济学家虚构的关于理性的这种假设过于抽象，未经实际行为证实。最早的挑战是 H. 西蒙提出的。

针对"经济人"概念，西蒙提出"有限理性论"。他认为，"组织效能"观念是从"最大化"或"最优化"的观念引申来的，对组织行为并不适用。组织比较典型的行为只是"满足"于遵循这样一条行动常轨，它不一定是"最优的"，但足以避免难以接受的麻烦。问题的关键在于：一个组织不单是一个"企业家"，而是复杂的交易决策体系，不了解这种复杂性，就不能理解包括经济决策在内的组织行为。

哈佛大学 H. 雷本斯坦认为，"非最大化"应当是经济理论的标准假设，而最大化只是一种特殊情况。这说明雷本斯坦已回到凡勃伦的学说，完全改变了关于微观经济行为的理论。

在完全不同的意义上，哈佛大学的 T. 谢林反对微观经济学的假设。经济学的基本假设是，宏观行为是一切个人微观决定的直线相加。但是谢林认为，个人为自己追求的东西，总的说来，是一场噩梦。换言之，"总体"是同"个体"行动有本质区别的现象。

关键问题在于：当社会的结果等于相互作用的个人行动总和时，这种结果往往导致任何个人都不希望的后果。著名的例子就是 G. 哈丁的《共同的悲剧》（见《美国科学》，1968 年 12 月 13 日，第 1243—1248 页）一文中所作的众所周知的说明。总之，仅仅依据微观动机行动的相互作用的个人不大可能协调他们的行动，因此，某种集团行动或集体的行动是必要的。谢林的结论说：一些比较有选择性的团体——工会、俱乐部、街道居民——可以建立鼓励性质的规章制度，协助人们去做一些个人不肯做、如果集体来做他也愿做的工作。我们的道德精神可以代替市场和规章，使得我们有时出于良知而做些好事。选择做的事是要保证得到好的回报的。

总之，如果说经济活动是社会的过程，那么，能否在广泛的社会学理论结构之外找到一种分析经济行为的恰当的理论呢？这是经济学家和社会学家要在今后十年进行探讨的问题。

3. 新马克思主义

在 20 世纪 50 年代末，西方世界激进思想已销声匿迹，但随后在 60

年代和 70 年代，人们又看到马克思主义的政治和新马克思主义的思想惊人地重新崛起，其规模之大，完全出人意料。对这个变化，可以从下述三方面的发展情况来说明。

其一是出现了为数众多的这样一些第三世界国家，其中如古巴、越南、柬埔寨、莫桑比克和安哥拉等国均自称马克思主义的国家，而另有一批各不相同的国家，如南也门、阿富汗、利比亚或阿尔及利亚等，则以这种或那种形式自封为社会主义国家。经典的马克思主义理论认为，社会主义是资本主义之后的更高级的阶段，而上述国家却没有一个符合这种理论，它们先前几乎都是殖民地的农民社会。这些国家的马克思主义是一种反对帝国主义的辩术和政治动员的手段。其二是西方国家中反制度和反权威的青年运动高涨。这些运动强调自发性和"各行其是"，强调参与和公有社会论，大肆攻击唯物主义和消费主义。20 世纪 60 年代，当青年激进分子进入各种机构时，特别是进入大学时，他们的思想并不成熟，有民粹主义的倾向。70 年代工商业的不景气似乎预言了西方国家即将面临经济衰落的厄运，这时许多年轻学者便转向各种形式的新马克思主义，去磨炼他们的思想，探求更有条理的社会分析。其三是在马克思主义研究中，50 年代开始出现有独立见解的学者，出版了许多马克思的原著，在俄国革命后的年代里由于占统治地位的共产党的垄断，这些著作的出版遭到压制和忽视。这个原因乍看起来好像有点风马牛不相及，可是最终却为新马克思主义的兴起提供了一个新的基础。

研究马克思主义的困难过去是、现在也依然是缺乏确定的版本，甚至在今天也没有马克思和恩格斯全部著作的一套完整文集。即使有了这样一套全集，问题也不会改变，因为马克思在探讨关键性的哲学问题时就一直处于进退维谷的境地：例如唯意志论对决定论；能动的认识论对反映的认识论；具有固定本质的人性还是作为人类技术力量增长的后果而变化着的人性。

马克思的早期哲学著作，比如写于 1847 年前的《德意志意识形态》和《1844 年经济学—哲学手稿》，以及《国民经济学大纲》（1857—1859）这本粗略而篇幅巨大的社会学论著，直到马克思逝世半个世纪后还未能出版。《资本论》的第 2、3 卷也是由恩格斯随意编排的，一大捆补充材料《剩余价值理论》是在恩格斯逝世后由他的文献保管者考茨基分为四卷出版的。马克思许多著作的早期英译本，包括《资本论》在内，都是粗糙和不准确的，只是到现在才在重译。

第一代马克思主义理论家，其中有考茨基、列宁、普列汉诺夫，他们对马克思的早期著作几乎一无所知，他们的马克思主义概念得自恩格斯的《反杜林论》一书和《社会主义从空想到科学的发展》这本小册子。恩格斯大量删除了马克思的早期著作，因为他觉得，这些著作晦涩难解，需要有关于黑格尔的知识才能读懂。恩格斯只是在1886年才把马克思关于费尔巴哈的提纲作为他的《路德维希·费尔巴哈和德国古典哲学的终结》单行本的附录，并认为它是马克思早期哲学论述中最有价值的东西。

"异化"的概念并没有出现在第一代马克思解释者的著作中。20世纪60年代及其以后的时期，在论述马克思的一些主要著作中，"异化"一词才被作为马克思思想的一个中心概念。这样一来便引起了评论家的争论：马克思的思想是连续的，还是断裂的。D.麦克莱兰认为，马克思的思想存在着一贯性和连续性，特别明显的是"异化"这个词已用在《大纲》中。S.胡克和L.阿尔都塞却认为马克思的著述中有"断裂"。在胡克看来，"异化"一词是马克思后来曾嘲笑过的德国浪漫主义的产物，从《德意志意识形态》一书开始，由于马克思力图用更精确的一类词汇来描述社会关系，"异化"便从他的著作中消失了。在阿尔都塞看来，决定性的断裂是在写作《资本论》时产生的，他把《资本论》看作马克思"科学"工作的基础，是反哲学的。

与马克思名字相联系的任何一个重要概念都没有关于这些术语的单个的明确定义。马克思从未用过"历史唯物主义"一词，是恩格斯创造出来的；"辩证唯物主义"一词马克思、恩格斯都未用过，是由普列汉诺夫创造的。马克思主义的社会学大概可以概括为一句话："整个社会结构基本上是阶级结构"。这是马克思主义的力量所在，也是它的问题所在。社会中的一切社会划分都根源于阶级，这种说法使人们获得了一个分析社会行为的有效三棱镜，并设置了一个划分基本利害关系的单一轴线，它从阶级的角度来鉴别各种不同的世界观（甚至真理）和各种不同的生活方式。困难在于，这种说法更像是隐喻而不像是明确的定义。如果人们问，阶级意味着什么，这种说法就会露出破绽。实际上，马克思是以五种不同的方式使用"阶级"一词的。即使在最广泛的意义上，当阶级主要与生产结构相联系时，对于基本的阶级来说，其界限也模糊不清（即把大批商人、专家、管理人员、政府雇员放在生产过程之外，是由工人创造的"价值"养活的）。难怪连那些虔诚的马克思主义者也感到困惑不解。

关于马克思的研究和重新解释已经深入到每一个领域（哲学、美学、历史、社会学和经济学），根本的出发点一直是哲学。在这里，被称之为"经典马克思主义"的东西是最热门的争论话题和最彻底的修正对象。恩格斯所提出的经典马克思主义，强调"反映的认识论"，即我们所认识的一切都是外在现实的反映。这当然是一种机械论的观点，因为唯物主义是认识的基础；可是为了说明变化，即使是自然界中的变化，恩格斯认为，"物质"都是"辩证地"运动着的。恩格斯仿效当时的风气，力图用"科学的"格调来整理马克思主义，他几乎完全按照物理学的模式来强调决定论和社会的"规律"——这种企图在马克思《资本论》序言的简短的方法论论述中可以找到学理上的根据。马克思在《资本论》序言中说，他不是经验地描述资本主义，而是把它当作物理科学中所使用的抽象，他力图确定资本主义的"运动规律"。正如在该问题上最早持有独立见解的学者之一 G. 利希特海姆在其《马克思主义：历史的和批判的研究》中所指出的，这种"科学主义的"观点同包含"能动认识论"的马克思早期著述相抵触。他还认为马克思的思想直接溯源于黑格尔。是恩格斯根本修正了马克思的观点，还是马克思本人放弃了他早期的一些观点，这个问题在当今关于马克思主义的争论中还一直纠缠不清。

在过去的 15 年内，关于马克思主义哲学的见解集中体现为下述四大流派：（1）匈牙利哲学家 G. 卢卡奇；（2）法兰克福学派，其中包括 M. 霍克海默、T. 阿多尔诺、H. 马尔库塞以及后来的信徒哈贝马斯；（3）法国存在主义者萨特；（4）法国哲学家阿尔都塞。

卢卡奇是一位最有影响的、也是个不可思议的马克思的批评家。他于 1923 年出版《历史和阶级意识》一书。在没有直接了解马克思早期著作的情况下，他根据研读黑格尔著作的心得，"直觉"地提出一种对马克思的不同见解，这种见解跟当时占支配地位的正统观点大相径庭。卢卡奇于 1923 年和后来 1930 年被迫公开宣布这本书是错误的，并声明决不再版。多年来，该书一直作为地下读物秘密传播着，部分原因是由于卢卡奇在这本书中凭"灵感"推断出知识分子是先锋队内部的精英。

卢卡奇嘲笑辩证唯物主义不过是"翻转过来的柏拉图主义",没有任何哲学基础,但是,他却给历史唯物主义理论作了激进的解释。卢卡奇认为,在"阶级观点"之外不存在所谓"独立的"现实观点和历史观点,因此认识总是受阶级的局限。可是如果事情果真如此,那么哪一种观点是"正确的"呢?在卢卡奇看来,无产阶级的观点是正确的(即使无产阶级本身并不持有那种观点),因为无产阶级是唯一能够达到普遍性、能够进行理性思考的"人类主体",卢卡奇认为这是某种历史的现象。

卢卡奇在公开场合对斯大林主义总是持暧昧态度。虽然他在1956年匈牙利革命中曾出任过纳吉短命内阁的部长,当俄国军队镇压了不同政见的共产主义叛乱时,他被逮捕,并被驱逐出国,但是他对俄国革命根本进步作用的支持态度从未动摇。难怪阿多尔诺谈到卢卡奇时曾经写道:"他徒劳地拖着锁链,并把锁链的铿锵作响想象为向世界精神的进军。"

法兰克福学派的人物从来也不是共产主义者。这个学派把发展"批判理论"看作它的主要任务。这种做法就是要攻击实证主义,发展"否定的辩证法",即揭露"资产阶级"启蒙哲学的退化特征。对技术和大众文化的攻击是马尔库塞的中心议题,特别是在他的《单相人》一书中,也在阿多尔诺的《棱镜》等论文集中,这一点表现得尤为明显。

法兰克福学派的批判是一种用不同方式表达出来的理性观念。阿多尔诺认为它是一种"真实性"的观念;马尔库塞在他的《爱欲与文明》中指出,它是一切"压抑"的解脱,以便使性的力量获得自由来从事创造性的工作。哈贝马斯试图对当代哲学进行最彻底的批判,在他看来,它是一种力求实现无畸变的交往的努力。哈贝马斯在《迈向理性社会》中认为,资本家不再直接剥削工人了,资本家阻碍了社会生产力的合理发展,但是并没有压抑科学技术的天性本身。由于科学技术变成了最主要的生产力,马克思的劳动价值理论便丧失了起作用的条件。

萨特在他的《辩证理性批判》中也认为,"观点"问题是一个至关紧要的问题。他也一再重申黑格尔的原则:历史逐渐展现出关于人的真理。他反对恩格斯和列宁的"反映的认识论"。萨特认为,马克思主义有两个局限性。其一是它未能提出一个"中介"理论,或者说它未能表明人们如何从自然和历史的抽象"概念"达到个人的具体生命和事件的特殊性——这是存在主义者认为的首要问题。马克思主义之所以失败，正是因为它使个人服从于预先设想好的方案。第二个局限就是那使历史过程来源于自然界的唯物辩证法。萨特认为，在历史过程中，本体论的优势在于人向自由的辩证运动。妨碍自由的是匮乏。匮乏使人们彼此当作工具、物品或"他物"。历史的辩证法是他物性，异化是由匮乏造成的。既然这些东西使人们分裂，那么，判断的观点、解放的观点就是创造人类关系中总体性的"全部"或整体的东西。

几乎全部新马克思主义哲学的主要矛头都回过头来指向黑格尔，指向作为其核心的历史主义。但是黑格尔的历史主义阐述了以下三个问题：它用二元论（例如主体和客体、精神和物质、自然和历史，等等）的观点，来看待世界；它揭示了发展的内在过程，在这一过程中，这些成对的二元在一个更高一级的统一中得到了解决；并且它必然认为，人没有本性，而只有历史。马克思在早期著作中，试图用理论和实践的革命统一来克服哲学，但是，"后期的"马克思或者恩格斯由于建立了对科学的信念，从而抛弃了这种二元论。

法共哲学家阿尔都塞反对把马克思的学说做黑格尔化的和历史主义的解释，他力图恢复他认为马克思在《资本论》中所创造的那种"科学"方法。在阿尔都塞看来，马克思早期著述体现了一个"人道主义者"的马克思，当时马克思完全纠缠于主观性的问题。他对马克思做了与众不同的解释，这就是他强调关系的结构，把这种结构作为生产方式内部的独立研究对象。按流行说法，阿尔都塞给我们提供了一个"结构主义者的马克思"以代替黑格尔化的马克思。

马克思的社会理论有三个组成部分。第一部分根源于早期的哲学著作，它包括下述观念：社会主义是启蒙运动的完满实现，一切二元论的克服，是人类社会大同的历史的"实现"。第二部分以《哲学的贫困》开始，并通过《资本论》加以扩展，它把资本主义作为商品生产的完整体系加以结构性的分析。这个商品生产体系由于竞争和资本有机构成的改变，必然陷入危机，最终让位于社会主义。第三部分是总的社会理论，可以在恩格斯的著述中找到它最富机械论色彩的说明。这个理论根据经济基础和上层建筑的原理对一切社会结构做出概念化的说明，其中生产方式决定着所有其他的社会关系：不同阶级在生产方式中的地位成为社会两极分化的基础。在这三个部分中,第一部分是从黑格尔的进化观推论出来的,作为历史或哲学,显然是不完善的。第二部分在探讨1750—1950年的资本主义方面确有巨大的分析力量,但在20世纪下半期国家指导的世界中和后工业世界中,实际的理论表述是否依然有效,是成问题的。至于第三部分,"总的社会理论"溯源于恩格斯的机械论表述和实证论表述已经日益被抛弃;从阶级分析的角度来看待前资本主义社会和非西方社会已被认为是不妥当的;把生产方式重新定义为多种"社会形态"的交叉结构,这种探索完全证明至少一度是简单决定论的社会理论的破产。

最引人注目的也许是,马克思主义的理论竟不适合于解释"马克思主义的"社会。人们用马克思主义的什么范畴来解释中苏之间深刻的紧张关系呢?或者来解释越南和柬埔寨之间激烈的敌对冲突呢?如果人们把苏联看作是已经存在了60多年的社会,那么如何解释那个社会由于新特权阶层的出现而形成的新阶级结构呢?1957年,南斯拉夫共产党的前领导人M.吉拉斯在《新阶级》一书中指出,苏联的官僚集团已经成为一种新阶级制度的基础,但是马克思主义从来没有一种关于官僚主义本性的合适理论。列宁在《国家与革命》中论证,在社会主义制度下,行政工作将会大大简化,任何一个人都可以轮班参加国家的行政管理。M.维贝尔在这一时期的著作却更有先见之明,他在《经济和社会》中论证道,由于行政管理的技术性和计划化的要求,社会主义甚至会变得比资本主义更加官僚主义化。前不久,两位匈牙利社会学家根据他们匈牙利的经验指出,知识分子变成了一个新阶级,但这是一个总是与政党的杰出人物相冲突的阶级。从苏联、南斯拉夫到古巴,对不同共产主义社会的种种研究所未能阐明的东西,就是革命后重新产生了不平等,这种不平等形成了一种新的特权制度。

4. 结构主义

十年前,瑞士心理学家让·皮阿热(Jean Piaget)写道:"人文科学中最普遍的先锋运动倾向之一,就是结构主义,它正在取代原子论的观点和'整体论'的解释。"十年前还可能是先锋运动,今天却已形成一股洪流。结构主义几乎横扫了文学和社会科学的各个领域,出现了大量的文献。其中特别有名的人物有心理学方面的皮阿热，人类学方面的列维－斯特劳斯，精神分析学方面的 J. 拉坎（Jacques Lacan），马克思主义研究方面的阿尔都塞，认识论和思想史方面的 M. 福柯，文学方面的 J. 德里达和 R. 巴尔特斯。F. 索绪尔和 R. 雅科布逊的著作以及与他们的名字相联系的语言学革命，则是目前结构主义的渊源。

什么是结构主义？在上述这些人的著作中，几乎找不到一致的看法。巴尔特斯认为："很难给结构主义下一个合适的定义。" H. 加特纳在他通俗易懂的著作《对精神的探索：皮阿热、列维－斯特劳斯和结构主义运动》中一开始就不主张下定义。《结构主义者：从马克思到列维－斯特劳斯》一书的编者这样评论道："结构主义曾被描述为一种方法、一种运动、一种学术上的时髦和一种思想体系。这些说法中的每种都有点道理。因为结构主义是一种松散的、不定形的、多方面的现象，它没有明确的界限，其中没有一个带头的坚实的学者集体，在人们以为是结构主义的学者们中间，也没有一套确定的学说。结构主义涉及许多学科语言学、人类学、文学批评、心理学、哲学。"编者们把结构主义的渊源说成是 19 世纪的马克思、弗洛伊德和索绪尔的思想。

如果人们企图理解结构主义的特点，就必须把它看成具有一种特殊认识论纲领的运动，不论其应用如何五花八门。我们也许可以发现这一纲领的六大要素。

（1）根据自然科学模式探索不变关系。在这方面，起点是伽利略。尤其是伽利略不研究"具体的"物体，而研究它们的抽象特性，不研究一个落体，而研究质量、加速度、速度这类属性，他还企图找到驾驭任何具体物体的量的关系，即这些特性之间的量的关系。结构主义不区分自然科学和人文科学，它认为可以发现物理现象和心理现象之间的"同构"、结构。

（2）反历史主义，或反"历时态"分析。结构主义否认现象要通过它的起源来理解。

（3）反主观性。结构主义试图不以人的主体（即个人意识或思维意识、先验自我）作为研究的基本单元，而以个人之间的关系、相互作用的产物和对象、还有语言符号以及不变的结构等作为研究的基本单元。可以说符号（code）凌驾于符号所代表的东西（内容）之上，同时态高于历时态，模型高于形形色色的事实。

（4）语言结构作为思维方式和由该方式得出的关系法则的具体化，它与所有其他文化关系的模式是吻合的。几乎所有结构主义理论的一个共同思想来源于索绪尔的下述思想：语言是一种符号排列系统，它是一种独特的系统，有其自身的法则和性质，可以在不涉及历史，不涉及语言以外的因素而加以陈述，就像弈棋要遵循着一套走棋规则一样。凭着这种见解，列维－斯特劳斯就认为，所有文化现象都应该看成是符号

（5）思想的根本结构是合乎理性的，这一论点虽然更大程度上属于列维－斯特劳斯和皮阿热，但在另一种情况下，N. 乔姆斯基的理论也符合这一思想。在思想史中，上述这一思想产生了两个重大的结果。第一，消除了野蛮人思想和现代人思想作为两种不同思想类型的差别。原先人们认为，野蛮人的思想是由巫术来统治的，是先于逻辑的；现代人的思想却是由科学支配的，是逻辑的。在列维－斯特劳斯看来，野蛮人的思想与现代人同样是有逻辑的，无非有其特殊的方式而已。列维－斯特劳斯认为，氏族图腾不是某种抽象禁忌的巫术符号或灵魂符号，而是一种施行婚姻法规的手段。因为图腾的功能是用来确定一个人的氏族，并实行内部通婚和外部通婚的法规。总之，这是一种合乎逻辑的强化禁止乱婚的戒律。

第二，关于结构主义的 19 世纪的祖先是谁的问题。过去一百年来，有一个简单而强有力的观念几乎渗透到社会科学的每一种学说中去。这个观念是在理性世界的外观之下，是潜在的非理性结构。在马克思看来，按照合理的个人利益，在形式上自由的商品交换之下，是市场的无政府主义，并把人降低为物。在弗洛伊德看来，在文明（社会的超我）的外表下，同时存在着骚乱和侵略。在帕累托看来，在思想逻辑系统下边，有着情感的残渣。在维贝尔看来，在为了达到目的而合理考虑手段的情况下，存在着一个机能化的世界，在这个世界内，手段变成了目的本身，但是，在列维－斯特劳斯、皮阿热和乔姆斯基看来，在世界的无秩序和动乱的后面，在丰富多彩的文化和为数众多的语言的后边，存在着一个理性的和有秩序的下层结构。共同的根源是语言学的特征、心灵的特性。乔姆斯基认为，心灵具有概括法则的先天功能，而语言本身，语法和句法具有一套埋藏在深层结构中的特性，这种结构能够由心灵直觉地感知

和概括。列维-斯特劳斯认为，尽管文化十分复杂，但是存在着一个不变形态的有限集合，这些形态能够根据变换法则被译出、被理解。

（6）形式主义倾向。列维-斯特劳斯在神话分析中得出了基本的论点：任何关系的内容都是有特性的，决定的东西是关系自身的结构。一旦这些结构被确定了，人类学家就能够找到变换法则，使他们能够确定有限数目的形式，从而种种关系都能够加以分类。

结构主义者已写出了大量的著作。重要的不是这些著作的特殊内容，而是结构主义的意图及其影响所及的范围，结构主义企图通过构造人类心灵的普遍理论，至少能抓住"理性之梦"。结构主义也确实是一种逻辑，这种逻辑的模型就是数学，并且像数学一样。结构主义感兴趣的不是内容，而是关系以及在组合形态中扩大关系的数目。

（选自《国外社会科学》1981年第8期）

现代社会科学的发展及其与自然科学的结合

裘 辉

人类文明史上从来就有两类知识。一类是物质生产方面的知识，如渔、猎、农、牧、百工、技艺。这些都与人类的物质生活直接有关。另一类则是属于精神方面的，如道德、哲学、宗教、政治、经济、法律、教育、文学、历史，等等。这方面的知识都与社会和人的精神生活有关。

虽然这些知识是自古就有的，但是它们成为科学则是近几百年的事。J. 贝尔纳认为科学革命开始于文艺复兴时期（1440—1540 年），随后的发展与今天相比是很缓慢的。当时除数学，如欧几里德几何学和天文学（哥白尼系统）以外，只有零零星星的发现和发明，谈不到系统化的科学知识。到 17 世纪才有牛顿的一个比较完善的力学系统。在社会科学方面，哲学、宗教、法律、文学等，当然都是古老的学科，但现代经济学是到资本主义时代才出现的。社会学则更晚了。所以贝尔纳写道：社会科学总的说来是最晚出世、最不完整的。但是贝尔纳似乎在这里只是指西方的社会科学。他的这个提法没有把 19 世纪中叶出现的马克思、恩格斯的著作考虑在内。马克思、恩格斯的著作是最完整的社会科学。这应该说是贝尔纳的疏忽，因为他在所著《科学史》一书中，还大量介绍了马克思主义的内容，并批评了西方社会科学。

在前资本主义的各种社会制度中，统治阶级为了自己的阶级利益和进行统治的需要，总是重视哲学和社会科学，而轻视自然科学与技术。

只是到了资本主义逐渐兴起，后来资产阶级执政的时代（首先在荷兰、英国），他们为了发展生产、商业和取得利润，自然科学与技术才越来越受到重视，其发展也就越来越迅速，越精深。从此大量的才智之士就纷纷从事这方面的研究了。到了18世纪，英国最先发生工业革命，自然科学和技术于是更加突飞猛进。

马克思从来主张自然的人化和人的自然化。这两个命题指明了自然科学、技术与社会科学、人文科学之间的关系。它们双方是互为依据、互相促进的。但现实情况是，在资本主义初期，西方人重视自然科学和技术甚于社会科学，因此自然科学和技术大大发展，而社会科学则相对地较少受人注意。

从第二次世界大战以后，特别到了20世纪60年代，单单重视自然科学与技术的情况在西方开始改变。例如在美国，学习社会科学之风越来越盛，渐有赶上学习自然科学与技术之势。

西方的社会科学，从来就有双重目的。一是为了延续资本主义社会，为它作种种辩护。二是早期曾为反封建、争民主、提倡理智而努力。自然科学与社会科学越来越密切的结合，有其社会、经济、政治、历史原因，但也还有学术本身发展方面的原因。由于数学、电子计算机、生物学、心理学的发展以及社会科学本身的研究日益精密、具体、深入，才使一些综合性学科能够出现。

自然科学与哲学的关系

恩格斯从自然科学研究中得出唯物辩证法，主张用这种方法理解自然现象。西方也有许多自然科学家和哲学家研究自然科学与哲学之间的关系，但他们的结论往往与恩格斯的观点截然相反。他们既不赞成唯物论，也不同意辩证法。究竟问题在哪里呢？先谈唯物论，无论什么人，要想解释现实或改造现实世界，不管他嘴上怎么说，他的思维方法和行动，必须是唯物的。以列宁对马赫的批判为例。马赫把物理学看作是感觉的联系，实际上是玩弄哲学名词，因为他在做物理试验时，使用的毕竟是物而不是感觉。物所固有的现象引起人的感觉，人又凭感觉推知物的存在和本质。这是一个不断反复的过程，也就是唯物主义者所主张的从感性认识上升到理性认识,接着又从新的感性认识上升到新的理性认识的过程。马赫掐头去尾,既不重视物所固有的现象,又不去探索物的存在和本质,而单单重视个人的感觉,这种认识当然是不完全的。但也不能说,感觉在认识过程中不是一个必要环节。因为如果单单重视理论,而不重视感性认识,就会见不到不断变化的事物的特殊性和具体性,就会不重视实践,而陷于教条主义和信仰主义。当初西方的实证主义者也曾经是进步的,他们反对宗教信仰,反对臆断和空想,主张凭人们的感觉,想使人们的认识更客观更科学一些。就像中国老话所说:"耳听为虚,眼见为实。"但是如果孤立地谈个人感觉,就堕入唯心主义泥坑里去了。

在辩证法问题上,则要看研究对象的变化情况和研究的目的。有些不用辩证法就无从研究,有些则不用也可以。我们知道,大多数西方大科学家是不相信辩证法的,甚至有些苏联的著名科学家,如兰道等人也不相信。有的还公开提出批评,如J. 莫诺,把辩证唯物主义说成是破产的认识论。我看这里不仅有意识形态方面的成见,而且还有深刻的误解。举例说,世界上有些事物发展很迅速,如人类社会。有些研究则本身要求从历史的发展的角度去看,如进化论、天体发生学等。这些学科不用辩证法是理解不了的。但是也有一些事物几乎亘古不变,或变化极为缓慢。例如,一般天文现象、目前存在的动植物界、传统的工程技术、医药,等等,研究这些学科一般使用机械唯物论也可以,或者只在涉及发展变化方面,使用一下辩证法就行了,也许这样比全用辩证法解释,更为通俗易懂。用逻辑术语说,前一种研究要使用质变、量变等观点,后一种可单纯用形式逻辑,不必从发展去看。用另一种比喻,前者可用电影来解释,后者可凭静止摄影去考察,不能认为这一方法就是机械的、不科学的。虽然世界上一切东西从长远时间来说,都在变,但在短时间内,有些事物看起来,也可以说是静止的。那么,对于恩格斯的飞箭"既在此处,又不在此处",怎样理解呢?在现实世界中,不管时间多短,飞箭总在动,总是"不在此处",因为时间不能为零,只是在我们思想中,时间可以停下来,暂时为零,飞箭可以不动,即"在此处"。因此,如果对所有自然科学家,不管他们研究的是速变或缓变的现象,都要求他们使用辩证法,这就必然要遭到他们的抵制。的确,不少自然科学家反对在研究某些自然科学部门时使用辩证法,但却赞成在研究人类社会时使用它,这不仅因为人类社会变化迅速,而且还充满着对立的冲突和斗争,不用辩证法不成。这样是否会使辩证法的应用范围变得狭窄呢?不会的。因为人的生活和社会现象都是多变而复杂的,人的一生处处要使用辩证法。在物理学中,使用牛顿力学机会要比使用相对论多,在社会的人的一生中,使用辩证法的机会可能比静止地研究问题的机会还多。而社会的革命和发展则更非用辩证法不可。

凡是牵涉矛盾和发展历史的都要使用辩证法,这在研究自然科学本身历史时也是这样。近年来在西方很著名、几乎已经成了科学史方面的一部经典著作的库恩的《科学革命的结构》,其中心内容是辩证法,只不过他没有提到恩格斯的名字,也没有提到辩证法这个名词罢了。他的所谓"范型"(paradigm),其实就包含了质变、飞跃的内容。他说,一切学术理论,先是扩充和深化,到了某一理论"范型"内,已研究得详尽无遗,再也不能发展,并已经无法解释一些新现象的时候,就要被突破,出现新的"范型"。例如,牛顿力学,经过人们充分研究以后,不能解释某种新发现的天文现象,它就会被突破,发生飞跃,出现新的高一级的"范型",即爱因斯坦的相对论力学。

社会科学的数学化

近年来,社会科学越来越多地使用数学。而使用数学最多也最早的当然是经济学。"计量经济学"是1935年出现的。第二次世界大战后出现的数学理论,如运筹学、经济发展理论、投入产出分析、成本收益分析、线性规划法、对策论,等等,都成为解释经济现象和决定经济政策的重要工具。另一个使用数学方法较多的学科是社会学。这些都需要比较专门的讨论。我们下面只谈经济学、社会学以及其他社会科学数学化和使用数学理论方面的一般现象。例如冯·诺伊曼与莫尔根施特恩的《对策论与经济行为》一书,把对策论应用于经济方面。但后来人们大大扩充了对策论的应用范围,用于解释社会上的一般冲突问题,拉波波特又把对策论中的二人零和对局发展到多人非零和对局。所谓二人零和对局,即参加者只有双方甲和乙,而一方所赢的等于另一方所输的,如果把输的数作为负数，赢的数作为正数，两数加起来就等于零。一般人们讨论辩证法的对立面时，只指两个方面。如果这种对立绝对化和势不两立时，其情况就相当于零和对局。但是，二人零和对局只是一种极端情况。社会上的矛盾，往往参加者不只有两个方面，而且也往往不是零和而是非零和，即参加者有都赢（即两利）、都输（两败）或赢多于输，输多于赢的情况。如果把问题绝对化，只会把事情弄糟。民主德国的李勃舍尔在《冲突形势的数学模型和辩证矛盾概念》一文中写道："双极性理解矛盾的方式不是唯一的方式。在通常情况下，当思维更深入地理解现实时，就必然认识因果关系，进而认识相互作用的过程。在一定条件下，它以类似的方法从双极的辩证对立面进而考察多极的对立面关系。"在对立程度上，他又说："实质上这种多样化的程度是很不同的，从各方绝对地或至少实际上绝对互相排斥到较差的不同程度的对立性直至完全符合和绝对的或几乎绝对的互不相干。对策论正是把这种从尖锐的、极化的对立性到各种各样程度较差的对立性表现，作为思维模拟的工具，这种工具比逻辑模型能更好地做出反映。"

系统的概念古已有之。而一般系统论是贝塔朗菲提出来的。"控制论"这一名词则是维纳提出的。这两者都出现于20世纪40年代，它们既是数学理论，又是生物理论。贝塔朗菲是生物学家，但苏联的乌耀莫夫解释的一般系统论则几乎完全使用了数学。维纳是著名的数学家，但他为了写控制论，特地学习了生物学；在他写的书中，引用了很多生物学材料。现在一般系统论和控制论都从原来的自然科学理论上升为哲学或思维理论，人们反过来用它们去解释各种社会和自然界现象。目前对于系统论的一般批评是它只注意同时性而不考虑历时性，这样在解释变化迅速的人类社会时，就会看不到社会的发展。用控制论来解释社会现象，也有一个过程。当年维纳在其《把人作为人来使用》（1951）这本小册子中，对于是否能把控制论应用于社会研究中，自己也犹豫不决。70年代，盖耶尔编了一本论文集《社会控制论——面向行动者的社会制度》，明确用控制论来解释社会现象。看来，控制论中的反馈、自稳定、超稳定等理论是可以用来说明社会现象的。因为有社会就有人与人之间的交往与通信，有通信就有反应，这种反应在控制论术语中就叫反馈。反馈有正确的，有错误的，因为反馈的渠道可能出问题。另外，反馈又可分为正反馈和负反馈。在人与人的交往中,正反馈就是你说的我赞成,我照着你要求的去做。负反馈就是你说的我不赞成,或认为不妥当,不照你说的去办,或照你所要求的去做,但打上一个折扣。比如一个恒温箱,箱里温度高了,刺激感应部分,感应部分发挥作用,使箱内温度降低。到箱内温度太低时,也刺激感应部分,这时它发挥的作用,是使温度升高。在人类政治中,如果只有正反馈,人们之间来往只听到赞成意见,看似一致其实最不一致。按照控制论理论,单是正反馈只扩大活动幅度,但不起控制作用。在系统论中,来回的正反馈必然最后要破坏系统。必须也用负反馈。它既起控制的作用,又起使系统稳定的作用。

用一般系统论和控制论去解释人类社会时,必须着重注意如下一点:在人类社会这个复杂的大系统中,其要素(即构成系统的各部分、单位)是具有意识的人和人群,而不是一般生物,更不是无生物。过去贝塔朗菲和维纳提到的系统却是生物或生理系统,系统中的要素是无意识的,它们都从属于系统,它们的地位是天然或天生地决定了的,不可以转换。也许历史上的奴隶社会、封建国家有些与此相似。今天的人类社会则不然,今天社会中每一个人的地位不是天生地决定的,也不应是绝对不能转换的,只是因为社会历史原因和社会分工,被置于一定地位上罢了。他们是自由的,又是被置于一定地位中的。所以鲍姆加特纳等人认为:"今天社会中的人或人群的处境有两重性,即他们的行动受到物质、社会结构和文化的限制,同时他们又是创造性地、主动地谱写着自己的历史。一般社会科学研究,特别是社会系统分析,应当避免把制度物化,不能认为人类在自然界或社会环境面前无能为力。"(见《社会控制论》卷1,第29—30页)

随着社会科学的数学化,今天与数学结合的社会科学已经很多了,如数理社会学、数理心理学、数理政治学、数理历史学、数理语言学,等等。为什么社会科学要数学化、量化,而且这种现象主要到第二次世界大战后才大量出现呢?这不仅与社会科学需要精密化有关,而且也与社会科学必须适合于应用有关。除了应用的目的外,社会科学本身的理论研究,也需要数学,使这些理论更加精密,正如自然科学那样,只有通过数量才能使一个理论更精确。当然,在尽可能作量的研究时,也不能只见树木,不见森林,忽视甚至抛弃质的研究,何况许多社会现象过于复杂，至少在目前是难以用数量来研究的。

社会科学与生物学的关系

"二战"后，生物学各学科大大发展，其中如动物行为学、遗传学、分子生物学、大脑研究，等等，都是很出色的，其中如 N. 丁伯根、K. 洛伦茨、K. 冯·弗里希（均研究动物行为学）、F. 克里克（分子生物学、遗传学）、J. 埃克尔斯（大脑研究）都是近年来的诺贝尔奖获得者。从动物行为学产生仿生学（生物学与技术的结合）、生物伦理学，也都成为热门学科。从分子生物学、遗传学和动物行为学出现的一门新学科"社会生物学"引起了社会上的轰动。E. 威尔逊的《社会生物学——一项综合》（1975 年）为这门学科奠定了基础，但引起了学术界的极大争论。争论焦点是人类行为是不是由先天遗传所决定的。他的另一本书《论人性》（1977 年）则更直接谈人的问题。有人批评威尔逊，不应把合群昆虫甚至也不应把灵长类中的行为现象推论到人。大脑研究是目前世界上学者最关心的，研究者最多，也最时髦。第一是因为大脑本身是一种最最复杂的器官，最神秘最不容易了解。第二是因为大脑是人类一切精神活动的物质基础，人们希望从研究大脑中得出有关人的心理和精神活动的一些答案。第三是由于电子计算机和人工智能方面的进展，人们希望通过大脑研究改进计算机，又从计算机研究去理解大脑，并加深对人工智能的研究。第四是大脑是人类的情报系统，对大脑的研究结果也有利于情报系统的建设。因为大脑就像一台电子计算机。人把各种数据、资料储存到自己的大脑。然后，到一定场合，又把这些东西从大脑中检索出来。在行动时，大脑也起着控制中心的作用，它控制人的本能，就像计算机内存在着软件或程序。

由于人体有 1015 至 1016 个细胞，中枢神经系统就有 1010 个神经细胞，而计算机的晶体管则只有几千、几万个，数目相差太大了。因此无论用计算机的一些原理去理解大脑，或是造出像大脑那样复杂的计算机，或者编制出像大脑那样的能创造性地思维的计算机程序，现在还做不到。但是，今天的科学家和技术专家们正在利用控制论、信息论、结构语言学、认识心理学、人工智能方面的知识去创造逻辑和思维机器。

另外，也必须提一提人类学。这本来是一个自然科学学科，研究人类起源以及从猿到人的体格变化，但今天已出现哲学人类学、政治人类学、文化人类学。虽然费尔巴哈在这方面早已有很好著作，但从马克思的早期著作被发现以后，人们联系了人性、人道主义、人的异化、社会主义共产主义新人等问题来研究人类学。目前在西方，这种研究是很活跃的。

社会科学与心理学的关系

心理学究竟是一门自然科学还是社会科学，众说不一。如果认为只有实验心理学才是心理学，其他的都是伪科学或不算是科学，像苏联早期的看法那样，即只有巴甫洛夫心理学才是科学，那么心理学当然是自然科学。但这样不就把这门与社会的一切现象息息相关的科学，排除在社会科学之外了吗？现在苏联和西方国家都把心理学归在社会科学的范围内。但是也有人认为心理学是一门自然科学与社会科学之间的边缘科学，其中有些分支，如巴甫洛夫的条件反射心理学接近自然科学，而另外一些，如文化心理学、宗教心理学等则属于社会科学。事实上，如果把心理学作为社会科学，那么所有社会科学中，实验最多、实验设备最完善的要算心理学，虽然还比不上物理化学等学科。

在国外，现代心理学是一个最热门的学科，这是因为有些国家似乎认为物质生活问题解决得差不多了，精神生活方面问题已提到日程上来了。美国的《心理学文摘》每年收集几万篇文章就足以证明这点。在学科结合方面，心理学就像经济学、社会学那样，同许许多多学科都能结合，如军事心理学、政治心理学、经济行为心理学、工业心理学、社会心理学、职业心理学、劳动心理学、医学心理学、犯罪心理学、数学心理学、教育心理学、文化心理学，等等。在思想方法上，有发明心理学、问题解答法。从年龄说，有青年心理学、老年心理学、发展心理学，等等。

运用计算机来研究的社会科学

电子计算机的发明（布什等，1943 年）和迅速改进，是人类历史上的一大奇迹。计算机给人和人类社会带来的变化与后果，是怎么估计也不会过高，也是难以想象的。按照马克思生产力决定生产关系的原则，计算机将带来怎样一种人类社会呢？未来的人工智能和机器人，将来在智慧方面会不会大大超过自然人类的问题，过去的回答总是说，计算机是人造的，它怎么样也超不过人类。后来又有人说，在简单的思维方面可能超过人类，在复杂和创造性思维方面必然不如人类。但这样的论据，目前已逐渐动摇。1981 年全美人工智能会议上，纽约象棋专家本杰明与机器人对弈。第一盘他赢了机器人，第二盘却输了。被弄得精疲力竭的本杰明懊丧地承认自己的棋艺不如机器人。像这样的事情，过去是科学家猜测和科学幻想小说家的心爱题材，却已变成事实。看来，电子计算机在思维功能的许多方面，能赶上甚至超过人类，不是不可能的。第一，计算机的记忆、检索能力是永久而无限的，人的记忆和回忆能力则受生理结构的限制，是短暂而有限的。第二，存储到计算机中去的不是一个人的知识，而是很多人的知识，而用计算机检索起来，比到图书中去寻找要迅速而方便。第三，计算机中的半导体或集成线路元件，现在虽还不多，但可增加，以大大提高计算机的效率。从长远说，这种增加可以是无限的，而一个人的大脑中的神经细胞则是有限的。第四，目前计算机的单一性思维功能已在逐渐超过人类。随着电子计算机的元件增多和能力扩大，在综合性思维功能方面，也有可能通过这些单一性思维功能的联合，而赶上或超过人类，这些都有待专家们去探索。现在有些社会科学方面的学术研究，不用电子计算机，就无从着手。例如，米都斯写的《增长限度》一书，只有薄薄的 200 多页，然而作者收集了全世界可能得到的有关材料和数据，按照哈佛斯隆学院 J. 福勒斯特尔教授创立的"系统动态"法，用电子计算机计算出地球上人类生活的发展趋势。诺贝尔奖获得者美国经济学家 W. 列昂节夫的《世界经济的未来》（1977 年）一书，仅 100 多页，但它的一些结论也是用电子计算机对九万多个数据进行计算后得出来的。这样的例子很多。在社会科学研究越来越数量化和经常应用模型理论来解释现象并进行模拟实验的情况下，电子计算机的运用将越来越成为必要，不论在经济学、社会学、政策科学等方面都是如此。至于社会主义国家编制有几千个变项的经济计划时需要电子计算机，则更不必说了。

下面谈几门从内容上分不清属于自然科学还是社会科学的学科。

(1) 地区研究和地区发展学　地区研究和地区发展学或规划学本身就是综合性学科。前一个学科是早已有的，它研究某一特定地区的地理、历史、资源、自然界、政治、经济、工农业、文化、教育、文学、科学、技术、语言、人口、民族、宗教等，例如中国研究、印度研究等都是无所不包的。据说，这样的研究，现在正在减少，因为范围太大。地区发展研究20年代就在苏联出现过，后来却听不到了；在西方则是近年才出现，而且得到很大发展，它根据当地的自然情况和社会情况，研究和设计如何发展这一地区的工农业建设、交通、服务设施、教育、投资，等等，目的是使一个本来贫穷、落后、荒僻、无价值的地区发展成为富庶、有经济价值的地区。目前很热门的城市规划学以及我国新出现的学科"国土经济学"都属于这类性质。在这类学科里，自然科学、技术与社会科学不可分割地结合在一起了。

(2) 未来学　未来学或未来研究是第二次世界大战后首先在西方出现的，也是一门综合性学科。虽然人类自古以来，都幻想着能够预知未来、影响未来、掌握未来。但是只有今天的人才能采取比较科学的方法，或多或少地推知未来某一事件或情况发生的可能性，并研究采取什么行动去影响未来。未来学之所以出现，首先因为现代的科学技术发展极为迅速，社会变化太快，如果不能迅速适应或控制这种变化，必将遭受重大损害。在西方工商业竞争十分剧烈的条件下，经济与技术预测的准确与否，有关企业存亡，所以当初最大量的预测，是在技术与经济方面，范围虽小，而准确性则较大。但是随着这一学科的发展，它的范围越来越大，从个别事件的预测扩大到全球事件的预测，例如对全球经济情况的预测，这样的预测也是必要的，但准确性就差了，有时完全错了。在政府方面，社会情况变化迅速，它必须事先有所准备。在政府编制预算，制定各种政策，就各种社会、经济建设做出长远规划时，这些工作本身就都包含着预测因素。但是除了这些与经济建设有关的预测外，目前出版了很多关于社会和政治预测的畅销书，如托夫勒的《未来的震荡》《第三次浪潮》、贝尔的《后工业社会的到来》，等等。这些书大都从资产阶级观点研究资本主义前途。关于全球的预测，则有罗马俱乐部的几个报告，其中最著名的是第一个报告，即前面提到的米都斯的《增长限度》。作者搜集了大量材料，对人口、资源、工业、食物、污染五个项目作了综合分析，这也是自然科学、技术和社会科学研究交织在一起的例子。

（3）情报科学　顾名思义，情报科学的研究对象是情报（也叫信息）。情报就像一本书。书的内容可以是自然科学、技术，也可以是社会科学、文学，等等。它不能算是物质科学，也不算是精神科学。然而情报确确实实是一种资源。在资本主义国家，它还是一种有时很值钱的商品，就像钢铁、粮食、电力那样。它是国家生产总值的一部分，是一种可以用量来计算的东西。60 年代德·索拉·普赖斯就把一国的情报量与国民生产总值联系起来，发现其中的正比关系。1980 年，马歇尔计算美国的生产总值中有属于情报性工业。因为地球上的物质资源有限，而情报资源无限，所以情报工业的发展前途是没有限度的。现在情报时代正在来临。有人认为美国到 21 世纪，将从以各种运输为基础的工业化以后的经济转变为以远程通信为基础的情报处理社会。据说到那个时候"有了情报就有了一切"。当然这里情报意味着各色各样广泛而专精的知识。情报学需要关于出版、计算机、远程通信方面的知识和设备。情报学研究还需要懂得数学、心理学、社会学、语言学、图书馆学、情报系统管理学，等等。此外，情报工作人员还往往要熟悉一些专业，无论自然科学方面或社会科学方面的。

自然科学、技术与社会科学结合的结果，必然对研究方法也产生影响。这首先表现在以问题为中心的综合研究法。这是一种讲求实效的研究方法。研究者探讨问题的各个方面，使用自然科学、技术和社会科学方面的知识和理论，考虑社会影响、经济效果，等等，提出可供选择的各种解决办法，并估计采用这些办法的利弊。1948 年成立的兰德公司是这种综合多种专业的专题研究所的典型。它的主要研究领域是国家安全和公共福利方面。但是它也研究卫生、教育、运输、通信、贫困、住宅、环境污染等方面的专题。

总之，对于人类的发展来说，不但自然科学和技术是重要的，社会科学也同样重要，它们之间需要紧密合作。社会科学的进展，从方法论和内容上，都需要利用自然科学的成果。只有自然科学和社会科学的通力合作，才能取得成绩。

(选自《国外社会科学》1982年第1期)

现代科学中跨学科过程的
某些发展趋势[*]

[苏] C. 斯米尔诺夫[**]　亦　舟译

对于现代科学整化过程的趋势及规律的探索，对于未来的跨学科体系形式特点的探索，逐渐成为现代科学发展哲学方法论研究的一个首要问题。正如 A. N. 亚历山德罗夫院士在全苏第三次现代自然科学哲学问题会议上的开幕词中所指出的："最有趣的是，现代科学的基本'生长点'，不论是在自然科学范围内还是在自然科学范围外，都是在不同学科的'衔接点'上显示出来的。现在情况如此，将来会越来越明显。因此，当今用综合方法来解决跨学科问题就有了重要的意义。"[①]

一　科学的分化和整化的辩证关系

现在人们往往把科学的分化和专门化看作科学认识整化过程的严重障碍。

自然，科学的分化是和它的整化对立的。但这种对立并不能取代科学认识的整合状态，而是使无分支的整体科学变为有分支的整合科学。

---

[*]　摘自苏联《哲学问题》1985 年第 3 期。
[**]　作者信息：Смирнов, Владимир Иванович（1887—1974），1887 年生于彼得堡，是列宁格勒数学学会会长，还是许多专业杂志编辑委员会委员。
[①]　《关于自然界的科学和关于人的科学的辩证法。辩证法是现代自然科学的世界观和方法论》，莫斯科，1983 年，第 12 页。

科学史证明，科学知识的分化过程和整化过程并不相互排斥，而是相互交织，彼此转化。分化本是向更深更广的整化过渡，而更深更广的整化既决定了新的分化可能性，又规定了新质的分化形式。

在科学认识分化与整化的基础上，科学按学科和跨学科的形式发展，产生新的独立学科研究和跨学科研究的对象，不断形成相应的学科和跨学科的研究方法和研究途径，于是就出现了学科和跨学科的社会设置。

科学知识产生的这些对立形式在科学发展的实际过程中彼此紧密交织，或迟或早由一种形式转化为另一种形式。决定这种转化的有许多因素，现列举其中几项。

第一，单一学科研究在日益深入地考察其研究对象的过程中，总会达到一定的边界，表明本学科的研究对象客观上含有别的学科研究对象的属性和过程。一旦达到这个界限，单一学科的研究就必然发现：如果不考察看来与本学科研究对象毫不相干的属性和现象，就再也不能进一步认识构成本学科研究对象的那些属性和现象。如语言学长期以来只研究语言本身的现象。然而语言学家终于懂得，如果不研究语言表达的心理因素和社会因素，就不能把握它们固有的复杂性，不能达到它们应有的深度和广度。于是建立了像心理语言学和社会语言学这样一些跨学科的分支学科。

第二，某一学科愈益详尽地研究本身的对象，充分查明它的结构由哪些成分、联系和关系构成，必然会得出一些与别的学科研究对象的结构共有的成分、联系和关系。因此，每一门科学的单一学科发展能够揭示一些现实中不同领域所共有成分和联系环节。

第三，每一门学科在自身独立发展的进程中，能够提出一些带有一般科学性质的观念、概念和原理，它们必然是整个科学所共有的。例如，生物学和控制论使我们得出系统、结构、功能、整体性原理及发展原理等一般科学概念；社会科学也对信息、组织、管理等概念成为一般科学概念起了重要的促进作用。

如果说，科学的单学科发展为确立各门科学的跨学科关系、联系和相互作用提供了依据，那么，科学的跨学科发展也必然转变为单学科发展。一方面，科学"体"内的跨学科构成物迟早会获得独立学科的全部特点；另一方面，跨学科的协同作用在科学"体"内诱发新的学科构成物，如果不是科学的发展导致相应的跨学科协同作用及跨学科构成物的形成，这些新的学科构成物是永远不会产生的。

二 基础研究和应用研究的辩证关系

在现代科技革命的条件下，基础研究和应用研究之间辩证的协同作用正在消除它们之间的对立，决定着它们的直接相互转化。这是现代科学跨学科发展的基本趋势之一。

现在，形成具有直接实践意义的基础性知识的道路已经打开。现代科学的一个根本特征就是：像数学、物理、化学、生物学这些看来距离实践甚远的地地道道的基础学科越来越能通过某种捷径，更直接地介入全新的技术系统和工艺过程的创建，越来越能迅速地找到通向实践之路。

现代科学能够变为直接生产力的一些特点，使得这一过程实质上成为跨学科过程。在现代科技革命的条件下，由于实践更加需要各种科学知识（包括基础性最明显的知识），基础自然科学和社会科学同应用科学和技术科学之间的已有联系迅速加强，它们之间全新的联系迅速形成。

一方面，应用科学和技术科学本身的基础性空前加强。它们和针对实际现象中一些深刻方面的相互关系的研究领域之间的联系已成为有机的联系。这一点表现在：目前只有以基础研究的最新成就为依据，才有可能解决现代文明发展道路上碰到的带有根本性的技术问题。处在我们这个时代，如果不利用一些最新物理学科（量子力学、量子电动力学、原子和基本粒子物理学、固体和半导体物理学、等离子物理学，以及超高温、超高压、超低温、超低压等）的基础研究的成果和发现，技术进步已经是不可想象的了。

另一方面，基础学科的应用因素和技术因素也不断加强，结果形成跨学科综合性的、理论—实践性的崭新的科学知识，其中理论知识直接和实践知识结成一体。

由于按照社会技术发展的客观逻辑，产生了从理论上把握现实的崭新的研究领域，所以从根本上改造科学认识的现有体系就成为自然科学、社会科学和技术科学整化过程中的另一个重要方面。在当前生产工艺方法革命进程中，出现了一些多面性的困难。要克服这些困难，就必须对科学认识中一些全新的问题有跨学科的提法，就必须建立一系列新的学科，把早先完全独立发展、彼此毫不相干的各种认识领域，紧密地结合起来。

对于我们这个时代来说，更有代表性的是这样一些整合学科的出现，其中起连接作用的因素与其说是一些主要学科的"衔接点"，不如说是解决不同问题的统一方法，以及用不同的科学方法与途径求得解决的统一的问题。

在这种现代课题研究的跨学科发展过程中，具有特别重要意义的是这样一系列新学科的诞生，它们把历来相互脱节的技术学科和生物学科结合起来。生物学参与这个以各种实践性和技术性的研究课题为基础的整化过程，其结果是形成了控制论、仿生学、生物仪器制造、生物电子学、普通系统论、系统技术、博弈论、决策论、工程心理学，最近还有生物化学工艺。

三　领域内、领域间、超领域和系统综合性的跨学科过程

科学发展整化过程的加强，不管是由多少因素和由什么因素决定的，只可能是以这样一种情况为基础，那就是：一些极不相同的、有时甚至相去甚远的学科协同作用和相互接近的客观的、本体的依据，得到扩大和深化。

在现代科学中，具体科学领域内的跨学科过程获得日益重要的本体依据。这一过程的发生是由于整个科学认识划分为（首先是按照研究对象）一些科学领域（如物理学、化学、生物学、地球科学、天文学、社会科学、关于人的科学、技术科学、数学、哲学）。

这些领域的存在和发展的总体方式是一种可以称之为基础化的简化概括法。问题在于这种领域内的跨学科过程的目的首先是要找到一个领域内所有学科的最基本的统一，是要说明该领域内所研究的一切现象。达到这一目的的办法是把这些现象归结为其中某一门学科的规律性。这门学科研究该领域内最基本的客体和最一般的结构，是基础性最强的学科。

现代的量子物理学实质上是一种高度发展的领域内跨学科的简化概括形式。现在，原子和光谱的构成、门捷列夫的周期律、化学链的属性、分子和晶体的构成，以及由古典物理学凭经验发现的物质的全部属性和常数，都根据量子物理学得到了详尽的说明。量子理论揭示了宇宙的微观结构和宏观结构之间的密切联系，揭示了基本粒子的性质和宇宙体的性质之间的密切联系。根据权威物理学家的意见，量子说"理应成为所有物理现象的说明框架"。①

总的说来，现代量子学说在说明多种多样物理现象方面取得的成就，使得物理学家进一步扩大和加强对于所有物理客体和过程的跨学科描述。这一方向由 P. A. M. 迪拉克作了明确的表述："我们的目的是得出一种无所不包的、可以用来描述整个物理学的统一理论。这一无所不包的理论尚未建立，是所有物理学家力求达到的最终目的。"②

应该说，在化学以及生物学中也出现了类似的目标。现在量子化学和分子生物学越来越有效地承担起基本粒子量子学说在物理学中所起到的那种领域内跨学科的作用。

根据量子物理学、量子化学和分子生物学的实质，可以得出结论：有关物理、化学、生物诸现象的统一的领域内跨学科理论的形成，将成为现代科学跨学科发展的一种最重要的趋势。这一趋势使得人们推断，越来越多的学科所研究的物质运动基本形式中的每一种，将同时从一种统一的、对所有这些学科来说是跨学科的基础理论的角度进行研究。这种理论将成为对物质运动基本形式间的过渡和"衔接点"进行研究的更加深刻的基础。

对于物质运动基本形式之间的"衔接点"所进行的研究，是一种特殊的、然而现在已经十分发达的跨学科形式。它所构成的是过渡性的、毗邻的，也就是领域间的边缘学科。

领域间跨学科发展的最主要的哲学方法论问题是探索和它有关的简化概括法的特点，探索不是在一种学科领域内，而是在科学主要领域间的"衔接点"上所发生的由高向低转化的特点。比方说，这种简化概括

---

① V. 海森伯格：《统一基本粒子场论导言》，莫斯科，1968 年，第 188 页。
② P. A. M. 迪拉克：《量子场论讲座》，莫斯科，1971 年，第 10 页。

法使我们能够从物理和化学的规律性出发，更深刻地理解某种生物现象。然而这种简化概括不是绝对的、全面的，而是相对的、局部的。它所涉及的不是高一级领域内的全部现象，只是其中一定范围内的现象。

现代物理—化学生物学（即分子生物学）的发展证明，不能完全从物理学和化学的规律性中得出生物过程的所有特点。

由此可见，领域间边缘性的跨学科过程是一种特殊的简化概括，它要求有补充性的理论，而这种补充理论超出了作为简化概括基础的那门基础学科的范围。

在这种领域间边缘性的跨学科过程中，我们遇到的是两个相邻学科领域所共有的客观过程和构成物，它们所以是两个领域共有的，是因为实际上一个领域的研究对象已成为另一个领域的研究对象，构成一个特殊的横断面，成为较高领域中的一个较低的层次。

在这领域间边缘性的跨学科过程的基础之上，还会产生和发展另一种特殊形式的跨学科过程，这里科学整化的机制不仅仅是相邻学科的协同作用，而且还有总的科学体系中相距甚远的一些学科的协同作用。

这种超领域的跨学科过程所要说明的对象总是某种特殊的系统（或过程），它具有本身的抽象形式，原是许多具体的活动领域所共有的。它以本身的物质属性所特有的表现形式存在于这些领域之中。例如，控制论研究抽象的、通用的控制系统，它的主要任务是揭示客观存在的以及（由于世界的相应规律的作用）可能存在的抽象控制结构。就某种生物的、技术的或是社会的控制系统的具体物质属性相对而言，这种控制结构是同类型的。

如上所述，超领域型的系统和过程的存在，是由那些对许多的甚至所有的活动领域起作用的联系和有规律的相互关系决定的，是以这类通用的、同类型的（就它们不依存于这些领域的特殊性质而言）相互关系为前提的。至于我们称之为系统综合性的构成物和过程，它们的内在统一具有另一种性质，以另一类客观联系和规律为前提。这种联系和规律的特点是：它们是各种不同的、相对独立存在的客体、分支学科、活动领域相互结合和协同作用的基础，由于它们的相互结合和协同作用，形成某种新的、相当普遍的、不可再分的整体构成物。

任何一种系统综合构成物的研究，通常是从认识（通过相应的独立学科）它的各个部分（大的分支）开始。这时，这些分支间构成系统的相互关系通常是隐而不显的。例如，在很长一段时期内，科学（通过相应的学科）研究的不是整个生物圈，只是研究生物圈的各个独立的部分。直到现在，有关生物圈的一组科学才开始揭示它各个分支间构成系统的联系，因而作为科学认识对象的生物圈成为整体性的系统综合构成物。在客观上、在现实中，生物圈一直是这样一种系统综合构成物。

然而，某种构成物客观上的系统综合属性必然迟早会被一门科学或被研究它的各个部分的数门科学所发现。这一发现也会形成一种特殊形式的（系统综合的）跨学科过程。

在当前科学跨学科发展的过程中，系统综合形式所占的比重越来越大。许多现代的跨学科构成物恰恰是系统综合科学。其中最重要的看来是科学学，最近提出的还有全球生态学。

四 一般科学的、科学技术的和社会价值学的跨学科过程

现代科学认识体系，主要指单学科体系，向实质上的跨学科体系发展这一运动，除了以上所说的跨学科主要形式以外，还由一系列一般科学的整化过程决定，由强大的科学技术发展趋向（即科学技术发展的跨学科趋向）决定，也由科学认识的普遍社会化、价值化、人道化（即科学认识中社会实践价值和人道主义性质增强）所决定。

在一般科学的跨学科过程中，最突出的是科学中不断加强的数学化，是它的持续的物理学化（即物理学所制订的认识结构和认识方法对其他学科的概念方法论体系产生的影响），还有科学认识中日益扩展的生物学化（即生物学对其他具体学科以及整个科学认识在概念和方法论方面产生的影响）。现代科学中广泛采用了控制论、信息论、普通系统论的概念和方法。系统分析和系统综合、结构功能方法、模式化、自动化实验，都具有一般科学的跨学科性质。一般概念的普及和科学语言的统一这一过程正日益广泛地展开。

在那些使得整个科学体系跨学科化的最主要的科学技术发展趋向中，必须首先提到原子和热核动力学、微观物理工艺学、合成材料化学、生

物工艺学和生产生物化、微电子技术、控制论和计算技术、生产自动化和机器人化。在这里，那些与理论上掌握自然界、社会和人的信息过程密切相关的科技发展趋向，与利用信息过程中的规律性来根本改造社会生活一切领域密切相关的科技发展趋向，不仅是现代科学中最广泛、最深刻的跨学科运动，而且也是构成生产力中的现代化革命和社会生活物质技术基础中的现代化革命的各种革命转折中的中心一环，是这些革命转折的统一基础。

在一般科学整化过程中，科学认识的生态化占有显著的地位。这种生态化以一种实践上的需要为依据，那就是必须把那些同人类时代对于生物圈的影响密切相关的、跨学科的、其形式与内容均成系统的因素，纳入某种科学的研究范围。现在一种信念已经成熟，即不管科学技术的某个领域能对现代生态问题的解决做出多大的贡献，然而，只有在国际范围内，通过不同学科的协同作用，从人类社会经济在生态方面平衡发展的角度出发，生态不平衡的现象才有可能得到最终的克服。

在一般科学的整化过程中，现代科学的普遍社会学化和社会价值学化是意义重大而且值得注意的。任何一种现代科学一开始发展和应用，就不仅要看到本身的需要和本身的内在逻辑，还要看到相应的社会需求和社会价值，看到它的发展与应用所造成的各种社会后果。

科学认识社会学化和社会价值学化这个统一的过程，必然把某些学科联合起来，必然成为社会学科和自然学科整化的有力的推动因素。为了揭示各门学科本身的社会因素和价值因素，必然要交换信息，要制订统一标准以便衡量本身发展的社会后果和价值后果。

最后，整个现代科学认识整化发展的最普遍和最基本的过程是科学的人道化，即将人的问题摆在整个科学认识的中心位置。现在，科学面向人的综合研究，面向从理论上把握人的多方面的（生物方面的、社会方面的、经济方面的，以及智能方面的）整体性，面向这一整体性的所有各个方面在实践中的发展，这样一种发展势头日益增强，逐渐成为社会科学、自然科学以及技术科学的进步的主线。

以上所说的跨学科的科技发展趋向和一般科学过程现在已进入一个崭新的发展阶段，这个阶段的到来和当代一些全球问题的形成有关。这些趋向和过程中的许多已同相应的全球问题融为一体，并具有同这些全球问题的特点相关的全新的性质。实际情况是，每一个全球问题都是社会发展中某些改造自然的因素、科技因素、社会历史因素，以及人的因素的相当复杂的融合体。在一类全球问题中，主要是改造自然的因素，在另一类全球性问题中，主要是科技因素，而第三类全球性问题中则是社会历史因素和人的因素，却没有哪一类全球性问题只有一种因素而没有其他因素。这里社会因素和人道主义因素是同全球性问题的实质联系在一起的。这一点表现在："关于人和人的未来的问题逐渐成为全球性问题整个体系的独特的核心，成为一种'读数点'，由此确定这种或那种全球性问题以及解决这些问题的方向和形式的社会含义和人道含义。"①

全球性问题的社会的和人的实质规定这些问题具有特殊的跨学科性质。全球问题研究不单纯是一种综合研究和跨学科研究，而且还是这样的一种研究，其中科学认识的三个主要分支（社会科学、技术科学和自然科学）全都交织在一起。或者更确切地说，它是总体性的（囊括所有的科学分支）超学科科学。同任何一种别的跨学科问题相比，它要求所有有关自然界、社会和人的科学有更加紧密配合的协同作用。从科学理论上和从国际实践上对每个全球性问题作逐个解决或对所有的全球性问题作总体解决，其根本条件都将是一些全新的、科学界前所未见的理论结构的实际形成。这种理论结构能够从整体上同时包括所有的科学认识，能够克服那些在自然科学、社会科学和技术科学的范围内已然形成的、有着实质性差别甚至相互对立的认识现实的科学形式。这一点显然只有在自然界、社会、科学、技术、人之间的全新的和更加深刻的联系得以揭示的基础上才能实现。也只有在科学的所有主要分支在理论认识上、方法论上和思维逻辑上更进一步接近的基础上才能实现。对于所有这些可能性的研究，以及赖以加深对于总体性的超学科过程的研究，将是哲学方法论的最重要的课题之一。

（选自《国外社会科学》1985 年第 7 期）

---

① B. B. 扎格拉金、H. T. 弗罗洛夫：《当代全球问题：科学方面和社会方面》，莫斯科，1981 年，第 121 页。

社会科学研究的国际化和本土化

王兴成[*]

20世纪以来，有些国家的现代意义上的社会科学研究，是从模仿他国开始的。这也可算作社会科学国际化进程的一部分。当然，模仿和照抄的社会科学研究往往是不成功的，它经常从反面教导人们，在推动社会科学研究国际化的同时，必须充分考虑本国、本地区和本民族的传统和特点，决不能松懈社会科学研究本土化的努力。近几十年来，各国社会科学界和科研管理部门，积极采取各种政策措施，大力促进社会科学研究国际化的活动；同时，一些进步学者也竭力呼吁第三世界国家开展社会科学研究本土化运动，发扬本国的优秀文化传统。所有这些，都充分体现一种重要的政策思想：社会科学研究应当国际化和本土化并重，认真支持本土化的努力。

社会科学研究国际化乃是当代社会科学本身发展的需要，也是当代社会发展的需要，为此，许多国家采取支持的政策。而更常见的形式，则是交流学术信息和文献资料，建立跨国的或跨地区的情报网络，创办国际性出版物，等等。

跨国家研究活动的组织形式，按参加国的多寡及参与程度，可以区分如下六类[①]。

---

[*] 作者单位：中国社会科学院文献情报中心。
[①] S. 罗坎：《跨文化、跨社会、跨国家研究》，《社会科学和人文科学研究的主要趋势》，联合国，穆东出版社1970年版，第765—821页。

（1）完全以一国为单位的研究。一个国家的研究机构和学者，利用许多国家的文献资料进行跨国家比较研究，而并不与别国研究机构和学者进行合作研究。属于此列的有：以人种志为依据的跨文化研究；利用官方统计资料的有关国家人口、社会结构、经济、行政管理等进行比较研究。

（2）主要以一国为单位的研究。由一个发达国家负责全部研究活动，而由国际组织或别国提供文献资料。许多跨国抽样调查属于此列。富国的研究机构向不发达国家购买文献资料。

（3）开始阶段和结束阶段以一国为单位的研究。把一个国家提出的思想观点和研究方法输入另一个国家，用开始阶段在本国掌握的第二手资料，与中间阶段在别国获得的第一手资料进行比较研究，在结束阶段由一国学者独立得出结论。属于此列的有英国在国际社会学协会研究委员会赞助下进行的一系列有关职业和"代沟"问题的研究，等等。

（4）开始阶段为国际合作和结束阶段以一国为单位的研究。在开始阶段以国际合作的方式提出研究方案和搜集文献资料；而在结束阶段转为由一国学者单独完成。属于此列的有巴西拉丁美洲社会科学研究中心组织的"四城市社会流动的调查"等。

（5）以国际合作为主的研究。从文献资料的搜集整理到分析研究各阶段的研究工作，均以国际的方式进行，唯独最后的研究成果，分别由各参加国独立完成。属于此列的有：在社会比较研究组织的赞助下，对七国青少年的研究和七国中小学教师的抽样调查。

（6）完全国际合作型研究。各个参加国在整个研究过程中，从准备阶段到结束阶段，进行全面的合作研究。属于此列的有：由联合国教科文组织教育处和各国基金会赞助的对12国统计资料的研究。

如何组织跨国研究活动？怎样选择跨国研究的组织形式？实践表明，必须从实际需要出发，因地制宜地进行。并不存在独一无二的最佳组织形式。完全国际合作型的研究似乎是较为理想的组织形式，然而，这样的研究活动耗资过大，人员复杂，难以管理。应当根据研究项目和课题的具体需要和参加国的实际可能，来选择相应的组织形式。

当今，社会科学跨国研究活动方兴未艾，各种国际性研究机构犹如雨后春笋，层出不穷，各种国际合作研究成果大量涌现。社会科学研究国际化活动呈现一派欣欣向荣的大好局面。

正当社会科学研究国际化活动蓬勃发展的时候，社会科学研究本土化活动也悄然兴起，倡导和支持本土化的政策应运而生。这是一种十分有趣的社会现象。

1953年，在第二届拉丁美洲社会学家大会上，巴西社会学家拉莫斯首次倡导社会科学研究本土化运动。讨论先是集中于研究方法，很快就扩大范围，深入到研究内容。拉莫斯敦促他的同仁抛弃从发达国家运来的"罐装社会学"，建立适于解决拉美问题的学派。如今，名扬四海的依附论已成为拉美的学派，不但在社会学，而且也在其他学科中居于重要地位。拉美学者于是成为第三世界社会科学研究本土化运动的先驱者。[①]

美国学者 F. H. 加鲁指出，依附论揭示了处于支配地位的核心国家与处于依附地位的边缘地带之间那种不平等的自上而下的关系。依附论的一项关键性假说是存在一种全球性结构，它越出政治、经济、文化等的界限，以不平等的方式把这些国家绑在一起。美国在第二次世界大战之后成为世界上的政治和经济超级大国。与此同时，它也成为社会科学领域的超级大国，至少对处于美国势力范围内的各国来说是如此。依附论将从这种结构出发，解释美国社会科学的广泛传播及随之而来的信息传播方式，从而论证社会科学研究本土化政策的必要性和紧迫性。

对美国社会科学所接受的信息的研究表明，它们与美国社会文化的偏好和偏恶相一致。无论是考察美国社会科学机构出版物的随机抽样，还是分析美国社会科学的文献引用情况，都得出了同样的结果：收到的信息绝大多数来自美国出版物，作者几乎全为美国人，因而其信息来源为美国国内。信息源的这种分布状况反映种族中心主义思想和偏执的内向精神状态：如要进口，则从盎格鲁—撒克逊世界进口，对欧洲大陆兴趣极小；忽视乃至敌视第二世界和第三世界。

美国社会科学信息的出口情况与进口情况形成极大的反差。首先，它的模式与他国的社会文化规范大相径庭；其次，它的数量大大超过进口数量。把美国期刊为英、法、加、印四国期刊分别提供的文献脚注的

---

① [美] F. H. 加鲁：《社会科学领域的扩大与日趋多样化》，《国际社会科学杂志》（中文版）1988年第5卷第4期，第170页。

百分比，与该四国分别为美国期刊提供的文献脚注的百分比加以比较，美国社会科学信息出超的态势就昭然若揭了。其数字如下：英国期刊：47∶15；法国期刊：39∶1；加拿大期刊：49∶1；印度期刊：54∶0。进而无论从哪一国来看，美国期刊为外国期刊提供的文献脚注都高于它们各自为本国刊物提供的文献脚注。若按上述国顺序排列，其数字为（前一个数字为美国文献脚注数）：47∶42；39∶37；49∶29；54∶18。把《美国社会学评论》与《英国社会学杂志》的文献注释作对比分析，也发现同样的出超情况。当代美国社会学学者在这本英国期刊中广为引用；而在相应的美国期刊中，没有哪个英国或任何别国的社会学学者能够进入广为引用者之名单。加拿大魁北克省的一项研究报告，考察了《加拿大政治科学评论》中的引文资料，在从1968—1980年期间，来自美国学术刊物的文献注释最为丰富。其中，美国刊物以2∶1的比例超过法国刊物，高踞列入调查的其他刊物之上，包括魁北克本省和加拿大其他英语省份的刊物。

由此可见，美国社会科学已经渗入文化与其大不相同的法国、加拿大，还有印度、日本和朝鲜。有人发现，美国政治学在战后对印度的渗透，以及印度的社会科学界如何以结构功能主义和系统论作为先入之见，都是美国人建立自己的学科知识体系时的习惯做法。这些取代了印度独立之前在那里占支配地位的以制度化和描述性为主要特色的英国社会科学范式。经济合作发展组织在一篇对日本社会科学的研究报告中披露，美国实证主义在战后"洪水般涌入"日本，渗入日本的经济学、政治学、社会学、心理学等学科领域。而过去在日本则由欧洲范式占支配地位。另有人研究发现，20世纪60年代以来，"美国政治学（行为主义）没有经过多少分析批判和反思就输入了朝鲜。"而过去这里则是日本的势力范围。

美国在社会科学传播中所处的地位，与美国在其他一般性传播中所处的地位是一样的。美国的传播系统在世界上最为庞大，这样一种地位足以有效地把国外资料拒之门外。这种内向的目光如此之专注，竟没有留下多少余地来容纳进口信息。美国社会科学的这种出口顺差，有人称之为"寸步不让的单向交通"，交通的内容是美国式的观念和价值标准，交通的方向是由美国走向第三世界。联合国教科文组织主持的一个会议总结指出，社会科学身上的一大烙印是依附性，即自上而下的关系，并非左右联结的关系。非洲和亚洲依附欧洲，而欧洲的这种地位日益为美国取代，拉丁美洲和欧洲也依附于美国（教科文组织，1977年)①。

依附论的分析论证给人们的重要启示如下：（1）在美国社会科学界和科研管理部门，实际上贯彻执行一种社会科学研究国际化与本土化并重和维护自己的本土化政策。美国社会科学信息的大批"进出口贸易"，这是国际化政策的反映；美国社会科学信息的大量"出超"，实际上体现了本土化政策的效应。巴西社会学家拉莫斯所说的"罐装社会学"，对美国来说，就是本土社会学。当然，到了巴西，就成了"舶来品"了。当今世界上发达的美国社会科学正是社会科学研究国际化和本土化双重政策作用下的产物。若两者舍其一，均无法顺利推动社会科学现代化的进程。（2）发展中国家社会科学界和科研管理部门，在贯彻执行社会科学研究国际化政策的同时，必须更加重视和强调本土化政策。这类国家在社会科学信息大量"入超"的情况下，仍要大搞这类信息的"进出口贸易"，加快国际化的进程。因为当代社会科学研究的投资日益昂贵，而研究成果——信息则是廉价的。一国社会科学对外开放的政策，符合时代的潮流，顺应人群的需要。闭关自守，故步自封，是完全没有出路的。当然，与此同时，必须坚持加强社会科学研究本土化政策，积极扶植本土社会科学，切实建设具有本国特色的社会科学体系。目前仍处于依附地位的边缘地带的社会科学界，若拿不出价廉物美的"国货精品"，就难以与"罐装的舶来品"相匹敌，就难以在社会科学信息的"国际贸易"中改善自己的地位，难以真正推动本国社会科学现代化的进程。

那么，发展中国家社会科学本土化的进展如何呢？美国社会科学范式的扩张遭遇到第三世界的反叛②，其目标是推翻西方的文化霸权，让非西方民族在一直被错误地称之为"世界性""环球性"文化和社会科学上盖上自己的铭记。这种反叛具有多方面性，其中包括组成全球性结构的

---

① 转引自［美］F. H. 加鲁《社会科学领域的扩大与日趋多样化》，《国际社会科学杂志》（中文版）1988年第5卷第4期，第167页。

② ［美］F. H. 加鲁：《社会科学领域的扩大与日趋多样化》，《国际社会科学杂志》（中文版）1988年第5卷第4期，第170页。

诸因素——政治、经济、文化、教育等。第三世界在每一领域都反叛第一世界，其中包括社会科学。第三世界竭力主张建立世界信息新秩序，反对被第一世界支配的现存信息秩序。

　　第三世界的这种反叛，将使社会科学——这种知识产业的未来更加多样化。因为它将受到墨西哥和巴西等国的文化冲击，再加上中国、印度等国的文化权重，前景大为改观。有人指出，建立本土社会科学的斗争已经遍及全球。在亚洲，有的国家采取四项有力的措施：用本国语言进行大学教育；本国自己决定研究重点；使用本土学者；以及创建本土范式。加鲁指出，各个地区一旦在这种精神激励下成功建立起自己的社会科学本土学派，全球的社会科学将大大丰富起来。

　　社会科学本土化的研究成果有哪些？除了拉丁美洲学者创立的著名的依附论以外，美国夏威夷大学政治学教授 F. W. 里格斯长期致力于社会科学本土化概念和术语的研究，由他主持的"国际多学科概念和术语学分析合作计划"（"国际科克塔计划"，INTERCOCTA）和"国际科克塔百科全书"将充分反映这方面的研究成果[①]。里格斯指出，近些年来，社会科学本土化引起了广泛的关注。人们越来越清楚地认识到，一方面，西方社会科学的问题和方法对第三世界无疑是有用的；另一方面，其内容在不同程度上与第三世界不甚相干，甚至带有某种压迫性。随着发展中国家社会科学事业的不断壮大，本地学者在这个领域将越来越居于主导地位，而且将决定他们自己的研究重点，寻找合适的方式和创造更恰当的词汇满足自己的需要。在充分利用从其他地方学到的社会科学知识的同时，他们将根据自己的经验和需求在保留节目单上添加新鲜的东西。国际概念百科全书的设计者力求最有效地支持这一发展过程。

　　1986 年 8 月，在印度新德里举行的世界社会学家代表大会上，科克塔的名为"非西方化现实与官方化社会科学概念"的专题小组对这个问题作了初步探索。小组决定同印度社会科学理事会一道，研究实施一项新的规划，以搜集和整理本土概念和词汇。把这些概念和词汇编为国际科克塔百科全书，不仅可供它们各自的发源地国家使用，而且在西方国

---

① ［美］F. W. 里格斯：《一部社会科学概念的百科全书》，《国际社会科学杂志》（中文版）1988 年第 5 卷第 1 期，第 119—136 页。

家或其他第三世界国家也会有用,甚至可能产生意想不到的作用。例如分别取自波利尼西亚、马来亚、印度和美洲土语的 taboo（禁忌）、amok（杀人狂）、guru（上人、大师）、totem（图腾）等词,从前仅为在非西方环境中工作的少数西方学者采用,但后来却在西方世界公认非常有用。人们预计,为各个发展中国家和地区准备的本土概念国际科克塔百科全书一旦编成出版,将会加速社会科学本土化进程。

社会科学本土化发展的前景如何？英国学者 J. 布里顿认为,社会科学的地区化特征逐渐被人们所认识。欧洲和北美的社会科学曾经分享了同一份学术遗产,成为 20 世纪社会科学早期发展的基础。然而,发展中国家并非一向分享这些学术遗产和基础的,其中某些国家是从不同的哲学立场发展社会科学的。在发展方向上的这种差别现在应当被接受下来,这可能有助于导致 21 世纪社会科学的新生。21 世纪的社会科学不应再由欧洲和北美占主导地位。J. 布里顿乐观地指出,引导社会科学进入 21 世纪的另一种重要力量,在于认识大量社会科学知识的地区化特性及由此产生的本土化必要性,日益强调发展中国家的社会科学,并且承认发展中国家的社会科学家可以像工业化国家的同行一样,在制定与执行支持社会科学的新战略方面发挥重要作用。①

综上所述,当代社会科学研究必须一手抓国际化,一手抓本土化,认真执行国际化和本土化并重的政策。对发展中国家来说,更要大力贯彻本土化政策。使本土社会科学真正造福于本国人民,也为世界社会科学的丰富和发展做出自己的特殊贡献。

（选自《国外社会科学》1991 年第 6 期）

---

① ［美］J. 布里顿:《90 年代社会科学的文化疆界：关于文献、信息及知识创造的新方针》,《国际社会科学杂志》1989 年第 119 期。

社会科学研究中的多元化和理性

[瑞典] I. 约翰松　禾　子译

两种传统研究方法

在英美的科学研究中，对科学的理性的研究有两种传统方式，一种称为哲学方法研究，另一种称为社会因果方法研究，前者推崇理性，而后者则认为理性无关紧要。

哲学方法论认为，明确的科学理性是存在的，哲学家们的任务是阐释和发展这种理性，传统实证主义和波佩尔的科学哲学就是运用这种方法的典型。社会因果方法论则试图对科学进行纯因果关系的社会研究，认为对科学的解释可以抛开理性或非理性，即可以不从理性入手进行研究。

即便是社会因果研究方法能够使人们懂得科学与社会其他因素的关联，但它不能告诉人们在未来是如何管理科学的。这是因为其观察事物的方法是纯因果性的，因而难以胜任探讨和推动理性研究的重任。

在哲学方法论研究中，人们通过提高每一个科学家的信念和行动来推动科学理性的发展。在这里，要提到克鲁索（Crusonian）的方法论和理性，它包含了三层假设：（1）每一个科学家始终可以是具有理性的；（2）所有的科学家应遵循同一主要的方法规则；（3）当所有科学家都具有理性时，科学才是有理性的。

不仅严格的实证主义方法论遵守这种个人主义原则，P. 费耶哈本德的无政府思想也是克鲁索方法论的一种。实证主义认为，所有科学家应该在任何时候都遵守同样的规则；费耶哈本德也认为，任何时候，任何一种法则都适用于所有的科学家。

认识社会学强调社会性和因果关系，而传统的科学哲学则强调个人主义和理性。本文试图将社会方法与理性方法相结合，即从社会学的观念来研究科学，同时还要推动科学理性的发展。我认为，克鲁索的理性的单一方法论已经过时，取而代之的应是社会理性的多元方法论；在科学研究，尤其是社会科学研究中，只有在研究方法上进行分工协作，才是最合理的。

K. 波佩尔曾强调科学的社会属性，并贬损了克鲁索的科学观，尽管如此，他的方法论观点基本上还是个人主义的。他认为，科学家们不可能始终完全是有理性的，因为他们需要批评，而批评是带有社会性的。但波佩尔却强调方法论规则是每个科学家在任何时候都应遵守的规则，他也不同意方法论研究中的社会分工。在前面提到的克鲁索的三重假设中，他只对第一个假设提出了修改，同意其他两条假设。

手段—目的的理性

科学理性必须被看成一种手段—目的的理性。从科学的现实意义上讲，科学的目的就是发现真理，而理性就是得到真理或近似真理的手段；从科学的工具主义观点来看，理性是得到有效工具的手段。尽管本文在后面提出，科学的部分任务是寻求近似真理，但科学的理性必须被看成是一种手段—目的的理性。

我之所以强调科学理性的手段—目的特征，是因为理性常常表现为一种内在价值，这种假象的出现是由于科学家们扮演着现代社会中最有价值的角色，他们不仅是一群从事研究的个人，而且是社会道德的化身，因而，赋予他们理性是理所应当的。但是，这种理性仍然是一种手段—目的理性。

总之，在科学理性的讨论中存在着四种假设：（1）科学必定带有社会性质；（2）科学的目标之一就是让人们从更接近于真理的角度去看待自然、人类和社会；（3）科学具有手段—目的理性，这种理性从原则上讲是可以提高的；（4）社会理性不能退化为个人理性。

为了论证上述观点，我首先区别了四种不同的竞争形式和三种类型的理性；其次，分别把竞争形式与理性联系起来；最后，考察了社会科学中理性的具体情况，并引出了第四种理性。

竞　　争

按照传统的概念，科学家不参与争斗或竞争，他们只追求真理，即便相互之间有批评，那也是一种合作而不是争斗或竞争。这种观念是错误的，它没有考虑到科学家的个人动机。在现实社会中，科学家内部存在着利益冲突，人们对金钱、威望和声誉的追逐证明了这种利益冲突确实存在，其中最好的例证就是诺贝尔奖的设立。

竞争与冲突有着明显的区别。竞争的典型特征是，对手之间争夺某一不属于任何一方的东西，且暂时不分胜负；冲突则是一个人争夺属于另外一个人的东西，如资源、财产。体育比赛是一种竞争，因为在比赛之前，奖品不归任何人所有；市场是一种竞争，因为商人之间并不是要赚对方的钱，而是要赚顾客的钱；研究者之间的关系是竞争而不是冲突，因为他们所追求的金钱与地位在他们参加角逐之前并不属于任何人。

对抗性竞争与平行竞争　为理解科学中的竞争，我们可以把竞争分为两组不同的形式。第一组是对抗性竞争和平行竞争，例如在体育运动中，足球、摔跤和棋类属于前者，其特点是跟对手竞争；而跑步、举重、花样滑冰则属于后者，其特点是参赛者跟自己竞争，获胜的参照物不是对手，而是时间、重量和分数。

在科学研究中，这两种竞争形式的区别可比作软科学与硬科学之间的区别。硬科学存在着一整套固定的方法规则，在这种研究中，科学家们只与自己竞争，他们无须参照对手的成果就可以判断出自己的实验是否完美精确，新推断出的数学公式是否简便有效。在这里，方法标准所起的作用与赛跑中时间所起的作用一样，因而，硬科学中的竞争是平行竞争。

在软科学中，虽然存在着一定的方法规则和平行竞争，但多数情况下是对抗性竞争。例如，在评价一个译本的优劣时，必须参照同一本书的另一个译本才能做出判断，这样，研究者就不是同自己的著述竞争，而是与同行的著述相竞争。

公众型竞争和自身型竞争 歌舞乐团之间存在着竞争，他们在争取观众；先锋派诗人之间也存在竞争，但他们不是在赢得公众的喜爱，而是在诗人之间的小圈子内部竞争。这两种竞争称为公众型竞争和（行为者之间的）自身型竞争，前者中，观（听）众决定了节目的命运，而在后者中，行为者自身决定着成功（名）与否。

上述两种竞争的区别与科学中的应用研究和基础研究的区别极为相似。通常，应用研究是探求能够看得见某种用途的知识的体系和方法，自然科学中的应用研究则能够研制出人们认为有益或有效的产品，如医学，病人能够通过亲身体验来评价医学技术的高低，因而，应用研究中的竞争多属于公众型竞争。

基础研究是探求暂时看不到其用途的知识的体系和方法，它追求的是纯粹的真理，因而其价值也不能用公众评判产品的有用（效）性那样的方法来判断。例如，外行是无法评价物理学家所做的实验和得出的数据的，因而，基础研究中的竞争多属于行为者自身间的竞争。

三种理性 现实社会中至少存在着三种不同且不能转化的理性结构，一种适用于标准科学，另一种适用于技术，还有一种适用于形而上学和范式冲突。

劳动分工方式和竞争 前文阐述了四种竞争和三种理性，现在要把这两部分内容结合起来。标准科学属于行为者之间自身型竞争和平行竞争，因为标准科学的成果是由同行而不是外行来评价的，而且其方法准则是确定的；应用研究及技术是由产品支配的，因而它属于公众型竞争，与标准科学一样，它也有着确定的方法准则，因而也属于平行竞争。

范式冲突既属于行为者自身型竞争，又属于对抗性竞争。例如，物理学中的范式冲突是行为者自身型冲突，因为没有经过严格培训的人是不可能掌握高深的物理知识的，相对论与牛顿物理学的冲突就是如此。这种形式的冲突同时也是对抗性冲突，因为没有一个确切的标准可以解决这种冲突。关于竞争与理性的关系，参阅表1：

表1 物理学中的理性

	公众型	自身型
平行竞争	应用科学：技术理性　（1）	（2）　基础科学：标准科学理性
对抗性竞争	（3）	（4）　范式冲突：哲学理性

从上表可看出，科学的理性并非只有一种形式，而是有三种与不同形式的竞争相联系的理性。上表仅以物理学为例，因而（3）是空着的，在其他学科中，还要探讨这种理性。

社会科学 现在讨论社会科学中的特殊理性，在此，以经济学和社会学为例。

经济学和社会学研究是否是公众型的平行竞争？社会科学是否同技术与应用科学一样有着自身的理性？作者对上述问题的回答是肯定的。

普通的技术和应用科学研究的目的在于产品的发明创造，而新的组织形式、新的法规法令的产生也可认为是一种社会发明的产物，政治家和政府行政人员就是典型的社会发明产物，而社会发明者即是决策者。

不管是在公共部门还是在私人部门，决策者都雇用社会科学家为他们提供决策的依据，帮他们找出某一决策在不同方面的优劣，然后再根据这些调查结果作出决策。社会科学家所扮演的角色是决策顾问，他们的这种职能与应用研究中的自然科学家的职能相同。

在社会科学研究中，也很有必要从方法和概念上对基础研究和应用研究进行区分。基础研究的标准不一定适用于应用研究。基础研究对一切都持审慎的怀疑态度，它要求其研究成果在公开之前必须经过严格的检验，但实际上，这种标准是难以实现的。

从科学角度上讲，要想预测经济发展趋势和经济兴衰的原因，既需要理论知识，又需要大量的实际材料，而所需的实际材料种类及数量的选择只能取决于现行的各种理论及对理论发展的要求。而从应用科学的角度看，材料的种类和数量的选择还取决于其他因素。

由此可见，区别社会科学中适用于应用研究的理性和适用于基础研究的理性要比在自然科学中更加重要。因而，在技术哲学中亟须一个研究社会技术哲学的分支。

与物理学相同，经济学和社会学研究中也存在着范式冲突，但与物理学不同的是，这种范式冲突似乎更经常地发生，且常围绕着基本原理展开辩论。例如，在经济学中就有过新古典主义经济学与凯恩斯经济学的冲突，以及上述两种经济学思想与马克思主义经济学的冲突。在社会学中，马克思、迪尔凯姆与韦伯三种社会学之间都存在着冲突。

当然，与基础科学一样，这种冲突属于行为者之间自身的竞争，他们所争论的具体内容只有那些受过良好教育的人才能理解，因而社会科学中的范式冲突属于上表所示的（4）。

在库恩有关范式冲突和革命性科学的论述中，他只列举了牛顿的物理学与相对论间的冲突以及道尔顿的化学与他之前的化学之间的冲突。这些冲突的结果，往往是一种单一的范式替代了另一种单一的范式，因而，库恩这种排除了多种范式并存状态的范式概念是不足取的；库恩似乎只在讨论自然科学（特别是物理学）中的范式冲突，而没有提及社会科学。

自然科学一直被排除在政治意识形态争论之外，而社会科学范式却经常而自然地介入这类争论之中，这就是为什么社会科学具有多重范式的特性而自然科学只有单一范式的原因。经济学和社会学的范式常与政治意识形态相重叠，这就意味着社会科学的范式冲突所包含的公众型竞争与所包含的行为者自身型竞争一样重要，因为当公众要采取某种政治立场时，就必须对范式做出评价。

在经济学和社会学中，范式冲突既有公众型竞争，又有自身型竞争，同时它还是对抗性竞争，在表1中，可同时处于（3）和（4）的位置，这是社会科学理性讨论中很重要的一点。

手段—目的理性认为，凡试图做不可能达到的事永远是不合理的，因而在讨论经济学和社会学的理性时，不能排除其实际存在的公众型竞争。

与此相关的一个问题是，是否存在着公众型的对抗性竞争［即处于表1的（3）的位置］，为此，应把竞争类型与理性类型对应起来。

的确，还有一种公众型范式竞争的理性形式，而且这种理性形式或多或少地与现代民主政治的理性形式有关。这种民主政治及其在公众中的辩论不只是游说和标榜自己，它带有推广普及的成分，即使政治简单化，这是一件很有意义的事。在数学研究中，对一古老的定理提出新的更简便的证明被认为是一件了不起的成就，在公众政治辩论中，也有相似之处。一个优秀的政治思想家用简洁的语言来准确而充分地阐释了其思想体系，即使他的话带有游说的目的，他也是做了一件合乎理性的事，因为人们通过他的阐释可以评价他的思想。

现在，当科学哲学不再追求充满理性的确定而又绝对正确的方法规则时，以新的观念看待政治学中的理性的时代就到来了。当然，只要哲学家们还认为理性绝对不能出现偏差，那他们之间的竞争还是平行竞争，但实际上，政治学的确是一种对抗性竞争。

社会科学的理性如表2所示：

表2

	公众型		自身型	
平行竞争	应用科学： 技术理性	(1)	(3)	基础科学： 标准科学理性
对抗性竞争	范式冲突： 政治理性	(2)	(4)	范式冲突： 哲学理性

社会科学的理性，特别是经济学和社会学的理性，是一种多元方式的理性，这样我们在研究方式上就有了两种选择：一种是手工时代的个体研究，一种是工业化时代的分工协作研究。哪一种选择更为有效呢？是要求每一个研究者在上述4个研究领域都精通，还是让他们进行劳动分工协作？显然后一种选择更为有效。人们必须有所专长，否则许多事物（如技术成果、经验数据等）就不会被发现。由于科学的理性是一种手段—目的的理性，因而劳动分工被认为是科学理性中最基本的组成部分。如果要求所有的科学家在上述4方面都考虑得面面俱到，那么科学的效能就会极为低下，如果要求他们都只奉行一种特定的理性，这对科学也无异于一场灾难：假如人们都只遵守哲学理性，那么科学就会太沉湎于冥想和沉思；假如人们只相信标准科学的理性，科学就会变得太保守。

让几种不同理性相互作用和相互结合才是最合理的选择，因为新的哲学思想能指导人们发现新的实用资料，而新的实用资料的发现又会促使新的哲学思想的产生。

当出现了劳动方式的分工之后，就要从一个全新的角度看待传统的科学家们的任务了。有些从事标准科学的研究人员墨守成规，有些研究范式冲突的理论学家过分沉湎于冥想而忽视了实际，而另一些科学家则置真理与谬误于不顾而只追求有用性，但只要将几种理性相互作用，上述几种片面的做法都是无害的。这样，就出现了一种非个人的和全方位的社会理性，与这种理性相比，上面论述的其他几种理性就显得微不足道了。

在文章的开头，曾提到克鲁索方法论的三重假设，本文所论述的理性问题也可归纳为相应的三点：

1. 每一个单一的科学家是不可能完全具有理性的；
2. 所有的科学家不应都遵守同一主要的方法规则；
3. 当不同的理性相互作用时，科学作为一个整体才是具有理性的。

上述讨论的理性的相互作用在今天是存在着的，实际上，这才是真正的科学的理性。如果多数科学家仍相信只有一种真正的科学研究方法，那么这种相互作用的效能就微不足道；若每个人都认识到多种不同的理性并存，且认为这种共存是合理的，那么这种相互作用就会发挥极大的效能，并将最终推动科学理性的发展。

（选自《国外社会科学》1992年第6期）

社会人文科学危机与
"对价值的重新评价"

[俄] В. И. 奥夫相尼科夫　王兴权译

我们社会的特征之一是社会人文科学的危机。这种危机，在我看来，就是关于社会和人——作为社会进步主体的人的科学的危机，即我们所理解的社会与人发展的危机。近些年来，重新评价价值之风令人痛苦不堪，同时也让人们发现，在苏联学者中间有一股官方维护学派的存在。他们大量赝制有关人类社会发展实质的作品。危机的实质在于，官方维护学派的科学已经丧失了价值取向。社会上的重大变化必然导致对官方科学赖以立足的那些理论基础的否定。如何看待这一事实？不必大惊小怪：因为社会学危机并不会将社会人文科学置于死地，而会更有助于它通过解决真正实质与虚假内容之间矛盾的途径使自身得以复兴。社会人文科学今后如何发展，将取决于它能在多大程度上解脱过去沉积层的束缚。

不久以前，官方学派已经遭到应有的批判，现在正经历着初始阶段的批判。要想对官方学派的基本原理进行批判性的剖析，首先必须从寻求下述问题的答案做起：什么人需要这一套赝制作品，这套赝制作品带给思想家和掌权者们的是什么。弄清上述问题，其余问题将迎刃而解，但假如我们的掌舵者们不能清楚揭示社会人文科学领域中的这种政治根源，那么恐怕未必能有成效地将走得如此之远的此类有关人类社会发展的伪科学揭露无遗。

共产党的意识形态产生了自己的附庸——维护科学。因此社会科学复兴的任务在于，学者们应该自己了解自己并明确认识共产主义意识形态的价值体系，这是研究工作的基础。

意识形态化与政治化问题，可以说是在所谓"改革"时期作为科学的主要问题提出来的。一些唯命是从的非意识形态化的拥护者们不断试图通过批判马克思列宁主义来证明他们的真理，并自命不凡地称之为最终真理，然后不容任何反驳。以这种方式否定共产主义的意识形态必然要投靠新的意识形态，比如反共的意识形态。换言之，就是说把自己的活动从这个死胡同引进另一个死胡同。假如坚持真正的民主，那么共产主义辩护士们完全有权就人与社会问题提出种种看法，但亦应允许与之进行有根据的辩论。

维护学派在社会人文科学领域占据主导地位。他们排挤学术上的异己思想。这是事实。其实学术上的不同见解早已存在，最常见的是以"非正式的"口头方式体现出来，偶尔亦可见诸报端或书刊。因此在净化科学实质，使之与伪科学莠草区别开来的过程中，科学史领域研究工作的意义愈益增大。

笔者希望，在新的历史哲学和社会发展理论形成过程中，能够看到社会人文科学应有的主导趋向。就此提出两点看法。

——在唯物主义世界观看来，绝对真理是不存在的。衡量真理的尺度是人与社会所处的那一相应历史时期的意愿。当人的认识与那些意愿相一致时，其认识则被认为是科学的。这样便可将认识过程同虚夸行为加以对比，后者所追求的是绝对之理，但它总是做不到。

——对20世纪90年代的研究工作者来说，面临重新认识现有知识的问题。关键在于，今天当我们的意识塞满凭空的社会虚构之物，心理上饱受消极情绪的感染，而在确定方向方面又持虚无主义态度的情况下，来重新认识现有知识，究竟能有多大作为。为了能有所建树，必须具有积极情绪。假如说我的这一前提正确，那就该明确无误地意识到，在今天的条件下实际上能做些什么。

研究工作者的任务，我认为在于，他应该立足于他所研究的那些事件发生年代的土壤之中。当然有些学者并不这么认为，而是另有主张。他们以自己所处时代的尺度衡量过去的事件与事实。这从科学的角度来看，问题依然存在。换句话说，在研究的方法论上依旧停留在原先的水平上。

笔者并不追求面面俱到，只想就重新恢复科学思维问题提出几点建议。

关于社会发展过程，占主导地位的概念的基础是"进步"这一概念。在现实的所有现象中我们所寻求的就是进步的基础。对你所研究的现象给予什么样的评价，就取决于它有还是没有这种基础。作为激进的进步分子，我们很少考虑进步过程的历史形式与内容的问题。

"进步"这一概念成因于欧洲资本主义的起源和全盛时期。它的物质价值与精神价值成了仿效的目标。其后果就形成了欧洲中心论世界观的统治地位。

欧洲中心论的价值究竟有多大程度的绝对性？只要看看欧洲类型的文明统治所造成的全球性后果，便不难发现如下问题：破坏了人与自然的平衡，人自诩为大自然的最高成就，然而破坏了大自然（其实古人早已知晓，大自然是自然本身的形成之因，而人只不过是大自然的衍生物之一）；物质优先于精神，这是显而易见之事。用现代化武器杀人，也属欧洲文明的全球性后果之一。还可举出许多例子来证明欧洲文明远非绝对之理。但应承认，欧洲文明的特征是它的技术进步，然而这一进步同自然界的自然发展处于矛盾状态，而人又是这自然界中的组成部分。

关于欧洲文明的全球性问题再从另一侧面来看。欧洲文明的年龄只能用几个世纪的字眼来计算，可是当地球上早已存在有数千年文明的其他大陆和民族的时候，难道可以将欧洲文明视为典范吗？以东方为例，东方文明之所以能够存在如此久远，是因为东方人追求的与其说是改造世界，不如说是洞悉世界，并且理解自身在自然界中的地位。东方文明沉入勒忒河，被人忘却，并非因为它不完善，而是因为它在与具有侵略性的欧洲"进步"接触时，未能顶住攻势。欧洲在抛弃东方之前，早已从东方学到了很多东西。仅举一例，全世界的宗教信仰均诞生于东方。基督教排挤了欧洲的多种宗教并以自己的精神价值照亮了欧洲，进而促进了欧洲的发展。

再从另一方面谈谈这一问题。从地理上看，亚洲是块巨大的大陆，而欧洲仅是其中不大的半岛。欧洲人口在数量上无法与亚洲人口相比，两者的物质资源也不能相提并论。所以一旦生态灾难来临，东方人的生存机会要远远多于欧洲人。假如这一推测正确，那么东方文明的其他组成部分未来将会显示出比欧洲文明更多的优越性。

也许有人会问，你说的这一切同社会人文科学究竟有什么关系？我想，关系是很直接的。思想形态方法会使人们在预先确定社会人文科学的研究对象时，忽视对文明问题的研究，而将其推到次要地位。而文明理论的研究则有助于将人类物质文明与精神文明重新恢复到应有的地位，并从哲学角度对这一遗产予以总结。

今天的任务是要确定"文明"一词的概念。如将构成欧洲与东方历史发展的基本要素加以对比，对解决这一问题不无好处。假如我们将欧洲之路评价为进步之路，即靠技术进步向前发展，那么对于东方国家来说，它从某一时期起，则一直处于停滞不前的保守状态，属于闭关自守的村社，由国家（独断专行地）调节社会生活，这是精神优先于物质。欧洲在生产上的不断完善，导致新时期社会生活中心向城市的转移。然而东方在前殖民地时期一直平稳地保持着农业特色，农业生产就是社会各阶层生命活动的基础。从这一点来看，应该同意那些学者的意见：他们在世界的社会发展中发现了几条线索和可变性。看来，马克思思想形态中的相对主义理论最能说明欧洲中心论的世界观。这种世界观将社会发展的社会经济与政治因素提到首位，而完全不去分析社会文明的因素。在这种情况下文明理论的使命就是要本能地将社会发展的一切要素统统联系起来。

比如在评述东方社会时，如不涉及人的精神生活，恐怕解决不了问题。在研究东方人的精神生活过程中，我们不可避免地会得出东方人心理具有旁观态度的结论。然而恰恰是这一点同时帮助我们了解到，为什么亚洲并不像欧洲人那样急于改造世界。

在谈及欧洲文明与东方文明的相互关系问题时，也不能不涉及两者历史文化的相互影响。历史证明，合情合理的相互影响对于双方参与相互接触的民族和国家来说都会受益。但更常见的是一方将自己的价值强栽在对方社会的土壤里。这就不是价值的相互充实，而是折中的掺杂在一起，这只能削弱社会力量。

再举一个精神方面相互影响的事例。比如有重大意义的思想，在它们诞生的那块社会文化土壤里水土不服，生活不习惯，可是在异国他乡却得到普遍发展。这一问题应引起我们足够的重视。佛教诞生于南亚，却在东南亚和远东传播开来。基督教诞生地是巴勒斯坦，可它实际上抛离了亚洲，最终通过欧洲成了占统治地位的世界性宗教。值得指出的是，基督教运动系通过罗马文化进入欧洲的，而罗马文化对基督教诞生的东方来说却属于异己文化。

综上所述，可以得出什么结论？思想形态中的相对主义限制了从哲学角度理解人类历史文化发展的可能性。思想形态理论、阶级观点在对社会现象的评述中有权占有一席之地。但历史的哲学理解的基础应是文明方法，其使命在于对全世界的历史过程做出回答。思想形态观点是文明方法的组成部分，就如同生产方式本身是人类社会发展的组成部分一样。

在研究不同社会的发展时，具有重要意义的是有关一般、特殊、个别的问题。我们已经习惯于着重强调一般规律的意义，并将其偶像化。当然，一般规律确实存在。但难道只有一般规律才会影响社会发展吗？我想，应更确切地提出有关不同民族生活中具有特殊意义和个别意义的问题，进而论述它们对共同过程的形成与发展所起到的作用。这种方法有助于探讨现实的、活生生的社会过程，而不是去研究那些构成官方维护学派内容的、有关社会经济发展、内外政策、阶级斗争的干巴巴的教条。大家知道，所谓"一般规律"并非任何时候都可用于解释一切文明事物。因此也出现过"历史上的奇谈怪论"。

尤为令人不安的是本国史现状。世界各国人民无不珍惜自己的历史过去。可苏联历史编纂学从我们的过去给我们保留下来的是什么呢？多是一些专为官方意识形态效劳的章节。我认为，面对过去，我们的主要罪责之一就是对它的诽谤。比如编造俄罗斯帝国落后、俄罗斯居民懒惰、沙皇制度嗜血成性的谎言，颂扬虚假偶像等。

我们一贯强调，人民是真正的历史缔造者。但在教科书和其他文献里却很难发现真正的人民历史。

在阶级观点的框架里讲的是1917年以前人民生活不断恶化，每况愈下，讲的是人民是革命的动力，等等。这种过分夸大社会经济与社会政治因素的历史观致使我们很少去关注物质文明与精神文明。因此，人就从研究工作的视野中消逝了,从社会的历史意识中失踪了,同时也就丧失了人的历史价值。

建立人民的历史,这是非常复杂的事。我们的科学尚未积累起初始的实际材料。但着手重建正式的历史已势在必行。国外学者们意识到这种需要并开展了对各民族的同源和价值体系的研究。这种历史观有助于我们描绘我们国家的形象,激发科学的活力并给人民以发言权。

由此便产生一个关于各族人民历史资料问题。毫无疑问,这类史料数量不少。我想请大家注意下述情况:同时代人对事件的描写、旅游者们的回忆、旅行札记、民间创作等,均属此类史料。这些史料含有官方文献所没有的信息。这些都是重要的历史文化遗产。如无这些遗产,很难再现人民生活历史的某些篇章和当时的时代精神。

研究人与社会过去的历史文化,应以科学的方法论为基础。我们先前的观念将社会发展的某些方面绝对化了,当试图将它们同现实联系起来时,总是解决不了问题。因此应该同意 A. Я. 古列维奇的观点。他写道:"问题不在于以生活中五彩缤纷的个别细节、个别特征和心理上的肖像把政治经济事件打扮得'如花似锦'。问题也不在于以种种花样和图案将历史学家树立起来的社会经济大厦的墙壁装饰一新,使其景象'活灵活现'。问题完全在另一方面,那就是历史解释的本质问题。换言之,即方法论问题。"(见古列维奇《论现代历史科学的危机》,载俄《历史问题》,1992 年第二、三期合刊,第 25 页)与此有关的还可以提及马克思列宁主义认识论的过甚之处。在这里关于世界可认识性的声明,听起来是相当断然无疑的。但假如考虑到,认识的范围既包括对个别现象的认识,也包括对现象群体的认识,那么有谁敢保证,他的认识能反映"自在之物"。唯心主义的先验的否定,并不能将唯物主义者引上真理的道路。顺便指出,"自在之物"的概念不应认为是由欧洲唯心主义哲学衍生而来的概念。东方在远古时期就信仰现象实质的哲学及现象的外部形式。但东方有别于欧洲的唯心主义者和唯物主义者。东方在很大程度上更接近于认识世界的可能性。

我认为,关于世界和人类过去的可认识性问题包括以下几个方面:我们的世界观受现有知识的限制;正统的马克思主义者对这些知识的绝对化,他们将超越他们理解以外的一切统称之为谬论、伪科学;在历史的长河中知识不断扩大，神秘主义的光谱在不断缩小；唯心主义和唯物主义之间并不存在不可逾越的鸿沟，两者反映出的是世界发展实质的两位一体的内容。

神秘主义仅存在于我们的意识中，而实际上，世界上的事物是多种多样的。因此我认为，唯物主义与唯心主义之间的对抗限制了对世界和人类社会的认识，失掉了很多对理解自然过程具有十分重要意义的实质性的东西。

比如，什么叫历史的过去？它离我们有多远？历史距离我们有千百年之久吗？我们说，"很久"，这是因为我们用人生的年龄来计算历史，就是说以生物时间来计算，但同时也存在天文时间。因此，对人来说，所谓一生、一个时代、远古历史的那些东西，从宇宙和世界意义来说，则只不过是瞬间而已。

在人的生存时间之内，宇宙和地球并没有发生新的质变，生物的生命和人亦如此。他们只能是变态和适应。自远古起，人的精神世界就不具有任何新的东西，他仅是适应和改变过去的智慧，使之适应于发生变化了的现实条件。

那么，过去距离我们到底有多远？从主观上看，很远，如从客观上看，实际上它并不存在，它是同现代融合在一起的。汉语里没有过去时这一语言事实，从上述观点看，并非偶然。而英语中过去时的三种形式，看来同样也反映着人们对历史哲学的理解。

如不分析马克思列宁主义学说的"历史命运"，重建社会人文科学的内容亦不可能。"重读"马克思著作，不能仅持批判的一面。我们应以另一种眼光看清马克思思想的实质。问题在于苏联社会学将它孤立起来，并使之同 19 世纪欧洲社会政治思想和科学思想对立起来。然而实际上，同马克思的顶峰并列的还有 19 世纪欧洲的其他许多高峰。分析马克思的著作看得出，马克思的思维方式是欧洲中心论的，这一点在他的许多结论中均有反映。我们从有关欧洲文明和东方文明的情节中举出一例说明。对马克思来说，十分清楚的问题是未来属于欧洲文明，而不属于东方停滞的社会。因此，马克思颇为满意地指出，英国人消灭了印度经济基础的结果，给整个亚洲世界带来了绝对新的现象。马克思写道："这破坏了它们的经济基础；结果，就在亚洲造成了一场最大的、老实说也是亚洲历来仅有的一次社会革命。"① 马克思在评价英国的行动时，提出这样一个问题："如果亚洲的社会状况没有一个根本的革命，人类能不能完成自己的使命？"答案对马克思来说一清二楚："如果不能，那么，英国不管犯了多大的罪行，它在造就这个革命的时候，毕竟是充当了历史的不自觉的工具。"② 这样一来，马克思就如同欧洲许多人一样，以衡量一种文明的尺度来衡量另一种文明。

众所周知，马克思承认资产阶级欧洲在亚洲的文明使命，但同时他也是最积极的资本主义社会的批判者之一。我认为，马克思作为社会政治活动家和思想家，他个人的悲剧在于，在19世纪的社会主义运动中他属于少数。第一国际的崩溃就是一例，接着第二国际也遭同样命运。我认为，若不是有了列宁，马克思的政治纲领也会随着时间沉入勒忒河，被人遗忘。

社会革命和无产阶级专政是马克思主义的奠基石。西欧国家的发展，到19世纪末已经稳定下来，但这种稳定并不是像马克思所预想的那样，是在无产阶级极度贫困下的稳定，而是在资本主义国家经济、科技水平不断增长情况下的稳定。如用教科书的语言来表述，就是说形成了社会主义的物质前提。但发生的只是西方"资产阶级革命时期"已经结束，而无产阶级专政的构想则经受了尖锐的危机。在社会主义思想拥护者中间具有远见卓识的智者们此时领悟了，这个新时期为他们以其他手段达到意愿开辟了可能性。历史给社会党人提供了思考的机会，但列宁没有重视这一点，也没听取修正主义者们的呼声。

历史证实了上述的卓识远见。因此对以革命手段改造社会的问题要深刻地重新思考。首先，这种手段使人不安的是什么？是它破坏了发展的自然过程。"否认了旧世界"，即忽视过去的经验并力图创建某种崭新的东西。但革命确实发生过，就是说革命是不可避免的。结果形成一种印象。当社会充满矛盾和不公正的时候，革命就成了社会自我调整的手段。因此评论革命好还是不好，没什么意义。更确切地说，要研究革命并学习革命经验。如同对任何历史事实一样，对历次革命亦应予以全面

---

① 《马克思恩格斯全集》第9卷，人民出版社1961年版，第148页。
② 同上书，第149页。

研究。

最后,我想简介一下国外科学在重新评价价值中的作用。高傲地藐视非马克思主义流派,使我们在科学上和精神上与另外一个世界隔绝,而那个世界的学者们对社会人文科学做出了重大贡献。研究这些并将各种不同观点加以对比,为的是探讨真理,不必非要分个谁高谁低,谁占主导地位。此外,还应广泛出版下列诸多学者的著作,如蒲鲁东、拉萨尔、巴枯宁、伯恩斯坦等。这些非马克思主义研究工作者的著作基本上都是在革命前出版的。同时亦应研究 F. 基佐、A. 莫顿、G. 特里维廉、A. 马泰兹、A. 索布尔等国外学者的著作。这些都是历史上的经典作品。脱离这些经典著作,无助于形成深刻的认识。认识的可能性还受到下述情况的制约:我们还没有再版俄国和苏联老一辈学者的著作。而他们的遗产相当丰富。要像物理学家、数学家、化学家都知道他们本门科学的奠基人是谁那样,我们的社会学家亦应清楚,他们在科学领域的成就同哪些前辈的名字相关。

(选自《国外社会科学》1994 年第 5 期)

以社会的"健全发展"为己任的世界社会科学[*]

[日] 藤井隆　陆象淦译

一　导　言

围绕"持续发展"这一个概念，近年来讨论颇多，而且殊为热烈。1993年10月8日，国际社会科学组织联合会（IFSSO）作为社会科学领域里的各种研究院和理事会的世界性协会，在意大利罗马举行的第11届世界大会的全体会议上，正式通过了"国际社联关于促进社会科学发展的观点"，倡导社会科学以"通过健全发展建设全球社会"这一目标为己任。国际社联的上述观点，自1991年以来经过认真细致的研讨，为包括发展中国家在内的广大国家所接受。它意味着国家不论贫富，我们将通过确立"以健全的人类生活为基础的社会的健全发展"这一目标，促进社会科学的发展，以利于在我们所具有的全球联系的范围内"建设一个健全的人类社会"。

---

[*] 本文是藤井隆教授以国际社会科学组织联合会（IFSSO）主席的身份，在1993年10月8日于罗马举行的IFSSO第11届世界大会上的致辞词；原文为藤井隆教授惠赠的英文稿。

二 社会科学只有在历史和社会的基础上才能存在

众所周知，没有人想否认社会科学只有在历史和社会的基础上才能存在。

尽管如此，过去我们一向被告知只有美国—苏联模式才是唯一存在的模式，或者说除了西方的现代化模式，不存在其他模式。今天，这种情况发生了巨变。

从空间的观点来看，世界上存在着众多的人种区域及其历史和社会。它们超越了一个地域国家的界限，而且甚至是多层重叠的。在维护自由、民主和认同的范围内，它们被看作在这个知识化时代、传播时代和全球化世界中相互联系的实体。

如果从历史的观点来看，情况又是怎样呢？

就地中海世界和亚洲的中国大陆而言，一代又一代人看到自己的多不胜数的历史和社会循环往复，重演着盛衰兴亡。就世界诸大陆的历史而言，只有200年历史的美国、70年历史的苏联以及现代欧洲只构成整个序列中的一个框架。

我认为殊为重要的是，我们自己做好准备来迎接时代，获取可得到的广度和空间，来极大地扩展诸如学术政策、社会科学知识以及从空间和历史两个方面完整的研究经验等领域。我们以往的许多经验告诉我们，一旦人们在这个星球上以邻为壑，市场就被破坏，而分歧和歧视就会应运而生。一旦市场开放并走向一体化，人类社会就有可能走向繁荣，虽然在各种不同环境下依然会存在分歧。这是因为供求关系通过更广泛的途径结合了起来。

历史发生了改变，今天我们处在人们寻求使人类生活内容本身比物质繁荣更为充实的时代。虽然在许多方面我们面前的道路还很漫长，但我们已经开始有能力决定自己的前进目标。我们对全球环境进行了许多讨论，今天又对地球上人类社会的生存条件重新进行考察。我们提出了关于它们的运作条件问题。我们正准备准确地研究建立在这种条件基础上的人类社会的健全发展意味着什么。本次大会的一个共同课题即是要讨论实现上述目标的学术研究政策。

鉴于我们面对着诸多的严峻现实，产生了一个共同的感觉，认为我们为物质生产及其占有进行竞争，导致了这些问题的出现，而这样的时代行将消逝；可以说，这个共同感觉乃是推动学术研究去寻求新范型的力量源泉。

三　是谁决定了贫富？从单一价值社会走向多元价值社会的复兴

由于从人转向物质的价值准则，人本身将这种无限的可能性改变成为诸如单一价值、物质占有或收入水平等标准。这是因为货币流通成为使价值具有普遍性的中介，而市场运作过程使市场变成建立在收入或财富、对作为生产资料的资本的占有和积累基础上的一个目的。可以说，人的罪过在于将万能的上帝的力量局限于有限权威或金钱的力量范围之内。

如果有人恰恰因为贫困而不得不工作，当一名现代工人，那么确信生活中有更为重要的事情的人为何甘受这类不言而喻的奴役？这是因为环境和目的不同。我认为强迫某个人忏悔，片面地断言他是罪人，或者强迫某个人干活，把他当作奴隶或工人而加以歧视，两者同样都是错误的。超越资本的生产率的时代，作为系统储存的生产率的时代，知识的时代业已来临。

在这个知识和传播的时代，重复的或同样的信息乃是不必要的东西，而且作为一个时代，它正朝着多元化价值的时代前进，价值的形态开始产生重大变化。不仅是在学术知识或学术信息世界里，而且在人们对人类社会认识的终生学习过程内部，正在谋求确立一种信任感，确信社会能够传递可靠的信息。这样的信任感超越了物质繁荣的界限，产生于引导我们这个有限的星球走向质的发展过程内部。分配也超越了单纯的收入分配，正在走向对信任和尊重的分享。我们可以说，人类最终把握住了一个克服歧视的机会。

为了人们能够像本来应有的那样团结一致，并在一个多元价值的社会内求得自身的发展，应该怎样做？人类必须超越以往世世代代所依赖的家畜和农作物的生态自律性，创造一种新的人类生态文化，使人本身业已建立的各种不同系统的自律性能够健全地运作。本着这一目的建立起来的社会体系可以称为今天全世界正在寻求的新秩序，这是新的人类社会的目标，也是社会科学的目标。权力秩序和资本秩序作为目标已丧失其地位。我确信一个更加宏伟的多元价值社会将使只寻求消除贫富差距的现在的社会科学变得毫无意义，而谋求建设这样社会的社会科学乃是今天世界人类的共同目标。

四 建立旨在推动健全发展的市场

本届国际社联大会的共同课题是"通过健全的发展建设全球社会"。让我们首先从人所做的主观努力方面来考察一下这个问题。

根据我的看法，一个多元价值的社会发展过程中的最大变化，将是市场机制的变化。寻求费用平衡的市场机制必将超越多元价值的商品多样化范围内的市场创造机制。这意味着建立在合作概念基础上的发展理论将被用来同建立在竞争概念基础上的发展理论相抗衡。

竞争所带来的平衡和稳定，只有通过合作所新创造的市场的系统增长，才能走向发展。我们必须不仅融合既有的市场的再发展，而且吸收过去认为属于信息部类的诸多领域。我们知道，始终被描述为通货的特定总量的收入，只有在通货被当作一个手段来推动这种发展和增长机制时，才具有真正的意义。这也是我们从泡沫经济的崩溃中得到的教训。

今天经济复兴的任务在于市场的系统增长、市场创造理论如何同作为系统整合理论的全球化结合起来。持续的增长不是指不断的通货收入的增长，而是应被认为以建立在系统增长和系统整合基础上的发展为目标的增长。

如果我们不仅运用竞争原则，而且引入合作原则，那么就能把市场功能理论和制度理论视为一个硬币的两面。可以说，竞争和合作是社会科学领域里关于人类行为的基本指导原则。这也是多元价值社会发展过程中人们积极活动的一个方面。

五 创造一种健全的人类生态的新文化
——生态与健全的发展之间的和谐

现在，根据称为竞争和合作的人类活动的指导原则，让我们考察一下它们在效益方面对于人类社会的影响、推动和促进。

通过系统增长和系统整合的市场创造的发展，将不断地导致人类社会新秩序的形成。不言而喻，支持这种秩序的资本机器和被称作制度或社会制度的知识机器，建立在处于设计阶段的知识系统的基础上。随着市场通过市场创造机制逐步变成抽象财富，并发展为信息和传播，知识的生产不断扩展。这种知识系统随着市场的发展而增长，它不仅必然要求市场的系统增长，而且必然导致秩序的不断改革和重构。

今天的秩序概念既不是作为社会契约的秩序，也不是由军事权力或资本权力支撑的秩序。它是随着某个经济社会内人们活动的发展一起改变着的秩序。社会科学的伟大任务即在于此：如何推动科学和技术的进步，推动社会的进步。

全球环境的变化促使我们重新评估人类的生存条件及人类社会的运作条件。人类生态与绿色生态间的和谐乃是重要问题之一。与地球系统的共生（一起生存）也是当代的一大问题。我们希望通过知识生产的经济发展带来不断的秩序发展，从而导致人类社会的生存条件和运作条件的产生。同时，我们希望这些变化能造成一种环境，人在这样的环境下能够选择作为人类社会进步的变革。

什么样的发展可以被用来推动科学和技术的进步，推动人类社会的进步？这就是作为社会科学的重大课题的"健全的发展"。

必须指出，秩序与作为人类社会发展的进步之间的相互关系，取决于社会科学的发展，而社会科学今天已超越了科学技术政策研究的范围。同样显而易见的是，这是我们必须跨越个人的专业领域，把它当作共同的任务来对待的一个重大问题。

竞争和合作之所以作为效益方面的指导原则、规程和进步，乃是我觅求在上述关系范围内人类社会健全发展的政策研究的基本概念。本着这一目的，需要创造一种新的人类生态文化。社会科学的学术研究政策的重要性亦在于此，它超越了科学技术的学术研究政策的范围。

六 作为学术研究网络的国际社联的作用

众所周知，国际社联是代表各大洲和各个地区的学术研究政策的社会科学组织的联合会，而每个大洲和地区都有着它们自己的历史和社会、生活和文化。国际社联作为唯一的现存机构，构成代表每个地区科学发展的全球通信网络。

首先，我想着重指出国际社联网络作为学习论坛的意义。就其方法论而言，社会科学具有不同于自然科学或技术科学的特点。在我们的领域里，每件事情都是从学者和研究者们展开的讨论开始的。这不同于没有庞大的研究设备就不能开始工作的研究领域。每个组织提供给这个论坛的研究成果和经验的交流，促进着我们的学习。这些成果可以在各个群体内同地区研究组织、研究院的研究和培训、普通教育和社会教育以及群体的继续教育结合起来。它们同群体的管理或某个经济社会的管理、某个地区的政治和行政活动都有着直接的关系。确实，由于国家的不同，各个研究院和理事会的职责和结构有所不同；但有一个共同点，即每个组织均是学术研究政策的负责主体，而学术研究政策密切关系到能否满足每个地区或国家各自的历史和社会的要求这一大趋势。

国际社联不单纯是作为学术研究政策制定机构的一个国际通讯组织，而且是为学习提供了一个完美的论坛的网络；在这个新时代，学习超越了社会科学诸学科各自领域的范围。在现实中探索，在各自的地区和国家探索每个群体或社会的管理，这种发展的需要必然要求选择从各种可能的观点和可能的方法来看最必要的东西，以取得和促进发展，这方面重要的不是寻求超越既有学术交往或专业领域的跨学科研究，而是寻求将能满足其全部需要的社会科学。

有一种趋势表明，一方面各个不同领域和国家中的这类主观的学术研究的发展被结合为一个整体，被评估和确立为人类社会和全人类需要的学术研究体系，并被组合成以许多分支机构的成果为基础的世界总联合会。另一方面，这些成果反馈回学术研究政策，形成了各个地区和国家的科学，促进着一种新的人类生态文化的形成和通过主观选择对某个经济社会的管理。国际社联乃是由这两种趋势推动的学术研究环路独立发展的全球网络。

诸如拥有其他国际组织为分支机构并对它们进行指导的联合国教科文组织的活动，它对于会员机构活动、学者和研究人员的交流、培训学术研究组织人员的支持，无不都是作为时代所要求的新的学习论坛的全球网络活动的成果，并将汇集于一体，促进全世界现在正在寻求的社会科学的发展。

国际社联作为代表各个国家和地区的学术研究政策制定机构的唯一的全球网络，除了其作为一个国际学术政策研究机关的作用之外，还具有将创建新社会科学的学习论坛的作用；新的社会科学将产生于关于世界和全球环境的重大变化的各种讨论，并以一种新的宇宙观、自然观、世界观和社会观作为基础。

这不仅以新的学习的方法论发展或者通过一个网络形成科学作为基础，而且导致一种极其民主的、新的部门研究的确立。它尊重产生自世界每个地区需要的各门科学，将它们结合为一个新世界的科学，并建立一个能够再次加以反馈的学术研究环路。

这个新的和再生的国际社联的活动，将在实现全体民众所向往的著名的理想——"由各个杰出的地区和国家的合作来共同创造一个杰出世界中的人类社会"方面，变得日益重要。我希望我们大家通力合作，能够促使这个新的国际社联获得更大的发展。我们将成为未来的国际学术组织的一个重要范例。正是在这一意义上，我想再次对经济合作与发展组织给本届大会贺词的基调表示赞赏，我认为这是国际社联活动的一个新的发展。

（选自《国外社会科学》1994 年第 6 期）

跨学科研究的未来

秦麟征[*]

跨学科研究的未来发展前景，从总的趋势来说，是越来越好，越来越广阔的。它的发展动力，一方面来自科学发展本身，另一方面来自广泛的社会需要。跨学科研究的未来涉及多方面的问题。对发展趋势的探讨，仅仅是其中的一个重要方面。本文将从宏观角度讨论它未来发展的几个主要方面，如发展的动力和阻力、理论研究和应用研究、教育和人才的培养、组织管理体制、职业化、对经济社会的影响等。

1. 跨学科研究未来发展的三大阻力：跨学科共识的匮乏，僵化的传统科研体制，学科割据的传统教育

跨学科社会共识的匮乏，无论是在一般社会公众和决策者、管理者身上，还是在学术界和教育界，都有所表现。这种匮乏，是和单学科和专业化的重要性已成为社会共识相比而言的。跨学科社会共识的匮乏有其历史的原因。第一，跨学科研究的出现，晚于单学科研究。第二，专业化单学科研究经过长期发展，已经成熟并在经济或社会方面产生直接或间接的效益。而历史很短的现代跨学科研究，显然还没有达到单学科研究所达到的成熟水平。第三，一般公众和决策者、管理者本身受的主要是单学科教育，对单学科的知识和技能的重要性有较深的认识，并习惯于利用单学科的思维方式、知识、技能来思考问题或解决问题。第四，

---

[*] 作者单位：中国社会科学院文献信息中心研究员。

包括学术界、教育界在内的各领域的专家学者，也是传统教育的产物，也主要是以单学科的思维方式来思考问题、衡量问题和对待跨学科研究。即使在跨学科研究比较发达的美国，专家学者们也在抱怨他们的跨学科研究被视为不务正业；其跨学科研究成果或得不到重视，或不能计入科研成果；许多跨学科的教育计划最终陷于流产。第五，跨学科研究解决问题，尤其是综合性的复杂问题的能力，尚未被各界所充分理解。其原因是，人们对综合性的复杂问题的认识，依赖于人类对自然界和社会认识的深度和广度。只有科学技术进步和经济社会发展都达到一定水平，人们才能相应地认识到综合性问题的复杂程度，认识到一个问题与其他问题相互关联和互相影响的深度和广度。因此，对综合性的复杂问题的解决需要依赖多学科、跨学科的知识和技能的认识，必然要落后于对单一的、简单问题及其解决办法的认识。另一个原因是，较晚开展的跨学科研究在解决综合性复杂问题方面的实力和强大功能，能否为社会各界所了解，也需要一个过程。这一方面取决于跨学科的研究和应用是否已经社会化，另一方面还取决于这种研究的质量和水平，即它能否真正提出科学的、高质量的、有价值的、令人信服的、可供决策抉择的方案。

僵化的科研体制也是一种长期的历史存在。科学研究机构和科研活动基本上是按传统学科和专业来区分的。这是一种按学科分割的体制，缺乏学科与学科之间的联系与合作，因而难以开展有效的跨学科研究，即使有跨学科研究和重要的研究成果，也难以得到应有的认可和重视。这种体制长于解决单学科的简单问题，而对于综合性的复杂问题则往往显得无能为力。传统僵化的科研体制不但缺乏从事跨学科研究的机制和活力，难以适应经济社会发展对解决大型的、综合性复杂问题的需求，而且也不利于跨学科、多学科优秀科研人才的培养和成长，使科学的潜力不能得到充分的发挥。

在学科割据的传统教育中，无论是体制、结构、教学的内容和方式方法、科研，还是课程的设置，都以传统的学科和专业为准绳，是单学科占统治地位的教育。它大量生产未来的单学科或具有狭隘专长和技能的人才，基本上不考虑跨学科、多学科人才的教育和培训，也不够重视如何造就一专多能、知识面广博、应变能力强的通才。在经济社会中，传统教育培养的人才适应面极其有限，既难以适应其专业之外的工作和其他方面的需求，也缺乏综合性思维和利用其他学科知识的能力。传统教育的这种状况，显然还会继续存在，并成为跨学科研究发挥潜力的障碍。

要克服跨学科研究上述三个方面长期存在的阻力，是不可能一蹴而就的。它们还将继续长期存在下去，并影响跨学科研究的未来发展过程。

2. 对复杂性问题、复杂的适应系统和复杂性科学的研究，将进一步充实和丰富跨学科研究的理论和方法论，从而推动跨学科基础研究的发展

近年来兴起的对复杂性问题、复杂的适应系统和复杂性科学的研究，反映了在学术领域开展跨学科、多学科研究，尤其是自然科学和社会科学相结合的协作研究的突出增长。这种研究，涉及跨学科研究的大量理论和方法论问题。它的发展充实和丰富了跨学科基础研究，成为跨学科理论和方法研究中引人注目的组成部分。

针对复杂性进行的研究，覆盖的范围很广，从有机体的由来和动态变化的复杂性，直至最大的社会的政治组织的复杂性，都被它包括在内。这一研究领域的主要任务之一，就是去发现不同的复杂系统的共有的基本特征[①]。

自然科学在传统上被认为是简单系统，其动态变化可以用数学术语精确地、肯定地加以描述。相反，生物科学、社会科学则被认为是自我组织的或社会的复杂系统，其具体行为如何是很难预见的。尽管它们分属于规模和多样性都有很大差别的两种范畴，但却有一些共同的课题值得研究。复杂性研究尽管和科学的专门化、精细化趋势是大相径庭的，它的兴起却重新激发了开展大规模综合研究的兴趣，并导致了数学、计算科学、物理学、化学、生物学、神经科学和社会科学的新的综合。这是一个新的研究领域，新的计算工具的开发和利用，促进了它的成长。因为这些工具可以有效地对大量的、相互关联的数据库进行处理。相对

---

① 参见乔治·A. 考文等主编《复杂性：比喻、模型和真实》，艾迪生－韦斯利出版公司 1994 年版。(George A. Cowan Ed: *Complexity: Metaphors, Models, and Reality*, Addison-Wesley Publishing Company, 1994.)

来说，复杂性研究的历史还比较短，在复杂的适应系统和复杂性科学方面的研究，仍处于起步阶段。尽管这样，它的研究成果对跨学科研究来说，却具有特殊重要的理论和方法论上的意义。毫无疑问，它还可以用来指导旨在解决复杂问题或复杂系统的跨学科应用研究。

3. 应用研究将成为世界跨学科研究未来发展的龙头，并以解决综合的、复杂的问题或问题群体为主要应用的对象

跨学科、多学科研究，尤其是自然科学和社会科学相结合的跨学科、多学科研究，是适应科技、经济、社会、环境的综合、持续、协调发展需要的产物。实践证明，它在解决现实生活中所提出的、已经或可能面临的综合性问题方面，不但具有强大的实力和潜力，而且卓有成效。跨学科研究既包括对本身发展所需要的理论、方法论和技术方法的基础研究，也包括解决复杂的实际问题或战略问题的应用研究。它的活力更多的在于后者而不是前者。世界跨学科研究的发展状况表明，跨学科的应用研究主要是为解决实际问题的决策服务的。它根据政府部门、企事业团体或其他用户的实际需要，开展跨学科的课题研究，为用户解决实际问题提供方案选择或政策性建议，从而保证了研究经费的来源和自身的社会功能的持续发挥。其研究成果的应用采取多种多样的形式，其中包括提交研究报告或咨询建议、发表科技开发文献、设计可供选择的方案、新产品的研究和开发，等等。充满活力的应用研究，带动了基础研究，成为整个跨学科研究发展的龙头。应用研究的龙头作用，将在跨学科研究的未来发展过程中继续保持下去，并得到进一步的发挥。

人类社会发展到今天，已经面临并将继续面临许多大型的、综合性问题或问题群体的挑战。其中最大型、最复杂且处于最高层次的问题，是那些带有全球性影响而又相互作用的问题。它们被称为"全球问题"或"我们所处时代的定时炸弹"。它们总是在时机成熟时产生爆炸性的影响，既令人提心吊胆而又难以解决。在我们常见的这类问题或问题群体中包括：人口和贫困、资源和能源的开发利用，信息化经济和信息化社会，环境和生态保护，城市和交通运输，自动化和智能化，科学技术的经济社会影响，教育改革，和平、战争和冲突，民族问题，走私和贩毒，空间开发，海洋开发，公众福利和社会保障，健康，将来世代人的利益，文化的地方化和全球化，人的资源和人的发展，等等。这些问题是单学科的知识和技能所难以应付的，只有靠多学科、跨学科的知识和技能的联系和协作，才能得到有效的解决。基于这种原因，复杂问题或问题群体已经并将继续成为跨学科应用研究的主要对象。

4. 体制化、职业化、国际化是世界跨学科研究未来发展的三大重要趋势

走向体制化是跨学科研究未来发展的一个重要趋势。体制化建设包括四大方面的内容：其一，继续充实和完善原有的以课题为中心的组织管理体制；其二，改革传统的科学研究的组织管理体制；其三，改革传统的教育体制；其四，建立新型的跨学科研究和教育体制。

尽管有合格的个人研究者在从事高质量的跨学科研究，但个人的知识和技能毕竟有限。许多跨学科研究，尤其是大型的、复杂的跨学科研究，是由集体形成的课题组来实施的。实践证明，课题组是跨学科研究、尤其是它的应用研究的行之有效而又严密灵活的组织管理形式。课题组应课题任务的下达而生，随课题的完成而消失。其成员和成员的学科背景，根据课题的需要来进行选择。他们可以来自本研究机构的不同部门，也可以从其他研究机构或部门聘任。有的国家的跨学科研究机构，如美国的兰德公司，甚至成立协调研究任务和组织工作的研究运作组，负责组织课题组和分配研究任务。美国的巴特尔纪念研究所则采取另一种方式：由课题组负责人去选择和抽调来自本跨学科研究机构中的不同研究部门或研究中心的各种学科的专家学者。课题完成后，通常有一些课题组外专家学者会被邀请来对课题组的研究成果进行跨学科的评议。

人们对跨学科课题组的效果持有不同的看法。例如，有一种观点（如《科学革命的结构》一书的作者托马斯·库恩的观点）认为，集体从事的跨学科和多学科研究，其效果反而不如由符合条件的个人所从事的同类研究，因为在集体研究中，不同学科之间难以进行充分的交流，它们的合作必然存在空隙和裂痕。

尽管有不同看法，但这种严密而又灵活的管理体制仍将继续存在下去。问题在于如何不断地充实和完善这种管理体制，以便使跨学科研究能更好地提高它的效率和充分发挥它的社会功能。因此在跨学科研究的发展过程中，以课题为中心的组织管理体制不断得到补充和完善，依然是这种研究的一项重要使命。

在传统的科学研究的组织管理体制中，研究机构绝大部分是按科学部类和学科建立的。其科研活动的组织管理也紧紧围绕学科来进行。随着跨学科研究的兴起和新的交叉科学的不断成熟，在一些科学研究部门、科研机构和大学中设立了跨学科的研究单位或研究中心，跨学科研究已开始被纳入传统科研体制之中。这种状况表明，跨学科研究和交叉科学的介入，导致了传统科学研究活动的结构和组织管理体制的改革。科学研究的综合化和专门化趋势仍在继续发展，社会需求也在不断提高。这意味着跨学科研究也将相应地持续增长和成熟壮大。越来越多的跨学科研究单位和研究中心必将介入传统的科研结构和组织管理体制，并推动这种结构和体制的改革，形成传统科学研究和跨学科研究相结合的结构和组织管理体制。这是跨学科研究不断走向体制化的结果。在跨学科研究的未来发展过程中，这种体制化趋势非但不会削弱，而且会继续增强。

和科研领域相类似的情况，也在传统教育领域中发生。传统的教育体制也是学科占统治地位的体制，教育的结构和教育部门（如大学的院、系、专业等）的设置，都深深地打上了学科的印记。学校的组织管理、教学的内容和方式方法，专业和课程的设置，科研部门的设立，等等，都是围绕学科来运作的。伴随跨学科研究、交叉科学的不断介入和跨学科教育的兴起，教育的结构和组织管理体制也发生了相应的变革。这种变革主要表现在跨学科教育方法的采用，跨学科专业和课程的设置，双学位制的设立，跨学科研究机构或研究中心的建立等方面。在教育领域中，教学或科研的结构和体制虽然仍由传统学科教育和传统学科研究占主导地位，但已混杂了跨学科教育和跨学科研究的成分。这是跨学科研究走向体制化的另一种体现。基于和科研领域同样的原因，教育领域的这种体制化趋势将持续下去并不断得到增强。

建立新型的跨学科研究和跨学科教育体制，是跨学科研究体制化趋势的突出表现。新型的体制和传统体制完全不同。在新的体制中，科研结构和教育结构具有明显的跨学科特征，科研活动或教育活动的组织管理，也是围绕跨学科而不是单学科来进行的。在许多国家，尤其是发达国家中出现的跨学科研究中心、思想库、咨询机构和新型的跨学科大学、跨学科研究生院、网络大学、开放大学等，便是建立新型体制的典型例子。

跨学科研究队伍的职业化，是世界跨学科研究未来发展的另一个重要趋势。跨学科研究从被人们认为是"旁门左道""不务正业"到成为一种职业性活动，是这种研究逐步得到社会承认的结果。从世界各国尤其是发达国家的情况来看，职业化的跨学科研究队伍主要集中在思想库、咨询机构、大学的跨学科研究中心和政府、企事业、科研机构的有关部门中。从事这种职业性活动的研究人员，大部分具有某一学科或某一专业的背景，同时掌握跨学科和多学科的知识和技能；另一部分则是专门培养的具有跨学科知识和技能的跨学科人才。目前，把跨学科研究作为职业化工作的研究人员，在科研人员总数中占的比例不大，跨学科研究职业化的趋势还不能说已十分明显。但随着越来越多的研究人员从单学科研究和专业研究中分离出来并加入跨学科研究的行列，随着更多的、专门培养出来的跨学科人才的涌现，跨学科研究职业化的趋势将不断增强。

国际化是跨学科研究未来发展的又一个重要趋势，其势头在当前已有相当明显的表现。国际化的主要标志是大型跨国思想库的形成和发展及其跨学科研究业务在世界范围的蓬勃开展。这些思想库大多人才密集、实力雄厚、研究经费充裕。据1992年的统计，美国巴特尔纪念研究所拥有8200多名科学家、工程师和专家，研究经费超过6.1亿美元。美国的斯坦福研究所拥有3000多名科研人员，涉及100多个学科。兰德公司除了拥有大量的人力、财力之外，还设有自己的培养跨学科、多学科人才的研究生院。此外，跨国思想库还在许多国家设立了自己的研究中心和分支机构，以利于它们在全球拓展业务，或与越来越多的国家进行合作研究。其中的某些跨国思想库，如巴特尔纪念研究所、兰德公司、斯坦福研究所，等等，还与外国的许多部门或省、市、县合作，开展跨学科和多学科的研究与咨询活动。

国际化趋势还表现在国际性跨学科学会和组织的建立，各国跨学科研究在人员交流和培训方面的合作，以及双边和多边大型国际跨学科项目和课题的制订和实施等方面。

5. 跨学科研究的未来发展将继续冲击传统的教育体制和结构，并引发教育体制和结构的重大变革

改革传统的教育结构和体制，以适应经济社会加速发展的需要，已成为当今世界性的潮流。这种改革也和跨学科研究的发展和跨学科教育的兴起紧密联系在一起。跨学科教育强调的是整合教育和整合教学方法，而传统教育是学科割据的教育，采用分门别类的教学方法。跨学科的教育思想和方法由于和传统的教育思想和方法完全不同，因而对后者产生了极大的冲击，并触发了传统教育的变革。这种变革根据其特点和影响的不同，可分为改革性和革命性两种。改革性变革，主要表现在专业和课程两方面：其一，改革现有的专业，用整合的教育方法来进行专业教育，使专业的攻读者具有广阔的知识面；其二，改革现有的课程，用更广泛的、新的科学文化知识，充实原有课程和设置新的课程。革命性变革，则指的是教育的全面和根本性的变革，包括教育的结构、体制、教育思想，教学方法，专业和课程设置等方面。

传统教育的改革性变革，带来了教育的新结构和新格局，使传统教育和跨学科教育相互结合和相互补充。在传统的教育部门中，出现了许多跨学科研究中心。它们把不同的学科结合在一起，开展跨学科的基础研究、应用研究和开发研究，并通过开展跨学科教育，使传统教育具有培养新型人才的能力。跨学科研究中心仅仅是体现新结构、新格局的一个方面，另一个方面是综合性专业和综合性课程的出现。在大学中，诸如"科学、技术与社会"一类的文理交叉、理工交叉的专业和课程在不断涌现。有的大学（如麻省理工学院）甚至明文规定学生必须学习27%的社会科学课程。

对传统教育的革命性变革，导致了跨学科大学、跨学科研究生院和其他类型的跨学科教育机构的出现。这类大学或机构无论在体制还是在结构上都是跨学科性的。如1973年开办的日本筑波大学、美国兰德公司的研究生院等，都属于这种类型的教育机构。它们的教育体制与科研体制和传统教育有根本的不同，既没有传统的按学科区分的专业，也没有按学科区分的课程，其教学方法和课程设置都打破了学科和专业的界限，都具有跨学科的特征。1993年在日本设立的"绿色地球网络大学",也是一种独特的跨学科教育机构的类型。迄今为止,它只开办跨学科的、面向未来的、以问题为中心的研讨班,邀请诺贝尔奖获得者和各国的专家学者于每年暑假来学校参加研讨班的研究,并开展以大学生、研究生、海外留学生为对象的跨学科教育活动。

跨学科研究的发展过程,也就是跨学科教育的内容和方法不断发展的过程。而跨学科教育又反过来为跨学科研究培养未来人才、在未来发挥潜能提供了保证。跨学科研究对传统教育的冲击,是通过跨学科教育来传递的。这种冲击已经导致了传统教育的改革性、甚至根本性的变革。随着跨学科研究在未来的不断发展,这种冲击还将继续进行并不断扩大,并引发教育体制和结构的重大变革。

6. 跨学科研究作为科学技术是第一生产力的一种重要标志,将继续对经济社会的发展产生重大影响

大量研究资料表明,科学技术在社会生产力的发展中,在推动经济社会进步的过程中,正在发挥日益明显的主导作用。据统计,在一些经济发达国家经济增长中,科学技术因素所占比重在20世纪初仅占5%—10%,而今已达到60%—80%[①]。从科学技术影响经济增长的发展趋势看,未来的科学技术进步必将对经济社会发展产生更加巨大的影响。

跨学科和多学科研究,尤其是跨自然科学、社会科学和技术科学的跨学科、多学科研究,之所以是科学技术作为第一生产力的一种重要标志,主要基于下列两个方面的原因:首先,它代表了科学技术成果的重大利用;其次,它代表了科学技术推动经济社会发展的实力和水平。

自然科学、社会科学和技术科学的相互结合,代表了当今科学发展的大趋势。这种综合,远远高于科学在古代的原始状态的综合,也高于它在19世纪中期以后和20世纪上半叶的综合。20世纪以来的科学综合化趋势,也是在学科专门化的基础上出现的。它从自然科学内部和社会科学内部的综合,发展到自然科学、社会科学和技术科学的综合。后者

---

① 该统计转引自金兑《迈向21世纪的世界、中国、上海》,载《中国社会科学学术论文文摘》,社会科学文献出版社1995年版。

是全面的、范围更大的、程度更高的综合。它意味着人类可以利用跨学科、多学科的知识和技能，来解决重大的经济社会和工程技术问题，以满足人类和社会的重要需求。如果没有这种综合，美国的阿波罗计划，我国的导弹、卫星、火箭等国内外重大科学技术成果的开发和利用，是很难想象的。这种综合利用科学技术成果解决重大经济社会问题的能力，绝非利用单学科的知识和技能所能达到。正是这种跨学科、多学科的综合，使科学技术作为第一生产力的功能得到更加充分和更加有效的发挥。

跨学科、多学科研究是知识、智慧和技能高度集中的领域，也是为人类社会做出重大贡献的领域。20世纪下半叶以来，科学技术促进经济成长和社会发展的情况表明：技术经济比较发达的国家，往往是跨学科、多学科研究比较先进的国家；发达国家的技术经济成就，是和跨学科、多科学研究成果的开发利用紧密联系在一起的。科学技术所取得的进展，科学技术成果在生产中和社会中的应用，往往代表一个国家开发智力、利用科学技术知识和技能的智能化水平。当代社会的许多重大问题，大都涉及自然科学、社会科学和技术科学。它们的解决，必须依赖综合了这些科学的跨学科、多学科研究。因此，这种研究的水平实际上体现了科学技术的发展水平和现代化的程度。能否在经济、社会、国防、国际关系以及其他领域卓有成效地开发利用跨学科、多学科研究及其成果，已日益成为经济社会发展的实力和水平的一种重要标志。

跨学科、多学科的综合研究及其成果，作为科学技术是第一生产力的一种重要体现，已经并将继续产生重大的经济效益和社会效益。它们对解决重大经济社会问题或制订有关此类问题的重大决策的影响，必然会随着跨学科、多学科研究的未来发展和更多成果的未来应用而日益扩大。

（选自《国外社会科学》1996年第1期）

二十世纪社会科学中的系统理论

钟　明[*]

　　20世纪以来，系统思想的浪潮不仅在自然科学领域中波澜迭起，蔚为壮观，而且还以不同的表现形式冲击着另一个智力活动的世界——社会科学领域，在人类学（指社会人类学或文化人类学）、社会学、政治学以及经济学和管理学等诸多学科中发出了非同凡响之声。在整个社会科学领域中，就所蕴含的系统思想的内在逻辑性和外在影响力而言，地位最为显赫、理论最有典型意义的要数功能主义人类学、结构功能主义社会学和政治系统理论三大学派。应当说明的是，我们在这里仅仅是从方法论的角度来考察社会科学中的系统思想，并不涉及各个学科中理论本身价值的评价问题。

一　人类学家：文化系统和功能方法

　　19世纪所发生的生物学革命极大地拓展了人们的认知视野，有力地促成了人们在思想方式上的重大转变。在这一科学背景下，从孔德、斯宾塞到迪尔凯姆，社会有机论及相应的功能学说不断发展，他们所倡导的生物学主义的社会理论实际上构成了社会科学中系统思想的潜在形态。进入20世纪后，马林诺夫斯基和拉德克利夫－布朗以前人的社会有机论和功能学说为借鉴，以阐释未开化社会文化现象的法则和规律为己任，

---

[*] 作者信息：江苏省社会科学院情报研究所所长、副研究员。

投身到社会人类学或文化人类学研究中。1922年，他们分别进行实地考察的成果——《西太平洋的航海者》和《安达曼岛民》出版，这一历史的巧合正好成为富有系统思想意义的功能主义人类学诞生的标志。这两位彼此独立进行研究的同时代人，在人类学研究方法论方面却具有基本重合的思想焦点，即把一切文化看作有机的统一体——系统，进而揭示各个构成元素（要素）在现实的文化系统中的相互关联，以及它们在这个系统中所发挥的特定功能。

马林诺夫斯基宣称，在功能主义人类学这一新学派看来，文化是一个组织严密的系统，而人类学则必须通过观察"人类学事实"以及每一事实在文化系统中的功能去分析文化。因此，人们应该了解的是：某一"人类学事实"在完整的文化系统中处于什么位置，在这个系统内的各个组成部分怎样彼此相关，而该系统又以何种方式与其外部的物质环境产生联系。他指出："一切文化要素，若是我们的看法是对的，一切都是在活动着，发生作用，而且是有效的，文化要素的动态性质指示了人类学的重要工作就在研究文化的功能。近来，在人类学中出现了一个新的学派，他们注重于制度、风俗、工具及思想的功能。这派学者深信文化历程是有一定法则的，这法则是在文化要素的功能中。这派学者认为，把文化分成原子及个别研究是没有希望的，因为文化的意义就在要素间的关系中，他们亦不同意文化丛体是偶然集合的说法。"[①] 实际上，马林诺夫斯基本上就是从对某个文化元素的功能分析来寻找该文化元素与其他文化元素的内在关联性，从而力图揭示它们之间的整体统一性，以阐明文化的本质。

在拉德克利夫-布朗那里，功能主义人类学中的系统思想得到了更加周详的阐述。拉德克利夫-布朗声言，他那个时代乃是"一个批判原始文化研究的时代"。他认为，人类学对社会制度或习俗、信仰等文化现象的解释既不应像"民族学"那样构拟历史，也不应像"心理学"那样单纯围绕人的思想动机进行臆测，而必须运用社会学的理论和方法，由此便形成他所要建立的"新人类学"。拉德克利夫-布朗关于建立新人类学的基本主张及其中所包含的系统思想可以被分析和概括为以下几点。

---

① ［英］马林诺夫斯基：《文化论》，中国民间文艺出版社1987年版，第14页。

第一，新人类学应该像自然科学或归纳科学那样，寻求关于文化现象的"通则"，而这种"通则的方法"在人类学中有一个具体的形式，即功能解释或功能方法。他所说的"通则"，就是普遍原理，就是一般规律。通过"通则的方法"可以证实，一个具体现象乃是一般规律的一个例证。如树上苹果落地，行星绕日运动等，都不过是物理学中万有引力定律的不同例证。与此相仿，新人类学能够告诉人们，一个文化现象究竟是怎样发生和为什么发生的，即它所依据的规律是什么，这就使新人类学完全不同于构拟历史的"民族学"。

第二，功能方法的理论前提在于，文化是一个整体性的系统。对于文化而言，只有当它被视为一个由相互关联的各个部分所组成的整体性系统时，才能发现某个文化元素的意义。拉德克利夫－布朗明确指出："解释的功能方法是根据这样一种假定，即认为文化是一个整合的系统。在一个特定共同体的生活中，文化的每一个因素都扮演一特定的角色，具有特定的功能。……功能方法的目的就是发现这些一般规律，然后根据被发现的规律，来解释任何文化的任何具体因素。"① 在他看来，一切社会制度或习俗、信仰的存在，都是由于它们对于其所从属的那个社会整合的整个系统发挥了特定的功能，具体而言，就是建立对物质环境的外部适应和调节个人与群体之间关系的内部适应，以便有可能使社会生活达到有序化。

第三，新人类学作为拉德克利夫－布朗心目中的"比较社会学"，它旨在对完整的文化系统进行比较，而不是比较来自不同地区的各个孤立的文化元素。不同文化间的比较研究乃是一个将观察与假设结合起来的归纳过程——根据观察得到的事实提出假设，回到观察中检验假设，假设或被证实，或需加以修改，或被否定而代之以一个新的假设。如此周而复始，直至假设成为具有一定程度可能性和可靠性的理论。因此，新人类学只能建立在实地考察的基础上，而功能方法又正是实地考察的向导。

引人注目的是，拉德克利夫－布朗特别对所谓"文化原子"的观点提出了尖锐的批评。按照"文化原子"的观点，任何文化都仅仅由一些

---

① ［英］拉德克利夫－布朗：《社会人类学方法》，山东人民出版社1988年版，第32页。

相互之间没有联系的孤立的元素所组成,它们仿佛是一系列历史偶发事件的堆集,彼此之间丝毫不存在功能上的关联。拉德克利夫-布朗认为,正是文化具有内在关联的整体性这一系统观点构成了他的新人类学的一个最重要的特征。所以,他反复强调,"新人类学把任何存续的文化都看成是一个整合的统一体或系统,在这个统一体或系统中,每个元素都有与整体相联系的确定功能。"①

除阐述功能解释观点外,拉德克利夫-布朗还提出了结构分析的朴素思想。用他的话来说,社会结构就是"在由制度即社会上已确立的行为规范或模式所规定或支配的关系中,人的不断配置组合"②。由于拉德克利夫-布朗开始将结构分析与功能解释结合到一起,功能主义人类学中的系统思想便初步获得了比较全面的内容。

总之,功能主义人类学不仅针对文化现象明确提出了"系统"观点,而且还以此为基础,具体论述了旨在揭示整体性文化现象本质和一般规律的功能方法,从而为系统观点赋予了具有一定现实性的方法论或工具体系意义。这充分表明,20世纪功能主义人类学中的系统思想已经超越了社会有机论中生物有机体与社会有机体之间的简单类比,消解了社会有机论及相应的功能学说中浓厚的生物学色彩,使系统思想在社会科学领域中获得了其自身的相对独立性。因此我们还可以认为,20世纪社会科学中的系统思想已经从19世纪社会有机论及功能学说中的潜在形态发展成为功能主义人类学中显在的或现实的形态。系统思想作为功能主义人类学的灵魂,它一方面促使尚在草创时期的社会人类学或文化人类学走向成熟,另一方面又为社会学和政治学等社会科学中其他学科方法论的发展提供了一种新思维。当然,我们也应该看到,在功能主义人类学中有关系统思想的阐述还比较笼统,尤其是对于系统方法没能从人类学的角度作一系统的展开。这些不足为社会科学中系统思想在以后的发展留下了一个广阔空间。

---

① [英]拉德克利夫-布朗:《社会人类学方法》,山东人民出版社1988年版,第60页。
② 同上书,第148页。

二 社会学家：行动系统中的社会系统

帕森斯（T. Parsons）以现代工业社会为研究对象，对迪尔凯姆、马林诺夫斯基和拉德克利夫－布朗等人的功能学说或功能主义观点加以拓宽和深化，在社会学领域中建立了一套相当完整的结构功能主义理论，进而使社会科学领域中的系统思想或社会系统理论得到了很大发展。值得一提的是，在建立结构功能主义社会学理论的过程中，帕森斯不仅领悟到由社会学家帕累托（V. Pareto）最早提出的"社会系统"概念的重要价值，而且对生理学家坎农（W. B. Cannon）所构造的生命系统功能调节模型颇为欣赏。1945 年，帕森斯发表了《社会学中系统理论的现状和前景》，首次提出"结构功能主义"的概念；1951 年，他的专著《社会系统》出版，该书对社会系统理论作了系统的阐述。

帕森斯首先从分析社会行动系统的基本结构单元——"行动单位"出发，概括出重点探讨人类理性在社会行动系统中作用的社会行动理论，继而又在结构功能主义社会学中建构起一种比较完整的系统理论，以进一步发展其社会行动理论。在帕森斯系统思维的轨迹中，结构功能主义的观点、关于社会系统的概念和行动系统的结构功能关系理论连贯地构成了三个关键坐标点。

从整个现代系统思想发展的进程来看，帕森斯系统理论的形成和传播要早于贝塔朗菲（L. V. Bertalanffy）的一般系统论、维纳（N. Wiener）的控制论和申农（C. E. Shannon）的信息论。更值得注意的是，一般系统论、控制论和信息论渊源于对生命系统和技术系统的研究，而帕森斯结构功能主义社会学中的系统理论则始终紧紧地围绕着居于更高层次的社会系统的探索。由于这种质的差异，帕森斯的系统理论蕴含着其别具一格的社会学方法论，即把社会学系统分析视为结构功能分析。帕森斯意识到，只有在物理学和化学中才有可能充分扩展动力学演绎体系的经验范围，而在社会学中具有这种演绎体系特性的动力学知识则是零星片段的，这样关于社会的系统理论便面临着完全丧失其优势的危险。但是，在社会学中仍然存在着保留系统理论的某些长处，同时又为动力学知识有条不紊的发展提供一个框架的可能性。"正是作为这样一种仅次于最佳的理论，结构—功能水准的理论的系统化在这里被构想和使用。"①

社会系统作为帕森斯结构功能主义社会学研究的主题，它具体地表现为行动单位有关众多个体行动者互动格局的持续或有序变化过程的组成方式。社会系统的单元或要素是角色，而它的结构则体现为各个行动者间的相互关系。在帕森斯看来，社会系统中每一组成部分的存在都具有一定的作用或功能，即维持社会系统的整合，而整个社会系统的运行也是趋向于整合这一总目标。于是，社会系统的整合便成为帕森斯社会系统理论所力图解释的一个中心问题。

在帕森斯的系统理论中，被精心构造的行动系统是一个巨型系统，它包括以下四个子系统：行为有机体（人的生理系统），它由行动者的躯体和神经系统组成；人格系统，它由行动者的动机和取向组成；社会系统，它由多个行动者或角色之间的互动和关联组成；文化系统，它由行动者通过学习而获得的抽象东西组成，如信仰、象征、符号和价值观等。这四个子系统又分别履行以下四种类型的功能：（1）适应（A）——行为有机体履行的功能，即系统能够从外部环境获取生存资源并将这种资源分配给行动系统；（2）目标实现（G）——人格系统履行的功能，即系统能够调动资源以实现其按一定优先次序排列出的多个目标；（3）整合（I）——社会系统履行的功能，即系统能够将其各组成部分协调结合成一个功能整体；（4）模式维持（L）——文化系统履行的功能，即系统能够保持价值观等的稳定，以使行动具有连续性、一定的规范和秩序。

帕森斯极为重视系统分析中的功能问题，尤其是行动系统中 AGIL 这四种功能的运作，因为这些功能既是制约系统内结构与过程的重要条件，又是系统内结构与过程存续的具体结果。由此构成了帕森斯的 AGIL 功能分析方法，它不仅可以应用于整个行动系统，而且还可以应用于组成行动系统的子系统。实际上，行动系统中的四个子系统并非互不相干，而是紧密联系、彼此渗透的。

显然，在结构功能主义社会学中，帕森斯主要运用结构功能的观点从最一般的意义上对系统与子系统之间的关系、子系统相互之间的关系和系统与环境之间的关系做了全面而又细致的分析，他用近乎哲学式的

---

① T. Parsons, *The Social System*, New York：Free Press, 1951, p. 20.

语言精辟地阐发了现代系统思想中关于系统性质的基本内涵，即系统的整体性、系统的层次性和系统的合目的性，从而创立了内容极其分化、概念高度抽象、思想完全体系化的结构功能分析形式的社会系统理论。这就表明，在功能主义人类学中刚刚获得其独立性但尚缺乏系统性的系统思想在结构功能主义社会学中达到了一个相当系统化的崭新水平。此外，帕森斯结构功能主义社会学中的系统思想对发轫于科学技术领域中的控制论和信息论的基本概念已有所借鉴，这便意味着社会科学中的系统思想与科学技术中的系统思想开始趋向汇合。

帕森斯一生中几乎没有做过任何经验性的实证研究，故他自称为一个"不可救药的理论家"。与此不同的是，曾做过他学生的默顿（R. K. Merton）则对实证研究颇为重视。早在其1935年完成的博士论文《17世纪英国的科学、技术与社会》中，默顿就采用统计和定量分析的方法，对当时英国科学发展中与社会学有关的若干方面进行了具体而深入的经验性研究。

默顿对帕森斯结构功能主义社会学的"巨型理论"（grand theory）框架提出了质疑，他批评帕森斯的理论雄心过大，其包罗万象的巨型理论超出了当时社会学能力的范围，甚至远远超出了社会学领域。按照默顿的看法，社会学更需要一个建立在抽象程度较低的基础上、更具有经验性和可操作性的"中程理论"（middle-range theory）。此外，默顿还将功能分析看作"有效的或然性和思考问题的方式"，他提出"反功能""功能交替"以及"显性功能"和"隐性功能"等新概念，以对传统的功能主义加以修正和补充。这里需要指出的是，默顿所否定的只是帕森斯整个巨型理论体系大而无当的倾向，而并非帕森斯结构功能主义社会学的精华——系统思想本身；同时，在默顿所倡导的中程理论中，系统思想仍然是他结构功能主义理论的核心。事实上，默顿所做的工作既是摆脱和突破帕森斯早产的单一社会理论模式的封闭，又是致力于使帕森斯的社会系统理论得以精致化和特殊化。

三 政治学家:政治现象的系统
分析和结构功能分析

继人类学和社会学领域中功能主义和结构功能主义理论兴起之后,政治学领域中也掀起了系统思想的浪潮。人们已经认识到,每一个社会都具有其特定的经济水平、政治关系、文化传统和社会结构,因而形成了政治形式多样化的格局,对此,以往的政治形式分析显然难以应付自如。而不断丰富和发展的系统概念则使政治学家感到耳目一新,他们对在其他学科中屡有建树的系统思想加以认真研究、消化和吸收,并在政治学领域中建立了独具匠心的系统方法,创造了政治分析的新工具,结果使政治系统理论成为政治学中负有盛名的一个学派。实际上,政治系统理论学派是对运用系统思想或系统方法从事研究的政治学家们的一个系统,它又可进一步分为两个子学派:一个是以伊思顿(D. Easton)为代表的系统分析学派,另一个则是以阿尔蒙德(G. A. Almond)为代表的结构功能分析学派。

伊思顿汲取了控制论研究的理论成果,并将其推广应用到一般的政治现象。1957年,他在《世界政治》杂志上发表《政治系统分析的途径》一文,提出系统分析理论的初步构想。1965年,他的两本专著《政治分析的框架》和《政治生活的系统分析》分别出版,由此完成了他对其政治系统分析理论的全面阐述,并确立了自己作为政治系统理论重要代表人物之一的地位。

作为最早将系统概念应用于建构政治学理论的政治学家,伊思顿提出政治生活是有系统的行为,因而根据政治生活的互动现象便可建立含有经验意义的政治系统。这个政治系统作为社会系统的一个子系统,它由与社会价值的权威性分配有关的互动行为构成。政治系统处于物理的、生物的、社会的和心理的环境之中,它不仅具有确定的目标,而且还具有自我转化和适应环境的能力。

伊思顿的系统分析理论洋洋洒洒,不过其政治系统的基本特征可以由这样一个信息过程概要地刻画出来:政治系统从环境接受输入——需要和支持,这个输入进到政治系统后经转换而变成输出——决策或行动,这个输出通过反馈又进入政治系统，并对政治系统的再输出产生影响。如此周而复始，循环不已，构成政治生活。

从实质上看，伊思顿关于政治生活的系统分析理论乃是控制论中抽象的反馈系统形式加上政治学中具体的行为分析内容，他的创造性就在于大胆引入了控制论模式的系统方法论。如果说帕森斯结构功能主义社会学中的系统思想中是稍许有一些控制论的概念成分，那么就整体而言，伊思顿的政治系统分析理论则完全被控制论化了。然而，尽管伊思顿试图仿效科学技术中的系统方法来进行社会科学领域中的研究，但其政治系统分析理论中并没有应用任何计量模型，也就是说，他的这种仿效是十分有限度的。

深受功能主义人类学和结构功能主义社会学影响的阿尔蒙德对伊思顿政治系统分析理论的局限性若有所悟，并试图对其加以突破。他提出了在系统方法论上似乎更为成熟的结构功能主义政治学理论。1960年，他的《发展中地区的政治》一书出版，标志着结构功能主义政治学的问世。在以后的研究成果《比较政治学：发展研究途径》（1966）和《比较政治学：体系、过程和政策》（1978）中，阿尔蒙德分别对原先的理论体系做了重大的修改和补充。在他看来，政治系统作为比较政治学理论的主要概念，不仅反映出政治学所用术语的变化，而且还体现了一种考察政治现象的新方法。政治系统概念可以将人们的研究视角扩展到社会内部政治活动的整个范围，因而得到广泛的运用。同时，政治系统也是一个生态学的概念，因为它突出了政治领域与其环境间的相互作用。他认为，合法的强制性使政治系统显示了作为一个系统而特有的重要性和凝聚性，这是政治系统与其他系统的根本差别所在。概观阿尔蒙德的理论，其政治系统的系统性质具有以下四个特点。

第一，政治系统是一个具有整体性的开放系统，它具有一般系统的共性。就系统的内部关系而言，当系统某个组成部分的性质发生变化时，其他所有组成部分乃至整个系统都将受到牵连或影响，这就是所谓相互依存，也就是整体性。就系统的外部关系而言，系统具有一定的边界，边界之外为系统的环境，系统与其环境间发生着相互作用。政治系统通过各种方式渗透于社会的各个方面。关于政治系统与其环境之间相互作用的具体方式，阿尔蒙德基本上接受了伊思顿系统分析理论中的输入—

输出模型。

第二，政治系统的组成单元是政治角色，它们的组合或它们之间的相互作用形成一定的政治结构，以实现政治系统的目标。阿尔蒙德认为，所有的社会系统，包括政治系统，并不是由个人组成的，而是由各种角色构成的。政治系统则是由选民、立法者、行政官员和法官等角色构成的。当人们参加某种形式的政治交流或政治活动时，他们就由非政治角色转为政治角色。采用角色和结构这两个术语，而避开职位和机构这两个词，乃是为了突出参与政治的个人实际行为，强调政治机构的实际作为，这些实际行为和作为都具有可观察性。

第三，政治系统具有某种反映其心理方面的基本倾向，如态度、信仰、感情、价值观等，这便是"政治文化"。在政治系统中，政治文化是与结构和角色不同的另一个方面。角色和结构对应于政治系统所显示的外在实际行为，政治文化反映了政治系统内在的或隐含着的心理倾向。

第四，无论其专业化程度如何，一切政治结构都具有多种功能，执行这些功能的分别为系统、过程和政策这三个同时并存、相互作用的层次。需要注意的是，阿尔蒙德所言的"层次"具有特定的含义，它指事物的各个透视面，而不是相继发生的各个阶段。其中，系统层次涉及系统的维持与适应功能，它意味着政治生活对信息交流的依赖性；过程层次指的是从输入到输出的转换，它包括所谓利益表达、利益综合、政策制定和政策实施四个方面的功能；在政策层次上所展现的则是政策的实际作为，即整体性政治系统对其他社会系统和环境的作用。此外，政策层次还涉及反馈的作用，输入经转换形成输出，而输出通过反馈对新一轮输入发生影响。

阿尔蒙德长于比较政治学研究。由于世界上的政治系统林林总总，千差万别，甚至即使是表面上相同的结构也可能在发挥着实际上完全不同的作用和功能，要对它们进行描述和比较谈何容易。但是，运用结构功能主义形式的系统方法就可以建立一个具有共同意义的概念框架，进而去描述和比较各种政治系统及其实际行为，如他们在各个层次上所发挥的作用和功能，这样分析和研究不同政治系统的问题就迎刃而解。

由于系统的不同结构可以具有相同功能，即系统的结构与功能之间的对应并不总是唯一的，结构功能分析有时就难以确证某种功能对系的存续是不可缺少的,因而结构功能主义形式的系统方法仍有不甚完备之处。但无论如何,阿尔蒙德的系统思想之所以值得称道,就是因为它将科学技术中新兴的系统分析与社会科学中传统的结构功能分析有机地结合起来,使两者兼容并蓄,相得益彰,从而在社会科学领域中实现了一次极有意义的系统方法论的综合。

(选自《国外社会科学》1997年第3期)

国外社会科学发展百年回顾

刘仲亨

一 历史分期及主要成就

20世纪是人类社会发生剧烈震荡的时代。这百年间爆发了两次世界大战、30年代资本主义经济危机、第一个社会主义国家诞生、世界殖民主义体系崩溃、长期的冷战与东西方对峙,而在这百年即将结束的前夕发生东欧剧变和苏联解体,世界格局又发生变化,国际风云变幻莫测。百年间科学和技术的飞跃发展,对人类社会生活产生空前巨大的影响,不仅表现在造福人类生活方面,也表现为灾难性的后果,全球性的生态危机已威胁到人类的生存。人类社会出现多种复杂的社会问题:贫富差距、种族歧视、劳动就业、预防犯罪、城市治理、交通管理、卫生保健、住宅建设等方面层出不穷的问题困扰着人类社会,危及社会的安定,迫切期待合理的解决,呼唤社会的公平与正义。近百年间社会科学正是在这动荡不安、充满矛盾与斗争的背景中发展的。这一发展可分为三个时期。

19世纪末至20世纪30年代。这一时期西方社会科学继承西欧19世纪这一承上启下的时代所取得的丰富成果,不仅使一些传统的学科(如哲学、法学、经济学、史学、教育学等)加强了在科学体系中的地位,而且产生出多门独立的学科(如社会学、民族学、政治学、心理学等),各学科的理论得到迅速发展,衍生众多学派。

这一时期是早期社会学家理论建树及社会学最终确立的时期。迪尔凯姆、G. 塔尔德继孔德之后确立了法国实证论各社会学派的地位，而德国社会学家韦伯、齐美尔、曼海姆则相继形成了具有人本主义色彩的不同学派。1893 年在巴黎成立国际社会学学会（IIS），1896 年迪尔凯姆创办《社会学年鉴》，标志着社会学家群体的确立。

随着人类学的发展，在进化论和实证论的思想影响之下，1868 年 A. 巴斯蒂安创建柏林民族学博物馆，确立了民族学在欧洲的地位。美国的 L. H. 摩尔根、F. 博厄斯，英国的 B. 马林诺夫斯基都为文化（社会）人类学研究的传统奠定了基础。西欧的实证主义法学为政治学的建立提供了思想基础，然而政治学在美国取得较快的发展。1880 年 J. W. 伯吉斯在哥伦比亚学院建立政治学研究院，1903 年美国成立政治学学会。20 世纪以前的语言学以历史比较方法为基础，对语言持自然主义观点。瑞士语言学家 F. 索绪尔（1916）开辟语言结构系统研究领域，逐步使语言学成为十分专门化的学科。

1879 年德国心理学家 W. 冯特建立了第一个心理学实验室，宣告现代心理学的诞生。继而心理学在美国和欧洲都有发展：在美国有构造主义、实用主义、机能主义、行为主义等学派；在欧洲有格式塔、发生认识论等学派。奥地利精神病学家 S. 弗洛伊德从心理治疗入手形成精神分析学派（1917），主张无意识及泛性论。这一学派发展成为哲学思潮，波及许多学科，有很大影响。

这一时期，社会学作为先导学科的学术地位的确立具有重要意义，法国和德国在社会学领域的领先地位也奠定了这一时期西欧作为社会科学发展的地理中心的地位。分散在传统的哲学、法学、史学、经济学等学科中的研究对象，在社会学中得到综合，社会学以社会现象为研究对象，"运用社会现象来表达社会现象，这样，它才不依附于其他科学"。[①]这种实证主义思想不仅是早期社会学各学派的主流，同时也影响到这一时期的文化人类学（民族学）和心理学，乃至政治学等学科。各学科的众多学派相互继承，相互渗透，形成复杂的关系。在不同学科中产生的学术思想，同时也渗透到哲学思想中，形成新的哲学流派（精神分析、

---

① ［法］埃米尔·迪尔凯姆：《社会学方法的准则》，1894 年版，转引自《社会学的由来与发展》，商务印书馆 1987 年版，第 9 页。

结构主义)。源流转向、融汇综合的趋势,已初见端倪。实证主义和人本主义相互渗透的迹象,说明这两种哲学思潮互有影响。但是也应看到,在经过第一次世界大战灾祸之后,充满危机的西方社会,不可避免地要受到尼采、海德格尔、雅斯贝尔斯等非理性主义哲学家提出的各种人本主义哲学理论的挑战。

20 世纪 40 年代至 70 年代。第二次世界大战的爆发,使欧洲学术发展停滞,直至 50 年代以后才得到逐步恢复,而这一期间未受战争破坏的美国,得到空前的发展,成为世界科学(包括社会科学)发展的地理中心。

这一时期美国社会学家 T. 帕森斯的结构功能主义、L. 科泽尔的社会冲突理论、G. 霍曼斯的社会交换理论、H. 布卢默的符号互动理论成为社会学理论的主流。美国人类学家 M.J. 赫斯科维茨的文化相对论、L. 怀特的新进化论、战时流亡美国的法国人类学家 C. 列维－斯特劳斯的结构学派成为人类学领域的主要代表。1957 年美国语言学家 N. 乔姆斯基提出"转换—生成语法",掀起语言学界一次"革命"。移居美国的德国学者 E. 弗罗姆的新精神分析学派,不仅在心理学界,而且是法兰克福学派中 60 年代以来最具影响的学派。

战后这一时期西方学术界掀起一股研究马克思主义的浪潮,除法兰克福学派外,还有存在主义的、结构主义的西方马克思主义研究的派别。苏联学术界以马克思主义作为指导思想,马克思主义研究在社会科学中占有首要地位。在苏联社会 50—60 年代处于较为宽松的学术"解冻"时期,取得许多研究成果,清理了许多过去的错误观点,恢复被歪曲的马克思主义的基本原理成为这一时期苏联理论工作的主要内容之一。

进入 60 年代,西欧及其他地区的社会科学也相继取得前所未有的发展。为适应战后社会发展的需要,应用性研究比重显著增加。这一时期社会科学发展的标志是科学建制的社会化。科研机构空前扩大,科研人员猛增,政府拨出巨额经费。这是社会科学参与政策制定工作的鼎盛时期,众多的发展中国家都相继以不同规模建立起社会科学研究机构。

这一时期电子计算机问世,并于六七十年代广泛应用于数据处理。作为科学研究的计算工具的电子计算机化,极大地改变了科学家的研究方式。定量化研究趋势加强。科学研究活动的变化之巨大,是始料未及的。

20 世纪 80 年代至 20 世纪末。世界各国纷纷向信息化时代迈进。90 年代互联网的建立,更加促进信息技术的不断进步。跨国界的信息流动,使国际社会在经济、政治、文化和社会生活方面的全球化趋势更加凸显。社会科学的发展,近一二十年来通过国际性学术组织和会议,使这一知识体系在全球得到扩散、传播和交流。值得注意的是,进入 80 年代,美、英、法等国的社会科学研究规模有所缩小,发展出现下降的势头。

这一时期社会科学知识体系内部相互渗透、交叉、综合的趋势日益加强,出现大量跨学科的,乃至跨文化的研究领域。人的问题的研究,乃是典型的跨学科、跨文化的研究领域。在近年第 18、19 届两次世界哲学大会上,都连续以人的问题作为主题进行了多方面、多层次的深入探讨。人类文明问题的研究,也是跨越东西方民族、宗教、文化,全球性全方位的研究,如亨廷顿的文明冲突论①就成为国际问题研究热点。

80 年代,在国际学术会议上,苏联代表独树一帜,引起世界瞩目,往往也成为争论焦点。90 年代,在苏联解体前夕,苏联社会科学历经 70 年曲折历程,已建成为门类齐全、独具特色的体系。苏联哲学由发展到终结,有其尚待进一步分析的原因,但是苏联时期整体的社会科学,不容否认取得一定的进展,其科学成果赢得世界公认。

这一时期,在西方出现"后现代"思潮,"后现代话语"成为时尚,在全球传播进而全球化。其主要代表人物有福柯、利奥塔、德里兹、拉康、霍伊等。在 1994—1997 年,"后现代"的话题在国际核心期刊上每个月都有数百篇文章论及。② 在过去 10 年中,后现代话语广泛影响到所有学术领域,对现代理论提出全面挑战。后现代思潮对现代思想的怀疑、拒斥、反叛、决裂、矛盾、痛苦与感受等,乃是新时代临产前的阵痛。

二 研究方法的演变及启示

当代社会科学的研究方法,随着当代自然科学以及社会科学本身的

---

① 指美国哈佛大学教授 S. 亨廷顿 90 年代发表的文章:《文明的冲突》(1993)、《文明的冲突与世界秩序的重塑》(1997) 等。

② G. Ritzer: Postmodern Social Theory, N. Y. McGraw-Hill, 1997.

发展，也经历了剧烈的分化过程，新方法、新手段日新月异，层出不穷，各种方法相互渗透、交叉融汇、综合集成。因而科学方法的体系结构变得极其复杂，而且数量庞大。据粗略统计，① 在 22 个主要的社会科学学科中正在使用的研究方法多达 1500 余种。其中哲学、社会学、经济学、语言学与符号学、心理学等学科所产生的方法最为丰富，向其他学科渗透、移植的方法最多。

从方法的普遍性程度来说，可分为三个层次：哲学方法、一般方法和专门方法。基于研究的性质和数量的规定性方面的需要，可有定性方法和定量方法的分类。由于专门方法在学科应用领域的扩展，而有跨学科研究方法的产生。由于当代科学抽象化水平和数学化程度的提高，应用数学方法得到广泛应用。

1. 哲学方法是最具有普遍性的方法，具有方法论指导意义

不同的哲学方法来自不同的哲学体系。迄今人类认识的历史（尤其是现代）表明，唯物辩证法是最具影响力的哲学方法之一。马克思主义哲学对当代社会科学的发展产生了巨大影响。西方学术界推崇孔德和马克思是"理论社会学的两大鼻祖"②。西方许多科学家的著作都承认受到马克思的辩证法的影响。

新实证主义哲学在发展现代形式逻辑、符号学、科学逻辑等科学研究方法方面起到重大作用。结构主义是由共同的结构研究方法连接起来的哲学思潮。结构主义方法在语言学、人类学、心理学、文学中得到广泛应用，并取得有价值的成果。现象学具有独特的方法论意义。现象学方法（本质的还原过程）被广泛应用于历史、社会、政治、语言、文学等领域。现象学方法对存在主义哲学产生过影响，又与精神分析、结构主义和解释学方法有合流趋势。西方两大哲学思潮中，实证主义哲学主张还原论，重分析方法、定量分析和数的观念，而人本主义哲学强调价

---

① 根据《社会科学新方法大系》所列各学科的各项方法所做的统计，重庆出版社 1995 年版。

② 《美国大百科全书》国际版第 25 卷，1976 年版，转引自《社会学的由来与发展》，商务印书馆 1987 年版，第 128 页。

值观、人的自我意识，重直觉、反思、思辨性。两者都在不同意义上对方法产生影响。与此同时，各种哲学方法之间又表现出相互渗透、交叉融汇的趋势。

哲学方法在某一具体学科中并不直接起作用，而是以大量的专门方法为中介，其中有些普遍性较高而成为一般方法。一般方法的意义，不仅限于某一个学科的范围，甚至跨越学科的范围，因而也可称为跨学科方法。在当代科学实践的要求下，应运而生的系统论方法、控制论方法、信息论方法以及结构方法都是渗透到许多科学领域、跨越学科界线、给科学方法体系带来崭新局面、具有高度普遍性的方法。系统论方法在贝塔朗菲提出生物机体系统理论时是一种专门方法，经过系统工程的实践对理论的不断丰富，取得精密的数学形式和先进的计算工具，从而成为高度普遍性的一般方法。结构方法也曾是专门方法，用于语言研究，后经列维－斯特劳斯运用于人类学研究，乃至拉康在心理学中把精神分析方法与结构方法结合，以及福柯在文化史研究中，阿尔都塞在马克思主义研究中对结构方法的应用，于是形成一股由方法而连接起来的哲学思潮。可以看到，当代社会科学方法处于急剧发展变化之中。哲学方法、一般方法和专门方法之间，并没有不可逾越的界限。

2. 定性研究和定量研究是统一的科学认识中相互补充的两个方面

定性与定量在一定限度内表现出各自的独立性、各自的抽象化方向。社会科学在 19 世纪，除经济学和统计学外，定量化研究尚未取得应有进展。如以数学的应用作为定量化研究的标志，那一时期数学在人文社会科学、生物学等领域的应用几乎等于零。说明这些科学利用数学工具的条件尚不成熟，同时也表明适用于这些学科应用的数学工具本身也尚不完备。

近 40 年来，在科技迅猛发展的形势下，社会科学的定量化研究已有长足进展。据对社会科学重大研究成果的统计，[①] 自 1930 年开始，社会科学定量化研究出现增长势头，到 1965 年已形成为主要趋势。以电子计算机为核心的现代信息技术的广泛应用，更加速了这一趋势的发展。

---

① ［美］《科学》杂志，1971 年 2 月 5 日，第 171 卷，第 3970 期，第 450 页。

定量描述，是用于阐明最基本的量的特征和关系的方法。对于社会现象的定量描述，除经济、人口、地理等绝对数值外，存在大量的内涵性的度量属性（心理、感情、伦理、道德品质、熟练程度、智能水平等）。确定其度量的量纲、单位是十分复杂而困难的问题。自然科学中定量描述必须经过实验的判定。对于社会现象的定量描述有待于社会实践的检验。定量描述能够提高经验材料的精确性，这是社会科学取得科学形态的基本程序。某些社会调查资料的主观随意性，都来自定量描述的失真。统计方法是广泛应用于科学领域的定量化研究方法。数理逻辑、概率论和现代数学方法的进展，使统计方法成为描述随机过程和偶然性现象的有力工具。

在自然科学中每一个定律公式都可以说是一个数学模型。数学模型以方程式表述客体各要素之间的函数关系，演算的精确结果可以外推到原型，从而使原型得到解释，对原型未来的状态加以推算预测。在社会科学领域，理论模型的数学化趋势也是一股强大的潮流。首先在经济学中数学化开始较早，进程也较快。国民经济生产、交换、分配领域大量分析处理数据的实践需要，促进了经济理论的数学模型化的发展。社会工程的设计、评估及实施过程的管理都需要系统论、控制论等数学模型方法。

当代科学具有普遍数学化的特征。数据成为检验理论的依据，数学公式和形式化的表述，已成为科学理论的组成部分。数学化和形式化是科学理论表述在定量和定性两个方面日趋精确化和严谨化的标志。

三 科学体系及分类走向

社会科学在科学知识体系中占有极为重要的地位。当代科学体系，如果按自然科学、技术科学（包括农业科学、医学科学）、社会科学（包括人文科学）三分法来看，这三者的发展几乎呈现为三足鼎立之势。这与19世纪相比，已是大不相同的图景。那时的社会科学还是零散的独立学科。据粗略统计，[①] 当代科学体系含有2500个学科（包括一、二、三

---

① [美]《科学》杂志，1971年2月5日，第171卷，第3970期，第450页。

级学科），社会科学约占学科总数的2/5。当代社会科学已是一个庞大的、多层次的、综合性的学科群。

社会科学发展成为庞大的体系，是对日益复杂的众多社会现象进行深入的多层次研究需要的反映，是在为数不多的传统学科的基础上繁衍分化而形成的，分化与综合二者具有深刻的一致性，学科的进一步分化，实质上已是综合化的表现形式。新学科的不断出现，正在日益消除各学科之间的传统界限，使各门学科更加紧密地结合起来。例如，经济学这门传统学科已繁衍为拥有众多分支的学科群（工业经济、农业经济、商业经济等）。这些分支学科表明，经济学已由笼统地研究一般经济现象走向深入具体部门的研究，由单一结构分化为多层次结构。据统计，① 分支学科约占80年代新出现的学科总数的70%。

在某些传统学科相互接壤的领域，新出现的所谓边缘学科，在一定意义上也可称为交叉学科。可以是两种或两种以上多种方法的交叉，也可以是两个或多个传统研究领域的交叉。如人口学是一门具有高度综合性的交叉学科，综合应用多种研究方法（统计学的、医学的、法学的、经济学的、社会学的方法）来对一个特定的高度交叉的对象（涉及社会、经济、法律、生理卫生等众多领域）加以研究。

现代科学体系，按照研究方针和对社会生产实践的直接关系，可分为基础科学和应用科学。基础科学的发展，一般先于应用科学。当代自然科学的应用科学已发展成为庞大的技术科学系列。从科学到直接生产力的转化，正是通过技术的中介而得以实现的。具有现代科学形态的社会科学产生较晚，其基础研究与应用研究还没有明显的学科上的分化。然而这一趋势在社会科学中同样存在，并在逐步加强。

应用性研究在传统学科中已有明显的增长趋势。例如，伦理学领域目前异常重视社会学分析，日益社会学化，出现一系列职业伦理学学科（商业伦理学、军人伦理学、医学伦理学等）。应用性研究目前也是产生大量新兴学科的直接因素，如老年学就是直接为解决人口老龄化带来的一系列社会实际问题而产生的。

当代社会层出不穷的多种大规模的复杂社会问题的解决，需要发展

---

① 《学科分类研究与应用》，中国标准出版社1994年版。

一整套应用基础理论以解决实际问题的技术理论或工程方法。如环境保护、人口控制、城市规划、交通运输、商品销售网络、卫生保健、犯罪分析、预算编制等项目的实施，无一不是复杂而巨大的社会工程。世界各国著名的社会科学研究机构，都因成功地完成某项社会工程的设计而获得荣誉，其成果被采纳为社会政策而予以实施。社会工程在一定意义上可以说是社会科学转化为生产力的中介。社会科学的工程化正预示着广阔的前景。

科学的发展不仅取决于科学体系结构本身的内在逻辑，而且是相应于社会需求和社会价值而取得发展和应用的。科学的价值观和社会文化价值观是统一的，因此对于科学和技术的评价也必然是综合的，含有自然科学、技术科学以及社会科学诸方面的综合评价。社会科学对于科学整体发展的价值导向具有责无旁贷的义务。再以伦理学为例，这一传统学科相应于现代综合价值观已产生了诸如生态伦理学以研究人与生态环境的道德问题，生命伦理学以研究安乐死、克隆人等方面的道德问题。灾害学、安全学等学科的出现，更加表明科学在目的性和价值观层次上的整合。

在当代社会，人类物质文明与精神文明日益同步发展。人类精神生活的巨大进步和日益丰富，促使满足人类情感、意志、求知和体能诸方面需求的社会活动日益激增，各种艺术形式、体育竞技、传播媒介已发展成为社会制度的庞大组成部分，对这些活动的研究已成为现代科学体系中的重要部门——艺术学、体育科学、新闻学与传播学等研究领域。广播电视工程技术的发达，开拓了电视文艺、影视美学的极为广阔的发展前景，成为当代文明社会深入家家户户，集文艺与科技于一体的庞大部门，这里已难以分清人文与科技的界限，显示出人类物质文明与精神文明同步发展的强大趋势。

四 科研体制及社会功能

现代科学作为社会制度的组成部分而与其他组成部分紧密连接在一起，科学已深入到社会工农业生产中，渗透到行政及军事领域。今天科学活动已与现代化大生产形式相接近，科学家结成庞大的集体与严密的组织机构，需要完善的管理体制与巨额经费。各国政府都力求制定合理的科学政策以促进社会科学的发展，发挥社会科学为政府决策提供服务的社会功能。

据统计，[①] 当今世界的社会科学研究机构，仅知名的已达1240处，其中国际性学术组织占有很大比重。世界各国出版的社会科学刊物已达数万种，仅被联合国教科文组织1980年版世界名册收录者就达3191种之多。

社会科学家的人数，以美、苏、西德为例：美国为1960年4.6万人，1974年28.2万人，增长7倍；苏联为1960年8.3万人，1971年21.7万人，增长2.5倍。以上两组数字均约占其本国科学家总数的25%。西德1977年2661人，占本国科学家总数的15%，1987年3405人，增长1.2倍，占本国科学家总数20%。政府拨给经费数额：美国1965年科研总经费200亿美元，其中社科2.4亿美元，占1.2%，1980年科研总经费600亿美元，其中社科7.82亿美元，增长了3倍，占1.3%；苏联1965年科研总经费93亿卢布，1980年194亿卢布，增长2倍（社科不详）；西德1962年科研总经费44.28亿马克，1979年344.77亿马克，增长8倍，其中社科约占10%。

以上数字表明社会科学体制之庞大，并在六七十年代逐年增长。进入80年代后则出现一定下降趋势。[②]

当今世界各国社会科学的研究体制，表现为不同类型的组织与管理形式。这是在不同的社会历史背景下形成的，并具有各自社会功能特色。有多元化类型或分散型（如美国），一元化类型或集中型（如苏联），还有兼具两者特点的混合型（如法国等许多国家）。

美国政府不直接干预各项科研活动，由社会需求自发地进行调节。各科研机构形成分散的独立系统（高校的、私人的、政府部门的三类组织），依靠各种基金会（国家人文科学基金会、福特基金会等）拨款资

---

① 以下各组统计资料来源：《世界社会科学机构指南》，社会科学文献出版社1994年版；《国外社会科学政策研究》，社会科学文献出版社1993年版；《当代国外社会科学手册》，江苏人民出版社1985年版。

② 《国外社会科学政策研究》，社会科学文献出版社1993年版，第76、95、120页。

助,采用合同制方式委托研究课题,招聘人员,对社会需求做出灵活反应。美国科学院1863年建立,现在是科学家代表性机构,不设研究所等实体。美国知名的50余所大学承担着全部理论研究工作的60%。

在苏联,由苏共中央直接制定有关社会科学事业的方针政策。国家科委、计委、建委制订具体计划,国家统一拨款。苏联科学院(原俄罗斯科学院)1924年按当时欧洲大陆的学术传统体制建立,是全国最高学术机构,下设社会科学总学部等四个总学部,共70个研究所。高等院校是社会科学研究的重要阵地,那里的社会科学工作者占全国的80%。这种体制在历史上曾发挥过它的作用,为苏联赢得学术荣誉,但由于制度僵化,带来严重消极后果,导致行政命令、官僚主义长期统治。1991年12月恢复使用俄罗斯科学院名称。

当前各国都极其重视科研事业组织管理的综合协调与信息交流。一元化类型不注意综合协调与信息交流,必定陷入僵化、闭塞局面。多元型的局限性有碍集约使用科研力量。法国除国家科研中心之外,设立人文科学之家等机构,灵活自主运行,体现宏观集中、微观分散的体制。法国、德国仍然继承欧洲大陆的科学院作为最高学术研究实体的传统,但并不加以绝对化。美国在实施重大科研项目时,也都采用集中制,如1941年的战时体制、曼哈顿计划,1957年后为军备竞赛而制订的空间技术计划,以及1990年的国家信息基础结构设施(信息高速公路)计划等都是集中协调多方面的力量及资金进行开发研究。

五 21世纪的挑战

20世纪辉煌的百年转眼即将逝去,随21世纪而来的严峻挑战已经来临。人类社会如何回应这些现实的挑战,是社会科学不可回避的紧迫课题。

1. 21世纪将进入网络化时代

人类社会的信息化已面临一个崭新的阶段——信息的跨国界传播,计算机互联网建立的时代。人类的信息传递工具无线电报的应用(马克尼,1901)不过是在百年前发生的,第一台商用电子计算机(UN IAC,

1951）公开问世，只是50年前的事。可见科学技术的迅猛发展是如何急速地改变着人类的生存方式。信息流动的网络化将改变人们学习、接受和创造知识的方式。网上空间的即时性、虚拟性、交互性、开放性，正在改变人们的时空观念，网上生活将成为人的现实的生活方式。这已是亟待深入研究的课题。

全球性多层次的信息交流网络化，促进了世界经济的全球化，同时也促进了世界文化的融合与发展。当今的世界信息流，多由发达国家流向发展中国家单向流动，交流不平衡。信息资源的占有，贫富悬殊，差距巨大。这已成为许多国家密切关注的问题。

2.21 世纪将仍然面临生态持续恶化的环境

20 世纪由于人类工业生产活动对自然界的影响而产生的资源危机、环境污染、生态失衡等严重恶果，已造成全球性尖锐问题。值此即将迈入 21 世纪之际，国际社会反思人类文明走过的历程，特别是现代工业社会的发展道路，于 1992 年提出《21 世纪议程》这一世界各国可持续发展的战略规划。其中资源的可持续利用、环境保护、保持生态平衡被列为可持续发展的基础，否则经济无从发展，也无法达到社会发展的目标。可持续发展战略的提出，必然带来对人与自然关系的重新思考。生态学理论由 E. 海克尔（1869）提出已百年有余，其间经过许多社会学家、人类学家、人文地理学家的培育，于 20 世纪 70 年代形成人类生态学、社会生态学以及生态经济学、生态伦理学、生态工程学等学科。当代社会发展造成的生态问题，在西方科学研究中和理论深入上并非空白，西方在现代化中出现的弊病，在后现代主义思潮中也有所批判，曾引发社会政治运动。然而，当代全球生态依然持续恶化，形势严峻。生态问题十分复杂，尤其是不合理的国际经济政治秩序、发达国家的过度消费及掠夺性开发、有害废物的转移，以及发展中国家环境保护意识淡薄等重要原因，使得生态问题的解决异常艰难，尚须做长期持续的努力。

21 世纪社会科学的发展呼吁更新方法，开发科学思维的新路。在新旧世纪之交，可以看到当代科学思维的发展，趋向于探索大自然的（包括人类社会的）复杂性，而不再局限于追求简单性。20 世纪以来，科学家们对可逆和不可逆、决定性和随机性的相对重要性的估价已发生了变化。19世纪的科学思维曾经普遍地认为世界的运动可以最终还原为若干基本方程式。从基本粒子到人的精神活动都由这些规律所决定,甚至还希望把诸如伦理、道德、文化等抽象观念也还原为这一体系中的诸规律。不符合这一程式的过程,则被认为是例外情况。人们经过一个世纪的思考与探索,终于感到上述思维方式并不合理。可逆的和决定性的定律不能描述世界的全部真相。

对复杂性的探索表明,当代科学思维已突破单一的简单性还原论思想方式。复杂性和简单性同样表征客观事物属性,复杂性事物不能还原为简单性事物。当代一系列崭新的科学领域正在探讨大自然的复杂性问题,如耗散结构理论、突变论、协同论、混沌理论、非平衡态热力学等。科学尖端问题的探索本身就具有复杂性,非某一门学科的研究所能胜任。"打破学科间的壁垒,去尝试解决那些长期停滞的问题的新路。"① 这里需要突破单一学科的界限,超越单一学科思维方式的局限,综合利用多门学科的研究优势——这一新思路正是当今方兴未艾的跨学科研究方法,跨学科研究在新世纪里预示着更为广阔的应用前景。

(选自《国外社会科学》1996 年第 6 期)

---

① [比利时]民科里斯·普利高津:《探索复杂性》,罗久里、陈奎宁译,四川教育出版社 1986 年版,第 8 页。

交错性:人文社会科学研究的新范式

郭爱妹[*]

近年来,交错性(intersectionality)已经发展成为人文社会科学广泛使用的理论与经验研究范式。交错性是指个体社会身份认同的交错建构性关系,认为主体性(subjectivity)是由性别、种族/民族、阶层以及性取向等相互强化的社会范畴所交错建构的。作为一种规范性理论,交错性理论是女性主义学者与反种族主义学者广泛采用的理解认同与压迫(identity and oppression)关系的最重要的理论分析工具,它揭示了群体生活的复杂性以及权力与不平等的生产机制;作为一种研究范式,交错性反对传统认同研究的同质化与本质主义取向,强调对多元边缘化群体的关注,主张个体社会身份认同的多元交错建构性特征以及多元研究方法的整合。从一种社会运动到一种分析框架,再发展为一种新兴的理论与研究范式,交错性研究已经成为当今世界人文社会科学研究的一个新兴研究领域,[②] 为相关学科深入探讨与理解社会现象的复杂情境、促进学科方法论的变革与创新提供了新的视角。

一 交错性:从社会运动到范式理论

交错性理论与范式起源于美国多元文化与黑人女性主义运动,是

---

[*] 作者信息:女,1965 年生,博士,南京师范大学金陵女子学院教授。

[②] S. Cho, K. W. Crenshaw & L. McCall, Toward a Field of Intersectionality Studies: Theory, Applications, and Praxis, Signs, Vol. 38, No. 4, 2013, pp. 785 – 786.

"到目前为止,性别研究及其相关领域所做出的最重要的理论贡献"。① 伴随着第二次女权运动对传统女性主义理论"男性标准"的批判与对"基于女性的女性经验"的强调,20世纪70年代末,黑人女性主义孔巴希河团体(Cambahee River Collectctive)提出"压迫的共时性"(simultaneity of oppressions),被视为交错性理论最早的表达之一。她们强烈意识到自己的生活经验是由种族、阶层、性别及性取向的共时性压迫所塑造的,"我们……发现难以割裂种族、阶层及性别压迫,因为在我们的生活中,它们通常是同时被体验到的"。②

20世纪80年代变革的10年见证了交错性从社会运动向学术领域的转型与拓展,种族—阶层—性别研究(race-class-gender studies)迅速在全球范围内蓬勃兴起。虽然此时还没有明确使用"交错性"这一术语,但已有诸多学者开始探讨种族、性别、阶层以及性取向的交错性问题。例如,戴维斯(A. Davis)的《女性、种族与阶层》(1981)、洛德(A. Lorde)的《陌生姐妹》(1984)、伊丽莎白·斯贝尔曼(E. Spelman)的《无关紧要的妇女:女性主义思想中的排斥问题》(1988)、黛博拉·金(D. King)的《多重困难、多重经验》(1988)均表达了这样的观点,即非裔美国女性的经验不仅由种族所建构,而且亦由性别、阶层以及性取向等共同建构。

1989年,著名法学家与批判种族理论家克伦肖(K. Crenshaw)第一次提出"交错性"的概念,用以表达"种族、性别与阶层"的多重交错性,以批判"反歧视法、女性主义理论及反种族政治中主流的、只聚焦于从属群体中优势成员经验的单一视角理论(single-axis framework)"。③他将交错性作为一种分析范畴和批评方法引入了批评实践,从理论上对种族、性别和阶层交错的大量现实问题进行了合理的阐释,恰好抓住了

---

① L McCall, The Complexity of Intersectionality, Signs, Vol. 30, No. 3, 2005, p. 1771.

② Combahee River Collective Statement, in B. Guy-Sheftall (ed.), Words of Fire: An Anthology of African-American Feminist Thought, New York: New Press, 1997/1995, p. 234.

③ K. Crenshaw, Demarginalizing the Intersection of Race and Sex: A Black Feminist Politics, in D. K. Weisbert (ed.), Feminist Legal Theory: Foundations, Philadelphia: Temple University Press, 1989/1993, p. 383.

这一新近出现的影响颇大的但还未成型的知识领域的流动性特征。①

20世纪90年代起，许多人文社会科学研究者从理论与方法论角度对这一新兴研究领域进行了深入探讨。例如，社会学家科林斯（P. H. Collins）将交错性理论引入黑人女性主义研究，并以这一概念替代她先前使用的"黑人女性主义思潮"（black feminism thought），使她的理论从仅适用于非裔黑人女性扩展到适用于所有女性，从而提升了其理论的普适性。她提出"连锁的压迫系统"（interlocking structures of oppression）和"权力矩阵"（matrix of domination）两个核心概念，从宏观的制度层面与微观的人际层面探讨权力关系问题。在诸多学者将交错性作为探讨复杂的社会关系理论的同时，越来越多学者将其视为一种研究范式。例如，汉考克（A. Hancock）强调，交错性既是一种规范的理论，亦是一种强调差异范畴（包括但不限于种族、性别、阶层、性取向）的相互作用的经验研究取向。② 谢尔兹（S. A. Shields）、鲍尔格（L. Bowleg）、科尔（E. R. Cole）、洪科夫斯基（O. Hankivsky）、赛义德（M. Syed）、柏迪－沃恩斯（V. Purdie-Vaughns）与埃巴赫（R. Eibach）等从方法论角度探讨了交错性的方法论挑战与意义。他们认识到对种族、阶层或性别的单一分析不能充分描述个体的经验；要理解个体所处的情境，应从多维度的交错的社会身份认同来理解，即个体经验是社会认同的多元交错建构（multiple intersecting construction）的结果

随着交错性理论与方法论探讨的推进，国际上以交错性研究为主题的学术会议、论文集、研究项目大量涌现。"交错性"已发展成为诸如政治学、社会学、心理学、地理学、历史学、文学、哲学、人类学、老年学、女性主义研究、民族研究、法律研究、组织研究等相关人文社会科学领域的重要研究范式。③

---

① P. H. Collins, Social Inequality, Power and Politics: Intersectionality and American Pragmatism in Dialogue, Journal of Speculative Philosophy, Vol. 26, No. 2, 2012, p. 451.

② A. Hancock, Intersectionality as a Normative and Empirical Paradigm, Politics & Gender, Vol. 3, No. 2, 2012, p. 451.

③ S. Cho, K. W. Crenshaw & L. McCall, Toward a Field of Intersectionality Studies: Theory, Applications, and Praxis, 2013, p. 787.

二 交错性理论与范式的主要观点

克伦肖将交错性分为结构交错性（structural intersectionality）、政治交错性（political intersectionality）与表征交错性（representational intersectionality）；① 麦考尔（L. McCall）将交错性分为反范畴的交错性（anticategorical intersectionality）、范畴内的交错性（intracategorical intersectionality）以及范畴之间交错性（intercategorical intersectionality）；② 初（H. Y. Choo）和费里（M. M. Ferree）将交错性分为群体中心取向（group-centered approach）、过程中心取向（process-centered approach）以及系统中心取向（system-centered approach）。③ 尽管学者对于交错性有着不同的理解与分类，但基本观点主要包括以下几个方面。

1. 包含：关注多元边缘化群体，反对社会认同同质化

在传统人文社会科学研究中，多元边缘化群体（multiply-marginalized groups）诸如有色人种、贫困女性等由于不具有代表性而往往被边缘化、无形化与病态化，而"交错性理论正是对这种社会范畴同质化的认同建构的本质主义的重要纠正"。④ 换言之，交错性理论有效地纠正了社会认同同质化倾向，反对本质主义与普遍主义，使研究者关注到同一范畴内亚群体之间经验的差异性与多元性。

初和费里指出，包含（inclusion）是"由有色女性发展起来的、具有开创性的种族—性别分析方法"，⑤ 对性别理论排斥与歪曲有色女性的批

---

① K. Crenshaw, Mapping the Margins: Intersectionality, Identity Politics, and Violence against Women of Color, Stanford Law Review, Vol. 43, No. 6, 1991, pp. 1245–1295.

② L McCall, The Complexity of Intersectionality, 2005, pp. 1773–1774.

③ H. Y. Choo & M. M. Ferree, Practicing Intersectionality in Sociological Research: A Critical Analysis of Inclusions, Interactions, and Institutions in the Study of Inequalities, Sociological Theory, Vol. 28, No. 2, 2010, pp. 132–136.

④ F. Anthias, Intersectionality What? Social Divisions, Intersectionality and Levels of Analysis, Ethnicities, Vol. 13, No. 1, 2012, p. 3.

⑤ H. Y. Choo & M. M. Ferree, Practicing Intersectionality in Sociological Research: A Critical Analysis of Inclusions, Interactions, and Institutions in the Study of Inequalities, 2010, p. 132.

判是交错性理论发展的初旨。黛博拉·金认为,基于种族、阶层与性别的美国主要的社会运动在政治分析与组织中未能考察这些范畴的交错性,忽略了多元劣势群体的利益;克伦肖、科林斯等黑人女性主义者强调黑人女性所体验到的多元压迫的非累加效应,认为以性别为单一的分析维度的压迫理论不足以解释所有的压迫现象,无法反映有色人种所面临的复杂压迫经验。因此,交错性理论挑战"所有具有相同身份的人有相同的压迫经验",通过对女性之间差异的强调,不仅反对性别研究对美国中产阶层白人女性经验的普适化,而且从理论上探讨性别与种族如何交互地共同建构了有色女性受压迫的生活经验。

心理学家科尔(E. R. Cole)指出,"交错性最基本的形式就是通过反思'谁应该被包含在范畴之内'来考察社会范畴的交错性本质"。[①] 由于多元边缘化群体体验着性质完全不同的压迫,因此需要特别关注他们的经验以理解作为差异范畴的种族、性别、阶层等并不是平行的,而是交错与互相强化的。基于此,交错性理论最根本的目标之一就是批判传统人文社会科学研究对多元边缘群体的忽视与排斥,反对社会认同同质化取向,从而使多元边缘化群体独特的观点与需求得以表达。

学术上对基于多元范畴的劣势群体的关注,不只是公平或包含的问题,更重要的是,它为纠正由于忽略对多元边缘化群体的研究而造成的错误认知提供了可能。一方面,研究者不再视优势群体经验为标准,有利于达成对多元边缘化群体经验的情境化的理解(contextualized understanding);另一方面,通过对多元边缘化群体的研究,抑或通过探讨优势群体的多元认同,有利于探讨种族、阶层、性别以及其他认同的多元建构意义,从而修正现有研究中存在的普遍主义的错误认知。"包含"不仅是在研究对象上关注多元边缘化群体,更重要的是它使研究者探讨社会认同/社会范畴对个体与社会生活经验的建构方式的理论与实践能力得以提升;并且只有通过包含多元边缘化群体的观点,源自他们的经验的不平等问题才能为运动、法律或政策相关的学术所关注。

[①] E. R. Cole, Intersectionality and Research in Psychology, 2009, p.171.

2. 建构：强调权力的关系性与认同的社会建构性

基于社会建构主义立场，交错性理论强调权力的关系性以及认同的社会建构性。"……种族/民族、性别、阶层、性、能力等社会范畴都是社会建构的、流动的、弹性的；社会位置（social positions）是不可分割的，并由不同时空情境下的互动与交互建构的社会过程与结构所塑造"。①

换言之，种族、性别、阶层等社会范畴，并不是简单地描述群体间的相似性与差异性问题，更重要的是反映了长期以来群体之间与群体内部在政治、经济与社会领域不平等的权力关系。科林斯认为，多元认同彼此交错地建构，即非裔美国人的认同建构着作为女性的经验；女性的认同亦建构着作为非裔美国人的经验。玛哈林甘（K. Mahalingam）将"交错性"视为"个体与社会位置之间的相互作用，强调各种社会位置的权力关系"。②

初和费里指出，这种对"交错性"的社会建构论的解释，强调的是动态力量（dynamic forces）而不是范畴本身——种族化而非种族，经济剥削而非阶层，性别化和性别表演而非性别——从而有助于理解不同社会结构性领域中权力运作的独特性以及随时空而改变的特征。③ 麦考尔、戴维斯也强调作为过程的社会范畴的文化意义与社会建构。科尔呼吁研究者应该聚焦于"不平等在研究中的作用"，以关注多元范畴对个体与群体的建构方式对其认知、经验与结果的影响。

赫塔多（A. Hurtado）通过整合社会认同理论与交错性理论来阐释种族、性别及阶层等社会认同的交错建构在不同情境下的作用。在她看来，白人女性与黑人女性的利益，很大程度上受她们与美国文化中的优势种族和性别群体——白人男性的关系的影响，"尽管性别是一个使从属地位

---

① O. Hankivsky, Women's Health, Men's Health, and Gender and Health: Implications of Intersectionality, Social Science & Medicine, Vol. 74, 2012, p. 1712.

② R. Mahalingam, Culture, Power and Psychology of Marginality, In A. Fuligni (ed.), Contesting Stereotypes and Creating Identities: Social Categories, Social Identities, and Educational Participation, New York: Sage, 2007, p. 45.

③ H. Y. Choo & M. M. Ferree, Practicing Intersectionality in Sociological Research: A Critical Analysis of Inclusions, Interactions, and Institutions in the Study of Inequalities, 2010, p. 134.

得以维持的标志性的机制,但对白人女性与黑人女性而言,女性的定义是完全不同的建构"。① 他的研究使社会认同研究从对特定情境中单一认同的关注转向对不同情境下由渗透着权力不平等的社会结构所界定的多重交错认同的关注。

因此,交错性理论对权力的关系性与认同的社会建构性的强调,挑战了传统的二元思维,将分析重心转向对内在权力关系的流动性以及各种范畴与权力系统的生产机制的关注,这不仅有利于阐释群体之间以及群体成员之间的权力关系,展现群体生活的复杂性、多元性、流动性;而且有助于促使研究者关注社会不平等在研究中的作用,性别、种族、阶层等社会范畴不只是个体特征,而是结构性的范畴与社会过程;个体植根于文化与历史情境,个体的生活经验是由种族、性别、阶层等范畴认同的社会建构性所界定的。

3. 交错:多元水平的、非累加的互动建构

交错性理论的核心假设是种族、性别、阶层等社会认同与社会不平等是相互依赖与相互建构的,而不是相互排斥与一维的。即交错性理论与范式并不是将种族、性别、阶层等社会认同视为独立的范畴,而是要考察它们之间非累加的多元水平的交错建构。

伊丽莎白·斯贝尔曼对强调累加效应的累积劣势理论提出了批判。她指出,交错性认同并不是一种"流行的串珠形而上学"(pop bead metaphysics),以累加劣势观点看待压迫的交错系统意味着将性别、种族及阶层等社会认同视为独立的实体,因而忽略了认同之间的互动对个体经验的影响。

鲍尔格以《黑人+同性恋+女性/黑人同性恋女性》为题②,论证交错性不是传统认同研究中所惯用的一种累加效应(additive effect),而是一种交错效应(intersecting effect),因为不同交错水平上的社会认同互动

---

① A, Hurtado, Relating to Privilege: Seduction and Rejection in the Subordination of White Women and Women of Color, Signs, Vol. 14, 1989, p. 845.

② L. Bowleg, When Black + Lesbian + Woman ≠ Black Lesbian Woman: The Methodological Challenges of Qualitative and Quantitative Intersectionality Research, Sex Roles, Vol. 59, 2008, pp. 312 – 325.

会产生倍增压迫（multiplying oppressions）。

汉考克对政治学领域的认同研究范式进行了历史梳理，认为它经历了从单一取向、多元取向到交错取向的范式转变。① 单一取向假设某一认同或差异最具解释性；多元取向将数个认同或差异视为稳定且独立的变量；而交错取向强调多个社会认同或范畴之间互动与相互建构性的关系。

因此，交错性是在多元分析水平上审视范畴——并不是仅将个体与结构水平单独累加，而是强调个体与结构水平的整的互动分析。这种交错性分析需要实现从多元独立变量的累加到交错、从主效应向互动效应的转变；强调多元结构性变量在不平等生产机制中的重叠作用，而不是将"额外的"互动效应加入主效应之中。② 以上对多重认同的交错建构的理解，有利于促进相关学科对社会认同、差异或劣势范畴交错方式的研究，从而揭示权力与社会不平等的生产机制，为更准确地理解与研究社会现象的复杂情境提供了新的视角。

4. 多元：质化方法与量化方法的有机整合

作为一种新兴的研究范式，交错性研究是否需要采用特殊的研究方法？洪科夫斯基认为，对于研究者而言，重要的是需要关注到交错性既不是"约定俗成的"（prescriptive），也不需要任何独特的研究方法；其目标在于带来理念的转变，使研究者以不同的方式理解范畴内部、范畴之间的关系及其互动，并将这种理解应用于其研究实践。③ 科尔亦持同样的观点。她指出，将交错性作为一种研究范式应用于研究实践，并不需要发展新的研究方法，但需要对社会范畴的意义与结果进行重新概念化，即"谁应该被包含在分析范畴之内？""不平等的作用是什么？""相似性又在哪里？"这需要研究者反思社会范畴的概念化与其方法论选择之间的

---

① A. Hancock, When Multiplication Doesn't Equal Quick Addition: Examining Intersectionality as a Research Paradigm, Perspectives on Politics, Vol. 5, No. 1, 2007, p. 64.

② H. Y. Choo & M. M. Ferree, Practicing Intersectionality in Sociological Research: A Critical Analysis of Inclusions, Interactions, and Institutions in the Study of Inequalities, 2010, p. 131.

③ O. Hankivsky, Women's Health, Men's Health, and Gender and Health: Implications of Intersectionality, 2012, p. 1715.

关系。①

因此，基于交错性理论观点的研究聚焦于多元水平的复杂过程与系统的交错互动本质。这种对情境性建构的理解难以通过单纯使用某一种研究方法来达成，多元方法对动态的交错建构的过程与系统的研究至关重要。②

当然，也有研究者认为质化研究方法更适合于交错性研究。例如，谢尔兹指出，由于认同的多维度特征，交错性理论使用质化研究方法进行研究既自然也必要。③ 鲍尔格认为，质化研究更有利于获取社会认同的交错建构性与经验的复杂性的信息。然而，正如赛义德（M. Syed）所指出的，质化研究尤其适用于交错性研究的事实并不妨碍量化研究方法的使用。④ 科尔以量化研究为例，探讨交错性理论如何指导量化研究的设计、分析以及结果解释，尤其强调量化研究者必须在受压迫与优势群体经验的历史情境中解释量化研究的结果。随着交错性理论的发展，交错性研究越来越强调多元研究方法的使用，因为任何单一的研究方法均难以达成对"情境性建构"的研究。

三 交错性理论与范式对于人文社会科学研究的意义

经过 30 多年的发展，交错性已凝聚成一个新兴的研究领域。目前，这一领域可以分为以下三个方面。（1）交错性理论的应用或交错性机制研究，将交错性分析框架应用于人文社会科学的教学与研究实践，包括基于交错性理论所开展的一系列情境性研究。例如，分析劳动力市场中种族、性别与阶层的多元交错建构的方式；揭示国家对认同、生育以及

---

① E. R. Cole, Intersectionality and Research in Psychology, 2009, p. 176.
② H. Yoshikawa, T. S. Weisner, A. Kalil & N. Way, Mixing Qualitative and Quantitative Research in Development Science: Uses and Methodological Choices, Developmental Psychology, Vol. 44, No. 2, 2008, p. 344.
③ S. A. Shields, Gender: A Intersectionality Perspective, Sex Roles, Vol. 59, 2008, p. 306.
④ M. Syed, Disciplinarity and Methodology in Intersectionality Theory and Research, American Psychologist, Vol. 65, No. 1, 2010, p. 61.

家庭制度的建构方式；发展使反歧视法更适用于复合歧视（compound discrimination）的理论解释；揭示草根组织超越传统的单一视角将政策倡导转化成具体行动的过程；等等。（2）交错性理论与方法论范式的范围与内容研究。主要表现为交错性在人文社会科学中的发展、应用及适用性等问题的探讨与争论，如交错性应该包括、排斥或可能的效用是什么？是否存在交错性的主体？如果存在，交错性主体是因认同、空间与时间而静态地存在，还是不受时空约束动态地存在于制度与结构之中？（3）交错性视野下的政治与实践干预。交错性不只应用于学术研究领域，无论在其萌芽时期还是后期的发展过程中，实践也是交错性批判与干预的重要组成部分。交错性实践的应用范围相当广泛，包括社会与工作中心运动（society-and work-centered movements），为低收入有色女性等劣势群体争取平等的经济权利，消除性别歧视与种族歧视的法律与政策倡导，在国家层面废止一切名义上价值中立、实则不利于有色人种、女性等群体的监禁、移民限制等。[①] 以上三个方面典型地反映了知识生产的模式。

作为一个迅速发展的理论与研究范式，交错性"已成为分析认同与压迫的主体经验的多学科研究的'规范标准'"。[②] 交错性理论与经验范式对于当代人文社会科学研究的意义主要有以下几个方面。

第一，交错性理论颠覆了传统的种族、性别阶层分析，以一种更复杂的方式理论化认同，有助于我们对压迫的不同形式、来源以及对压迫关系是持续的、动态的且相互影响的社会过程的认知。在交错性范式的影响下，越来越多的人文社会科学研究者将研究重心从单纯的"性别问题""种族问题"或"阶层问题"转向更为广阔的由各种不同的社会认同和等级构成的整体世界，认识到各种制度体系之间相互浸淫的关系，有利于为被压迫群体争取平等权利的策略的制定提供更加全面而有力的理论支持。

第二，交错性范式挑战人文社会科学研究的实证主义传统，有利于促进相关学科对性别、种族以及其他权力维度的研究，推动认识论与方

---

① S. Cho, K. W. Crenshaw & L. McCall, Toward a Field of Intersectionality Studies: Theory, Applications, and Praxis, 2013, pp. 785 – 786.

② J. C. Nash, Re-thinking Intersectionality, Feminist Review, Vol. 89, 2008, p. 1.

法论的变革。交错性从社会建构主义出发，强调多元认同的社会建构性、流动性与复杂性，强调采用多元方法论探讨多元交错认同对个体经验的建构影响，有利于促进相关学科领域的认识论与方法论变革。例如，在性别研究领域，交错性理论挑战了传统理论与经验研究的方法论取向中所隐含的社会性别的宏大叙事，彻底改变了社会性别概念化的方式，目前的研究倾向主要从各种社会认同因素的"交错性"入手，聚焦于诸如年龄、族群、性别、国籍、种族、宗教等社会认同之间已经形成的、正在发展中的各种复杂交错性对性别观念与性别经验的深刻影响；在政治学领域，交错性理论与范式为探讨社会现象复杂的因果关系提供了新的方式、新的视角，已对政治学领域的女性主义理论、社会运动、国际人权、公共政策、选举行为研究等产生了不同程度的影响；[1] 在心理学领域，交错性研究在促进心理学对边缘化群体的关注、厘清多元交错的社会认同对个体经验与行为的共时性影响、推动方法论变革等方面进行了诸多有益的尝试；在健康研究领域，研究范式的转变使研究者反思现有研究方法、模式、实践以及健康政策，[2] 促进了健康研究方法论的变革；[3] 在地理学领域，交错性理论与范式为女性主义地理学理解空间生产与权力生产之间的关系提供了有益的工具。[4]

第三，交错性理论与范式有利于推动人文社会科学的问题导向型研究（problem-driven research）与实践，促进社会变革。交错性不只适用于学术研究领域，无论是在理论发展的初期还是后期的发展中，旨在促进社会公平和推动社会变革的交错性的行动研究及其相应的政策倡导和实践应用始终是交错性批判与干预的重要组成部分。作为一种社会行动取向，克伦肖将交错性视为一种改变公共政策与社会实践的方式，使之更

---

[1] A. Hancockt, When Multiplication Doesn't Equal Quick Addition: Examining Intersectionality as a Research Paradigm, 2007, p. 63.

[2] O. Hankivsky, Women' Health, Men'Health, and Gender and Health: Implications of Intersectionality, 2012, p. 1713.

[3] K. W. Springer, O. Hankivsky & L. M. Bates, Introduction: Gender and Health: Relational, Intersectional, and Biosocial Approaches, Social Science & Medicine, Vol. 74, 2012, pp. 1661 – 1666.

[4] G. Valentine, Theorizing and Researching Intersectionality: A Challenge for Feminist Geography, The Professional Geographer, Vol. 59, No. 1, 2007, p. 10.

好地满足有色女性的独特需要；凯瑟琳·埃克隆（Kathryn Ecklund）将交错性理论应用于心理治疗实践中，使治疗师提升对临床受访者的多元认同的理解，从而为具有多元文化认同的个体提供更为有效的心理服务。①此外，对种族、性别与阶层等社会认同的内在关联性的强调还有利于增加跨性别、跨种族以及跨阶层等社会运动合作的可能性，从而促进社会公平与社会变革。

随着研究的进一步深入，对交错性理论与方法论的批判与质疑之声亦不绝于耳。首先，理论上的争论不断。即交错性认同是本质的还是建构的？交错性取向所预设或隐含的认同范畴的数量与主体的类型是什么；交错性研究是稳定与固定的还是动态与情境性的？② 来自不平等的政治与经济权力的社会群体成员构成的联盟如何避免在实践中再生产现存的不平等？③ 等等，对于这些问题的争论反映了研究者对于从个体层面到制度层面的社会分层的重要性程度、交错性的本体论和认识论前提以及发展潜力有着的不同认知。其次，方法论的探讨不足。对交错性范式最主要的批判是它未能为传统社会科学的量化研究提供适用的方法论指导。将交错性理论转变为方法论实践并不那么简单，研究者遇到的主要困难之一在于扩展研究范畴以包括多元社会认同会使得分析变得异常复杂，难以概念化与操作。随着交错性研究的跨学科、跨领域以及国际合作的不断加强，关于交错性理论与方法论的争论仍会继续，未来的交错性研究需要重点加强研究方法论的探讨，亟须"由质化研究者与量化研究者组成的多学科团队共同探讨交错性的方法论应用问题"，④ 由此推动交错性研究进一步进入人文社会科学研究的主流。

综上所述，交错性研究在批判认同本质化、促进人文社会科学对边缘化群体与多元社会认同的关注、厘清多元交错的社会认同对个体经验

---

① K. Ecklund, Intersectionality of Identity in Children: A Case Study, Professional Psychology: Research and Practice, VoL. 43, No. 3, 2012, p. 256.

② S. Cho, K. W. Crenshaw & L. McCall, Toward a Field of Intersectionality Studies: Theory, Applications, and Praxis, 2013, pp. 787 – 788.

③ E. R. Cole, Coalitions as a Model for Intersectionality: From Practice to Theory, 2008, p. 448.

④ L. Bowleg, When Black + Lesbian + Woman ≠ Black Lesbian Woman: The Methodological Challenges of Qualitative and Quantitative Intersectionality Research, 2008, p. 323.

与行为的影响、推动人文社会科学认识论与方法论变革等方面进行了诸多有益的尝试。尽管交错性在概念、方法论以及实践层面的挑战依然存在,[①] 但交错性确实提供了一种新的理解人类经验与社会不平等的复杂性的方式。随着社会认同及边缘群体研究日益进入中国社会科学研究的视野,交错性范式无疑不仅有利于更全面地理解与研究社会现象的复杂情境,而且有利于挑战研究者的虚假权威与价值中立,促进学科的认识论与方法论变革与创新,从而推动中国人文社会科学研究的健康与繁荣发展。

(选自《国外社会科学》2015 年第 6 期)

[①] M. C. Parent C. DeBlaere & B. Moradi, Approaches to Research on Intersectionality: Perspectives on Gender, LGBT, and Racial/Ethnic Identities, Sex Roles, Vol. 68, 2013, p. 645.

比较历史分析的学术演进和经典议题

——因果关系的过程分析

花 勇[*]

比较历史分析是社会科学研究的传统方法。现代社会科学的奠基者，如亚当·斯密、托克维尔和马克思，都将比较历史分析作为主要研究方法。即使在20世纪初期社会科学开始分科之后，比较历史分析也一直在社会科学研究中占据重要地位。20世纪中期，在其他研究方法的冲击之下，比较历史分析开始日渐衰落。然而短暂的沉寂之后，20世纪60年代末70年代初，比较历史分析开始复兴。到21世纪初，比较历史分析确立了自己的研究身份，明确了自己的研究内涵和对象。

一 比较历史分析的内涵、研究对象和基本特征

比较历史分析作为比较政治的重要研究方法，主要是关注和探讨重大社会问题的因果关系，如现代化转型的原因和影响。比较历史分析以发现和解释因果关系为主要任务，擅长运用小样本分析（包括个案研究）对重大社会问题进行解剖。

---

[*] 作者信息：花勇，1979年生，博士，华东政法大学马克思主义学院讲师。

1. 比较历史分析的内涵和研究对象

所谓比较历史分析,"是长期知识工程的一个部分,这个知识工程的目的是解释重大的实际后果"。① 比较历史分析的研究对象是大问题（big questions）。② 社会科学奠基者所关心的大问题是现代世界的结构和演变,如资本主义的诞生及阶级结构。当代学者所关注的大问题包括:东欧剧变、福利国家重建、生产方式变革对民族国家和国际社会的冲击、亚非拉失败国家等,当然也涵盖了资本主义的演变、工人运动的转型和命运等。值得注意的是,并不是所有关注大问题的研究都是比较历史分析。比较历史分析的大问题聚焦具体案例,这些案例展现出足够的相似性,从而可以进行相互比较。比较历史分析尤其不会去寻找包含所有案例的普遍真理,这在比较历史分析看来脱离了具体的历史背景。

2. 比较历史分析的基本特征

詹姆斯·马奥尼和迪特里希·鲁施迈耶总结了比较历史分析的三个基本特征:关注因果关系、重视时间过程、小样本分析。③ 弄清重大社会问题的因果关系,是比较历史分析的重要研究任务。比较历史分析对找寻原因的方法持开放态度,只要能把所研究的问题解释清楚,使因果关系明白易懂就可以。

比较历史分析非常重视事件出场的时间先后。在比较历史分析看来,社会革命、农业商品化、国家形成等事件都是随着时间（over time）和在时间中（in time）展开的,绝不是发生在固定时间点的静止事件。比较历史分析所关注的时间先后主要包括:（1）事件持续时间的长短如何影响事件后果;（2）事件出场时机影响后果,比如行政改革在全面民主化之前还是之后,是英国和美国公共支出差异的原因所在。

比较历史分析关注的都是小样本,会对案例进行全面系统的研究,

---

① James Mahoney & Dietrich Rueschemeyer, Compartive Historical Analysis: Achievements and Agendas, in Mahoney & Dietrich Rueschemeyer (eds.), Comparative Historical Analysis in the Social Sciences, Cambridge: Cambridge University Press, 2003, p. 6.
② Ibid., p. 7.
③ Ibid., pp. 10 – 15.

以求能深度描写事件展开的时间过程，清楚展示因果关系。而且，关注小样本，使得比较历史分析能在因果分析中自由来回于理论和历史，理论与历史紧密结合。比较历史分析对案例的深度分析有助于研究者探究自变量在相异案例中如何发挥不同的作用，从而有助于提出新概念，发现新观点，优化现有理论假设。

二　比较历史分析的学术演进

我们将比较历史分析分为传统时期和现代时期。传统时期的比较历史分析秉承了政治学传统研究的特点，以静态描述为主，重点讨论正式的法律规章和政治机构，[①]阐述各国政治制度上的差异，对各国政治制度分门归类。20世纪初到50年代，这种拘泥于静态法律形式的比较历史分析，被行为主义所取代，比较历史分析陷入沉寂。现代比较历史分析始于20世纪60年代，经历复兴、兴盛、成熟三个阶段。

1. 比较历史分析的复兴时期（20世纪60—70年代末）

20世纪初到50年代，比较历史分析进入沉寂时期。行为主义在政治学研究中大行其道。当时研究议题更多地聚焦在政治行为体或社会群体，使用理性选择的方法来判断行为体的选择，希望能展示政治权力的整个运行过程，对社会转型等大问题有意疏远，也使得与大问题有天然亲密关系的比较历史分析被束之高阁。但到了20世纪60年代，比较历史分析开始复兴。[②]

比较历史分析的复兴和整个美国社会科学批判反思是分不开的。第二次世界大战之后，经济学致力于抽象的均衡理论，社会学和政治学对社会问题采取非时序性的分析方式，这些研究竭力想获得对客观世界的"宏观理论"，用简约的理论架构来认识整个客观世界。针对战后社会科

[①] 李宪荣：《比较政治学》，台湾前卫出版社2001年版，第79页。

[②] Theda Skocpol, Doubly Engaged Social Science: The Promise of Comparative Historical Analysis, in James Mahoney & Dietrich Rueschemeyer (eds.), Comparative Historical Analysis in the Social Sciences, 2003, p. 407.

学研究的非时序性（脱离历史背景，忽视历史脉络）和过度抽象性，美国社会科学研究开始反思。比较历史分析在这批反思中对大问题的精彩解释，使其重新回归社会科学研究的中心舞台。

斯考切波总结了这一时期比较历史分析作品的主要特征：（1）确立了比较历史分析的议题，后续的作品都是围绕这些议题开展工作，并提出新的假设；（2）关注大问题，但使用小样本进行比较分析，没有过多涉及大样本的统计分析；（3）主要使用过程追踪方法（process tracing）。[1] 正是对"二战"后社会科学研究非历史性的反思和批判，比较历史分析非常重视时机、事件出场的先后次序，突出事件是在时间中不断展开的。

2. 比较历史分析的兴盛时期（20 世纪 80 年代至 21 世纪初）

20 世纪 80 年代，比较历史分析进入兴盛时期。这一时期的学者，已经开始重视比较历史分析的自我身份，对比较历史分析方法的使用更加严格。这些都为之后比较历史分析的成熟奠定了基础。

兴盛时期的比较历史分析继续关注社会变革和政治转型等大事件，所关注的议题包括：福利国家的发展、亚非拉殖民地国家建设、经济发展与工业政策、种族关系与国家认同等。此外，比较历史分析在各个社会科学学科中占据着越来越显著的位置，在各学科的组织中发挥着重要作用。不仅如此，比较历史分析的文章开始大量出现在重要的社会科学期刊上，如《美国社会学》《比较政治》《世界政治》等。研究机构招聘雇员时，也非常看重研究者在比较历史研究方面的积累和基础。

20 世纪 80 年代以来，比较历史分析一扫"二战"之前被边缘化的窘境，重新成为整个社会科学研究的主流分析模式。这一时期的比较历史分析在研究设计上方法论的自我意识不断提高，学者们对因果关系的找寻使用了历史描述（historical narrative）、过程追踪、布尔代数（Boolean algebra）和模糊集分析（fuzzy-set analysis）等方法。这些方法的使用，丰富了比较历史分析的工具，使其因果推论更为可靠。从这些分析工具我们可以看出，比较历史分析在 20 世纪末已经开始在方法论上对自身进一

---

[1] Theda Skocpol, Doubly Engaged Social Science: The Promise of Comparative Historical Analysis, 2003, p. 408.

步升级更新,这带来的变化就是比较历史分析进入成熟时期。

3. 比较历史分析的成熟时期(21世纪以来)

比较历史分析的成熟时期始于2003年,这一年马奥尼和鲁施迈耶合编了《社会科学中的比较历史分析》。① 该书汇集了当代比较历史分析的杰出代表,对比较历史分析的过去、现在和未来进行了非常精炼的概括和展望。最关键的是,这本书的出版标志着比较历史分析自我身份的确立。在这本著作的导言中,学者们旗帜鲜明地提出,当今比较历史分析已经具有了群体意识和学术共同体身份。尽管这些学者彼此之间存在分歧,但大家都愿意聚拢在比较历史分析之下。这种学术身份的认同,标志着比较历史分析走向成熟。

比较历史分析学者之所以合编此本著作,一方面是总结比较历史分析的研究成果,以及对社会科学研究的贡献,这些贡献包括知识层面的累积、理论和方法层面的创新;另一方面是比较历史分析遭到了批判。加里·金、罗伯特·基欧汉和西德尼·维巴提出统计分析是进行社会研究的优良工具,质性研究(包括比较历史分析)应该去学习和使用统计分析。② 罗伯特·贝茨等人在《分析性叙述》中强调理性选择,特别是博弈论的优势,提出比较历史分析要整合进理性研究中。③ 维多利亚·邦内尔和林恩·亨特在《超越文化转向》中强调,比较历史分析的研究成果多数来自文化研究。④ 这些批判一方面贬低了比较历史分析的地位,另一方面激励比较历史分析对自身内涵、研究对象、基本特征、研究贡献做出清楚的说明。

总体来看,现代比较历史分析经历三次浪潮。"二战"之后到20世纪70年代末是比较历史分析的第一次浪潮,先锋人物如摩尔、斯考

---

① Theda Skocpol, Doubly Engaged Social Science: The Promise of Comparative Historical Analysis, 2003, p. 408.

② Gary King, Robert Keohane & Sidney Verba, Designing Social Inquiry: Scientific Inference in Qualitative Research, Princeton: Princeton University Press, 1994.

③ Robert Bates, Avner Greif, Magaret Levi, Jean-Laurent Rosenthal & Barry Weingast, Analytic Narratives, Princeton: Princeton University Press, 1998.

④ Victoria Bonnell & Lynn Hunt, Beyond the Cultural Turn, New Direction in the Study of Society and Culture, Berkeley: University of California Press, 1999.

切波、亨廷顿等人，打破当时社会研究的非历史性，对政治现象的社会根源进行了长时段的追寻。这算得上是比较历史分析对当时主流研究方式的反抗，标志着传统比较历史分析意识的觉醒和现代比较历史分析的萌芽。20 世纪 80 年代比较历史分析开始了第二次浪潮，这一时期，比较历史分析开始在整个社会科学研究领域占据主导地位，大批学者和研究生开始从事比较历史研究，比较历史分析文章频繁见诸社会科学重要杂志。21 世纪初，比较历史分析第三波浪潮袭来，最典型的标志就是《社会科学中的比较历史分析》一书出版。这一时期，比较历史分析形成了自己的学术团体和学术身份认同，对比较历史分析的内涵、研究对象、研究特点进行了清楚阐释。而且，比较历史分析在方法论上进行了更精细化的深耕和创新，成为与理性选择分析、文化分析、统计分析并肩的研究方法。

表1　　　　　　　　现代比较历史分析的三次浪潮

	时间	代表人物	代表著作	主要特征
第一次浪潮	20 世纪 60—70 年代末	摩尔、亨廷顿、斯考切波	《国家与社会革命：对法国、俄国和中国的比较分析》	关注大问题；使用过程追踪方法；批评社会科学研究的非历史性
第二次浪潮	20 世纪 80 年代末到 20 世纪末	科利尔夫妇、戈德斯通	《塑造政治舞台：历史关节点、劳工运动与拉美政体变革》	继续关注大问题；使用模糊集、布尔代数等方法
第三次浪潮	21 世纪初	马奥尼、皮尔逊	《社会科学中的比较历史分析》	自我身份确立；对自身分析工具进行细化；积极借鉴定量研究方法

资料来源：作者制表。

三 比较历史分析的经典议题

比较历史分析长期以来与大问题关系紧密，逐渐形成了自己的经典议题。这些议题包括革命（探究革命的起因和后果）、社会政策（比较不同国家福利政策的差异）、民主和专制（民主和专制的起源）。

1. 革命

比较历史分析对革命议题的研究主要关注革命的内涵、原因和后果。其中后二者是重点研究的问题。

（1）对革命内涵认识的变化

比较历史分析对革命内涵的认识经历了三个发展阶段。第一阶段是传统时期，革命被认为是政府的突然变更，带有循环论的色彩，最典型的就是君主制—寡头制—民主制。第二阶段是18世纪到20世纪70年代末，革命是制度和价值上不可逆转的进步变革，包括三个要素：剧烈的社会价值和制度的进步变革、大众起义、暴力。第三阶段是从20世纪80年代至今，学者们发现革命原先的定义不能适应目前研究的案例，比如伊朗革命、东欧剧变。这些革命事件中只出现了大规模的街头抗议，没有出现严重暴力。[①] 对革命中暴力角色的重新认识，导致第三阶段对革命做了这样的判断，即革命是政治制度与政府合法性的改变，表现为破坏现存政府的大众动员和非制度化行动（noninstitutionalized actions），包括两个要素：价值和制度的进步变革、推翻政府的大众行动。[②]

（2）革命原因的自然历史学派

比较历史分析对革命的研究存在三个派别：自然历史学派、现代化理论派、社会结构理论派。自然历史学派认为革命的爆发是因为旧制度自身无法处理经济、政治、军事危机。革命的爆发遵循统一的因果逻辑：

[①] Jack Goldstone, Comparative Historical Analysis and Knowledge Accumulation in the Study of Revolutions, in Mahoney & Dietrich Rueschemeyer (eds.), Comparative Historical Analysis in the Social Sciences, Cambridge: Cambridge University Press, 2003, pp. 52 – 55.

[②] Jack Goldstone, Toward a Fourth Generation of Revolutionary Theory, Annual Review of Political Science, Vol. 4, No. 1, 2001, p. 142.

知识分子对政权不满，要求改革；政府打算改革，但自身能力不足，无法应对危机，推进改革，导致革命爆发。自然历史学派没有对革命为什么在此时此刻发生而非彼时彼刻发生提供令人信服的答案。部分学者注意到革命中的时序，但他们是将革命纳入现代化的时序中，从而诞生了革命的现代化理论。

（3）革命原因的现代化学派

现代化理论认为从传统社会向现代社会转变的过程，有时是平缓的，有时是激烈的。传统势力竭力把持政权，现代化的新兴力量极力改变社会，这必然导致革命。具体来说，现代化理论的革命逻辑是，新兴阶层的价值观念、受教育程度、参与意识等大幅提高，要求改变现有制度结构，但现有经济政治结构在传统势力的护持下依然保持原样。这两者之间的不平衡必然导致政治精英动员大众推翻传统政权。现代化理论认为，革命是政府和社会变化之间的冲突。社会变化包括价值、教育、期望等方面的变化。当这些社会变化发生时，政府并没有满足这些需求，革命就自然爆发了。现代化学派认为现代化的过程适合所有社会，所以必然遵循现代化的革命逻辑。

（4）革命原因的社会结构学派

随着战后民族解放运动蓬勃发展，现代化革命理论无法解释第三世界国家爆发的革命，这些国家爆发革命的时候，都还没有开始现代化的过程；也不能解释东欧国家"二战"后的共产主义革命，这些国家已经进入现代化了。现代化的革命理论由于抵挡不了这些革命案例的挑战，被斯考切波的社会结构理论所代替。

1979 年斯考切波发表了《国家与社会革命》。① 在这部作品中，斯考切波首先对现代化革命理论进行改造，将现代化从国家剥离出来，用到整个世界体系上。斯考切波认为，革命发生需要三个条件：国际压力、精英阶层（经济精英或政治精英）抵制国家改革、动员组织（乡村组织或政党组织）。现代化程度较低的国家，必然在政治、经济、军事上受到现代化程度较高国家的竞争压力。为了应对这种国际竞争压力，国家力

---

① ［美］西达·斯考切波：《国家与社会革命——对法国、俄国和中国的比较分析》，何俊志等译，上海人民出版社 2007 年版。

图通过改革来提高现代化程度。但国内精英阶层和统治者的目标并不是一致的。双方冲突是否造成社会革命爆发，取决于乡村组织或政党组织的出现。这些组织拥有动员农民反抗政权的能力。斯考切波不仅运用社会结构视角来分析社会革命的原因，而且用其分析社会革命的后果。如果经济财富分散于各个阶层，革命后政权就保护私有财产，如英国资产阶级革命和法国大革命；如果工业化导致经济权力高度集中，革命后政权很可能没收这些资源，控制经济，建立共产主义政体。在斯考切波看来，现代化程度的差异影响革命后果。

2. 社会政策

1974 年休·赫克罗出版的《英国和瑞典的现代社会政治》是最早运用比较历史分析研究社会政策的著作之一。他将社会政策界定为帮助经济收入低下群体的国家项目和服务。[①] 1981 年皮特·弗洛拉和阿诺德·海登海默对社会政策进一步区分，认为社会保险是社会政策的核心，以收入调查为基础的社会救济和社会服务处于次要地位。[②] 比较各国福利支出占国民生产总值的比重，是 20 世纪七八十年代的重要研究议题。[③]

（1）福利国家的分类

社会政策领域标杆性作品是 1990 年考斯塔·艾斯平－安德森（Gosta Esping-Anderson）的《福利资本主义的三个世界》。[④] 他主要讨论了两个问题：如何解释福利制度的产生和发展以及福利国家体制间的差异？福利国家体制对经济产生哪些影响？安德森反对以福利支出来界定社会政策，他主张以福利内容来区分福利国家。在他看来，非商品化程度、社会权利、社会分层，以及国家、市场、家庭间的制度安排造成了不同的

---

① Hugh Heclo, Modern Social Politics in Britain and Sweden: From Relief to Income Maintenance, New Haven: Yale University Press, 1974, p. 91.

② Peter Flora & Arnold Heidenheimer (eds.) The Development of Welfare States in Europe and America, New Brunswick: Transaction Books, 1981.

③ Edwin Amenta, Chris Bonastia & Neal Caren, US Social Policy in Comparative and Historical Perspective: Concepts, Images, Arguments, and Research Strategies, Annual Review of Sociology, Vol. 27, No. 1, 2001, pp. 213 – 234.

④ ［丹］考斯塔·艾斯平－安德森：《福利资本主义的三个世界》，郑秉文译，法律出版社 2003 年版。

福利制度。他根据非商品化程度、社会分层、国家和市场的作用这三个标准对18个资本主义福利国家进行了分类：自由主义、保守主义、社会民主主义。自由主义福利制度以经济调查和家计调查的社会救济为主，辅以作用有限的社会保险或少量普救式的转移支付，以盎格鲁－撒克逊国家为代表；保守主义福利制度以工作业绩为计算基础，以参与劳动力市场和社保缴费记录为前提条件，也就是个人福利与工作年限和缴纳保险年限密切相关，以欧洲大陆国家为代表；社会民主主义以普遍公民权为基本原则，领取福利的资格取决于公民资格或长期居住资格，是一种普救主义的社会政策，福利水平相当于中产阶级的生活水准，以斯堪的纳维亚国家为代表。

（2）社会政策实施的原因

20世纪70年代中期，社会政策的比较学历史分析都来自现代化理论。简单来说，现代化理论认为，经济现代化造成人口老化、核心家庭出现、经济盈余增加，这导致社会政策在世界各地出现并发展起来。与此同时，现代化的过程也改变了国家的本质。持这种观点的多数是以美国为研究对象的比较历史分析。20世纪80年代之后，两种理论占据了比较社会政策的主流。一种是以政治组织为中心的理论，该理论以马克思主义为基础，认为如果工人力量庞大且集中，与社会民主政党联系紧密，这样的国家最有可能实行广泛的社会再分配政策，覆盖多数人群。这种理论在约翰·斯蒂芬斯的《从资本主义向社会主义转变》中表现得最为明显。① 另外一种是以制度或国家为中心的理论，斯考切波的《保卫士兵与母亲》、② 艾伦·伊默格特的《健康政治》、③ 斯温·斯坦莫的《征税与民主》④ 是这种理论的代表。概括来说，这些学者认为，社会政策的实施与发展是因为集权化的政治制度和国家，这些制度和国家拥有强大的行

---

① John Stephens, The Transition from Capitalism to Socialism, London: Macmillan, 1979.

② Theda Skocpol, Protecting Soldiers and Mothers: The Political Origins of Social Policy in the United State, Cambridge: Harvard University Press, 1992.

③ Ellen Immergut, Health Politics: Interests and Institutions in Western Europe, Cambridge: Cambridge University Press, 1992.

④ Sven Steinmo, Taxation and Democracy: Swedish, British and American Approaches to Financing the Modern State, New Haven: Yale University Press, 1993.

政和金融能力；社会政策的退出与紧缩是因为政治制度的碎片化以及国家无能。

(3) 社会政策的分段化研究

对社会政策发展过程的分段化处理是比较历史分析的重要贡献。比较历史分析将社会政策的发展分为四个阶段。接受阶段：20 世纪头十年；整合阶段：两次世界大战期间；完成阶段："二战"刚结束；扩展阶段："二战"后十多年。① 这种分段式的处理，有助于比较历史分析提出自己研究的大问题，为什么有些国家比较早地实施、整合、完成了社会政策，而有些国家却比较落后？不少作品探讨了美国为什么较晚实施社会政策，以及美国社会政策框架的不完整。此外，对社会政策发展过程的分段化，有助于学者更好地分析不同发展阶段的影响条件和原因变量。比如，党派偏见可能在实施和整合阶段发挥最大的影响，社会政策反馈在扩展和紧缩阶段发挥作用。比较历史分析对社会政策过程的分析，比较有名的是社会政策的紧缩。1994 年皮尔逊就提出社会政策的紧缩和社会政策的扩张是完全不同的过程。扩张时期推行的社会政策总体上受人欢迎，但紧缩政策容易招致愤怒，使政治家陷入选举危机，使得紧缩政策推行的决心和效果大为降低。②

3. 民主和专制的起源

民主是政治学的主要研究议题。比较历史分析重点关注的是民主的起源，换句话说就是现代国家的民主转型。比较历史分析从比较不同国家的民主化道路开始，逐渐上升为对民主专制的精细分类，为民主或专制附加了前缀形容词来形容不同国家的民主或专制政体。总体来说，比较历史分析对民主起源的研究主要分为结构主义和个体主义两条路径。

(1) 民主和专制起源的结构主义路径

巴林顿·摩尔（Barrington Moore）以社会阶级为主要分析工具，对

---

① Peter Flora & Jens Alber, Modernization, Democratization and the Development of Welfare States in Western Europe, in Peter Flora & Arnold Heidenheimer (eds.), The Development of Welfare States in Europe and America, New Brunswick, NJ: Transaction Books, 1981.

② [美] 保罗·皮尔逊：《拆散福利国家：里根、撒切尔和紧缩政治学》，舒绍福译，吉林出版集团 2007 年版。

民主和专制的社会起源进行了比较历史分析。在他看来，不同社会阶级之间的对抗与合作塑造了国家的政治结构。贵族阶级、农民阶级、资产阶级的力量强弱、分合，直接影响国家的政体结构。摩尔提出了两个基本假设：第一，如果强大的资产阶级不与镇压劳工的土地贵族结盟打击农民阶级，就容易出现民主政体；第二，如果镇压劳工的土地贵族与政治上依附土地贵族的力量薄弱的资产阶级结盟对付农民，就会出现专制政体。

吉列尔莫·奥唐奈主要关注拉美官僚威权政体（bureaucratic-authoritarian regime）。他吸取了依附论的观点，关注国内社会集团、阶级、国家和国外行为体之间的互动关系，以及这种互动关系的发展。他的《现代化与官僚威权：拉美政治研究》一书关注的问题是，为什么拉美国家，如巴西、阿根廷、智利、乌拉圭在20世纪60—90年代初，经济发展较好，却没有最终走上民主道路？奥唐奈认为这取决于三个因素：工业化、大众的政治参与、技术精英作用增大。[①] 随着拉美依附国家工业化程度不断加深，原先受国家保护和补贴的轻工业不断萎缩，决策者转向先进资本物品的生产，致使国家采取市场化程度更高的政策，同时积极寻求外部投资。早期轻工业时期的工人和其他大众行为体，在民粹主义国家政策的保护下已经发展成了强大的政治力量。一旦爆发经济危机和引入外部资本，这些政治上积极的团体就会进行罢工和抗议，使得现有经济和政治失序。早期工业化促致工人和其他大众行为体发展成强大的政治力量，并导致技术精英力量的扩大，这些技术精英分布在私营部门和公共部门，包括军队。技术精英间的联盟不断发展成为政变联盟，最终建立官僚威权政体。奥唐奈的观点引起学者们的广泛兴趣，1979年戴维·科利尔专门撰写了《拉美新威权主义》一书，对奥唐奈的观点和案例进行检验[②]。该书指出，工业化不断加深的因素只适用于阿根廷，不适用于其他拉丁美洲国家；并不是所有官僚威权国家都有强大的民间力量，比如

[①] O'Donnell Guillermo, Modernization and Bureaucratic-Authoritarianism: Studies in South American Politics, Berkeley: University of California, 1973.

[②] David Collier, The New Authoritarianism in Latin America, Princeton: Princeton University Press, 1979.

巴西；技术精英的力量在各国的作用是不同的。

奥唐奈的观点也被作为后续研究的基础。卡伦·雷默1989年对奥唐奈的观点进行了深化，提出在社会经济现代化水平较低或较高的情况下，容易出现排外性威权政体（exclusionary authoritarianism），在社会经济现代化水平中等的情况下，容易出现包容性威权政体（inclusionary authoritarianism）。① 1998年杰勒德·蒙克在奥唐奈研究的基础上分析了拉美从官僚威权向民主政体的转变。他提出政体演变的周期论，认为政体转变会经历起源、进化、转变三个阶段，推动政体演变的因素包括：统治精英团结程度、反对派强度、制度安排。②

（2）民主和专制起源的个体主义路径

摩尔和奥唐奈的研究都属于结构主义路径。胡安·林茨（Juan Linz）和阿尔弗雷德·斯泰潘（Alfred Stephan）认为，摩尔和奥唐奈更重视整体性的结构因素，重点是对政体转变的因果分析，而自己的研究更重视行动者的能动性，走向了个体主义和唯意志论，强调领导能力。林茨的贡献之一是描绘了民主如何转变为专制：政体效力和效率下降，无法解决问题，整个政体合法性下降，强大反对派出现，忠诚反对派转变为半忠诚反对派，民主政体被推翻。林茨强调当权者的作用，认为当权者可以采取行动平息政体危机，阻止政体崩溃进入下一阶段从而阻断崩溃过程。尽管林茨没有明确提出政体崩溃的原因，但从他的分析可以看出，林茨认为，政体崩溃的原因在于政体合法性下降。林茨的贡献之二是破除民主/专制的二分法，提出了威权政体，并对威权政体进行了分类。

林茨和斯泰潘的个体主义研究路径，在元理论层面完全区别于整体主义。这种重视行为体能动性的研究方法，在20世纪90年代显得比较活跃，学者们的注意力开始转向精英、政治技巧、有效领导能力等。目前，这种研究路径在两个方面有所延伸，一是吸收了理性选择分析特别是博弈论的研究成果来分析转型过程。③ 奥唐奈和菲利普·施密特提出，转型

---

① Karen Remmer, Military Rule in Latin America, Boston: Unwin Hyman, 1989.

② Gerardo Munck, Authoritarianism and Democratization: Soldiers and Workers in Argentina, 1976–1983, University Park: Pennsylvania State University Press, 1998.

③ O'Donnell Guillermo & Philippe Schmitter, Tentative Conclusions about Uncertain Democracies, Baltimore: Johns Hopkins University Press, 1986.

过程是四方博弈,包括强政权派、弱政权派、强反对派、弱反对派。二是试图在结构主义和个体主义之间搭桥,塞缪尔·亨廷顿(Samuel Huntington)在分析民主的原因时,既从历史因素和结构因素来分析,也考察了当权者和反对派。[①] 林茨和斯泰潘在 1996 年的《民主转型与巩固的问题》一书中,也考虑了结构方面的因素,认为转型前的制度会限制行为体在民主转型过程中的战略选择和实施,进而影响到之后的转型成败。[②]

四 结 语

比较历史分析在方法论上主要表现为过程分析,在认识论上以史实为基础。时间过程是比较历史分析的基础要件。事物在时间中展开以及事件出场的时间次序,很大程度上决定事物发展的后果。比较历史分析在过程分析中发展出历史关节点分析框架,以此来分析偶然性的历史事件如何导致不同国家走上不同的发展道路。近年来比较历史学者正在充实和完善这个框架。比较历史分析对因果关系的认识和分析,目前倾向于采用多重因果的分析模式,在具体的过程分析中,强调事物发展路径及决定事物发展因素的多样性。尽管比较历史分析在过程分析中强调社会系统的结构性约束,行动者受制于自身所处的发展阶段及自己在系统所处的具体位置,但新近也逐渐加大对行动者主观能动性的重视,认识到行动者可以仔细明辨自身所处的发展阶段,充分借鉴历史经验做出正确判断。行动者也可以在一定程度上影响事物出场的时间和出场的先后,从而改变事物发展的轨迹。总之,目前比较历史分析在保持自身特色的同时,正在积极吸取理性主义、文化主义的优势,加深对因果关系的认识。

(选自《国外社会科学》2017 年第 4 期)

[①] [美]塞缪尔·亨廷顿:《第三波——20 世纪后期民主化浪潮》,欧阳景根译,中国人民大学出版社 2013 年版。

[②] [英]胡安·林茨、[美]阿尔费莱德·斯泰潘:《民主转型与巩固的问题:南欧、南美和后共产主义的欧洲》,孙龙译,浙江人民出版社 2008 年版。

交叉学科取向的国际发展研究：
构想、实践与挑战

方 劲[*]

发展研究（development studies）诞生于20世纪40—50年代，其关注的焦点议题是社会与经济发展，主要针对当前人类发展的实际问题探讨并寻求解决途径，是趋向于以政策与行动为导向的研究领域。发展研究的议题是多尺度的（multi-scale），问题的解决和策略也倾向于多尺度、多层次、多学科的共同探讨。[②] 国外学术界通常用 cross-disciplinarity、interdisciplinarity 等词汇描述发展研究的学科属性。[③] 虽然"同许多其他学

---

[*] 作者信息：方劲，1982年生，博士，浙江师范大学法政学院副教授、硕士生导师。

[②] Harriet Bulkeley, Reconfiguring Environmental Governance: Towards a Politics of Scales and Networks, Political Geography, Vol. 24, No. 8, 2005, pp. 875 – 902.

[③] 英文中与学科联结相关的常用概念主要有：cross-disciplinaritymultidisciplinarity、interdisciplinarity、transdisciplinarity 等。cross-disciplinarity 是形容学科间展开合作的通用术语，指的是学术研究不止基于一门学科方法，可以用来形容任何类型的学科"混合"（mixing）形式，可称为"交叉学科"。广义的交叉学科通常并不特指某种具体的学科联结方式，而是总括两种或两种以上的学科之间发生联系而形成的学科联结形态。而其他词汇一定程度上都可称为学科交叉的某种亚型，代表了学科间联结的具体类型，主要区别在于学科之间是否真正整合以及整合的程度如何。多学科（multidisciplinarity）仅仅实现了学科之间的"简单叠加"，表征了学科间联结的初级形态；跨学科（interdisciplinarity）实现了学科之间的"部分整合"，表征了学科间联结的高级形态；而超学科（transdisciplinarity）则实现了学科之间的"一体整合"，表征了学科间联结的终极形态。本文是在通用术语的意义上讨论作为交叉学科的发展研究，其范畴涵盖了多学科、跨学科和超学科。参见 Ravi Kanbur, Economics, Social Science and Development, World Development, Vol. 30, No. 12, 2002, pp. 477 – 486。

术追求一样，发展研究中交叉学科或跨学科路径似乎是有前途的，但是它对于学者和研究机构来说却又是含混模糊、难以捉摸的概念"。① 在许多人看来，倡导交叉学科方法解决复杂的"发展议题"，不仅在学理上是正确的，似乎在直觉上也是如此。然而，发展研究的交叉学科路径具体包括什么，如何使用它，以及它对参与发展研究事业的个人、团队和机构有什么影响，学术界的讨论还很不清晰。本质上而言，交叉学科不仅是一个"理论概念"，还应该表现为或者说首先表现为一种"实践形态"，因此，我们有理由弄清楚这种实践的真正内容。②

一 发展研究的交叉学科本质

发展研究在学术界有不同的名称，又被称为国际发展研究、第三世界研究等。伴随着人类历史进程，"发展"一词的含义发生了巨大变迁，从过去强调经济发展以及国家/市场的作用，到现在逐渐转变为除经济领域之外的政治参与、公民社会、贫困治理、妇女参与、环境友好等多维层面。发展的多维性和整体性本质表明发展研究领域的问题必须从不同的角度加以解决。在整合环境与发展以及可持续发展与公平的背景下，发展研究被定义为研究社会和自然交接界面、旨在促进变革的学术领域，被认为能够对改善可持续性和社会公平状况做出贡献。为了强调其多样性，发展研究也被定义为对自然与社会文化体系之间的变化过程的研究。③ 发展研究是一个经常暴露各利益相关者之间利益冲突的领域，激励着从业人员找到创新的解决方案。随着时间的推移，这个领域已经从过去的宏大理论和意识形态方法转向了分析相关数据和地方社会文化实际

---

① Elisabeth Molteberg, Cassandra Bergstrm & Ruth Haug, Interdisciplinarity in Development Studies: Mythsand Realities, Forum for Development Studies, Vol. 27, No. 2, 2000, pp. 317 – 330.

② [法] 马太·多冈、[美] 罗伯特·帕尔:《社会科学中的杂交领域》，黄育馥译，《国外社会科学》1990 年第 2 期。

③ Cassandra Bergstrøm & Elisabeth Molteberg, Our Common Discourse: Diversity and Paradigms inDevelopment Studies, Centre for International Environment and Development Studies, Agricultural University of Norway (NORAGRIC) Working Paper, No. 20, 2000, p. 6.

的更务实的方法。① 正如科布里奇意识到的，发展研究的迅猛增长和碎片化趋势令人沮丧，伴随着民主化、公民意识、体制建设、生态环境等现实议题，发展研究跨学科视野的需求变得愈发紧迫，这不是发展经济学、发展地理学抑或是发展社会学所能独立解决的。② 因此，发展研究被认为是一个学科多元化的领域，使用交叉学科的方法来挖掘必要的信息，以解决阻碍人类进步的基本问题。与先前对其同质化的误解形成对比的是，现在更多地考虑到了具体的特殊情境，并试图摆脱普遍性的基本原理。某种程度上，对于解决发展活动和发展从业者之间出现的问题，没有一种单一的方法和答案，通过多元路径解决发展问题是增进人类进步的唯一现实模式。除了从不同的角度看待周围的现象，发展领域的研究人员和学者必须认识到，每个学科对解决相关人类问题的挑战都是不可或缺的。发展研究体现了一系列紧张状态、矛盾和权衡，在各个学科的交叉点上，每一门学科都有自己的方法和政策建议，影响着千百万人的生活。为了形象说明交叉学科对发展研究的作用，科拉沃莱假定了一个场景：由地理学家、生态学家、工程师、建设者、社会学家、历史学家、人口学家、经济学家、城市规划者等组成的专家组查看一个给定的人类定居点，每个人分析定居点的方式都可能会受到他或她先前的教育经历所影响。在这种情况下，为了在任何给定的问题上提供一个有意义和可持续的解决方案，需要每个人都给予支持。换句话说，人类问题需要从社会经济、政治和文化等多元角度来看待，以确保形成全面和持久的解决方案。这正是交叉学科在发展研究领域的作用，毫无疑问，也是发展从业者之间实现协同效应的最佳选择。

"所有的水手必须在甲板上，以防止'发展'这艘船摇摆不定。"③ 涂尔干的有机团结方法证明了一个经典模型，即社会分工的出现和发展，

---

① Rachel L. Ellett, Jennifer Esperanza & Diep Phan, Fostering Interdisciplinary Thinking Through an International Development Case Study, Journal of Political Science Education, Vol. 12, No. 2, 2016, pp. 128 – 140.

② Stuart Corbridge, Preface and Prospectus, in Stuart Corbridge (ed.), Development Studies: A Reader, London: Arnold, 1995, p. ix.

③ Oluwatoyin Dare Kolawole, Inter-disciplinarity, Development Studies, and Development Practice, Development in Practice, Vol. 20, No. 2, 2010, pp. 227 – 239.

导致个人之间的差异不断扩大，同时也使社会成员之间的相互依赖性越来越强。例如，汽车的制造和交付需要许多专家在装配线上工作，如果汽车引擎不运转，则流程仍然没有完成。知识生产也像一系列的工业活动那样，分工是生产和服务的动力。对于发展研究而言，为了实现异常复杂的人类发展目标，所有同源学科，尤其是发展从业者，必须致力于实现协同性与一致性。发展研究是以政策和行动为导向的研究领域，政策受到研究的影响，反之亦然。从政策到研究和实施的每个相关个人和组织都需要发挥自身的作用，才能确保"发展引擎"正常运转。为此，发展研究中不同学科的"循序混合"可能是首选策略，其中的每一种方法尽其所能，从其他途径学习、适应彼此，然后再做好准备。具有不同知识背景和培训经历的人员一起合作，再加上协同的知识观念，才能获得更好的结果。只有如此，发展研究才能在日益专业化和精细化的学科分化背景下获得成功。总之，我们正在处理一个复杂的时刻和复杂的问题，为了探索这种复杂性，我们需要超越旧的思维方式和操作方法，在发展研究中跨越原有的学科界限。①

二　交叉学科取向的发展研究的理论构想

如同"发展"这一众说纷纭的概念一样，发展研究能否成为或作为一门独立学科，一直是学术界争论不休的话题。主流观点认为，发展研究是在 20 世纪 40 年代逐渐兴起，在 50—60 年代逐渐制度化的。② 不过，也有学者认为，发展研究是在 20 世纪 60 年代末期至 70 年代初期才真正形成。③ 学者们之所以将争论的焦点集中在这一时段，主要由于一方面发展研究的理论基础如现代化理论、依赖理论、另类发展理论等大致是在

---

① Barbara Bompani, Beyond Disciplinarity: Reflections on the Study of Religion in International Development, Religion and Theology, Vol. 21, No. 3-4, 2014, pp. 309-333.

② Robert B. Potter, Theories, Strategies and Ideologies of Development, in Vandana Desai & Robert B. Potter (eds.), The Companion to Development Studies, London: Arnold, 2002, p. 61.

③ Frans J. Schuurman, The Impasse in Development Studies, in Vandana Desai & Robert B. Potter (eds.), The Companion to Development Studies, London: Arnold, 2002, p. 12.

这期间成形的；另一方面，20世纪50—70年代，作为衡量学科独立性标志之一的发展研究方面的学术刊物大量涌现。尽管如此，时至今日，依然有大量学者并不将发展研究作为一门独立学科，因为在从事发展研究的过程中，大多数学者都有自己所属的"母体学科"（home discipline），如经济学、社会学、人类学、政治学等。于是，有学者指出，发展研究更像是一把研究领域的"伞"，它覆盖了所有"构成学科"的范畴，但其本身却并不是一门学科，更加适合的概念可能是"subject"，而不是"discipline"。坎布尔认为当代发展研究应被视为经济学、社会学、人类学、政治学、人文地理学等多门社会科学，可能再加上哲学、心理学等学科的某种"学科组合"。① 尽管学术界对发展研究是否构成一门独立学科的争论还在持续，但其"认识论的多样性所反映出的交叉学科研究的本质还是获得了学术界广泛的接受与认同"。② 不过，在发展研究实践中，"交叉学科概念和卷入其中的学科之间的整合程度的双重模糊性往往阻碍了交叉学科研究的深入讨论"。③ 一直以来，人们对于什么是"发展"的交叉学科研究以及如何操作这样的研究，基本都是靠直觉和经验，显现出一种含混不清的状态。这个议题在学术界缺乏统一的认识，时常被人们抛来抛去，很少能够获得深入讨论。伯格斯坦与莫尔特伯格对发展研究的这种混乱现象进行了颇带嘲讽意味的描述："当两个不同学科背景的专家在为同一领域共同工作，或者由一个分别代表不同学科的成员所组成的大的团队在一起共同工作，抑或某个人运用不止一个学科开展自己的研究工作时，它们都被称为交叉学科。"④ 这些含糊的认识无疑会产生诸多学术上的困惑，也因此才出现了交叉学科、跨学科、多学科等术语在实践中普遍交替使用的情形。因此，需要对"发展"的交叉学科研究

---

① Ravi Kanbur, Economics, Social Science and Development, World Development, Vol. 30, No. 3, 2002, pp. 477–486.

② Andy Sumner & Michael Tribe, Development Studies and Cross-disciplinarity Research at the SocialScience-Physical Science Interface, Journal of International Development, Vol. 20, No. 6, 2008, pp. 751–767.

③ Nina Gornitzka, Interdisciplinarity: Still a Challenge in Development Research, Forum for Development Studies, Vol. 30, No. 2, 2003, pp. 290–301.

④ Cassandra Bergstrøm Elisabeth Molteberg, Our Common Discourse: Diversity and Paradigms in Development Studies, 2000, p. 10.

的基本内涵和表现形式进行梳理澄清，以尽量减少误导信息的传播扩散，从而获得更加清晰的学术认知。这方面的里程碑式研究，当属萨姆纳等人于2008年对发展研究中学科交叉"连统"（continuum）的讨论。根据整合度的不同，萨氏将发展研究中学科交叉的不同形态区分为三种基本的理想类型，即多学科、跨学科和超学科。然后，将这三种理想类型放置在一个知识连续统内（参见图1）。① 连续统的一端是"多学科"研究，这是一种经济学、社会学和农业科学等各门学科"简单叠加"（additive）的方式；而另一端是"超学科"研究，其方式则是各门学科"一体整合"（integrative），直至形成一门作为新学科的发展研究，各门学理来源学科已经被完全整合，无法分辨出来；多学科与超学科之间的过渡状态则属于"跨学科"研究的领地，此时学科间具有一定程度的整合（some integration），比多学科简单叠加的方式复杂，但又尚未达到超学科的"一体整合"状态，发展研究的各门渊源学科依然能够清晰辨别。总体上看，萨氏综合运用"知识连续统"思维和"学科整合度"理念对发展研究的交叉学科的理想追求进行了探讨。

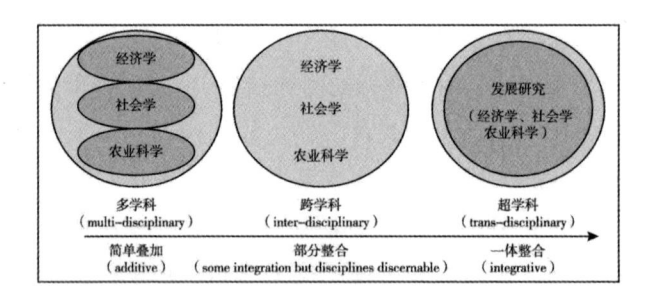

图1　发展研究中学科研究的连续统

1. "知识连续统"思维：发展研究中学科联结的关系形态

虽然关于学科联结连续统的讨论并不鲜见，但将这种思维方式运用到发展研究中，萨氏的探索还是显现出非常前沿的眼光。严格来说，他

---

① Andy Summer & Michael Tribe, International Development Studies: Theories and Methods in Research and Practice, London: SAGE, 2008, p. 68.

并不是首个倡导在发展研究中运用连续统概念的学者。早在 2000 年，伯格斯坦等人就在讨论发展研究的多样性和范式时简要描绘过学科交叉连续统的基本形态。① 不过，当时他们并未将发展研究的学理来源学科融合进连续统中进行细致分析，实际上还是在交叉学科本身的话语体系内讨论问题，与以往学者泛泛而谈的学科联结连续统并无实质区别。而萨氏的讨论则明显具备了发展研究的特定思维，同时结合广义的学科联结模型，最终较为系统地阐述了发展研究中学科联结的关系形态。当然，萨氏的探索也还有待进一步推进的地方，其中最重要的一个议题就是连续统的操作化问题，即研究者如何在实际的发展研究过程中加以运用。目前，这一问题还未得到妥善解决。这也许是该连续统思维提出之后却少有学者参与讨论的根本原因。

2. "学科整合度"理念：发展研究中学科联结的区分标准

萨氏的连续统思维展现了发展研究从多学科简单叠加的"初级形态"到超学科一体整合的"终极形态"的演变趋势。而区别多学科、跨学科和超学科的最重要元素是"整合度"（degree of integration）。学科之间是否整合以及整合的程度如何，是判断学科交叉在连续统上的位置的基本依据。那么，究竟哪些学科能够更容易被整合进这个连续统之中呢？对于这个在学科联结讨论时无法回避的经典议题，挪威奥斯陆大学的发展与环境中心做出了精彩的回答。他们将发展与环境领域的交叉学科研究形象地类比为"桥梁建设"（bridge building），如果两个学科有密切的关联，则它们之间微小的互动就有建立起桥梁的可能性（如人类学与社会学），而如果它们相去甚远，就没有重组的机会，在它们之间建立桥梁就是不可能的，也是没有意义的（如语言学和化学）。② 萨氏显然是将经济学、社会学、农业科学等这些具有整合"亲和性"的学科放置在交叉学科的讨论视域中。不过，令人遗憾的是，萨氏并未就"简单叠加"、"部

---

① Cassandra Bergstrøm & Elisabeth Molteberg Our Common Discourse: Diversity and Paradigms in Development Studies, 2000, p. 11.

② SUM, Interdisciplinary Research on Development and the Environment, SUM Report No. 10, Oslo: Centre for Development and the Environment, University of Oslo, 2001, p. 10.

分整合"和"一体整合"三种形态之间的区分给予明确的操作标准,人们依然难以据此判断学科交叉形态。正如科拉沃莱指出的,虽然萨氏承认跨学科相对于非跨学科的优越性,但并没有对发展研究中各种学科研究的变化特征提供深入的分析。①

三 交叉学科取向的发展研究实践:英美经验

发展研究的学术发展历程,与人类的知识体系尤其是社会科学的演进相关联,与此同时,由于发展研究的交叉学科属性和实践行动特质,其发展进程与大学科系、科研院所以及国际援助机构之间的关系也十分紧密。狭义的发展研究基本沿袭欧洲的学术传统,最具代表性的国家当属英国。美国在全面性地介入全球事务后,也开始出现发展研究的相关机构,不过,由于受到大学传统体制的影响,美国以发展研究命名的学术机构相对较少,许多从事相关工作的机构通常以区域研究中心著称。

1. 建制化程度高的英国发展研究传统

国际发展研究作为一种学术建制,最初发端于对亚非拉殖民地治理的实际需要。英国的发展研究与英国的殖民主义政策以及此后学术界对殖民主义的反省密切相关。早在 19 世纪初期,英国东印度公司为了更顺利地治理南亚殖民地,专门设立了东印度公司学院(East India Company College),系统研究殖民地经济、文化、法律和社会。学院研究人员多来自牛津、剑桥等名校,运用阿拉伯语、乌尔都语、孟加拉语、马拉地语、梵语、泰卢固语以及波斯语等,从经济学、历史学、数学、哲学、法学等学科角度开展教学和研究。及至 19 世纪中叶,东印度公司关闭了学院,不过牛津大学、剑桥大学、爱丁堡大学、伦敦大学等接过了其衣钵,纷纷成立研究机构,并提供相关训练课程,比较著名的如伦敦大学成立的亚非学院、伦敦卫生与热带医学院和教育学院。这一时期的发展研究

---

① Oluwatoyin Dare Kolawole, Inter-disciplinarity, Development Studies, and Development Practice, 2010, pp. 227 – 239.

基本围绕殖民地的经济社会层面展开，因此最早获得发展的学科是经济学系的发展经济学。此后，相关科系如社会学、人类学、地理学以及区域研究学系都开始设置相关课程。总体而言，此时这些科系的研究领域相对比较单一，主要从各自学科角度研究发展变迁议题，而并非以突破学科领域界限为目的开展交叉学科研究。

英国政府于20世纪60年代成立的海外发展部（Ministry for Overseas Development）除了实施援助项目，还积极支持和推动大学的海外研究计划。此时，英国大学院系正处于迅速扩张的时期，加上战后对原殖民地的政治经济研究热度不减，许多大学借此陆续设置了发展研究系所。这些新设置的机构，相较于剑桥、牛津等大学的传统发展研究机构在跨领域、跨学科方面更进一步。例如，萨塞克斯大学于1966年设立的发展研究院，被称为英国历史上第一个发展研究的"特殊机构"，[1] 将政治、经济、社会等议题整合进研究和教学框架，成为一个典型的跨科际学院。发展研究院一直致力于从多学科的视角进行发展研究，认为这对于理解发展实践中复杂多变的挑战至关重要。发展研究院的发展研究组织成联系紧密的多学科研究知识集群（multidisciplinary research and knowledge clusters），主要包括企业、市场和国家研究组，城市研究组，冲突与暴力研究组，数字与技术研究组，性别与性研究组，治理研究组，绿色变革研究组，健康与营养研究组，参与研究组，权力与大众政治研究组，资源政治研究组和农村未来研究组。[2]

20世纪70年代，英国海外发展部持续支持了数百个大学和独立机构的发展研究项目，相关组织规模不断扩大，以发展研究为主题的全国性会议每年都定期举办。为了统筹协调各机构的研究、教学和服务工作，在1978年的全国性会议上倡议成立了发展研究协会（Development Studies Association），其主要目标之一就是鼓励跨学科交流与合作。[3] 目前，发展

---

[1] Richard Jolly, A Short Histoy of IDS: A Personal Reflection, IDS Discussion Paper 388, Brighton: Institute of Development Studies at the University of Sussex, 2008, p. 3.

[2] Institute of Development Studies (IDS), Research and Knowledge Clusters, http://www.ids.ac.uk/about-us/who-we-are/research-teams.［2017-8-9］

[3] Development Studies Association (DSA), Aims and Objectives, http://www.devstud.org.uk/about/aims.［2017-8-9］

研究协会有来自学术界和非政府组织的个人和大约40个机构组成的600多会员。此后,伦敦政治经济学院、曼彻斯特大学、利兹大学、伯明翰大学、东安格利亚大学等著名高校相继开设了跨学科的发展研究课程,并逐渐设立国际发展系或发展研究系。伦敦大学、牛津大学、剑桥大学等高校的传统发展研究科系也纷纷进行跨学科建制的学术转向。正是因为国家层面的高度重视及大学科研院所的长期坚持,英国也成为当今世界上国际发展研究领域的领头羊。当前,来自世界上许多国家的大学建立的发展研究机构,都深受英国学术传统的影响。从地理范围来看,这些研究机构主要集中在欧洲,此外,澳大利亚、加拿大、日本、韩国等国家也都成立了全国性的发展研究协会,并与英国的发展研究协会保持着良好的互动关系。

2. 建制化程度低的美国发展研究传统

与英国体系化、制度化的发展研究传统相比,美国大学的发展研究建制化程度要逊色许多,大学里很少设置独立的研究机构,研究与教学工作通常分散于不同的院系之中,例如,经济学系开设发展经济学,社会学系开设发展社会学,政治学系开设发展政治学,人类学系开设发展人类学等课程,研究人员也多以自身所属的"母体学科"为平台和依托,开展交叉学科取向的发展研究。另外,由于美国具有较强的区域研究学术传统,因此也有一些大学在区域研究中心设置诸如亚洲研究中心、拉丁美洲研究中心、非洲研究中心等。虽然美国的发展研究建制化程度比不上英国,但其学术发展的成就却深刻影响甚至引领着全球发展研究。发展研究领域著名的学者,例如经济学家库兹涅茨(Kuznets)、罗斯托(Rostow),社会学家沃勒斯坦(Wallerstein)、埃文斯(Evans),政治学家亨廷顿(Huntington)、阿尔蒙德(Almond),人类学家摩尔(Moore)、斯科特(Scott)、格尔茨(Geertz)等,他们著述丰硕,兼具跨学科思维,不仅深深影响着他们各自所属的母体学科,还影响着世界范围内的国际发展研究和发展援助政策。

不过,由于全球化的影响日趋加强,20世纪90年代之后,美国大学的发展研究体系也经历过一定程度的调整。原先各自独立的区域研究中心开始进行更大范围的跨科系整合,并提供类似发展研究课程的全球研究（global studies）或者国际研究（international studies）课程。比较有代表性的如加州大学洛杉矶分校，该校将原有的非洲研究中心、拉丁美洲研究院、亚太研究中心、欧洲与俄罗斯研究中心、中东研究发展中心等20多个区域研究机构和项目整合成为国际研究院（International Institute），对区域性和全球性议题进行创新性的多学科研究，具体研究领域包括全球化、国际发展、全球卫生、国际移民等。① 类似的大学还包括耶鲁大学、华盛顿大学、威斯康星大学麦迪逊分校、杜克大学、匹茨堡大学、北卡罗来纳大学教堂山分校、明尼苏达大学、伊利诺伊大学香槟分校、印第安纳大学、亚利桑那州立大学、加州大学圣巴巴拉分校等。这些大学还共同发起成立了"全球研究联盟"（Global Studies Consortium），并推动亚洲相关大学成立了"亚洲全球研究协会"。联盟的目的是推动全球研究教学和学术的跨国、跨文化合作，以期促进全球研究在人文科学和社会科学中的跨学科和多学科方法的运用。②

四 交叉学科取向发展研究的现实挑战

以英美为代表的发展研究传统具有较为鲜明的交叉学科取向，一定程度上提升了发展研究的学科联结水平。不过，总体上看，当前的发展研究虽然形式上越来越多地寻求多门学科的视野，但实践中却并不一定总是能够令人满意地做到这一点，在操作过程中尚面临着多重现实挑战。

1. 融合水平：徘徊于从多学科到跨学科之间的过渡形态

当前的学科发展情形提供了许多专业的激励措施以保持学科界限，这种趋势无疑加大了发展研究的分裂和离心倾向。早在20世纪70年代，利普顿就曾一针见血地指出，跨学科取向的发展研究之所以缺乏专业声

---

① UCLA International Institute, Centers and Programs, http://www.international.ucla.edu/institute/centers. [2017-8-9]

② The Global Studies Consortium, Member Programs, http://globalstudiesconsortium.org. [2017-8-9]

望其实是自我确认的结果。① 不幸的是，从那时起，规范职业声望的机制创造了更多的激励措施，强调从业人员不要偏离学科边界，这种情况在经济学中尤甚。另外，学科发展的差异化与精细化不利于发展研究的开展。当前，各个学科发展趋于差异化和精细化已是不争的事实，且有愈演愈烈之势，在此过程中，容易出现高度专业化之后的盲点和方法上的局限性。在一个学科内，基本的工作假设往往会被学术共同体不加批判地接受，因为这种假设是围绕其研究范式的共识的有机组成部分。

目前，发展研究基本上处于从多学科的初级形态向跨学科的高级形态的转变过程之中，应当说，多学科取向仍占据了发展研究的主流。多学科取向下，经济学、社会学、人类学等分别对"发展议题"展开"平行推进式"研究，虽然有着共同的研究主题，但却秉持不同的本体论和方法论假设开展工作，研究过程并不形成实质性交叉，仅可能会进行简单的知识汇总，得出一个看似整体性的研究结论。总体上看，多学科框架下学科知识其实并未获得实质性的改变或推进，学科间的共同体关系仅是表面的和暂时的。当前，学术界也在努力营造跨学科发展研究的实践操作环境，许多研究机构试图统合各门学科力量展开跨学科研究，强调不同学科之间的有效整合而不是简单并列，倡导概念、理论和方法等层面的创新或扩展，以期能够实现更深层次的整合结果。应当承认，发展研究的跨领域和跨学科本质，决定了其自身存在不尽相同甚至可能彼此冲突的理论阐释、伦理系统和方法论准则。发展研究学者必然面对这样的挑战：为什么某一个学科传统的某一个途径为优先，其又在多大程度上与不同定义下的发展观展开对话，并处理与其他传统或途径之间的矛盾及进行有效整合？②

2. 联结范围：局限于社会科学内部学科的有限联结

客观层面上，社会科学内部各学科对现实和知识的基本假设不尽相

---

① Michael Lipton, Interdisciplinary Studies in Less Developed Countries, Journal of Development Studies, Vol. 7, No. 1, 1970, pp. 5–18.

② 王振寰、简旭伸:《发展研究概述：理论发展与研究方法》，简旭伸、王振寰主编:《发展研究与当代台湾社会》，巨流出版社 2016 年版，第 14 页。

同。于是，加强各门社会科学的合作会引发许多现实的紧张关系，这尤其表现在经济学与其他社会科学之间。经济学家往往认为他们的学科在发展思想和发展机构中应该处于主导地位。正如伍尔科克所言："毫无疑问，不管好与坏，经济学都是国际发展领域的通用语言。"① 例如，尽管许多发展经济学家都赞同将贫困理解为多维现象，"非货币"的措施是可行的，但大部分计量经济学和发展经济学的贫困研究仍然使用收入与消费界定贫困，发展经济学家大都不愿意倾听其他学科的意见。② 类似的范式同样塑造了社会学家、人类学家、政治学家，他们制定了对自己具有高度特殊性的调查首选策略。社会学家和人类学家可能会记录那些揭示重要过程的令人着迷的穷人生活史，但使用生活史来验证假设或者进行概念化可能难以让计量经济学家接受。换句话说，经济学家倾向于认为贫困可以仅参照消费或者收入的标准水平进行定义，而社会人类学家似乎认为收入和消费的定量调查可能是多余的，要通过参与者观察收集的口头证据和定性信息来界定贫困。哈里斯指出，那种认为经济学等同于"缜密严格"（rigoros），而其他社会科学等同于"软性松散"（soft）的普遍观念应该受到质疑。③ 更为重要的是，真正的跨学科只有在所有做出贡献的学科作为平等的伙伴彼此尊重时才有可能出现，没有一个学科可以主宰一切，并认为自己是发展研究的最高点。④ 另外，发展研究历来被视为运用社会科学方法以解决发展中国家所关注的议题的研究领域。因此，发展研究人员已习惯于在社会科学自身的范围内讨论学科交叉议题，而很少涉及社会科学与自然科学两大科学门类间的整合。虽然萨姆纳等人在交叉学科连续统的讨论中强调了应将农业科学等自然科学整合进来，但在实际操作过程中却难以实现。换言之，发展研究领域很少有明确关

---

① Michael Woolcock, Higher Education, Policy Schools, and Development Studies: What Should Masters Degree Students Be Taught? Journal of International Development, Vol. 19, No. 1, 2007, pp. 55 – 73.

② ［乌拉圭］爱德华多·古迪纳斯：《拉丁美洲关于发展及其替代的争论》，《国外社会科学》2017 年第 2 期。

③ John Harriss, The Case for Cross-Disciplinary Approaches in International Development, World Development, Vol. 30, No. 3, 2002, pp. 487 – 496.

④ Ursula M. Staudinger, Towards Truly Interdisciplinary Research on Human Development, Research in Human Development, Vol. 12, No. 3 – 4, 2015, pp. 335 – 341.

注自然系统与社会系统之间相互关系的复杂性的学科间努力。然而吊诡的是，发展研究旨在集中关注改善贫困者的生活水准，而其中许多人生活在相对边缘化的农村，他们主要依靠自然资源维持生计，这里面显然蕴含着社会世界与物质世界的相互影响。麦格雷戈进一步指出，"无论处理城市地区还是农村地区的发展议题，发展都是关于福祉以及人们能做到的和感受到的"，[1] 而人们所能做到的和感受到的这些生理方面的福祉既依赖于社会系统，同时也离不开物理系统。社会结构、文化传统、生态系统、人类行为及其交互关系是发展场域里的基本构成元素。因此，"发展研究本质上是在自然与社会文化系统之间的'界面'（interface）上研究变迁过程的学问"。[2] 这显然不是单独的社会科学或自然科学所能彻底解决的，因此必须横跨和整合来自社会、自然和人文科学的知识，以处理发展领域的问题。

3. 研究主体：依靠于少数发达国家的建制化研究

总体上看，英国在发展研究的建制化方面较为完善，形成了一整套教学、研究与政策制定的交叉学科体系，也带动了欧洲其他国家以及深受英国学术传统影响的英联邦国家的发展研究，例如澳大利亚、新西兰等国。不过，以美国为代表的多数国家在建制化方面则逊色许多，从事交叉学科研究的力量非常分散，特别以团队形式出现的研究主体并不多见，更多的是学者个人的"单打独斗"。仅靠少数个人和机构的分立性努力，难以解决目前发展研究面临的整体性学术困境。交叉学科研究强调相互沟通的行动，要求科学知识与社会实践在研究过程中彼此合作，在不同研究者思想的交锋中形成学术合力，因此，其本质上应当是一项团队运动。理想层面上，具有不同学科背景的个人首先需要建构起研究的团队，更进一步，不同的团队再建构成更加庞大的团队集合，只有这样，才能形成交叉学科研究的群体合力。然而，现实情况往往是，从事发展

---

[1] J. Allister McGregor, Researching Wellbeing: From Concepts to Methodology, Wellbeing Developing Countries Working Paper 20, University of Bath, Bath, UK, 2006, p. 3.

[2] Cassandra Bergstrøm & Elisabeth Molteberg, Our Common Discourse: Diversity and Paradigms in Development Studies, 2000, p. 7.

研究的成员所在的大学和科研机构原有的组织权力结构以及正式与非正式制度等对学科之间的合作起到了阻碍作用。

五 结 论

本着对"发展议题"的共同兴趣，各门学科不约而同地加入到该领域的研究之中，并衍生出发展经济学、发展社会学、发展人类学、发展政治学等分支新兴学科，以各自特有的视角和方法对"发展议题"展开探讨。但人们很快便发现，发展议题其实异常复杂，单靠一门学科之力难以处理所有问题。当问题变得愈发复杂且相互交织时，跨越边界的交叉学科合作就变得必不可少。这种对于学科整合的诉求催生了人们对于"发展学"或"发展研究"的构想，而交叉学科方法就成为其重要的操作工具而被寄予厚望。于是，学术界尝试着构筑发展研究中学科交叉的理想类型和应然形态，但现实世界里的各种限制还是阻碍了这种美好愿景的顺利实现。总体上看，发展研究离真正的跨学科取向尚有很长的路要走，而要想借助超学科方法形成一般化的理论范式，摆脱学理渊源学科的束缚，建构起自身的理论体系和方法论框架，进而成为一门真正意义上的独立学科，则只能寄希望于更长期的探索。为此，有学者对发展研究的交叉学科前景持悲观看法，认为发展领域的交叉学科方法并不简单，虽然真正意义上的跨学科可能是值得为之努力争取的，但似乎难以实现，可以期望的最好可能是多学科前景。[①] 交叉学科取向的发展研究理想与现实偏差的产生除了发展研究本身的复杂性之外，最根本的原因还在于交叉学科研究方法本身在现实的专业与学科分立体制下所遭遇的尴尬，而发展研究的学术构想无疑放大了交叉学科方法的现实脆弱性。因此，要从源头上改变目前发展研究领域交叉学科研究的困境，归根结底就是要突破交叉学科研究自身面临的种种困局。

（选自《国外社会科学》2017 年第 6 期）

---

① Ravi Kanbur, Economics, Social Science and Development, 2002, pp. 477-486.

各国社会科学

日本人文社会科学研究概况

何培忠[*]

一 人文科学主要学科的研究概况

在日本，人文科学和社会科学界限的划分并不严格。如日本学术会议有7个业务部门，语言学、文学、哲学、教育学、心理学、社会学、历史学和地域研究共7个学科集中在第一部，其中"地域研究"包含东方学、文化人类学、民俗学、人文地理学等学科。这7个学科习惯地被称为"人文科学的诸学科"。

日本对人文科学的这种划分有其历史的原因。虽说日本的语言词典对"人文科学"的解释是"语言、历史、文学艺术"等学科，却明确指出，这种解释是"狭义"的解释。日本大学自引进西方文明（明治维新）之初，就把有关人的研究和文化的研究作为"文"的"学问"处理，将上述7个学科置于文科大学或大学的文学系之中。随着学术研究的发展和学科的进一步划分，除文学学部和人文学部之外，日本的大学中又出现了教育学部、社会学部和人学部，再加上教养学部、艺术学部和体育学部，构成了主要学科群，这些学科群被称为"人文诸学科"的习惯也一直延续至今。

日本人文学科研究的主流可以说基本上保持着传统的研究对象和方法，但其研究的深入和专业的细致分工也在不断进行之中。用新的观点

---

[*] 作者信息：中国社会科学院文献信息中心研究员。

对传统课题进行研究,并因此开拓出跨学科的新研究领域的尝试亦不乏其例。从整体研究趋势上看,日本人文各学科的研究有如下一些特点:(1)研究主题从传统的确立理念、概念以及探究体系、结构等向认识心理、社会、机能的特性以及行为方向转移;(2)研究方法从历史角度或比较研究向计量的、调查分析的方面发展;(3)除开展概念性的、结构方面的研究以及广为收集资料、撰文论述批判等外,还在积极开展跨学科研究以及社会生活方面、人类行为方面、语义方面的研究。

在这一潮流之下,文化人类学、民俗学、艺术学、艺能学、音乐学、体育学、社会福利学等新的学科发展迅速,哲学、语言学、文学、历史学、地理学、教育学等传统学科中,研究观点和研究方法也呈多样化发展趋势。

语言学·文学研究

日本语言学·文学领域的研究十分活跃,它既包括日本学者对日本及日本文学的研究,也包括日本学者对世界各国、各地区语言文学的研究以及一般语言学、比较文学、比较文学理论等的研究。

例如在日语研究领域里,语言的变迁及系统、基础语汇、语汇史、语法、表记体系、音韵、语调、方言调查、国字①问题等各专业的研究都很活跃,不仅研究人员众多,研究流派也各显千秋。从整体上看,近年日本语言学界研究的趋势是更重视应用语言的研究。此外,同信息科学等学科结合,进行跨学科研究也成为语言学研究的发展趋势,日本语言学界非常盛行利用计算机对语言进行计量研究,尤其是日本国立国语研究所在这方面进行的尝试更为突出。

在国外语言研究领域里,语言史、语言与文化·社会、语言与思维、音韵、比较语言学、语言交流、语言类型、多语言文化、东亚地区的语言、死语等方面的研究也很活跃。这些专业领域的研究动向表明,日本对国外语言的研究正从历史的、比较的研究向一般语言学、结构语言学、生成语法方向转移。对于从语言学派生出来的传播理论,日本学者也表示了极大的兴趣。

---

① 指日本人创造的汉字。——作者注

目前日本的文学研究（日本学术界称"国文学研究"）基本上始自第二次世界大战之后，二战之前的研究由于深受军国主义的影响而遭到批评和摒弃。二战后文学的研究同有些学科相比虽说历史不算太长，但研究水平已达到相当高的水平，以东京大学、早稻田大学为中心成立的富有批判精神的跨大学文学研究会"物语研究会"及"古代文学会"发挥了重要作用。如目前活跃在日本文学研究第一线的学者铃木日出男、藤井贞和、河添房江、高桥亨、小岛菜温子、兵藤裕己、渡部泰明、三谷邦明、三田村雅子、神田龙身等人，都出身于物语研究会，他们在日本古代诗歌、散文、神话、小说等方面的研究把日本文学研究推上新的水平。这些学者大部分集中在东京大学、早稻田大学、东京教育大学、国学院大学、名古屋大学和东京学艺大学，即日本关东地区集中了文学研究的大部分精英，从他们的研究动向中就可以看到日本文学研究的方向。

哲学研究

日本的哲学研究大致可以分哲学、中国哲学、印度哲学（含佛教学）伦理学、宗教学、美学、艺术学等专业领域。各专业领域也都有自己的学会组织，如日本哲学会、日本中国学会、日本印度学佛教学会、日本伦理学会、日本宗教学会、日本美学会等。各专业学会虽说都有自己的研究领域和研究方法，但会员（如哲学会和伦理学会、印度学佛教学会和宗教学会的会员）相互重复者为数不少，表明了这些学科之间的相互渗透关系。

在哲学研究方面，日本对哲学理论和哲学史的研究一直比较扎实，如对柏拉图、亚里士多德等古代哲学代表人物，康德、黑格尔等德国哲学代表人物的研究等，而且，对欧美的分析哲学、科学学、现象学、解释学等也十分关注。不仅如此，在学会举办学术讨论时，也与当代社会面临的课题紧密结合，如伦理学会1986年度学术会议的题目是"现代日本的国家与伦理"。显然，这样的题目已超出了伦理学讨论的范围。但是，尽管哲学界的研究工作很有成绩，直至80年代末，日本的哲学研究却并未引起社会的重视。到了90年代，随着日本泡沫经济的破灭，一直重视经济发展的政策暴露出缺陷之后，日本的哲学研究才开始受到人们的高度重视。

日本的哲学研究有两大流派，一个是以大森庄藏为中心、主张哲学研究的目的应当是解决现实问题的东京大学流派，该流派对近代科学持批评态度，他们不受传统观念束缚，大胆开拓独特的研究领域，对青年一代有很强的吸引力。另一个是以拥护近代科学观点为主的京都大学流派，京都大学从战前开始就有反近代的倾向，而如今作为这一倾向的逆反，反而格外重视起西方哲学的研究了。

　　目前日本哲学界活跃的人物有野家启一、饭田隆、丹治信春、村田纯一、高桥哲哉、川本隆史、鹫田清一等人。野家启一对现代哲学的两大潮流分析哲学和现象学有其独到的分析见解，主张哲学应与自然科学交流，与市民对话，从而开拓新的研究领域。他的科学论在日本有很大影响。高桥哲哉是从哲学的角度分析了日本人意识的深层以及日本人的战争责任问题。川本隆史将环境问题置于人类选择的高度加以认识。鹫田清一的研究则以身边的事物为主，是日本临床哲学的代表人物。

历史学研究

　　若按大学科划分，日本的历史学研究包括考古学、经济史学、西方史学、西方古典学等学科。战后日本历史学学科领域探讨的主要问题是统治与被统治的形成及共同体的作用、生产结构与剥削关系的成立、国家的形成及强化过程中社会、政策的基本结构等。此外，民众的日常生活与意识、民众变革的意识形态、女性的历史作用、民间技术的发展、祭祀、性、疾病与医疗等社会史范畴内的一些问题也颇受重视。在研究方法上，计量经济史的研究方法越来越得到广泛的应用。战争问题是日本史学界必须面对的无法回避的问题，对于这一问题，日本史学家直接正面触及战争责任的研究并不多见，主要是从担心日本战后政治史、社会史中出现的否认历史的倾向出发，或从初高中教育的责任出发，对日本天皇制以及日本文化论、战后民主主义中的危险倾向展开了研究和批判。日本史学家和教育学家强烈反对日本政府有关部门审定修改教科书，在今后的史学研究中，肯定还会看到史学家这方面的强烈反应，因为如何看待日本过去发动的侵略战争是日本史学家长期的任务。

　　日本的考古发掘在经济高速发展时期曾出现过激进的无序状况，随着相应法规制度的健全，这种局面已得到彻底扭转，不仅考古发掘工作做得相当细致，对出土文物的保管、整理、展出等方面投入的资金和人力也达到相当高的水平。

日本自1868年明治维新之后，一直重视西方学术的发展，研究西方史（在日本称"西洋史"）的队伍也一直较为整齐。战后，日本西方史的研究深受马克思主义史学观及大冢久保学说的影响，认为政治与经济才是史学界研究的重要课题，因而对英国产业革命研究所投入的精力最大，成果也较之其他专业的成果多。除对英国史的研究外，对法国、德国的研究也比较活跃，对其他欧洲国家的研究则不多见。冷战结束后，亚洲各国的兴起，全球问题的出现，为史学界勾画新的世界形象提出了研究课题。对此，大阪大学的川北稔，东京大学的木田洋一、桦山、弘一、高山博、池上俊一，千叶大学的南冢信吾等教授的研究引人注目。此外，社会史的研究在日本也十分盛行。

从研究方法上看，日本史学研究领域中的考古学、民俗学等学科一直重视跨学科研究，同时也重视比较研究。近年来的研究动向表明，今后这些学科领域的研究会进一步加强对计算机的使用。

二 日本社会科学主要学科的研究概况

日本学术会议的业务分工将法学、政治学的学术研究活动划归第二部负责，经济学、商学和经营学的学术研究活动划归第三部负责。对于第一部负责的语言文学等7个学科，日本学术界习惯地称为"人文科学诸学科"，对于划入第二部和第三部负责的学科，并没有称之为"社会科学诸学科"。也就是说，这种划分并不是严格意义上的将人文科学和社会科学加以区分的结果，而是反映出在社会科学研究领域，日本对法学和经济学的研究更为重视。

法学·政治学研究

日本的法学研究分基础法学、公法学、国际关系法学、民事法学、刑事法学、社会法学6个学科。

在基础法学中，法哲学研究的主要问题是法学方法论、正义论、德国思想、法文化论、审判过程论等。法学社会学研究的主要题目是国外法社会学方法论、入会权等；法学史学方面研究的主要题目是诉讼制度的发展等；比较法方面的研究主要是同欧美进行比较，同亚洲邻国的比较近年才开始出现增加的趋势。

公法学研究的主要课题是人权、和平、代表制与民主制等；民事法学研究的主要课题有公害问题、消费者问题、公司合并问题等；社会法学研究的主要课题是就业问题、男女平等问题、劳动时间问题、老龄社会问题、社会福利问题。随着国际互联网在日本的发展，通信立法问题成了近年学者关注的焦点。

刑法学研究大体分刑法、刑事诉讼法和刑事犯罪社会三个专业领域。由于日本进入低生育的"少子化"时代，青少年犯罪率又是居高不下，刑事犯罪社会学的研究颇为令人瞩目。而在刑法和刑事诉讼法研究方面，平野龙一和团藤重光可以说是最具影响力的两位学者，这两位学者之间的争论，被称为日本现代刑法学的开端。目前活跃在刑法学研究第一线的西源春天、田宫裕都来自平野龙一门下，据河合塾①进行的统计调查显示，该学科前10名最有威望的学者中，有6名来自平野门下。东京大学在日本刑法研究上的重要地位由此可见一斑。日本的政治学研究大致可分为政治理论（包括政治史、政治思想史）、行政理论、国际政治理论等学科。

同其他社会科学学科一样，日本政治学的发展在战前一直受军方压抑，直到第二次世界大战结束之后，才作为一个独立学科发展起来。目前日本的政治学研究，在政治指导、政治过程、政治意识、投票行动、压力团体、行政机构、大众社会、都市、农村、政治文化等各方面的研究都很活跃，而且学者们也认为，日本政治学研究在世界上处于高水平。

日本的政治学研究主要是探讨如何建立现代国家，并将欧美的政治思想作为学习的榜样。研究队伍的中坚力量是东京大学法学部的政治学者。西方近代思想研究的代表人物是南原繁、福田欢一，日本思想研究的代表人物是丸山真男等。这些学者都强烈反对猪木正道等人所代表的强调日本固有制度的学说，全面否定日本旧的政治制度，努力探讨资本主义民主国家的构架问题。

---

① 日本著名的高考补习学校。——作者注

近年来，日本市民社会政治学的蓬勃发展引人瞩目。东京大学法学部是推动这一学科发展的中心，该学科的主要代表人物是松下圭一、高田通敏、筱原一等，他们与前一代学者的风格不同，是从市民的立场出发，亲临街市，实践和发展政治学。

经济学—商学—经营学研究

经济学的研究在日本一直非常活跃，其专业领域大致可分为经济理论、经济政策、国际经济、经济史、财经史、金融论等。

日本的经济学研究可分为主流派和非主流派。主流派指凯恩斯经济学和70年代后期的反凯恩斯经济学，反主流派指马克思主义经济学和其他一些经济学流派。中央大学经济学部教授宇泽弘文、青山大学国际政治经济学部教授小宫龙太郎是日本经济研究主流派最具权威的代表人物，根岸隆（青山学院教授）、青木昌彦（斯坦福大学教授）也是日本国内外知名度较高的学者。

目前日本最活跃的前10名经济学者中，八田达夫、井崛利宏、依藤元重、金本良嗣属于小宫隆太郎的经济学流派；奥野正宽继承的是青木昌彦的游戏理论；吉川洋在研究中运用的是宇泽弘文的宏观经济学观点；西村和雄、盐泽由典探讨的是复杂系统中的方法论；铃村兴太郎可称为日本福利经济学的代表人物；林文夫的特点是在计量经济学方面从事开拓性研究。

由于战后日本一直高度重视经济的发展，经济研究十分活跃，各种流派的学说也都得到了充分的展示和发展。在经济理论领域里，近代经济学主要探讨的课题是均衡理论、增长理论、国际的宏观理论、基础理论等；马克思主义经济学主要探讨的课题是价值论、景气循环论、国家介入理论、世界经济理论等；社会主义经济学主要探讨的是社会主义经济结构、社会主义经济改革等；经济学史方面研究的主要问题是马克思主义、古典派、近代经济学、日本经济思想史等。

日本学者在经济政策方面的研究一直受到各国学者的重视，这是因为，战后日本经济的崛起以及一次次成功地避开石油危机带来的冲击等，令各国学者感到日本经济政策的研究具有较高水平。然而，90年代后日本经济持续的低迷以及亚洲金融风暴等，使日本学者认识到经济政策研究方面的不足。面对21世纪的到来，经济全球化问题、经济文化的国际比较、国际分工与合作、人口移动、企业的重组与合并、如何迎接新经济的到来、怎样看待电子商务等，成了经济政策研究领域里的重要课题。

在经济史方面，70年代日本研究的主要课题是前近代及近代经济的发展、产业革命、两次世界大战以及战争期间和战后的经济发展等。80年代主要是运用法国年鉴学派的方法在社会史、生活史方面进行种种尝试，并对大企业的经营史及企业发展史进行了研究。90年代，从国际关系入手探讨日本经济和经营发展历史的研究明显增加。而且，这种倾向大有不断增强的趋势，反映出日本学者努力将其研究并入世界潮流中的动向。

日本的商学研究领域包括商业、广告、商品研究以及贸易、保险等，其内容非常广泛，它不仅与经营学、经济学有密切的关系，也同社会学、心理学、工学等其他学科广泛交流，对研究对象广泛展开跨学科的研究，是商学研究的特点。

从研究方向上看，商业方面研究的主要课题是流通的变革、营销问题等；广告方面研究的主要课题是以商品广告为中心的广告效果测定；在商品学方面研究的主要课题是消费生活的安全性问题；在贸易关系方面研究的主要课题是日本贸易结构的变化以及电子贸易等；在保险方面研究的主要课题是人寿保险、财产保险、海上保险、汽车保险等。总的来看，日本商学领域的研究水平较高，学者经常出席世界各地举办的商学方面的研讨会，随着世界经济一体化的到来，日本的商学研究领域也在逐步扩大。

在经营学方面，日本学者探讨的课题有日本式经营、经营的国际化、劳动的人性化、参与经营、经营战略、产业技术的进步与经营管理、政府与企业、信息化的进展与企业经营等。从目前发展趋势上看，经营的高科技化、信息化和国际化是经营学今后重点研究的问题。

社会学研究

早在1893年日本的大学就有了社会学讲座，1924年成立了日本社会学会，表明日本的社会学研究至今已有百年以上的历史。但战前的社会学研究主要集中在农村和家庭领域的实证研究上，理论方面以介绍欧美社会学和马克思主义社会学为主，研究人员较少，理论与实践的结合也不太密切。社会学在日本获得飞速发展是在战后，不仅大学把"社会学"作为普通教育科目，连中小学都有了"社会科"，讲授社会学的基础知识。在美国的强大影响下，功能主义社会学和以调查为基础的社会学研究成了日本战后社会学研究的主流。随着日本修改宪法、改革土地制度、废弃旧的家庭制度、解散财阀、承认工会、妇女参政、改革教育制度、人口向大城市流动、大众传媒的兴起等一系列社会变革，社会学研究在日本受到了极为高度的重视，研究领域也从战前的农村研究和家族研究扩展到产业、劳动、都市、阶层、教育、大众传媒、社会病理等各个方面。60年代研究的课题主要集中在新产业城市建设中出现的社会问题上。70年代的研究活动曾针对日本偏重"经济开发"的现象而提出了"社会开发"的命题，同时有关公害及原住民运动的实际调查活动也开始遍及全日本。80年代，日本进入消费社会，人们的社会观价值观发生了巨大变化，社会学研究面临更多的课题。90年代，生育率降低问题、青少年问题、女性问题成了全社会关注的焦点。

在当代日本社会学研究中，关注社会意识的京都大学教授作田启一具有重大影响。研究大众文化，著有《死亡价值的丧失》和《玩的社会学》等著作的井上俊实际上继承了作田启一的学说，成了日本西部社会学研究的代表人物，在女性研究方面最为活跃的学者上野千鹤子也是他的门生。此外，研究信息社会学的东京大学教授见田宗介，研究文化社会学的立命馆大学教授宫岛乔，研究宗教社会学的大阪大学教授大村英昭等，也是日本目前社会学研究的一流学者。奥姆真理教的问题出现后，研究新兴宗教问题的东京大学教授岛兰进的学说引起了人们很大关注。

三 一些值得关注的学科的研究状况

环境问题研究

环境问题目前已引起全人类的广泛关注，但是，从学术的角度探讨环境问题，无论是研究对象还是研究方法都未形成定说，在日本，环境问题研究是一个许多学者积极探讨、但尚未成熟的学术领域。而正因为该研究领域不成熟，也就孕育着无限的发展前景，吸引着众多学者，特别是年轻学者积极投身于研究行列之中。

在环境问题研究上，日本学者有的侧重于污染对环境的破坏问题；有的学者侧重于生态生物的保护；有的从医学角度研究环境破坏对人体的影响；有的从土木、城市工学角度描述人类居住的合理布局；有的从经济学角度研究环境问题而形成环境经济学；有的从社会学角度探讨人与环境的关系而形成环境社会学；有的从保护基本人权角度极力推进环境保护法而形成环境法学理念；有的从哲学角度研究人与社会、自然的关系而产生了环境哲学和环境伦理学。总之，对于环境问题，不仅人文社会科学的学者在积极进行研究，许多自然科学家、医学科学家也在积极进行研究。

而在众多环境问题研究专家中，首先应提到的是日本立命馆大学的宫本宪一教授。宫本宪一本身是经济学者，但从60年代起一直关注环境问题，他继承了日本著名经济学家都留重人的学术观点，又影响日本另一位著名经济学家宇泽弘文也来关注环境问题。于是这三位经济学家也成了对环境研究最早产生影响的学者。此后，医学家原田正纯、工学家宇井纯、农学家本田慎等都成为这个领域有影响的学者。京都大学的植田和弘还组织了学会，在环境研究领域中发挥着重大作用。

市民社会的政治学

日本的政治学是从反省战争的责任开始其学科发展的，其目标是建立现代的民主和平的国家，他们学习和模仿的对象是欧美的政治思想。在推动学科发展上发挥重要作用的是东京大学法学部的政治学研究人员，主要学者有研究西方思想的南原繁、福田欢一，研究日本思想的丸山真男等人。这些学者同猪木正道等京都大学法学部的学者不同，不是从日本固有的思想体系上构筑政治学，而是全面否定日本过去的思想体系，全力以赴地探讨如何将日本建成新的民主主义国家。他们从公害、"日美安全条约"、学潮等战后民主主义暴露出的矛盾出发，离开校园，深入实际，站在市民的立场从事政治学研究。日本市民政治学的兴起可以说是以东京大学法学部为中心，学科的代表人物是设定了行政方面市民最低保障标准的松下圭一；与鹤见俊辅共同创建《思想的科学》杂志，于80年代进行各选举区调查的高田通敏；最早将西方市民运动介绍到日本，广泛举办市民讲座，推动市民运动发展的筱原一等人。

冷战结束后，日本政治学研究领域也出现重新评价市民社会的新动向，鉴于日本人对政治参与的冷淡，有人用"共感"观念解释日本市民社会，有的在发掘民众理性的基础上提出"共生社会"的主张，也有的对官僚统治体制提出批判等，显示出与过去的研究有所不同的动向。

不过，尽管学术界对"市民社会"的研究十分活跃，但对其概念却仍在激烈争论之中，至今尚未形成定论。一般来讲，"市民社会"是指以家庭、宗教、文化、学术、教育、艺术、兴趣等关心的事为媒体而形成的非强制性的、自发的各种关系的网络。即"市民社会"是"人们非强制的共同社会的空间"。所谓"市民社会论"，则是牵涉政治学、国际关系学、社会学、历史学等专业的跨学科的研究。目前日本立命馆教育大学和法政大学是研究市民政治学的两大基地。在这两所大学中，丸山真田的学说具有重大影响。

国际关系研究

国际关系研究是较年轻的学术领域，它的诞生可以追溯到第一次世界大战到第二次世界大战之间，出于安全与和平的考虑，产生了国际关系研究学科。二战之后，"繁荣与开发"成了国际关系研究的一个重点。日本许多大学也于战后成立了国际关系学部，但作为一门学问，国际关系论不仅未形成固定形象，研究的对象与方法论也是五花八门，给人以该学科的方法论尚在探索之中的感觉。如在地球环境与战争频度问题上，有的研究将年降水量和国境线的长度同战争爆发频度联系在一起，认为雨量少，就容易在水资源问题上引发利益冲突，国境线长，也容易出现利益冲突等。为了推进世界和平，国际关系研究中广泛使用了实证分析。

国际关系研究在日本获得重视是60年代以后的事，外交史学者细谷千博提出了国际政治理论的重要性，此后，国际关系政治学会的活动十分活跃，政治学家坂本义和提出的世界和平理想主义模式成为市民派的理论支柱，并成为东京大学法学部政治学的一个流派；国际经济学家川田侃是日本最先将实证研究运用到国际关系研究的学者，这二人对日本国际关系研究有很大影响。此外，在数量实证研究方面著名的学者是猪口孝，数理派带头人是山本吉宜，用计算机进行模拟研究的是田中明彦，探讨国际关系论体系的是山影进,这四位学者都毕业于东京大学教养学部。东京大学教养学部是日本第一个开设国际关系论分科的地方,至今仍保持着研究国际关系的强大阵容。国际关系研究是一门跨学科的研究领域,涉及国际社会学、地域研究、比较政治学、国际关系史、国际法、国际政治学、国际经济学、国际环境科学等众多学科。可以肯定地说,21世纪的日本学术界会在这一领域的研究上投入更多的精力,该领域的研究今后会大放异彩。

(选自《国外社会科学》2001年第6期)

日本社会科学在决策中的作用

童 斌[*]

在日本，对社会现象的关注和考察虽然由来已久，但在明治维新前却连"社会"的概念也没有，而是用"伙伴"、"会社"和"俗世间"等用语来表达社会这种现象。明治政府成立以后大力推行殖产兴业（发展工业）、富国强兵、文明开化的现代化政策，随着西欧的科学技术和思想文化有如潮水般地涌进日本，社会科学当然也是这股潮流的组成部分。因此严格地讲，真正意义的社会科学（包括社会科学的理论、方法和内容）是从引进西欧学问开始的。

日本在努力吸收西方文明的同时，继承和发展日本文化，使西方文化同日本文化协调发展。可以说日本的社会科学是在日本资本主义和工业化的过程中通过引进逐渐形成和发展起来的，当然其中也包含许多修正、改造和创新，这是日本对待外来文化的传统方法。了解这一点对于理解日本社会科学的特点和现状极为重要。

在日本，大学是学术研究（包括人文社会科学和自然科学）的中心，1877年建立的日本第一所大学——东京大学在引进西欧文明和科学技术方面起了核心作用，私立大学在引进欧洲学问（特别是社会科学）方面也同样起了很大的积极作用。

在日本同样存在马克思主义和近代主义（资本主义）的对立和斗争，

---

[*] 作者信息：童斌（1927年6月4日至2008年3月5日）现代诗人，江苏省东台市人，代表作有《中、日、韩中青年未来意识比较研究》《日本家庭社会学研究》等。

有一个时期马克思主义甚至在社会科学的某些领域占了上风。例如战后初期日本的经济学家中持马克思主义观点的人占50%—60%。此外在法学界、新闻界、教育界和工人运动中马克思主义的影响都很大，至今马克思主义在社会科学界仍有不可低估的影响。

战前，日本的社会科学就有了一定程度的发展，战争期间日本军国主义的泛滥使日本社会科学的发展遭受了极大的挫折。战后日本社会科学所处的环境和研究条件都发生了巨大变化，社会科学本身也发生了明显的变化。

学习和研究社会科学的人员增多，研究队伍扩大，并从美国引进了经验性的社会科学，从而使社会科学从偏重理论研究发展到重视实证研究。社会科学的这些变化使社会科学的地位和影响都大大提高了，社会科学的决策作用也大大提高了。

社会科学的决策作用有两个方面，一是整个社会科学在决策中的作用，二是社会科学家在决策中的作用。这两个方面既有联系又有区别，但往往很难将这二者截然区分开来，社会科学的决策作用多通过社会科学家的活动表现出来。日本社会科学家主要通过以下途径参与决策。

一 通过审议会参与决策

审议会是日本社会科学家参与决策的重要形式之一，它把社会科学家同决策结合起来，使社会科学家充分发挥作用，可以说审议会是日本社会科学家参与决策的重要阵地。

那么什么是审议会？审议会的作用又是什么呢？

日本行政厅编辑出版的《日本审议会制度现状》一书对审议会下了这样的定义："审议会是国家行政机关的附属机构，是就一定事项进行调查审议的协议机构。"审议会的目的和任务是：（1）吸收行政管理的各种专门知识；（2）使各种专门知识在制定政策中反映出来；（3）站在中立公正的立场上促进行政工作；（4）使有不同利害关系的人们的想法都能在行政工作中反映出来。我们从中可以看出审议会是日本行政机构吸收民间（特别是学术界）智慧推进决策民主化的一种有效形式。在日本以审议会、审查会、调查会、协议会命名的机构相当多，它们都属于审会的范畴。但不同的审议会有不同的功能和作用，大体上有下列两种形式的审议会。

1. 作为咨询机构的审议会。这类审议会根据有关行政机构的咨询或主动地就重要政策和基本政策进行调查研究和审议。这种咨询性审议会又有两种：一是对各省（部）政策和制度中的重要问题加以审议的审议机构，属于这类机构的有财政制度审议会、产业结构审议会和学术审议会；另一种是调整利害关系的审议会，其典型代表是医疗审议会和中央劳动审议会等。

2. 作为参与机构的审议会。这种机构是为公正地运用法律参与行政机构决策而组织的。参与性审议会又有四种情况：一种是负责审批等行政事务的机构，属于这种情况的有运输审议会和私立大学审议会；另一种情况是负责鉴定、惩戒和试验的机构，其典型代表有会计师公认审议会和代理人审议会等；再一种情况是专门对行政工作提出异议的机构，如抚恤金审议会和关税不服审议会等；还有一种情况是某些机构被赋予了独立行使权限的权力，发挥类似司法机构的作用，属于此种类型的有社会保障审议会和检查官资格审议会等。

以上是根据审议会的独特职能进行的分类，但实际上每个具体的审议会的职能却是多方面的。许多审议会没有部门会、分科会和专门委员会。审议会大多数是根据法令和政令而设立的，从对社会科学专门知识的运用来看，研究特定问题的委员会和分科委员会的活动最引人注目。例如，经济审议会的计量委员会研究开发出的广泛运用于经济计划分析的大型计量经济模型受到很高评价，它是大学研究人员和经济企划厅成员共同研究的成果。

担任审议会的会员原则上必须具备一定的条件。例如，运输审议会委员应该是"35岁以上具有高深渊博知识的人"（但并不一定具备运输方面的知识）。以调整利害关系为目的的审议会必须由代表不同利益的代表和代表公众利益的代表三个方面组成。以中央劳动标准审议会（属于劳动省）为例，该会共有21名委员，由工人代表、雇方代表和公众代表组成，每方7名委员。

行政官厅在选任审议会委员时有很大的裁决权，一般由同审议内容有密切关系的行政机构负责挑选。审议会的委员不仅要有学问，还要有丰富的实际经验。特殊的审议会委员还需要经众参两院通过（如原子能委员会的委员），有的委员需要经有关团体的推荐（如中央社会保险医疗协会的部分委员等）。

社会科学在审议会中到底能发挥什么样的作用呢？以日本国民生活审议会为例，该会有 30 名委员，其中 14 名委员学识渊博和经验丰富（多数为经济学学者，其中 10 人为大学现任教授）。这种审议会的综合部门会和调查部门会全由经验丰富和学识渊博的委员组成，社会科学家在部门会和专门委员会中最为活跃。审议会委员的年龄一般都偏高，只有专门委员会起用那些能够引进社会科学最新研究成果的年轻人。

担任审议会委员虽然有一定的报酬，但少得可怜。社会科学家们之所以愿意从事这项工作，是因为在审议会中可以同有关方面的学者和行政官员结识，而且参加审议会还可以得到有关行政机构提供的最新资料和数据，这对社会科学家来说是最有吸引力的。

审议会在制定政策的过程中充分反映非官方的意见，在使行政工作民主化、公正化和科学化方面发挥积极的作用，因而受到人们的好评，其典型是前面提到的经济审议会独创的经济计划计量模型。

当然，人们也指出了审议会的一些不足之处。例如有人认为，审议题目的提出、资料的准备、会议的主持全由行政官员负责，审议的时间不多，而且只停留于肤浅的议论，且有的审议完全是附和行政官员的决定。更有甚者，有的审议会对公众掩盖官方的内幕，使官方决定合法化，成了外界批评的挡箭牌。也有一些温和的批判认为，审议会太多，内容和目的重复，开会次数少会议时间短，没有在充分研究的基础上从专业的角度进行审议，因此审议会无法充分利用社会科学的专门知识。审议会的委员一般年龄偏高，有些人参加审议会只是因为他们知识渊博和立场中立，而不是因为他们能够把社会科学的最新成果运用于决策。这些都是有待解决的问题。

二　通过委托研究参与决策

社会科学参与决策的第二种形式是委托研究。所谓委托研究就是政府的省厅（部委）委托外部的研究机构就某一课题进行研究。具体的形式是行政机构同外单位的研究机构、民间的研究机构和大学的研究机构签订合同，就特定课题展开研究。

委托形式的研究与审议会形式的研究有所不同，委托研究是根据有关方面提出的课题组成特别研究小组展开的研究，研究课题完成后小组就解散，因此委托研究小组具有灵活性和临时性。审议会是根据有关立法而设立的正式机构，组织较为稳定。受委托而进行的研究可以从专业的角度对课题进行深入研究，而审议会的研究则议论较多。民间机构接受委托研究，有的只靠本单位的研究人员就能完成，有的则需要同大学的研究人员合作完成。

委托研究的课题一般都较大。例如经济企划厅曾委托外单位进行的研究有：有关物价、收入和生产效率的研究；有关发展国民福利指标的研究；有关在现实中应用公共经济学的研究；有关国际通货浮动的经济政策等。

委托研究的长处是可以在较短的时间内取得有关行政机构所需要的研究成果，委托研究在研究课题的设立和研究人员的选择上都具有较大的灵活性，它可以把拥有资金的用户与拥有雄厚研究实力的机构有机地结合起来，满足各自的需要。

委托研究和审议会研究所起的作用也有较大的区别。审议会是依法建立的行政附属机构，只要行政机构向审议会提出质询，原则上就要尊重审议的建议，因此审议会在决策中的影响和作用都较大。委托研究的特别研究小组是根据不同的课题由不同的专业人员组成的，他们可以充分利用自己的业务专长进行深入研究，自由地发表意见。但他们的研究结果和建议行政机构不一定采纳，因此委托研究的决策作用是有限的。

当然委托研究成果影响不大的原因是多种多样的。例如委托者本身对需要研究的课题心中无数，研究人员没有紧紧围绕行政机构所需要解决的问题展开研究，研究成果不符合要求，加上由于是委托研究，研究成果有许多不能公开，只供少数决策者和决策机构利用。产生这些问题的原因是由于日本的民间研究机构成立的时间都较为短暂，评价研究成果的制度不完善，加之研究经费预算是单年度的，难于展开需要持续多年的研究。但日本学术界认为，综合研究开发机构的建立和发展有助于克服上述缺陷。

三　通过人员流动参与决策

　　社会科学家通过一定的程序流动到政府行政部门担任一段时间的正式公务人员，这是社会科学家参与决策的另一种形式。这种形式有别于社会科学家作为审议会委员参与决策的形式。这种参与是内部的参与，同决策和政策的实施关系更加密切，作用更大。

　　但同欧美发达国家相比，日本的人员流动不充分，同美国加以比较就更为明显了。在美国人员经常流动，大学的研究人员可以到行政机构担任一定时间的行政人员，然后再回到大学工作；行政官员也可以到大学从事一定时间的研究工作，然后再回到政府部门工作。日本虽然也有类似情况，但远远不如美国那样盛行。日本人员流动的例子也不少，例如，日本经济企划厅经济研究所的所长一般都是从大学退休教授中选拔的，在历任的8届所长中有4人曾经是大学教授，该所的主任研究官也多由大学副教授专任或兼任。

　　又如，日本文部省的科学官和学术调查官也是从大学教师中选任的。该省（部）的国际学术局和大学局的科学官都由大学现任教授兼任。这些科学官利用自由支配的时间以负责官员的身份参与高等教育政策和学术发展政策的制定。但他们大多是负责自然科学、工程学和医学方面的官员，负责社会科学方面的官员极少。在日本也有大学聘请行政官员和省厅（部委）附属研究所的研究人员任兼职教师的情况。

　　人员交流是社会科学参与决策的极好形式，本应大力发展，但在日本要扩大这种交流则比较困难。因为日本的行政官厅同其他部门一样实行终身雇佣和年功序列的人事制度，局外人很难打进去。大学也一样，教学研究人员只要一迈出学校大门就很难再回去，因而大学的人员很难以专职的形式到政府部门任职。加上人们不相信可以通过政府部门的工作为学术发展做出贡献，搞学术的人不愿同政府沾边，研究人员同行政人员的交流就更为困难了。

四　行政机构对社会科学的利用

日本的行政官员在各种决策中起着十分重要的作用。日本行政官员（特别是高级公务人员）的素质和修养都较好，他们除了在大学受过系统的专门教育外，进入省厅（部委）后还要接受严格的业务培训和进修，加上他们熟悉所管部门的问题，因此他们被称为日本最大的智囊团，日本行政机构的效率在世界上也比较有名。

但日本的行政机构也存在着一些问题。例如，录用的高级公务人员多负责法律方面的工作。以主管经济政策的大藏省和通产省为例，多数高级公务人员是学法律出身的，这是因为他们的主要工作是制定和实施法令。当然这同日本社会科学的传统和现状也有极为密切的关系。日本的高等教育历来就分为文科和理科两部分，而文科又以法学部（系）为中心。法学院系在选拔和培养政府机构的高级管理人员方面发挥了巨大作用。

日本的行政官厅要求高级公务人员是总管型的人才而不是某一领域的专家，因而除了同经济、行政、社会、农业经济和心理等部门有关的单位外，其他部门很少录用社会科学的专门人材。在录用高级公务人员时研究生没有任何优待，待遇同大学本科毕业生一样。因此大学毕业后就进省厅工作的人员和研究生毕业后再进省厅的同学相比，在地位和待遇方面后者反而不如前者，原因是日本实行的是年功序列的人事制度。这种制度影响了研究生教育的发展。

在日本，负责规划的官厅和各官厅的调查、规划和统计部门对社会科学的运用较为充分。这些部门里的高级公务人员之所以对社会科学的重要性有较为正确的认识并能够充分地运用社会科学，是由于他们参加工作后又经过了有关方面的培训和进修。各省厅之所以要下大气力培训自己的工作人员，是由于日本的省厅是纵向划分，一个省（部）就是一个独立的王国，工作人员几乎要在那里干一辈子，只有通过培训和进修才能提高工作效率，满足不断变化和提高的社会要求。如果说欧美发达国家是通过人员流动和竞争来提高工作效率的话，那么日本主要是通过内部培训和进修来提高工作效率。许多日本人认为，内部培训的方法是最有效的人才培养方法。

省厅内的培训和进修，形式多种多样。短的几个星期，长的几个月。培训内容也多种多样，从技术到礼仪用语无所不包。还有的进修不但时间长而且内容复杂。例如大藏省的经济理论进修班以高级公务人员为培养对象，进行为期一年的经济理论教育。又如大藏省的 PPBC 进修班以各省厅的高级公务员为对象，主要学习编制预算和管理财务的科学方法。

政府把非研究部门的行政人员派到国外大学研究生院和教育机构留学，要求他们在两年内取得硕士学位。他们出国留学的目的不再像过去那样去吸取发达国家的新理论，而是为行政官员提供一个脱产并接受研究生教育的机会，使他们成为有丰富实际经验的行政官员，从而解决行政官员深造的问题。虽然从这种进修制度中得到实惠的人并不多，但这种做法对提高高级公务人员的素质却起了很大作用。

日本的行政机构传统上也是纵向划分，主要行政部门有外交、财政、文教和农政等。但也有一些省厅负责处理许多横向性的问题，人们习惯称之为计划官厅，如经济企划厅、科学技术厅、环境厅和国土厅就是这类官厅。这类官厅是战后为满足行政工作的需要而建立的，它们在广泛运用社会科学知识方面显得特别突出。

以经济企划厅为例，该厅的调整局每年的 12 月都要预测下年度的经济发展，为政府编制预算提供基础资料，起着极其重要的作用。经济企划厅的综合计划局活动范围很广，其中包括像开发国家经济计划计量模型那样的研究活动。该厅的调查局对日本国内外的经济状况进行广泛的调查研究，每年都要以《经济白皮书》的形式将研究成果公之于世，供人们广泛利用。经济企划厅的附属经济研究所负责统计国民收入，开发新的经济理论，并在实践中加以运用。

经济企划厅的官员也要接受培训和进修，其目的是要把他们培养成能够从事厅内任何工作的全才。由于经济企划厅的人员受过正规的高等教育，又受过严格的厅内培训和进修，加上他们熟悉现实经济问题，他们在经济界和学术界都享有独特的地位，被称为"官厅经济学家"。这类经济学家在制定决策和发展经济方面都有不可低估的作用。

日本的行政机构在运用社会科学知识方面也存在一些有待克服的偏向。例如：（1）录用高级公务人员过于偏重法学专业的毕业生；（2）各省厅在决策时虽然占有丰富的资料,但对社会科学知识的了解却极为有限;(3)调查科等部门的作用非常大,但在官厅组织中的地位却不高;(4)专家(特别是社会科学的专家)的地位不如总管式人员的地位高,因而人们没有学习和掌握社会科学的积极性;(5)行政官员对既定政策没有随意批评的自由。

(选自《国外社会科学》1992年第4期)

印度社会科学的研究特征

张淑兰[*]

印度两位学者在《世界社会科学报告2010》中认为，印度社会科学研究有三个突出的特点："印度是南亚唯一的认识到以政策为导向的社会科学研究重要性的国家，还长期认识到社会科学作为一种学术训练的重要性，并实现了社会科学的制度化。"[①] 遗憾的是，两位学者没有对此做详细阐述和分析，而且这三个特征只是相对于南亚其他国家而言。印度国内其他学者也没有对此问题进行专门研究。本文尝试具体分析印度社会科学研究的政策导向性、学科化和制度化三特征，并提出印度社会科学研究还具有另外一个特征。

一 研究目标：政策导向性

与印度学者的观点不同，美国资深政治学家、南亚问题专家保罗·布拉斯（Paul Brass）认为印度的社会科学家缺乏当前感；在印度的社会科学中，一个永恒的主题是对印度的"想象中的过去"的研究。他嘲笑大多数受过教育的印度人生活在光荣的过去，其习俗和思想没有现在，

---

[*] 作者信息：张淑兰，1968年生，博士，山东大学政治学与公共管理学院教授。

[①] Venni V. Krishna & Usha Krishna, Social Sciences in South Asia, in UNSCO and International Social Science Council, edited, *World Social Science Report* 2010, Paris: UNESCO Publishing, 2010, pp. 77–81.

只有过去和未来；而美国的社会科学家主要生活在现在和未来。① 笔者并不认为如此，而是赞同印度学者的观点，即："印度的社会科学从一开始就是要生产'有用的'知识。人们希望社会科学能够启蒙公众舆论、为公共政策提供知识。"② 具体来说，"扩大社会科学研究，有助于国家的发展，从广义来说，可以增加对印度人生活的社会、经济、政治和文化环境的理解，从狭义来说，可以提供专业知识，帮助国家做出更加明智的政策选择和纲领制定"。③ 正如《国际社会科学杂志》的编辑所言，"虽然社会科学家和政策制定者问着不同的问题……但是，他们是跟同一个社会血脉相连的。社会科学追寻的知识，正是制定有效而符合民主的政策所需要的知识。严谨的社会科学成果有助于制定更为有效的政策"。④

印度的社会科学一直带有国家的印记。政府认为，在民主的社会里，政策导向的研究能够影响政治家、利益团体和各种公众团体的思考。因此，独立之初，国家社会科学政策的核心目标就是在政策导向的社会科学研究和政策过程之间建立起更加有效的联系，核心问题是创造什么样的知识、享有多大程度的自由创新，即社会科学研究者选择什么去研究、怎样从事他们的研究、向谁宣传他们的知识、知识又是怎样和被谁利用的。⑤ 在此政策指导下，20世纪50年代，印度模仿伦敦经济学院建立了德里经济学院，1969年模仿苏联和东欧模式建立了印度社会科学理事会，专门从事社会科学的研究，完全忠诚于政府并为政府服务。他们依赖政府拨款，没有管理机构的提前批准，不能为媒体写作、参加会议和到国外旅行等。此外，除了统计署，中央政府各部门都设立了大量的专业研究所来进行政策导向的研究，为政策制定提供咨询。这些专业研究所完

---

① Paul Brass, Political Scientists' Images of India, South Asia, Vol. XXI, No. 1, 1998, p. 251.
② Bhupendra Yadav, Whither the Social Sciences? Economic and Political Weekly, Vol. 41, No. 36, 2006, pp. 3845 - 3848.
③ Myron Weiner, Social Science Research and Public Policy in India, Economic and Political Weekly, Vol. 14, No. 37, 1979, pp. 1579 - 1587.
④ 《"社会科学与政策的关联"国际论坛》，李存娜译，《国际社会科学杂志》2006年第4期。
⑤ Myron Weiner, Social Science Research and Public Policy in India：Ⅱ, Economic and Political Weekly, Vol. 14, No. 38, 1979, pp. 1622 - 1628.

全受政府资助,受政府的控制。

根据美国著名政治学家、印度问题专家迈伦·魏纳(Myron Weiner)在1979年的研究,① 那时候,印度政策导向的社会科学研究可以归纳为六个特点。第一,只是为政策提供数据基础,并非严格意义上的社会科学研究。第二,大量的研究属于个人发展项目,看似是为政策所用,实际并非政策分析。第三,大多数政策导向的研究由经济学家而非其他的社会科学家完成。第四,与政策相关的研究课题范围很广,却没有比较研究,一般不借鉴其他国家的相关研究。第五,真正的社会科学研究很少被政策制定者利用,即使是那些围绕特定的政策问题或根据与政府签订的合同进行的研究,一些政府部门利用,如计划和经济部、教育部,但其他的部门很少利用,因此,除了经济、教育、管理和公共管理外,人类学、心理学基本不研究政策,有些社会学家关心政策问题,但其研究很少可以直接为政策所用。第六,研究所一般倾向于那些政治上没有争议的课题,所以,大部分政策导向的研究,很少怀疑政策制定的思想依据。政策一旦失败总是归因于执行不力。可以看出,印度社会科学研究实际追求的是双轨道:科学的轨道和国家政治的轨道。科学的轨道意味着社会科学家希望深入了解人类的行为、关系、习俗,等等,同时也希望他们的理论输出能够从国内外同行那里获得赞同和认可。国家政治轨道意味着社会科学家要改善人类的状况,保护家园、发展经济、加强民主,等等,为此,他们希望自己的政策研究能够获得管理者的认可,他们也希望通过大众性的写作和传播获得公众的理解。② 从印度独立60多年,特别是近30年的发展趋势来看,可以说,印度社会科学研究的科学轨道越来越受国家政治轨道的影响,社会科学研究越来越受到官僚的干预。最有力的证据是,2007年在班加罗尔的国家高级研究所召开了一次关于印度社会科学的现状和发展方向的全国专家研讨会。专家们认为,"与尼赫鲁时期相比,那时候国家的发展计划是建立在学术研究基础之上

---

① 详情参阅 Myron Weiner, Social Science Research and Public Policy in India, Economic and Political Weekly, Vol. 14, No. 37, 1979, pp. 1579 – 1581 – 1587, and Myron Weiner, Social Science Research and Public Policy in India: II, Economic and Political Weekly, Vol. 14, No. 38, 1979, pp. 1622 – 1628。

② Bhupendra Yadav, 2006, pp. 3845 – 3848.

的,而现在,知识分子的灵感则大部分来自政府,社会科学与社会需求的鸿沟正被印度学术圈之外的思想所填补,有迹象显示似乎印度的社会科学不能充分理解和解释过去20年印度经济政治和社会发生的重大变化"。① 这也是印度学界正在认真反思本国社会科学研究的原因之一。

二 研究内容:特色学科

以跨学科研究现代意义上的社会科学诞生于17世纪的欧洲,决定性影响因素是启蒙运动和工业革命。② 在英国殖民统治的20世纪初期,社会科学的课程才开始引入印度的大学。印度的学术研究活跃起来,涉及印度社会和历史的方方面面,无论从学术的视角还是从对社会经济和政治议题的公众辩论的贡献来看,他们的研究范围和深度都令人印象深刻。③ 例如,印度有一批马克思主义学者,他们研究的领域包括:政治理论的历史唯物主义、福利经济学的制度分析、人类环境变化的地理学研究。其中,历史学家最突出,他们从40年代起就成为马克思主义的历史学家,侧重研究下层民众的历史,成为当时印度最富有改革精神的历史学家。④ 因此,独立之初,印度在社会科学研究方面占有优势,有大量的社会科学家。不过,当时的社会科学家主要是经济学家,其他的社会科学领域,如社会学、人类学和政治学,学术水平和基础设施都低于经济学。许多大学,特别是孟买、加尔各答和马德拉斯大学的经济系已经对印度经济、经济社会史进行了几十年的研究。

所以,这三所大学的经济系都直接参与了印度工业化发展蓝图的制定,例如著名的孟买计划。独立后,印度社会科学的学科结构被打乱。

---

① Rahul Mukhopadhyay, Sahana Udupa, Sailen Routray, Sowjanya Peddi, Research Programmes for Engaged Social Sciences, Economic and Political Weekly, Vol. 42, No. 48, 2007, pp. 19 – 21.

② UNSCO and International Social Science Council (eds.), World Social Science Report 2010, Paris: UNESCO Publishing, 2010, p. vii.

③ A. Vaidyanathan, Social Science Research in India: Some Emerging Issues, Economic and Political Weekly, Vol. 36, No. 2, 2001, pp. 112 – 114.

④ Ali Kazancigil and David Makinson, edited, World Social Science Report 1999, Paris: UNESCO Publishing, 1999, pp. 50 – 54.

老的学科如经济学和人类学等出现分支，新的学科诞生并得到发展，如国际关系和地区研究成为社会科学的亮点。同时，学者内部出现了西方的和非西方的文化之争，最终导致批判理论的形成，对马克思主义的意识形态的争论也使之成为社会科学的一个独立分支。总之，学术之争打破了旧的学科结构，使一些特殊的议题变成了学科专业。70年代，边缘化的群体也开始要求形成自己的学科，出现了妇女学、少数民族学等学科。80年代后，更加专业的学科也出现了，如后殖民主义研究等。在这一背景下，"印度第二代的社会科学家取代了第一代"。① 尽管经济学家仍然是社会科学家的主体，但越来越多的社会学家、政治家、地理学家、人类学家、环境学家和其他学科的学者进入社会科学的大家庭。

自21世纪以来，印度社会科学出现了三个新学科：发展研究，其主体是发展经济学，近年来聚焦于社会部门的发展，尤其是教育与卫生；城市研究，聚焦于城市治理、全球化的经济和文化影响以及媒体的作用；性别研究，涉及大量的议题，包括发展、法律、文化、性别、暴力、科学、政治和美，在政策、运动、社会工作和认识论领域发起了一系列挑战。②

可以看出，经济学一直是印度社会科学的特色优势学科。20世纪90年代之前去美国的印度移民一直主要是经济学家，为美国经济发展做出了巨大的贡献。不过，根据世界社会科学报告，与其他国家相比，印度主要的社会科学学科是"人类社会学研究（包括社会学和人类学）"，中国则是"商业、管理、旅游与服务"。当然，经济和管理是拉丁美洲、印度和中国共同的主要研究领域。③ 此外，印度社会科学包括的学科与其他国家不同。比如，"家庭科学"在印度很流行，所以印度是独一无二地设立"家庭科学"学科的国家，而西方国家反对设立"家庭科学"，在美国

---

① T. V. Sathyamurthy, Development Research and the Social Sciences in India, International Social Science Journal, Vol. 36, No. 4, 1984, pp. 673 – 697.

② 以上四个方面的总结参见 UNSCO and International Social Science Council, 2010, pp. 226 – 228。

③ 这是根据主要的社会科学学科中，这些国家发表的论文数量来说的。详情参阅 UNSCO and International Social Science Council, 2010, p. 158。

只有"家庭经济学"。① 再比如，在印度，商业管理和贸易不属于社会科学，但心理学属于。这是因为不同国家、不同的历史和意识形态背景必然孕育和诞生出不同的社会科学课程。关于跨学科研究，早在独立前的20世纪30年代经济大危机时期，印度就开始了跨学科研究，当时，《经济周刊》变成了《经济政治周刊》，还出现了新的杂志《印度经济社会史评论》。② 独立后，印度各界一致认为印度的发展问题必须用跨学科的方式进行研究，很多重要的社会问题如贫困、失业、不平等等仅仅考虑经济因素是不可能得到正确理解的，因此，一些学科从一开始就被定位是多学科和跨学科的，如经济学和政治学，而一些学科从一开始就是跨学科的，如60年代早期才设立的社会学。在一些大学，社会学与经济学、哲学或政治学一起被教授。与经济学等其他学科相比，印度的社会学是一门相对较新的学科，由于印度公民社会的发达和非政府组织部门的迅速发展，社会学的发展机会相对较好。③ 80年代，西方的新自由主义复兴，在全球化的影响下，市场力量开始进入认识论领域，人们喜欢那些能够迅速带来收益的学科，几乎没有人对社会科学中的认识论争辩感兴趣，由此带来传统学科的跨学科研究转向，出现了一批以社会科学为基础的新颖学科。例如，印度很多历史学家用一些社会科学的方法来研究历史，包括人类学、经济学、统计学和心理学。典型的例子是把土地问题与欧洲的商业票据殖民主义联系起来进行研究，涉及经济学和地缘政治学的理论。④

自21世纪以来，印度的跨学科意识随着发展研究、城市研究和性别研究三个新领域的出现而得到了加强，同时诞生了两个富有特色的跨学科研究领域。一是贱民的文化研究，它建立在印度已经获得了国际声誉的庶民研究基础之上，创造性地把与贱民相关的庶民研究和文化研究结合起来；二是中产阶级的研究，将中产阶级与消费主义联系起来进行研究。当前，印度最大的跨学科研究代表是印度的科学、哲学和文化史课

---

① George Varghese K., Rethinking Social Sciences and Humanities in the Contemporary World, Economic & Political Weekly, Vol. xlvi, No. 31, 2011, pp. 91–98.
② Bhupendra Yadav, 2006, pp. 3845–3848.
③ UNSCO and International Social Science Council, 2010, pp. 77–81.
④ Ibid., pp. 50–54.

题组,他们努力把印度的传统思想与当代的自然和社会科学统一结合起来。印度出现了一批杰出的跨学科学者,如查特吉(Partha Chatterjee)、索扎(Peter De Souza)和古鲁(Gopal Guru)等。① 不过,在跨学科研究方面,印度也存在一些问题。印度社会科学理事会第四届调查委员会认为,印度社会科学研究"错失的机会主要是政策空间和社会科学领域之内和之外的跨学科研究领域,如气候变化、公共卫生等热点问题"。② 在影响跨学科研究发展的因素中,在20世纪70年代末,"最重要的是全国的学术文化不是跨学科性的,除了尼赫鲁大学,所有其他大学都是按照单一学科组织教学。其次是各研究中心对教师资质的认可,主流学科的教师不认可非主流学科的教师,非主流学科教师最后往往被迫改变方向。最后,不同中心的同一学科教师的学术交往与同一中心的不同学科教师之间的交往相互对立"。③

在笔者看来,尽管如今已是全球化时代,但这三个因素仍然限制了印度社会科学的跨学科发展。新的因素则是跨学科研究在研究方法的有机融合方面尚有欠缺。以社会科学的统计模型来说,"研究议题本来应该是研究的主要产品,却变成了一些被模糊理解的统计学方法、一无所知的软件、经不起检验的数据副产品。研究变成以工具为导向而不是以问题为导向"。④ 以至于印度学者感叹,"社会科学从自然科学那里学到的东西非常少。不同国家几名学者的共同努力使巨大的人类基因课题成为可能,而社会科学界却没有这样的共同努力"。⑤

---

① George Varghese K., 2011, pp. 91 – 98.

② Pulapre Balakrishnan, A House for the Social Sciences, Economic & Political Weekly, Vol. xlvi, No. 33, 2011, pp. 29 – 31.

③ Yogendra Singh, Constraints, Contradictions, and Interdisciplinary Orientations: The Indian Context, International Social Science Journal, Vol. xxxi, No. 1, 1979, pp. 114 – 122.

④ T. Krishna Kumar, Some Basic Issues in Statistical Modeling in Social Sciences, Economic and Political Weekly, Vol. 42, No. 29, 2007, pp. 3027 – 3035.

⑤ K. S. Chalam, Rethinking Social Sciences, Economic and Political Weekly, Vol. 37, No. 10, 2002, pp. 921 – 922.

三 研究机构：大学为主、研究所为辅

在印度，社会科学在英国殖民统治的特殊背景下实现了制度化。在英属印度，英印人模仿英国独立的科学研究模式，设立了私人的"英印科学协会"（Anglo-Indian Scientific Associations），开展一些关于东方主义和向西方学习等的辩论。但是，由于其活动圈子是非印度人，且受到殖民政府的影响，所以这些协会对印度社会的影响极小。[①] 到19世纪后期，这些科学协会逐渐变成为殖民政府服务的行政管理机构。20世纪前印度传统大学的课程内容基本没有改变，直到20世纪初期，社会科学、人文和科学课程才引入印度的大学。1854年英国殖民者正式开始在印度设立大学，同时兴建加尔各答、钦奈和孟买三所大学，到1947年共有20所大学。独立前，印度社会科学的研究几乎完全是在大学，有一批杰出的社会科学家，如瑙罗吉（Dadabhai Naoroji）、高善必（D. D Kosambi）、斯瑞尼瓦（M. N. Srinivas）、古尔耶（Ghurye）和安姆贝德卡（Ambedkar）等，他们与欧洲人的思维模式不同，形成一套独立的印度社会科学话语。[②]

独立初期，从1947—1960年，印度社会科学的高等学习和研究机构的发展是缓慢的、不系统的。1960—1970年，越来越复杂的现实情况迫使政府认识到，必须推动社会科学的研究与教育以促进经济、社会和政治的发展。于是，印度建立了一些发展研究中心、社会科学的研究团体和大学。不过，主要是大学从事社会科学的研究。60年代后半期，印度建立了从事跨学科研究生教育与研究的学术重地——尼赫鲁大学，它不仅仅是大学学术目标的创新，而且是社会科学跨学科教学的创新，这些创新充分体现在学院研究中心的组织、课程讲授和课程结构上。[③] 1966年在西姆拉建立了印度高级研究所（Indian Institute of Advanced Studies），

[①] David Gilmartin, Review on Science and Social Science Research in British India, 1780 – 1880: The Role of Anglo-Indian Associations and Government, The Journal of Asian Studies, Vol. 50, No. 4, 1991, pp. 962 – 963.

[②] K. S. Chalam, 2002, pp. 921 – 922.

[③] 详情参阅 Yogendra Singh, 1979, pp. 114 – 122。

一开始主要从事历史和社会学研究,后来也吸引一些经济学家。1969 年建立的印度社会科学理事会(ICSSR)专门从事社会科学研究,在海德拉巴德建立全国社区发展研究所(National Institute of Community Development)研究乡村印度。比较独特的是,60 年代印度政府模仿德意志联邦共和国、美国和苏联的模式建立了印度理工学院(Indian Institutes of Technology),其人类学系的特点是重视现代化、技术发展对社会和人类的影响研究。1970 年以后,在绿色革命影响下,农业教育得到最大限度的扩展,成立印度农业调查委员会,农业大学的建立成为各级官僚的重点关注领域。[1]

到 20 世纪 80 年代,印度社会科学的制度化研究体系基本定型。现在,印度共有四种机构[2]从事社会科学的研究:教育机构(大学和大学研究生院里的社会科学系);政府各部门设立的研究机构;政府资助、但在法律上自治的、专业化的研究机构;由私人代理处、基金会和非政府组织设立或资助的研究单位。大学和公共资助的研究组织一直是印度社会科学研究的主要角色。印度的高等教育部门被看作是世界第三大体制。大学的数量从 1947 年的 20 所增加到 2005 年的 357 所,学院的数量从 1947 年的 500 所增加到 2005 年的 17625 所。[3] 到 2010—2011 年,印度有 523 所大学,33023 所学院,[4] 印度社会科学理事会辖有 27 个研究所。在社会科学制度化方面,印度还有非常独特的一面。由于私人不能资助大学,又由于印度实行议会民主制,民主的本质是允许不同的利益团体和意识形态组织享有充分的自由和机会,利用特定团体、媒体和公共论坛来表达、提倡和宣传它的观点。所以,印度非政府组织的社会科学研究一直得到政府的积极支持和鼓励,特别是自由化、私有化和全球化以后,"为政府和外国资助机构进行研究的私人和半私人组织如雨后春笋般发展

---

[1] T. V. Sathyamurthy, 1984, pp. 673 – 697.
[2] 详情参阅 UNSCO and International Social Science Council, 2010, pp. 77 – 81。
[3] Sukhadeo Thorat, Higher Education in India Emerging Issues Related to Access, Inclusiveness and Quality, Nehru Memorial Lecture, University of Mumbai, Mumbai, November 24, 2006, http://oldwebsite.ugc.ac.in/more/chairman_nehru_lecture.pdf.
[4] University Grants Commission, Annual Report 2010 – 2011, http://www.ugc.ac.in/oldpdf/pub/annualreport/anualreport_english1011.pdf.

起来",因此,"政府外社会科学研究的急剧扩张一直是独立后印度社会科学发展的一个明显特征。"①

在社会科学的制度化发展方面,印度存在两个问题,一个问题是研究所与大学老死不相往来。② 对此,印度社会科学理事会的第四份调查报告要求印度社会科学理事会与大学密切合作,"与大学的院系建立制度化联系",或者"将研究计划制度化成新的研究计划"。③ 第二个问题是尽管"大学和研究所的研究者都负有提高成果质量和增加数量的重任,但是,大多数研究所的研究人员的成就有负众望"。④ 印度主要的社会科学研究成果是由大学完成的,以印度社会科学理事会为代表的专门研究机构的研究成果较少。与大学教师相比,研究所的研究人员免受耗时的教学、打分和其他管理事务的阻挠,也没有学生的示威活动、教员与行政之间的派别斗争、政党对大学事务的干涉、一种或另一种意识形态对大学的控制等干扰,可以专心致志地从事研究,也有机会获得像印度社会科学理事会和世界银行提供的大量资助,但是,除了六七个研究所外,大多数研究所对社会科学的影响是微弱的。⑤ 原因有四点。第一,如上所述,大学数量远远多于研究所。第二,大学里教师的薪职提升偏重科研而不是教学成绩,50%的教员负有学术研究责任。而研究所里研究人员的研究使命是影响公共舆论和公共政策。第三,研究所存在结构性问题。从长期看,教学与科研的脱节并不利于学术研究。研究所缺乏高素质学生的刺激,也缺乏"学术的快乐","其很多研究成果,并没有被政策制定者利用,充其量是有利于职位提升或者自娱自乐"。⑥ 第四,研究所主要靠公共拨款,由于公共资助不足,许多研究所寻找外部资助进行合同

---

① A. Vaidyanathan, 2001, pp. 112 – 114.

② Mary E. John, Institutional Citizenship, Research Cultures and the State, Economic & Political Weekly, Vol. xlvi, No. 33, 2011, pp. 32 – 34.

③ Kenneth W. Thompson, Social Sciences in the Developing Nations, Background, Vol. 10, No. 2, 1966, pp. 163 – 176.

④ G. N. Ramu, Social Science Research in India, Economic and Political Weekly, Vol. 36, No. 11, 2001, p. 975.

⑤ Myron Weiner, 1979, pp. 1579 – 1587.

⑥ P. M. Mathew, Beyond Academic Honesty, Economic & Political Weekly, Vol. xlvi, No. 18, 2011, pp. 103 – 104.

式研究，而一旦外援停止，研究所的工作就无法继续下去，或者被迫大幅度削减。而无论公共资助少还是合同式研究，都会严重影响其本职研究工作质量和数量。

四 研究成果：领先于发展中国家、国际边缘化

印度社会科学领域的学生和教师较多。2005—2006 年，印度高等教育机构中 1102.8 万学生中有 45.13% 的学生学习人文社会科学，如果加上商贸和教育，比例增加到 64.6%。同一时段，400 多所大学和 1.8 万个附属学院里有教职员 488 万人，大约一半教师属于人文社会科学教职员。还是同一时段，印度有新博士生 17989 人，42% 是社会科学的，与教师比例相当，如果加上商贸和教育，比例增加到 50%。① 从世界范围来看，1992—1995 年从美国大学获得社会科学博士学位的学生比例，中国最高，从 1992 年的 65% 剧增到 1993 年的 70%，此后基本均接近 70%，印度次之，但比较稳定，基本维持在 55% 左右，英国第三，加拿大第四，德国第五，日本和韩国较低。1993—1999 年间，在美国获得博士学位的外国毕业生中，印度最多，大约 2.7 万人，然后依次是德国、加拿大、英国、中国、墨西哥、韩国和日本（1.2 万人多一点）。②

但是，从学术出版物这一方面看，印度只有少量研究机构能够达到国际水平，享有世界知名度。在世界上被引用的社会科学杂志中，中国在世界排名第九，在亚洲排名第三，印度在亚洲是第一名；但如果拓宽到一般的学术杂志，中国在世界排第五位，在亚洲排第一。自 20 世纪 90 年代中后期以来，印度社会科学处于相对停滞状态，与中国相比处于下降趋势。1996 年中国发表 606 篇论文，印度是 706 篇，但 2007 年中国超过印度的两倍。在 SSCI 数据库中，1995—2007 年，中国发表的研究论文

---

① 数字来源于 University Grants Commission, Annual Report 2005 – 2006, http://www.ugc.ac.in/oldpdf/pub/annualreport/annualreport_0506.pdf, 转引自 UNSCO and International Social Science Council, 2010, pp. 77 – 81。

② UNSCO and International Social Science Council, 2010, pp. 90 – 120.

篇目排名从第四位上升到第一位，印度则从第三位下降到第五位。① 根据 Scopus 数据库的统计，印度是南亚国家中唯一有国际水平出版物的国家，在最好的 26 个社会科学出版国家中，印度名列第 13。1996—2007 年间印度有 13596 份出版物，占世界的 1%。然而，1996—1997 年间印度只有 19 个高等教育研究机构（包括大学），发表了 50 多篇论文，占总出版物的 28.39%。而且，1996—2007 年"在印度 8 个最好的学术出版社出版的书中，1/3 是外国人或不在印度居住的印度人写的。剩下的书中，1/5 以上是独立的研究人员写的"。② 同样，2004—2005 年在著名的社会科学期刊上发表的 542 篇文章中，131 篇论文是由侨居的印度人或/和外国人写的。除此之外，印度本土的社会科学家做出的有质量的工作很少。③ 此外，"如果社会科学的博士论文可以作为评估社会科学研究现状的一个指标的话，那可以说印度是糟糕的"。④ 因此，印度社会科学理事会 2007 年的报告认为："国家一直在扩大社会科学的研究规模和幅度，然而人们普遍认为，社会科学的研究成果在类型、范围和质量以及对更好理解社会经济发展和形成公共政策的贡献方面，都有负众望，而且与花费在它们身上的资源相比是不相称的（经济学例外）。"⑤

对于印度社会科学在国际社会科学界的边缘化地位，印度学者认为，原因有全球性的，如西方的历史政治发展、英语的国际化、全球劳动力市场的转变等。第二次世界大战后，西方结束了对亚非拉国家的主权控制，但仍然从两个方面控制着亚非拉，一是不平等的国际经济秩序，二是国际话语权，"西方在客观上怀疑发展中地区研究的完整性和真实性，在主观上通过引用他们自己的研究、有意忽视其他地区的研究来建立起

---

① UNSCO and International Social Science Council, 2010, pp. 150 – 156.
② Rahul Mukhopadhyay, Sahana Udupa, Sailen Routray & Sowjanya Peddi, Research Programmes forEngaged Social Sciences, Economic and Political Weekly, Vol. 42, No. 48, 2007, pp. 19 – 21.
③ Shyam Singh, World Social Science Report: Whither India and South Asia? Economic and Political Weekly, Vol. xlvi, No. 1, 2011, pp. 10 – 12.
④ V. Subramaniam, Doctoral Work in Social Sciences: Some Reflections, Economic and Political Weekly, Vol. 34, No. 42/43, 1999, pp. 2986 – 2987.
⑤ The Forth Review Committee, Restructuring the Indian Council of Social Science Research, March 2007, p. 20.

自己的权威"。① 但是，不可能完全由西方承担责任，也有地方性因素，如缺乏资金以及研究机构缺乏自治等，从客观现实看，印度400多所国立大学中，只有15%—20%是以教学和研究为主，其余80%只能视为纯教学型的大学。② 就主观原因来说，近年来印度社会科学研究者似乎逐渐丧失了独立思考的能力，科学的轨道越来越受制于政治的轨道。

综上所述，印度社会科学在研究目标方面的特点是科学与政治双轨道，但政策导向性明显；在研究内容方面不仅实现了学科化，而且形成了自己的特色优势学科，在跨学科研究方面也非常突出；在研究机构方面，大学为主，研究所为辅，同时还有相当数量的非政府研究机构；在研究成果方面，领先于发展中国家，但在国际社会科学界处于边缘化的地位。

(选自《国外社会科学》2013年第1期)

---

① Shyam Singh, 2011, pp. 10 – 12.
② UNSCO and International Social Science Council, 2010, pp. 77 – 81.

英国社会科学的历史发展和现状

郑海燕[*]

当前,信息化、全球化趋势的增长使人类社会面临着许多前所未有的复杂而紧迫的问题,也使社会科学的发展面临许多新的机遇和挑战。在一些西方国家,一段时期曾经陷入某种困境的社会科学开始重新焕发出生机和活力,英国社会科学便是一个明显的例证。

一 英国社会科学的历史发展

一个国家的社会科学发展不能脱离其赖以产生和存在的特定历史和社会环境。为了探讨英国社会科学的发展现状,需要简要回顾一下社会科学在这个国家发展的历史。

1. 早期发展

英国是工业革命的摇篮,也是较早开始从事科学研究和高等教育的国家。它的一些著名大学,如剑桥大学、牛津大学、阿伯丁大学和爱丁堡大学等,早在15世纪甚至更早的时期就已建立。但是英国的科学研究和高等教育在传统上一直偏重自然科学和人文科学,对社会科学不太重视。这种状况持续了数百年之久,直到20世纪初,社会科学在英国才开始引起人们的注意。

---

[*] 作者信息:中国社会科学院文献信息中心研究员。

1895 年英国建立了第一所主要从事社会、政治和经济领域教学和研究的机构——伦敦经济和政治学院（后改名为伦敦经济学院）。目前，该学院已成为伦敦大学几个最大的学院之一，并且在国内外获得较高知名度。尽管如此，英国社会科学在该学院成立后的很长时期里仍发展缓慢。例如，英国第一个社会学教授职位于 1907 年在伦敦经济和政治学院设立，但在此后的几十年时间里这个国家一直没有出现任何新的社会学教授职位。直到 60 年代，英国社会学才作为一个被完全承认的学科而获得发展。① 在 20 世纪前 50 年，两次世界大战的爆发和 20—30 年代的经济大萧条，在一定程度上刺激了英国社会科学的发展，尤其是经济学、应用心理学、社会统计学等研究在这段时期比较活跃。

2. "黄金时代"

20 世纪 60 年代是英国社会科学的"黄金时代"，突出表现在第二次世界大战结束后，政府为了应付战后社会发展的各种需要，加大了对大学的拨款，使社会科学的教学和研究规模得以扩大。例如，在 60 年代最初的 3 年里，社会学教授的职位从原有的 5 个增加到 24 个。到 1970 年，能够授予社会学学位的大学也从 50 年代初的 2 个增加到 37 个，② 社会科学逐渐成为当时大学和理工学院颇受欢迎的学科。

在这一时期，政府出于提高决策水平和使行政管理合理化的需要，加强了对社会科学研究的资助。尤其是 1965 年 11 月社会科学研究理事会的成立，使英国社会科学研究有了专门独立的资助机构。该研究理事会的经费主要来自当时的英国教育科学部，并列入国家预算。社会科学研究理事会的成立对英国社会科学的发展起了极大的推动作用，此后各种社会科学研究项目和研究机构便迅速发展起来。同一时期，北美和欧洲其他国家的社会科学也有类似的发展动向。

3. 低潮时期

但是这种发展并没有平稳地持续下去。从 20 世纪 70 年代开始，一种

---

① Albrow, M., 1992, p.50.

② Ibid..

明显不确定的经济和政治环境使英国社会科学的发展进入了一个相对的低潮时期。60年代出现的那种对社会科学发展前景普遍乐观的情绪逐渐为某种悲观情绪所代替，这种状况几乎持续到80年代末。① 英国社会科学发展的这种变化首先与国家的财政压力有关。这一时期，英国经济陷入严重的滞胀状态，福利国家的庞大开支以及社会问题频仍，成为制约英国经济和社会发展的重要因素。为了扭转这种局面，从70年代中期开始，历届英国政府努力压缩各种公共开支。尤其是70年代末（1979年5月）以撒切尔夫人为首的保守党政府上台后，采取了一系列新的更为强硬的政策措施，例如强调发挥市场机制的作用，减少国家干预，推行私有化，严格控制货币供应量和削减税收。这些措施的实施产生了一定的积极作用，使处于衰退状态的英国经济重新显现出活力，但是对于那些主要依靠政府资助的公共事业却产生了某种消极影响，其中对于社会科学教学和研究工作的影响尤为严重。

这一时期，英国社会科学面临的处境也与政府主要人物对待社会科学的态度变化有关。在许多人看来，如果说英国在70—80年代的政治气候对于学术研究是前途暗淡的，那么对于社会科学研究甚至是怀有"敌意"的，因为社会科学的研究结果往往与政府的核心价值观念不一致。在80年代初，社会科学知识与英国政府中占优势的价值观念相冲突的最明显例子在经济学领域，表现为一个在学术界已得到承认的凯恩斯正统理论与推动政府制定政策的新货币理论不一致。② 另外，在从住房政策到医疗社会学，从贫困问题到犯罪学的其他几个领域也存在明显分歧。③

撒切尔政府对社会科学研究的反感也表现在与英国社会科学研究的主要资助机构——"社会科学研究理事会"（SSRC）的冲突上，以致使这个机构当时面临着两种威胁。首先是经费大幅度减少。例如在1981—1985年，政府将"社会科学研究理事会"的预算削减了近16%，并将其中部分预算划拨给其他几个科学研究理事会。在一些人看来，这种不平

---

① Fenton, N. &Bryman, A. et al., 1998.
② Flather, J., 1982, Pulling through: Conspiracies, Counterplots and How the SSRC Escaped the Axe, in M. Bulmer (ed.), 1987, p.354.
③ Fenton, N. & Bryman, A. et al., 1998.

等的预算限制实质上是以牺牲社会科学研究来保护其他领域的研究。

第二种威胁更加露骨，政府的主要人物出于对社会科学的某种"反感"要求社会科学研究理事会易名。例如，撒切尔夫人认为社会学家往往将他们的分析集中在实际并不存在的"社会"层面上，是一种对市场运行过程的不必要干扰，是人们可以提出的避免为其行为负责的各种借口的"根源"。当时的教育科学大臣 K. 约瑟夫爵士甚至认为，社会科学的价值有待证明，社会科学研究理事会应该易名，以便消除其科学的相关性。在他看来，该理事会受资助的领域并不具有学科的地位。基于这样的认识，政府不仅大幅度削减社会科学研究的预算，而且大量减少政府部门社会科学家的数量。70—80 年代，政府对社会科学研究的态度变化使 60 年代在决策者和社会科学家之间形成的某种共识遭到破坏。

但是值得注意的是，在英国学术界，对于 70—80 年代英国以及其他一些西方国家的政府对待社会科学的态度和做法也存在着一些不同看法。例如，著名学者布尔默认为，实际情况并没有那么糟，撒切尔政府和里根政府对社会科学的态度在某种程度上被人们曲解了，实际上他们对社会科学本身并没有什么敌意。在他看来，问题的实质不在于要不要社会科学，而是要什么样的社会科学。他认为，这个问题在社会科学界一直没有被充分认识。[①]

4. 恢复生机

20 世纪 90 年代以来，英国社会科学的发展出现了某种转机，这与英国面临的国内外形势变化有直接关系。首先，英国国内形势的发展使对社会科学研究的需要变得越来越迫切。撒切尔主义的自由化改革在激活市场、提高经济活力和竞争力方面取得一定成效，使英国经济开始走出低谷并出现增长势头。但是这种改革也给社会带来不可忽视的负面效应，例如贫富差距扩大，社会排斥现象严重，甚至危及社会的安全和稳定，因此客观上要求人们对国家和市场的作用做出重新评价。尤其是 1998 年以来，以布莱尔为首的工党政府上台后，提出了一系列以提高国家竞争

---

① Bulmer, M., 1987, The Social Sciences in an Age of Uncertainty, in M. Bulmer (ed.), 1987, pp. 347–348.

力和公民智力水平与就业能力为目标的政策措施，包括加大对社会科学研究的投入，以便为决策提供更多可供参考的事实依据和建议。社会科学研究面临的形势因此发生明显变化。

其次，在国际上，苏联东欧剧变，冷战结束，欧洲联盟正式建立，欧元启动，以及信息和通信技术迅猛发展和全球化趋势进一步增强，这一系列变化也极大地刺激了英国社会科学的发展。

二 英国社会科学研究机构

在英国有多种从事社会科学研究的机构和团体，其中最主要的是大学、独立研究机构和一些专业学术团体。这些研究机构和团体都相对独立，从研究计划、人员安排到机构设置均自行确定。许多研究机构和团体兼有研究和培训功能，而且可以从多种渠道获得经费资助，因此一些研究机构和团体的分界线有时显得不那么分明。

1. 大学

英国的大学与许多国家的大学一样，不仅承担培养高等教育人才的任务，而且也是国家的主要科研基地。但是在相当长的时间里，这个国家的大学数量一直比其他发达国家的少。英国曾是世界上最强大的资本主义国家，但是到第二次世界大战结束时只有17所大学；到50年代末，只有4.6%的大学适龄青年获得进入大学学习的机会，这个比例远远低于美国的20%，也低于法国、瑞典和苏联等国的相应比例。[1] 人们普遍认为，教育的滞后是导致这个国家从19世纪末开始逐渐衰落的主要原因之一。

世界各国的经济和科技竞争日趋激烈，这使英国政府强烈地意识到，必须加快高等教育的发展，以便提高国民的总体技能水平和国家的竞争力。因此，近几十年来英国的大学一直处于调整改革之中，其中对社会科学发展有较大影响的改革有如下几方面。

---

[1] Bulmer, M., 1987, The Social Sciences in an Age of Uncertainty, in M. Bulmer (ed.), 1987, p. 20.

（1）扩大大学规模

60年代，政府采纳了"罗宾斯报告"中关于发展高教事业，增加大学数量和扩大招生人数的建议，陆续建立了20所新的大学，这个数字超过英国过去一个半世纪里新建大学的总和。英国大学生的数量也随之有了巨大的增长。到80年代末，英国大学生的人数达到16万人。目前英国已拥有90所大学和50多所学院，而且所有院校均可向海内外学生颁发学位证书。英国的这些大学各具特色，一些老牌的大学已有500多年的历史，而一批新兴的大学大多建立不到10年，其中最新的大学于1996年刚刚建立。[①] 根据经济合作与发展组织200年的一份研究报告，英国大学的教育水平已跃居世界前列，它的大学毕业生比例已从10年前的20%上升到目前的35%，首次超过美国。

（2）限制公共经费支出

然而，在英国大学规模不断扩大的主旋律中也存在着某种不和谐的音符，主要表现在政府的拨款没有与大学规模的扩大相适应，尤其是70—80年代中期，公共经费支出的限制对大学的教学和科研产生了严重的影响。这段时期，英国的大学经历了一个连续不断的合理化改革和任职冻结的过程，即使是像剑桥和牛津等重点大学也不例外。

在这一时期，社会科学家在大学中处于较低的地位。直到80年代末，这种状况才开始有所转变，主要原因是政府出于实用主义考虑，要求各公共机构提高效益、增加产出，对大学来说则意味着培养更多的学生和产生更多高质量的研究成果。但是政府的这种考虑忽略了一个重要因素，即市场的作用。由于社会科学专业较之其他专业具有许多优势，例如所需费用比较低，教员和学生的比例比较适当，而且可以得到社会科学研究理事会的资助，因而对学生有较强吸引力。当学生的专业选择取向代替了政府的预期愿望，社会科学便在英国迅速发展起来了。[②]

尽管如此，学生数量增加与经费限制的矛盾一直没有得到很好解决。例如，1989—1994年，英国大学生的数量增加了61%，但是政府为每个

[①] 英国教育制度简介，http：go4.163.com~zgszjyygiyzd.htm。
[②] Yearley, S., 1994, p.30.

学生提供的经费却下降了25%。① 各社会科学系由于学生数量的大幅度增加，面临的经费压力更大，这迫使各大学必须设法使学生数量的激增与财政收入相协调。但是到90年代中期，许多大学的财政已很难正常周转，于是不得不提出向新生收取额外费用以填补经费亏空的要求。这迫使政府于1996年着手调查高等教育的财政状况，并考虑采取适当措施。

（3）理工学院地位发生变化

英国理工学院地位的变化也是近10年来对社会科学发展有较大影响的一项高等教育改革措施。英国原有数十所理工学院，它们大多成立于20世纪60年代，获皇家特许状。在旧的教育体制下，这些学院的主要任务是提供多种职业培训，很少从事基础性研究，而且无权授予学位。政府1992年颁布的新的高等教育法，取消了传统大学与理工学院之间的区别，所有理工学院以及一些高等教育学院都获得正式大学的地位。② 这项措施的实施大大加快了英国高等教育的发展，使更多的人有机会进入大学学习，而且改变了大学科研活动长期以来主要依靠政府资助的局面，促使大学之间在招生和经费获得方面进行公平竞争。

英国理工学院地位的变化也极大地促进了英国社会科学的发展。因为理工学院以往很少设置人文科学、医学以及其他一些学费昂贵的课程，却普遍设置了费用较低的社会科学课程，这使社会科学在这类学校获得广泛的发展空间，即使在70—80年代经济紧缩的时期亦如此。因此到90年代初，当这些理工学院获得了正式大学地位时，社会科学在英国大学的地位便得到了巩固。

（4）新的政策环境

以布莱尔为首的新工党政府上台后把教育作为一项中心任务，提出了一系列新的改革措施。其核心思想是，重新确认教育是社会保障的重要组成部分，而且应由政府负主要责任。这使英国大学的科研和教学又面临着一些新的形势。实际上，英国的大学很长时间一直处于某种不确定的政策环境中。这种外部政策环境的变化对大学内部的教学和研究活动至少产生两个重要影响：首先，促进大学管理的集中化，使权力从学

---

① Fenton, N, &Bryman, A., et al., 1998, p.21.

② Ibid., p.22.

术机构管理者向基金筹措者转移；其次，促使许多大学不得不学习运用商业手段在更具竞争性的市场环境中推销自己。由于大学数量倍增和政府鼓励大学从私营部门寻求更多的资助，大学的经费筹措已成为一个颇具竞争性的活动。无论政策环境如何变化，大学都必须全力应付不断增加的财政压力，并积极参与不断变化的学术市场的竞争。

2. 独立研究机构

在英国，除大学之外还有一些独立的研究机构，它们构成了另一个重要的社会科学研究群体，并与大学竞争研究经费。著名学者布尔默对这个群体的作用和特性作了如下概括："它们都是非营利组织，作为一种慈善团体注册，主要从事高质量的社会研究，不受其他组织的约束。它们虽然与学术界、中央和地方政府、私营部门以及某些商业公司从事合作研究，但是与任何外部组织，如党派、压力集团或商业利益集团没有正式的联系，而且只对独立的委托人负责。"[①]

独立研究机构没有固定的经费来源，它们的存在取决于吸引外部机构专项资金的能力。为了有效获得必要资金，这些机构不仅需要制订周密的研究计划和具备相应的专业知识，而且需要使这些计划和知识符合资助机构的要求。可以说，独立机构是非商业性的，但是必须参与商界的竞争；它们寻求与政府部门合作，但是不受其制约；它们与学术界的联系是时断时续的，而且在研究方向上也有所不同。独立研究机构的研究通常是一般性的和以问题为导向的，不具有基础研究的特点。它们的研究试图影响的对象主要是决策者，而不是学术界同行。[②]

国家社会研究中心和塔维斯托克研究所是英国的两个颇具代表性的主要从事社会科学研究的独立研究机构。

（1）国家社会研究中心

国家社会研究中心[③]是英国最大的独立社会研究机构，于1969年成立，目前拥有研究人员170名左右，每年创造的研究收入约1200万英镑。

[①] Fenton, N, & Bryman, A., et al., 1998, p. 26.
[②] Ibid., p. 27.
[③] The National Centre for Social Research, in http://www.scpr.ac.uk.

该中心原名是社会和社区规划研究所，1999年在其成立30周年之际改为现在的名称。国家社会研究中心主要围绕英国公共政策的发展和评估进行高质量的社会调查和研究。它的主要工作是代表各类公共部门，包括中央政府、研究理事会和基金会进行"定量的社会调查"，并对调查结果进行分析研究。该中心30多年来进行了大量的社会调查，提供了一系列涉及英国社会政策问题的重要信息，这些调查包括："英国犯罪调查""英国选举研究""英国人的社会态度""英国家庭资源调查"和"英国人健康调查"等。其中一些是临时应急性调查，另一些是长期跟踪性调查。国家社会研究中心拥有丰富的调查资源、调查力量和手段，能够承担英国的一些大规模调查。该中心为了弥补定量调查研究的某些不足，还建立了两个专家组，即定性研究组和调查方法研究中心。前者主要通过深入访谈和小组讨论进行调查研究，后者主要从事以改进定量社会测度标准为目标的调查方法研究，同时承担咨询和教学任务。该中心的许多研究都将定量与定性的方法结合在一起。

（2）塔维斯托克研究所

塔维斯托克研究所[①]是一个集研究、咨询和培训为一体的独立社会科学研究机构，1947年建立，主要任务是运用社会科学的思想和方法进行政策性和现实问题的研究，着重研究、分析和评价社会、组织和政策的发展动向。该研究所重视与英国国内外的许多政府、志愿团体和工业部门开展合作研究，所涉及的领域包括：保健与残疾、教育与培训、就业与社会包容、评估计划、保健与卫生倡导、正规学习与在职学习、创新与信息和通信技术、国际开发、有组织的咨询、地区与农村发展、社会和社区照顾、研究与发展计划支持、工作组织和参与以及青年等。

3. 学术团体

英国人文和社会科学领域的学术团体包括众多的专门学科或专业领域的学会或协会以及一些综合性或跨学科的学术组织。英国研究院、皇家经济学学会、英国历史学学会、英国心理学学会、英国语言学学会、英国地区研究学会、英国图书馆学会等是一些较大的学术团体，它们的

---

① The Tavistock Institute，in http：//www.tavistitute.org.

主要活动是开展学术研究，组织学术会议，举办公开演讲，发行出版物和提供信息咨询服务等。下面以"英国研究院"（The British Academy）①为例作简要介绍。英国研究院可以说是英国最高的人文和社会科学研究机构，但是由于其采取会员制形式，因此这里将其归入学术团体类。在英国，能够成为该研究院的会员被公认为是一种崇高荣誉。

英国研究院于 1902 年正式成立，获皇家特许状，目前有会员约 70 名，他们都是英国人文和社会科学领域成就卓著的学者。该研究院的主要任务是推动英国国内外人文和社会科学领域学术活动的开展，并代表英国学术界参加有关国际学术组织。它不仅资助院内外人文和社会科学的研究，而且组织有关学术演讲和发行出版物等。

英国研究院有三种主要的研究职位，它们分别是研究教授、研究高级讲师或资深研究员以及博士后研究员，这些研究职位不是固定不变的，需要通过竞争和选拔确定。该研究院每年有固定的来自政府的拨款（目前为 3100 万英镑），用于对院内外相关研究项目的资助。另外，它还可以获得相当数量的私营部门和私人的捐助，用于对个人的研究和参加会议等活动的补助。

英国研究院的研究项目可分为三种类型：

（1）在经费和学术上完全由本院承担的项目；
（2）与其他组织共同资助的项目；
（3）获研究院批准并从其他组织获得经费资助的项目。

该研究院十分重视评选和奖励人文和社会科学领域的优秀成果，每年颁发约 10 种各类优秀成果奖。

英国研究院的活动由各常设委员会负责，例如，它的研究委员会负责根据研究院的经费条件、各种研究项目和机会以及国家的总体发展要求，制定该院的研究政策。各种研究经费的申请均首先由相关领域的专家进行评定，然后由资助委员会根据专家的意见决定是否给予资助。研究院每年大约资助 40 个由院内研究人员承担的集体研究项目，其中许多是长期国际项目的子项目。研究项目的经费由每个项目的管理委员会自行管理。它的对外交流委员会负责该研究院的对外交流活动，包括落实

---

① About the ESF2000, in http：www.esf.org ftp pdf ESFGeneral About00.pdf.

与国外其他学术机构和团体签订的约 30 个交流协议,实施一系列旨在支持英国与国外进行合作研究的资助计划,以及编写关于研究院参加各种国际组织的情况简介。该研究院有一个与英国经济和社会研究理事会共同管理的中国项目评选小组,专门负责与中国学术机构的交流计划和资助计划。它的公众服务委员会主要负责人文和社会科学知识的普及和推广,具体实施一个包含多种活动的计划。例如每年 10 月到第二年 5 月期间举办一系列面向公众的公开讲座。这些讲座以往大多在研究院内进行,但是近年出现了在全国不同大学和研究机构中举办这类讲座的动向。

除上述研究机构和团体外,英国的许多政府部门也有自己直属的研究机构,从事与人文和社会科学有关的研究。

三 英国社会科学研究的发展特点

近一二十年来,英国社会科学研究伴随着英国国内外形势的变化和政府科研管理政策的调整,呈现出以下几个比较明显的特点。

1. 应用性、战略性研究比重加大

研究内容与政府确定的各种战略目标和政策的联系更为密切,表现为对应用性和战略性问题研究的比重进一步加大,这是英国社会科学发展一个十分突出的特点。

首先,政府出于增强国家经济实力和国际竞争力的目的,加强了对社会科学研究的资助力度和导向作用,要求社会科学家对与政府决策有关的政治、经济和社会问题进行更多的研究。从英国社会科学的发展进程上不难看出,不论是社会科学发展的兴旺时期还是相对低落时期,英国政府一直是英国社会科学研究的最大资助者和用户,而近一二十年,政府对社会科学研究的需求明显增强。英国社会科学研究对政府决策的贡献突出表现在跟踪经济和社会发展趋势,进行专项调查研究和政策评估,以及提供使决策合理化的咨询服务方面。

其次,社会科学研究经费不足使经费的筹措问题变得日益突出,它迫使大学和研究机构不得不多方寻求资助,各种基金会、国际组织和民间团体因此成为越来越重要的经费来源。但是由于这些资助机构大多以

应用性研究为目标，而且比较重视提供经费所产生的经济和社会效益，它们的资助政策必然会对资助对象的研究内容和方向产生影响，成为导致英国应用性社会科学研究比重加大的重要因素。

在这个发展过程中有两个事例颇具典型意义。其一是社会科学研究理事会更名。1985年，英国社会科学研究的主要资助机构"社会科学研究会理事会"（SRC）更名为"经济和社会研究理事会"（ESRC），标志着这个研究理事会对社会科学研究资助的目标和方向发生了巨大的变化，[①] 从主要资助以学科为基础的研究，转向主要资助以各种经济和社会现实问题为主要内容的研究。

其二是经济和社会研究理事会根据国家发展的总体需要和广泛征求意见的结果，实施经费资助主题策略。这种新的资助策略是在1993年英国政府发表关于科学研究和研究理事会作用的白皮书后确定下来的。该白皮书要求各研究理事会着手解决英国科研成果的开发利用问题，并要求将密切联系研究用户和加强其"相关性"作为提供资助的更明确和更重要的标准。[②] 确定主题重点的资助策略表明该研究理事会的资助方向进一步明确，即动员英国最优秀的研究力量集中研究国家面临的最紧迫的应用性和战略性问题。

2. 跨学科研究日益普遍

如果说10年前人们对"跨学科研究"还存在不同看法的话，那么今天跨学科研究已成为许多研究机构和研究项目普遍采用的研究方式，这种现象在英国表现得十分明显。英国的学术界和资助机构普遍意识到，伴随经济和社会的发展而出现的许多复杂而紧迫的现实问题无法通过任何传统的单一学科研究得到解决，需要打破学科界限，进行跨学科和多学科的研究。因此，与应用性和战略性研究联系密切的跨学科研究在英国受到广泛重视，并得到政府和各种基金会的大力支持。

英国社会科学研究的这一特点可以从各种资助机构资助的项目中反

[①] Golding, P., 1994, Telling Stories: Journalism and the Informed Citizen, in European Journal of Communication, pp. 461-484.

[②] Iibd. .

映出来。例如，经济和社会研究理事会有相当比例的研究是由跨学科研究小组承担的。一些研究课题不仅需要不同社会科学领域的跨学科研究，而且需要社会科学和自然科学领域的跨学科研究。例如，"环境和可承受力""寿命、生活方式和健康"和"国民日常饮食研究计划"等便属于此类课题。这方面的几个典型事例是经济和社会研究理事会与自然环境研究理事会、工程和自然科学研究理事会共同对一个以东英吉利大学为依托的新的"气候变化中心"给予资助。经济和社会研究理事会还受托对两个新计划进行研究，一个是与医学研究理事会共同就有关新保健技术的利用进行研究，另一个是与工程和自然科学研究理事会共同对人与信息技术系统的相互影响进行研究。①

3. 研究的国际化趋势明显

英国社会科学研究的国际化趋势主要表现在两个方面。其一是以世界不同国家和地区为研究对象。例如，许多基金会和经费提供部门都支持社会科学界开展这类研究。在它们看来，具有广阔的视野，能够从跨国和跨文化的比较研究中获取经验教训以及能够利用世界最新的研究成果，是社会科学兴旺发达的重要因素。其二是重视国际学术交流与合作。英国政府和学术界普遍重视国际交流与合作，认为这不仅有利于获得更多的研究机会，也有助于扩大英国社会科学在国际上的影响。它们所采取的具体做法包括广泛开展组织间与个人间正式和非正式的学术交流与合作，发展和建立与其他国家同类机构间的合作关系和合作计划，以及在国际组织的研究计划，尤其是在欧盟的框架研究计划中发挥积极作用。

4. 与用户的联系日益密切

英国的社会科学资助机构十分重视与各类用户，包括政府决策部门、企业以及广大公众的联系，目的在于使其资助的研究更符合用户的需要。用经济和社会研究理事会业务主管 G. 马歇尔的话说："这已不再是一个线性过程，用户现在起重要作用，他们不仅是最终成果的受益者，而且是思想、观点，甚至整个研究数据的贡献者。我们的任务是保证尽可能

---

① ESRC, ESRC Research, in http://www.esrc.ac.uk ARep9900 9900docs.html.

有效地利用资金，支持高质量的和对我们社会有最大相关性的独立社会科学研究和培训，并使这些研究成果为最广大的用户所利用。"①

英国的资助机构和研究机构不断增强与用户的联系主要表现在：在确定资助或研究的重点时，广泛征求用户意见，并通过会议、出版物和网络等多种形式加强与用户的信息交流，与此同时，注意扩大和增强公众对社会科学的认识和了解。例如，1999年11月，经济和社会研究理事会召开了以全球化问题为主题的"第三届全国社会科学大会"，为英国的研究者提供了一个与政府、企业、媒体和其他用户直接交流的机会；2000年年初，又发起建立"经济和社会研究理事会关系网"，目前已有200多成员，它们大多属于商界，也有一些属于决策和社会群体。最近，该理事会又创办了一个刊物——《优势》，专门介绍由其资助的研究成果。

5. 信息的网络化趋势增强

近些年来，英国社会科学信息的网络化趋势明显增强，主要表现在到目前为止，这个国家为数众多的政府机构、公共部门、社会科学研究机构和重要的学术团体几乎都建立了自己的网站，许多网站信息含量高，更新速度快，而且提供多种检索途径。它们纵横交错，便于从事社会科学研究和学习的人从中获取所需信息。以经济和社会研究理事会为例，由其资助建立的一些资源中心和信息网络可以向学术界提供数据集、研究技能和方法等高质量的研究工具，在网络化、数字化研究资源的发展中发挥了重要作用。例如"应用社会调查中心"（CASS）可以通过一个联机组合装置和培训过程，帮助发展社会科学家可以使用的数据收集方法。"经济政策研究中心"（CEPR）可以向英国学术界提供网络连接、数据传输和技术支持等服务。"经济和社会研究理事会数据中心"是一个有关人文科学和社会科学的当代和历史数据的跨学科档案馆，拥有英国和其他国家人文和社会科学数据资料。②

在英国，信息的数字化、网络化活动受到政府和有关部门的大力支

---

① ESRC, ESRC Research, http：www.esrc.ac.uk ARep9900 9900docs.html.
② Ibid..

持，并由此形成了许多专业性组织。例如，"联合信息系统委员会"（JISC）是一个由英国几个高等教育拨款委员会与经济和社会研究理事会共同资助的全国性组织，其主要任务是促进信息系统的有效利用，为英国高等教育和学术界提供高质量的国家网络基础结构。这些活动的最终目的是对研究、教学和组织管理给予支持。[①] "联合信息系统委员会"有一个与所有机构连接的宽带网（JANET）。它提供获取一系列世界一流的信息资源和应用程序，以及利用因特网和信息技术的咨询服务，并开展网络、信息、咨询、讨论和软件等多种服务。它的主页所列的信息资源类目包括书目、参考文献和研究信息，出版物在线，主题分类、数据服务，学习与教学，技术支持，每一个类目又包含相当多的相关网站和可利用的内容丰富的社会科学信息资源，包括期刊、摘要、报告、图书、官方出版物、图书馆书目信息、新闻报道、档案信息等多种可供检索的数据库。

综观英国社会科学发展的历史和现状，有一个动向值得注意，那就是社会科学研究越来越面向实际、面向应用。近年来，这种发展趋势更为明显。社会科学研究更好地为政府决策服务、更多地为企业和社会各界所利用，已成为推动英国社会科学发展的主导模式。

（选自《国外社会科学》2001年第5期）

[①] JISC, JISC Strategy 2001－06, http：www. jisc. ac. uk homepage. html.

白厅与英国的社会科学(上)

黄育馥

现时代，社会的科学化和科学的社会化已经成为一种有目共睹的现实。任何一个现代的政府，要推动社会的进步，促进科学的发展，解决种种复杂的社会问题和维持自身的生存，就必须重视社会科学、扶持社会科学、利用社会科学，使社会科学充分发挥其应有的积极的社会功能。英国政府只是近几十年来，特别是在20世纪60年代中期以后，才逐渐领悟到这个道理，并加强了对社会科学研究的支持和组织，加强了对社会科学研究成果的应用。

一 战后英国社会科学地位的变化

尽管英国在开展自然科学和人文科学的研究和教学方面有着比较悠久的历史，对社会科学却迟迟未予重视。1895年，英国第一个专门从事社会科学教学和研究的高等教育机构——伦敦经济与政治学院建立，这标志着英国开始进行社会科学方面的研究。但直至20世纪初，英国政府几乎没有向社会科学研究提供过什么支持，也极少利用受其他方面资助而进行的社会科学研究的成果。不过，在过去的半个世纪中，为政府而开展并被政府所利用的社会科学研究的规模和范围逐渐扩大。在第二次世界大战期间，英国的社会科学研究（尤其是社会调查研究）首次取得重大进展，并于1941年成立了政府社会调查处（Government Social Survey，现为"人口普查和调查局社会调查处"）。在战争期间开始的社会调查是受英国情报部资助进行的,由伦敦经济与政治学院和国立经济及社会研究所共同主持,被作为对舆论和士气方面的情报进行处理的一种手段。到1944年,它共进行了上百项对战时政府关注的领域和问题的调查。

战后初期,英国社会科学研究取得了一些初步发展,但它在大学里的基地十分狭小。甚至到60年代初,在全国各大学任教的社会学家的总数也仅仅相当于在牛津大学任教的历史学家的人数。社会科学家中,参与政府工作的人更是凤毛麟角。到1964年威尔逊的工党政府上台以前,在英国政府部门任职的职业经济学家还不到50人,其中多数是在财政部工作。

英国社会科学的真正发展是在1964年前后开始的,政府对社会科学的重视程度也明显提高。60年代,由于英国大力推行福利国家政策,在住房、教育、社会服务、健康和社会保险等方面的社会开支急速增加,使政府更感到有必要获得有关穷人、残疾人、失业者以及少数民族等在社会上处于不利地位的群体的信息,并体会到许多问题都必须在调查研究的基础上得到解决,而严肃认真的社会科学研究则有助于就重大的公共政策问题做出合理的决定。

因此,自60年代以来,英国的社会科学教学和研究取得了很大发展。这首先表现为社会科学在大学里的地位更加重要。据统计,1938年,在英国各综合性大学中任教的社会科学的教师人数为212名,到80年代中期,这个数字已增加到7000余名,而且在综合性的理工科大学中几乎也有同样多的社会科学的教师。其次,英国社会科学研究的发展表现为研究经费的增加。1938年,英国几乎没有经常性的对经验研究的资助,而只是有时从一些慈善基金会和个别的政府委员会得到少量专项研究经费。直到1962—1963年,各种来源的研究经费总计也只有500万英镑。但60年代中期以后,政府对社会科学研究的拨款增多。1976—1977年,英国用于社会科学研究的经费开支约为5000万英镑,其中有一半用于各大学,1/4用于政府内部进行的研究,其余的则资助各独立的研究机构和单位。到80年代中期,社会科学研究经费总额已逾1亿英镑。在政府用于研究事业的全部经费开支中,社会科学部分的经费增加幅度大大超过了自然科学部分(见表1)。最后,英国社会科学研究的发展还表现为,在政府部门任职的社会科学家人数增多。到80年代中期,这一人数已达数千名。在企业工业部门内也有同样多的社会科学家就业。上述情况表明，第二次世界大战以后，特别是60年代以来，社会科学在英国的地位有了明显的改善和提高。

表1　中央政府用于研究和发展的净支出额（1966/67—1983/84）

	1966/67	1970/71	1973/74	1978/79	1981/82	1983/84
社会科学（百万英镑）	2.7	7.1	11.6	31.2	52.8	52.6
经济和社会研究理事会（百万英镑）	0.6	1.5	2.7	5.7	15.3	17.3
自然科学（百万英镑）	498.1	598.1	859.7	911.1	3370.7	37872
实际支出指数（1966/67=100）						
社会科学（包括经济和社会研究理事会）	100	219	279	356	402	348
自然科学	100	183	207	218	260	254
实际支出调整指（1966/67=100）						
社会科学（包括经济和社会研究理事会）	100	219	279	356	339	294
自然科学	100	183	207	218	253	247

资料来源：罗思柴尔德勋爵：《对社会科学研究理事会的调查》Cmnd 8554，伦敦，皇家出版局，1982。

二　20世纪70年代以前白厅的社会科学政策

英国政府机关（白厅）重视经济学以外的社会科学研究，基本上是战后才出现的现象。1946年，由政府任命的、以J. 克拉彭爵士为首的一个委员会应政府要求，就"是否有必要增加对社会和经济问题研究的资助"提交了一份报告。报告认为，当时主要应该发展大学内部的社会科学研究基地，加强大学里社会科学的教学队伍，为开展经常性的研究做好准备。委员会建议通过大学基金资助委员会向大学里的社会科学研究提供资助，并主张成立一个常设的、跨部门的经济和社会研究委员会，来检查和指导政府部门中的研究工作。英国政府采纳了这一建议，建立了"跨部门委员会"。它的任务主要是：（1）使政府各部门注意它们收集的资料对开展研究可能具有的价值，并向各部门提出收集资料的新方法和新领域；（2）向各部门说明，它们为各自的目的收集的信息对于研究人员来说可能是很重要的，应该使研究人员也能获得这些资料。跨部门委员会在40年代末50年代初曾发挥了一定的作用，但到1960年以后就销声匿迹了。

标志着英国社会科学真正起飞的有两件大事。一是1963年以伦敦经济与政治学院的经济学教授罗宾斯勋爵为首的高等教育委员会的成立。罗宾斯主张大规模扩展大学，从而为此后数年内社会科学教学在综合性大学和理工科大学里的迅速发展奠定了基础。二是1965年海沃思社会研究委员会提出的报告。以海沃思勋爵为首的这个委员会是60年代初由主管教育和科学部的国务大臣建立的，其目的是检查在政府部门、各大学和其他机构中正在进行的社会研究的情况，并就是否需要在支持和协调这一研究的安排上有所改变提出意见。海沃思采取了一种迥然不同于克拉彭爵士的观点，他主要关心的不是如何在大学里开展社会科学研究，而是社会科学与决策的关系。他认为，"凡是在中央或地方政府中从事行政管理工作的人……从事的都是社会科学家们的研究领域中的工作。不管他本人是否认识到这一点，他都是在使用着社会科学家们能够识别出来的方法和技术。他使用的这些方法和技术也许早就过时多年了。当然，许多行政工作都是关于一些日常事务，但是，如果他不努力认识一些长期性的问题，不去研究每天做出的决定后面潜藏的问题，他做出的决定所依据的就会是错误的或不充分的资料。社会科学研究对于管理者来说之所以十分重要，其原因就在于此。"① 海沃思委员会的报告指出，如果社会科学要为政府各部门的工作做出贡献，就必须做到以下两点：第一，行政官员和管理人员必须了解社会科学的范围和价值，认识到社会科学不仅可以直接有助于行政工作，而且能限制人们对于做出的决定应持有的怀疑态度的程度；第二，由于行政官员往往不能一下看出可以通过社会科学研究来解决政府遇到的问题，所以科学家应该在问题刚刚出现时

---

① 海沃思：《社会研究委员会报告》，皇家出版局1965年版，第5页。

就进行研究,以帮助行政官员认清和解决这些问题。此外,海沃思委员会还建议成立社会科学研究理事会,以对研究提供支持和监督,向政府反映社会科学研究的要求,并了解受过训练的研究人员的情况。

英国政府采纳了海沃思社会研究委员会报告中提出的建议,于1965年11月成立了英国社会科学研究理事会,其经费由教育和科学部提供,列入国家预算,并获得皇家许可证。政府成立这一机构的目的在于使它有效地行使功能,以确保进行政府部门在决策时所需要的社会科学研究。与此同时,英国政府还责成财政部主持成立了"社会科学研究委员会",这是一个政府内部的跨部门的机构,旨在协调白厅的兴趣与社会科学研究理事会的工作之间的关系。

白厅对于社会科学的重要性的认识还表现在它对政府官员应该受到何种训练的要求上。英国的政府官员分为政务官和文官两大类。文官是政府政策的执行者,是国家机器的一个重要组成部分。1966年2月,工党政府的威尔逊首相任命了一个由12人组成的、以苏赛克斯大学副校长富尔顿为首的委员会,对文官制度中的结构、录用、管理和训练等问题进行研究。1968年,富尔顿的委员会提交了一份报告(通称"富尔顿报告"),在提出建议的同时,对决策过程提出了批评,认为如果要预见到现代政府将面临的问题并及时为决策做好准备,就需要有长期规划,而受过社会科学训练的政策分析家将在规划各部门的工作时做出重要贡献。富尔顿报告认为,文官部门内部的决策应该以更多的专业知识为依据,这就尤其需要提高专家们的地位,使他们有更多的机会在部门规划工作中负责。在富尔顿报告的影响下,1970年,英国政府开办了文官训练学院,学院主要讲授社会科学的课程,同时也开展一些研究,其中包括比政府部门进行的研究更具长远观点和长远影响的研究。

总之,在20世纪70年代以前,白厅对社会科学的重要性的认识逐渐加深,并在组织和发展社会科学研究方面做出了一些重要的努力,这一时期英国社会科学的作用主要是协调政府各部门的工作,为政府部门合理地做出决策和制订长期规划提供事实依据和建议,这与当时英国社会强调"政策的合理性"的思想是一致的。

三 20世纪70年代后白厅社会科学
研究方针的变化

1970年保守党上台后，希思政府建立了中央政策审查处，由剑桥大学的生物学家、刚从壳牌石油公司退休的工党贵族罗思柴尔德勋爵担任处长。中央政策审查处的任务是研究经济、科学和政府管理工作方面的问题和长远规划，提供与政府决策和规划有关的全面的资料，向首相和内阁就应予优先考虑的问题提出建议，并清除政府各部门之间协调工作中的障碍。中央政策审查处可以直接向首相提出建议，它的负责人及其代表可以出席各种内阁委员会的会议。在这个由大约16人组成的机构中，文职官员和院外人士各占一半，而在院外人士中则包括几位社会科学家。实际上，在1970—1974年间中央政策审查处扮演着政府智囊团的角色。而罗思柴尔德提出的"用户—承包商"原则则对英国政府的社会科学政策有着重要的影响。

"用户—承包商"原则是罗思柴尔德1971年在一份对英国政府的"研究与发展"组织的审查报告中提出来的，不过，他在报告中只谈到在自然科学研究中应运用这一原则，而根本没有把社会科学研究包括在内。罗思柴尔德的"用户—承包商"原则的主要内容是：首先对基础研究（即纯研究）与应用研究（即以实际应用为目标的研究）加以区分；在应用研究中，"用户说明他的需要，如果承包商能够按照他的需要去做，就进行他所需要的研究，然后由用户付款"。按照这条原则，从事应用研究的人是为委托进行这项研究的个人或机构服务，并要提供技术专业知识，生产出政府部门所需要的知识。罗思柴尔德认为，政府部门的负责人只应允许将其全部经费的10%用于纯研究。

虽然"用户—承包商"原则是针对自然科学研究提出来的，白厅却将它也用于指导社会科学研究，主张每一项研究都必须有其在政策结构中的用户，必须事先预测这项研究对未来政策的影响。在这样的原则指导下，白厅的社会科学研究自70年代以来逐渐被各个部门所关心的问题所左右，60年代盛行的长期的、战略性的社会科学研究减少。而各个部门所开展的研究主要不是考虑社会科学"本身的性质"，而是考虑它与政策的关系。1973年，文官事务部将这一原则正式用于对研究的管理，规定如果一项研究的产品在政府中没有明确的用户，政府就不得进行这项研究，大学也不应给其以资助。一些部门还进一步采取了对社会科学研究的限制步骤，如内政部研究规划处坚决缩短研究期限，要求一般应在两年内完成一个项目的研究。

这一原则的实行促进了白厅各部的研究的开展。由于各部有其自己的背景和问题，对社会科学研究的态度也有所不同，因此，白厅内部开展的研究呈现出多样性的特征，各部之间有着很大差异。自70年代以后，在英国文官人员构成中，有3种专业人员增多，即经济学家、心理学家和研究官员。其中，"研究官员"又分为两类："社会科学方面的"和"资源与规划方面的"。在有些部内（如环境事务部），上述划分反映了工作内容上的实际差异，在有些部则只是形式上的差异。政府各部的社会科学研究官员主持和从事本部门的研究，同时，也可能参加和监督由外单位（主要是大学、市场研究机构和独立的研究所）承包的为政府而进行的研究。到1984年，在政府部门工作的研究官员有325人，其中1/3是社会科学家。这些人是英国社会科学家中待遇最优厚的，并有机会了解由政府掌握的情报和获得令其学术界同仁钦羡不已的研究经费。在1966—1979年之间，直接由政府各部进行或主持的社会科学研究取得了重大发展（见表2）。

四 20世纪80年代英国社会科学的曲折历程

虽然自20世纪60年代以来，英国社会科学的地位显著提高，社会科学研究取得很大进展，但它的发展过程并不是一帆风顺的。尤其在1979年撒切尔的保守党政府上台以后，社会科学研究曾一度陷入严重困境。这一方面反映了社会科学与政治是密切联系在一起的，社会科学的发展与政府重要决策人物的观点和态度有着紧密的联系；另一方面也反映了英国社会科学研究本身的问题。

80年代英国社会科学的困难处境首先表现为裁减政府中的研究官员。政府中的研究官员队伍在1977年前后曾迅速扩大。1979年以后，由于新的政府把建立一个有效率的政府作为首要任务，大大削减了文官机构的规模,从而使研究官员人数也相应减少。表3显示了从1975—1984年间的这一变化。

表2 政府各部和社会科学研究理事会用于社会科学研究的经费估算
(1982—1983) 单位:千英镑

部门	本部门的	外单位的	总计
卫生和社会安全部	245	13174	13419
环境事务部	250	2900	3150
苏格兰事务部	750	1850	2600
劳工及兵役委员会	不祥	2319	2319
内政部	1299	652	1951
就业部	208	696	904
其他	653	5453	6106
总计	3405	27044	30449
社会科学研究理事会(现经济和社会研究理事会)			8594

·外交部及联邦事务机构除外。

资料来源:经济和社会研究理事会,1984。

表3 研究官员、经济学家和统计学家的人数变化(1975—1984)

	研究官员	经济学家	统计学家
1975	393	331	479
1976	446	397	485
1977	458	389	498
1978	443	381	514
1979	432	393	537
1980	450	399	532
1981	435	374	526
1982	401	364	516
1983	356	360	450
1984	325		

资料来源:M.布尔默主编《社会科学研究与政府》,剑桥大学出版社1987年版。

我们从表3中还可以看出，相比之下，统计学家和经济学家在白厅中的地位比社会研究人员的地位更有保障。虽然1980年撒切尔夫人的效率专家C.雷纳先生在关于政府主计机关的报告中建议减少对统计数字的收集，但他依然强调政府和工业的决策依赖于由政府主计机关源源不断地提供的统计数字。统计数字本身就与短期的政治预测有着明显的关系，对于内阁大臣们来说意义重大；同时，对于提供上来的统计数字也需要有专业统计学家来进行解释。这些情况对于白厅中的统计学家们是很有利的。不过，为了适应新形势的要求，统计学家们也必须努力改变他们的工作作风和研究内容，以减少裁员对他们的威胁。

1980年以后，白厅中的经济学家人数减少的幅度较大，但这并不等于他们的作用也相应减弱。实际上，经济依然是保守党政府最关心的问题。此外，诸如"效率"和"成本效率"这样的说法，本来就是经济学的概念，而在1979年显然为保守党政府的思想提供了支持的货币主义本身也正是经济学家们的创造。这些都使得经济学家们在政府中的作用变得甚至比以往更为重要。

白厅中其他社会科学学科的研究却远远没有这种幸运。实际上，撒切尔夫人的第一届内阁的许多成员对社会研究都持敌对态度，他们常常委托进行一项研究，接着又予以否决。因此，在20世纪80年代初，白厅中的社会研究人员任务不足，地位微不足道，取得的成果也很有限。不过，尽管在此期间政府中的研究官员人数减少，他们却依然占领着社会科学研究的一个据点。

最能表明保守党政府对待社会科学态度的是1982年英国社会科学研究理事会的一段坎坷经历。1979年，撒切尔夫人上台以后，在施政方针中提出反对过去历届政府的国家干预经济活动的政策，主张充分保障企业主经营自由，提倡自由市场的自发发展，降低通货膨胀率，削减社会福利费用开支等一系列政策。在保守党新政府中有一位重要人物，即科教大臣K.约瑟夫。他是撒切尔夫人的货币主义主张的重要代表人物，长期以来对社会科学研究理事会怀有敌意，视其为"颠覆性的激进分子"的避风港，认为它是被左翼分子所把持。他认为，除了有历史渊源的学科（如史学和古典文学）和可以以经验为根据进行检验的学科（如自然科学）外，其他学科都是不可信的；社会科学就像是"暴发户"，它的价值尚有待证明。约瑟夫还认为，对于那些固执地要证明"主张中央集权下经济统制"政策（如凯恩斯的"需求的监督和调节"主张和福利国家政策）继续有效的年轻的研究人员来说，社会科学研究理事会是一个加油站。

保守党政府对社会科学和社会科学研究理事会的进攻首先表现为在1979年以后很快将其2000万英镑的预算削减了150万英镑。1981年9月约瑟夫出任科教大臣后，特请罗思柴尔德勋爵对理事会的工作规模和性质进行全面的调查；同时，又将理事会1982—1983年的预算再度削减了4%（110万英镑）。他还决定再从社会科学研究理事会的预算中拿出一部分经费分给其他4个自然科学研究理事会。这就意味着。从1979—1983年，社会科学研究理事会的预算实际减少了25%，授予研究生的奖学金从70年代中期的每年2000英镑减到1000英镑，白厅的社会科学研究合同也减少了1/3。后来，约瑟夫还干脆对理事会的存在本身提出怀疑。

英国政府的上述做法在社会科学界和社会科学研究理事会内引起了一阵慌乱和强烈不满，许多受到新政策威胁的学术团体纷纷提出抗议。罗思柴尔德正是在这种背景下开始进行他的调查。他以科学家的态度，对社会科学研究理事会的开支情况、社会科学的定义、资助社会研究可能采取的其他方式、社会科学理事会工作人员从事的工作的详细情况进行了细致深入的调查，听取了一些经过选择的专家学者以及他所信任的同事的意见，并广泛征求了重要的学术团体对这些问题的看法。1982年5月，罗思柴尔德在题为《对社会科学研究理事会的调查》[①]的报告中提出，"要忘却或取消这一理事会将是一种蓄意破坏知识的做法，它将对整个国家造成需要很长时间才能弥补的损失"。罗思柴尔德在报告的总结中建议保留社会科学研究理事会并且停止削减它的预算，否则一些重要的社会研究就无法进行。他还认为应继续通过该理事会来对社会科学研究提供资助。在指出社会科学研究理事会存在着严重官僚主义等问题的同时，他还主张政府部门不要把社会科学研究作为政治辩论的炮弹。

罗思柴尔德的报告帮助社会科学研究理事会躲过了一场劫难。约瑟夫不得不同意它继续存在下去，但在1984年坚持将它改名为"经济与社

---

① 伦敦，皇家出版局，1982。

会研究理事会",取消了原来名称中的"科学"二字。在 1982—1985 年的三年间,他又将其预算削减了 600 万英镑,并于 1985 年要求它向研究理事会顾问委员会具体报告它的工作。当时不少人担心其本身研究经费也相当紧张的自然科学家会对经济与社会研究理事会的 2000 万英镑预算虎视眈眈。然而,尽管许多自然科学家也对社会科学抱有偏见,他们却在说服约瑟夫保留该理事会的问题上起了关键性的作用。至此,一场风波总算过去,但英国的社会科学家们知道,在没有彻底说服政治家之前,经济与社会研究理事会依然可能不得不应付一个又一个危机。(待续)

(选自《国外社会科学》1991 年第 1 期)

白厅与英国的社会科学(下)

黄育馥

一 社会科学在白厅中的应用

虽然在白厅与英国社会科学的关系中曾发生过一些很不愉快的事件,但总的说来,社会科学与白厅的关系过去是、现在也依然是一种互惠的关系,至少可以共存并在一定程度上相互容忍。半个多世纪以来,社会科学研究日益注重对政府政策的影响,而政府也更加注重应用社会科学的研究成果。

英国的社会科学研究在政府中的应用主要有两种模式:一种是"工程法",即以问题为中心、工具性的和由控制导向的模式。通常是由政府确定一个需要研究的社会问题,确定要解决这一问题还缺少哪些知识,并找到从事这项研究的承包人。接着,社会科学家对研究进行设计、收集资料、分析结果、提出与解决这个问题有关的报告。然后决策者根据这项研究的结果,制订出行动方针。罗思柴尔德爵士的"用户—承包商"原则就是这种模式的体现。另一种是"启迪法"或"石灰岩"模式。它对于纯研究和应用研究没有作截然区分,并提倡一种更为分散的传播知识的过程。按照这种模式,社会科学研究对政策的影响是间接的、长期的,犹如水渗入并逐渐透过石灰岩滴下来,使岩石被不知不觉地冲蚀掉。这是一个非常缓慢的过程。

英国社会科学家在影响政府决策方面主要扮演以下几种角色。

第一种是为政府而进行某项研究的角色。这项研究可能是由政府某个部的研究人员或某个中央机关（如伦敦人口普查调查局）来进行，也可能是在某个研究单位、非营利性的研究所或大学里，由一名并不是政府工作人员，而是与政府签订了合同的社会科学家来进行。扮演这种角色的研究人员有技术专长，也有机会将其研究成果递交决策者。不过，对于研究成果被提供给决策者以后会出现什么结果却无从预测。

第二种角色是局外人的角色，社会科学家作为顾问和专家被邀来就某一政策问题提出建议，一般是成立一个委员会。如英国卫生和社会安全部在确定优先进行哪些研究时，由一个精心设立的、由一些研究联络组构成的顾问委员会来提出意见。这些意见是以一种客观的、不偏不倚的方式由局外人提出的，在这些人与政府的关系中，彼此之间有一段距离。顾问们的任务不仅是整理数据资料，还要进行分析，并据此提出建议。

第三种角色是充当政府的内部顾问。一些社会科学家受雇于政府官僚机构，他们既要进行研究，又要就本部门的问题提出建议。例如在白厅内，经济学家们有效地扮演了这一角色，其主要职衔被叫作"经济顾问"。他们不仅要为政府进行应用经济学研究，又要向中级行政官员就当前政策问题中的经济方面提出建议。

第四种角色是社会科学家作为政治顾问或被指定人进入政府。在英国，最明显的方式是社会科学家充当首相或其他内阁大臣的特殊顾问，如威尔逊政府执政时的 N. 卡尔多和巴洛夫，撒切尔政府执政初期的 A. 沃尔特斯。这些社会科学家都把他们的分析与他们对所属政党负有的某种程度的政治义务结合在一起。他们必须具有敏锐的政治嗅觉，而他们的任务则是使社会科学对政策施加影响。

第五种角色是社会科学家通过加入某些准政治的知识团体或智囊团来结识资深的政治家，并对其施加影响。英国各大政党都有这类团体，如费边社与工党、托尼协会与社会民主党之间均有不同程度的联系。

第六种角色是社会科学家通过压力群体和大众传播工具来对政策施加影响。如英国的内阁大臣和官员们很注意由传播工具或压力群体带给他们的信息。像"帮助老幼贫困者行动小组"这样的社会团体，就曾有效地利用其研究成果来极力推行它们的主张。

应该说，尽管遇到了一些波折，但总的说来，到 80 年代，白厅中的社会科学研究的规模仍是很大的，社会科学家们通过扮演多种不同的角色对政策施加着程度不同的影响。但另一方面，社会科学在政府中的应用也依然存在着某些障碍。伦敦经济与政治学院高级讲师 M. 布尔默 1983 年曾对这些障碍进行了如下归纳。① 他认为主要有：（1）社会科学在白厅内仍处于边际地位，像社会学、政治学、社会人类学、社会心理学和社会管理学等学科仍未得到充分的接受和承认；（2）政府认为社会科学的实质性作用不大；（3）大多数政界官员没有受过社会科学的教育，这也使他们对社会科学研究的作用有一种特殊的看法，以为社会科学研究的任务就是搜集"事实"，而"搜集事实的人不足以对政策问题提出意见"；（4）社会科学家个人的政治观点往往偏左，这就妨碍了社会科学家与保守党官员之间的关系；（5）决策过程本身有很强的时间性，而社会科学家，尤其是大学教员们，却不大规定的时间内按时完成某个项目的研究。他们常常不大了解决策者工作的背景，有时夸大个人意见的作用。

1987 年，英国文官训练学院"社会政策"高级讲师，约克大学社会政策研究部研究员 B. 沃克进一步分析了社会学研究为什么对决策影响不大。他认为这与英国政府中社会科学研究过程的三个方面有关。

第一，研究的发起和对研究的委托。英国政府各部门的社会科学研究的发起和对研究的委托在很大程度上是遵循罗思柴尔德的"用户—承包人"原则：政府部门是用户，确定它们的需要；承包人考虑能否达到要求，如有可能，就进行这一研究；而二者做出的安排必须确保在成本合理的条件下达到研究的目的。各个部门都设有某种形式的委员会来确定应从事哪些研究。

罗思柴尔德的原则的前提是设想各用户都能很容易确定研究上的需要。然而，实际上，决策者们要确定需要解决的问题，并且用研究人员可以接受的方式对这些问题加以系统地说明，却是很吃力的事。这在一定程度上反映出行政官员接受社会科学的教育不够，而英国的文官制度又长期注重培养通才，而不是某一方面的专家。因此，许多研究并不是

---

① M. 布尔默：《社会科学研究在决策中的应用：为什么阻力这么大?》，载《公共管理公报》1983 年第 43 期。

受用户委托而进行的,却是由承包商发起的。政府部门中的研究官员不像行政官员那样调动频繁,因此对于政策的某些方面了如指掌,对研究的潜力也最清楚。不过,他们从事的研究往往在很大程度上受其个人的兴趣和专业领域的影响。于是,就出现了由承包商说服用户进行某些研究的现象,而这些研究也许并不能帮助解决决策者急需解决的问题。

此外,英国的不少社会科学研究变成了政治辩论的工具。由于这些研究试图使政策接受检验,而且得出的结论有可能对决策者不利,所以政府官员在委托从事某项研究时都要冒一定的风险,例如,研究结果也许会表明某项政策是不妥当的,表明委托从事这一研究的部门的工作是不合格的,或者有关部门的工作人员是不称职的。研究的结论与决策者的意图背道而驰的情况也完全有可能发生。另一方面,决策者可能看不出社会科学研究能给他带来什么好处。因为社会科学研究不大可能对某个复杂的政策问题做出一清二楚的回答,而往往只是对大量模糊的情况加以澄清,从而增进决策者对这一问题的理解,一位有能力的决策者可能对要决定的政策早已胸有成竹。如果研究的结果进一步证实了他的看法正确,他会觉得这项研究对他并没有太大的意义;如果研究的结果与他的看法相悖,他的最初的反应很可能是认为这项研究增加了他工作中的困难。所以,只有勇敢的决策者才有胆量冒险委托进行这样的研究。

英国政府进行的绝大多数研究都是为了使决策有更多的信息作为依据,决策过程中的各个阶段(如问题的确定、阐述、对可供选择的政策的思考、评估和改进)都可从研究中受益。但并非所有的社会都属于这种类型。有些研究只是为了使政府赢得对某个问题做出反应的时间,有些则是作为挡箭牌,来抵御可能出现的对某项政策的批评。在上述情况下,研究和从事研究的官员都丧失了价值。

总之,用户也许说不清他需要什么研究,他需要的研究在方法论上也许不完善,他获得的研究成果也许并非他所需要的,而他所需要的也许与改进政策没有什么关系。上述情况是社会科学研究有时不能更好地对决策施加影响的原因之一。

第二,研究的质量。影响研究质量的因素很多。按照布尔默的看法,对研究质量影响最大的因素有三个:没有或缺少研究市场、人员管理工作差和项目管理工作差。

如果一项研究没有或缺少市场，或者说，如果社会不很需要或者完全不需要某项研究，决策者可能对它漠不关心，或即使同意开展这项研究，对它应达到的目的也缺乏认识，从而为它规定了不恰当的或不可能实现的目标。这样的研究最后无法达到决策者期待的目的，研究的结果与决策可能关系不大，从而使这项研究价值不大。研究人员有时也把研究吹得天花乱坠，而实际上研究成果并没有很大价值。这些做法都不利于改善社会科学研究在政府中的地位。

由于人员管理工作水平不高，对研究人员缺少适当的培训，影响了研究队伍的素质。例如，有时研究人员试图用同样的方法来解决所有的问题。英国政府部门最常使用的是社会调查法，而在使用这种方法时又常常仅限于使用其中的"个案研究法"，甚至只限于"信函调查"。这种方法上的狭隘性使政府研究不能对从数据中发现的模式进行系统探讨，导致研究报告中充斥了大量只描述表面关系的表格。方法上的缺憾与英国的大学教育有关，因为英国大学中只有极少的几所大学开设研究方法课，研究生毕业时通常只掌握很少的研究方法。这些人进入研究队伍后，本身知识上的欠缺影响了整个研究的质量。人员管理水平低下还表现在不能创造一种能促进研究工作开展的研究环境和对研究工作缺乏监督检查。其结果是研究成果不能得到清楚的表述、缺少新意或在分析上缺乏科学性和严密性。

影响研究质量的第三个因素是项目管理工作水平不高，致使有些研究不能在规定期限内完成或超出成本预算，使得一些重要数据得不到分析。虽然研究人员经常负责庞大、昂贵和复杂的项目，却很少学习项目管理方面的技能，从而使研究质量不高。

M. 布尔默 1987 年在《社会科学研究与政府》一书中提出了评估社会科学研究质量的几个方面：研究是否达到了预期目的；研究与决策的关系是否密切；研究方法是否正确；有无创新；分析的科学性和严密性如何；研究是否如期完成；研究是否超出预算。

第三，研究成果的传播。按照罗思柴尔德的"用户—承包商"原则，传播是指用户可以获得研究的成果。但按照罗思柴尔德 1982 年在关于社会科学研究理事会的报告中的说法，社会科学研究的最终用户往往是"公民"、甚至"后代儿孙"。因此，从事何种应用社会科学研究不仅是大臣们或官员们应关心的事，而且上下两院的议员、记者、学者和整个公众，均是应用社会科学研究的受益人，即使政府部门为了其本身的需要而进行的研究也不例外。

社会科学研究成果在政府内部的传播显然是由研究人员负责。至于研究者将其成果的政策含义解释到什么程度则因人而异；不同部门在不同时间的做法也不同。在理想的情况下，决策部门应该从头到尾保持与研究部门的联系，并对原始报告和简报做出评论。然而，绝大多数高级决策人却无暇阅读研究报告，而是将它们交给下级职员做出摘要。等这些摘要送到大臣们手中，一般只剩下不超过一两页的篇幅。有时，研究者可以直接向决策者口头汇报研究情况，但这种情况很少，而且只有最高级的研究人员才能获得这样的机会。

传播过程中的另一个问题是，研究的时间期限与决策过程很少一致。往往在研究的最终成果出现之前，对这项研究有兴趣的决策者已经去关心其他新的问题，甚至调动了岗位。在这种情况下，研究者的作用就只剩下收集和储存成果，等以后有机会时再将其提供出来。

政府内部进行的社会科学研究在部门以外的传播也是十分重要的，它可以使成果接受社会的审查。一条重要的传播渠道是出版物。大量的出版物使政府中的研究在白厅以外，在学术界以及具体执行政策的人们中间获得了承认。不过，要使研究成果得到发表却并非易事，许多研究成果实际上由于政治原因是不能公开发表的。这使得政府中的社会科学研究人员与社会科学界的关系更加疏远，从而使他们更难以对政府所认可的研究成果做出评价，他们从专业方面对决策者提出的建议也更加乏力。

总之，20 世纪以来，尤其是第二次世界大战以来，英国的社会科学研究取得了很大发展，它在政府中和社会上的地位均有很大提高。总的说来，白厅与英国社会科学之间的关系可以说是一种互惠关系。社会科学通过多种方式，对决策、对社会、对广大公民产生重要的影响；在帮助政府获得大量准确的信息，了解社会真实情况和体察民意，从而为政府决策提供比较充分可靠的依据而起着不可忽视的作用。而英国政府由于日益认识到社会科学不可忽视的社会功能，也对社会科学研究予以扶持、资助和组织，促进在政府内外开展的社会科学研究，利用社会科学为其统治服务。我们也看到,英国社会科学的发展并非一帆风顺,也遇到过不少挫折,甚至一时陷入困境。这不仅说明一个国家的社会科学的发展与整个国家的政治、经济状况之间有着密不可分的关系,也反映出英国社会科学本身在研究方针、方法和研究管理方面存在的问题。

(选自《国外社会科学》1991年第2期)

法国社会科学的现状及发展（上）

马胜利

法国社会科学具有悠久的历史传统并且在国际上享有盛誉。近30年来，法国的社会科学研究，尤其是在历史学、社会学、人类学、政治学等方面更是成就斐然。它不仅为全人类提供了大量高水平的经典和杰作，而且还产生了众多享誉世界的学者和专家，如布罗代尔（Braudel）、M.鲁（Perroux）、拉康、杜梅奇尔（Dumezil）、阿隆、勒鲁瓦－古兰（Leroi-Gourhan）、福柯（Foucault），以及迪比（Duby）、布尔迪厄（Bourdieu）、维尔南（Vernant）、列维－维特劳斯等。前不久笔者到法国进行学术访问，有机会参观考察了一些研究机构和高等院校。通过与学者交流和接触有关资料，使我对法国社会科学研究的现状和特点有了进一步了解，并深感有不少东西值得我国社会科学工作者参考和借鉴。

纵观近几十年法国社会科学的发展，至少可以总结出4个主要特点。

第一，成果丰富，充满活力，这一时期出版的学术著作和论文无论在数量还是质量上都大大超过了以往任何一个时期。在历史学、社会学、政治学、地理学这些基础雄厚的学科不断深入发展和创新的同时，一些原来较封闭的学科，如经济学也开始在保持"法国学派"特点的基础上积极吸收国外的优秀成果。各学科中观点和流派之间的争论和交锋也十分频繁和活跃，呈现出一派"百家争鸣"的局面。这表现出法国社会科学内在的巨大活力。这种学术争论还超越了国界，在世界范围引起了反响，从而为推动社会科学在理论和方法上的发展起到了积极作用。

第二，各学科之间的交汇和融合。现代社会要求人们具备新的知识结构。因此，自然科学和社会科学之间的结合越来越紧密。传统的学科划分逐渐被突破，一大批新学科应运而生。

在当今法国，除了"软科学"和"硬科学"互相渗透外，社会科学的许多学科在自身发展中也出现了与其他学科交汇和融合的趋势。生命科学和认知科学的勃兴则集中体现了这种跨学科发展。计算机技术的普及不仅更新了研究手段，而且促进了人们思维方式和观念的改变。笔者在巴黎高等师范学校听过一个题为"非标准化的逻辑与法律：以人权为例"的报告。法学家戴尔马-马尔蒂和总工程师考斯特把计算机技术和数学中的模糊原理运用于法学研究，并较为科学地解释了在落实人权法过程中不同国家和不同情况下出现的差异，令人听后耳目一新。此外，学科间的交汇融合不仅表现在方法和主题方面，而且还表现在空间方面突破国界，走向世界。

第三，重新研究重大现实问题和科研与教学紧密结合。法国的社会科学十分重视研究当今世界和现实社会中出现的重大现实问题，如民族、种族和文化问题，个人、团体和社会之间的关系问题，人类与环境的关系，科学技术的发展及其社会影响，以及东欧国家的转变和伊斯兰世界，等等。这些问题无论在科研计划中还是在高等院校的教学中都占有重要位置。此外，为促进科研与教学、普及与提高的密切结合，法国建立了一整套较完善的保障体制。隶属于不同单位的科研人员和各高等学校的教师有许多机会相互交流、促进。新的研究成果可以很快运用教学实践，并及时得到批评和检验。

第四，法国学术界目前在思想观念上正处在一个新的转变时期。随着对自然界和人类社会探索的不断深化，不少思想家和学者开始对人与世界的关系进行反思。他们越来越感到：人们对客观世界及其发展规律的认识还远不完全；人类的前途并不像过去想象的那样乐观；理性主义和进步的观念似乎并非绝对正确和有效；没有万能和绝对无误的理论体系可以解释一切事物，解决所有问题。因此在学术界，对于"绝对体系"的追求和对于"真理"和"理性"的崇拜大为削弱；相对主义和现实主义的倾向则有所上升。因此，理论探索和综合性研究的风气减弱了，在研究中出现了项目务实具体，分析"就事论事"，假设和结论过于谨慎的现象。故此有的学者惊叹，法国的社会科学进入了"真空时代"。当然，这种观念的变化和近来世界范围和法国社会发生的深刻变化分不开，同时也和法国科研人员的新老交替、数量增加及社会地位演变有关。为了具体说明法国社会科学的现状和发展，下面我们将分别对近年来法国的历史学、政治学、社会与人类学、经济及人口学、地理学、社会和民族等学科作一简要介绍和分析。

一　历史学

法兰西民族是个历史悠久又十分重视历史的民族，法国的历史学具有坚实的基础，在人文和社会科学中占有重要地位。法国曾产生了具有重要价值的史学著作和世界一流的史学家。它的一些史学流派（例如年鉴学派）在国际上也颇有影响。

近年来，法国史学同其他一些学科，如社会学、人类学的相互联系日益密切。另外，新的史学家及其各类史学成果大量涌现，形成了"百花齐放"的局面。因此，很难说有一个统一的"法国学派"。但是，根据近几十年来的大量成果，我们还是可以梳理出法国史学的几个特点。

1. 众多大部头通史面世

近十多年来，法国史学界兴起了一股"通史热"，若干部关于法国的多卷本通史相继出版，引起了学术界和公众的广泛注意。这些著作包括迪比、拉杜里、孚雷、阿古隆合作撰写的5卷本《法国通史》（1987—1990），布尔及埃尔和勒维尔主编的3卷本《法国史》（1989—1990），勒甘撰写的3卷本《法国人的历史，19—20世纪》（1984），布罗代尔的3卷本《法兰西的特性》（1986）和博纳的《法兰西民族的产生》（1985）。另外还有专题性的通史，如迪比主编的5卷本《法国城市史》（1980—1985），迪比和瓦龙主编的4卷本《法国乡村史》（1975—1976），阿利耶斯和迪比主编的5卷本《私生活史》（1985—1987），夏尔蒂埃和马丁主编的4卷本《法国出版史》（1983—1991），勒高夫和雷蒙主编的3卷本《法国宗教史》（1988—1991）和肖尔维和伊莱尔主编的3卷本《法兰西宗教史》（1985—1988）等。

出版界和史学界集中第一流专家的力量，经过多年努力合作写成如此众多大部头综合性史学著作，我们从这种现象中可以得出几个结论：一是法国历史学家的治学观念有所改变。过去史学家多主张固守各自专长的领域，不大重视广泛的综合性研究。现在，那种认为广泛的综合性研究有失严谨，缺乏深度的看法已为大多数历史学家所摈弃；二是这种综合性论著已不限于一般性介绍本民族的历史，而是深入到社会生活的各个层次和领域，例如城市史、乡村史、宗教史、私生活史等；三是反映了法国公众近来了解本民族历史和加强法国的国际影响的愿望大为加强。当然，这种愿望和历史上对民族国家的崇尚不尽相同，它更多地表现为对法兰西民族的本质、特性和自我意识的深层次探求。同时，这似乎和欧洲联盟的发展在法国人的潜意识中产生的影响不无关系。

2. 几个重点时期对通史的青睐并不排除对某些历史时期的格外重视

当然，这些选择并非都出自学术上的考虑。例如，近年来法国出版了大量有关第二次世界大战、德国占领时期的法国、抵抗运动以及维希政府的史学著作和论文。最近一个典型的例子是，由皮埃尔·佩昂撰写的《一个法国青年》一书披露了密特朗在"二战"初期和维希政府的关系，从而引起舆论界的普遍关注。首先，对于现代史的极大兴趣在很大程度上是由于它和人们的利害关系更加密切。人们普遍认为，深入了解那些对目前仍有影响的事件有助于消除误解，辨清是非。在这种要求推动下，一些史学家自然会把澄清这一段历史作为义不容辞的社会责任。其次，就史学家而言，经过第二次世界大战的上一代的历史学家较少涉及这一领域，因为他们大都确信：由于这一时期离得太近，作为"当事人"，他们撰写这段历史肯定会带有主观和偏见，不能冷静、科学地做出判断。而目前这一代的历史学家则感到自己和这一时期已"拉开了足够的距离"，可以冷静、客观地研究它了。而且他们还从理论上指出，过去很久的历史事件也难免引起长期争论，因此，科学和冷静的判断并不取决于"距离"长短。再次，从史料方面看，随着时间的推移，第二次世界大战的历史档案已陆续解禁开放，这为历史研究提供了重要的先决条件。其实，新一代的史学家早已不把档案作为历史研究唯一的基础，他们能以新的方法和研究手段获得其他形式的大量信息。

对"二战"史的研究还扩展到其他范围。为了研究法国在 1940 年失败的原因，不少史学家把注意力上溯到第三共和国末期。还有人开始对法国法西斯主义的产生及其影响加以探讨。同样，"二战"后的第四共和国、共产主义思潮、非殖民化以及戴高乐主义等问题也成为研究重点。在这方面的主要著作有马耶尔的《第三共和国的政治生活》（1984），马克·布洛克的《奇怪的失败，1940年写下的证据》（1990），维诺克的《法国的民族主义、反犹主义和法西斯主义》（1990），吉拉尔代的《法国的殖民思想，1871—1962》（1986），撒顿的《被占领时期的社会主义者，抵抗与合作》（1982），维诺克主编的《法国极右势力的历史》（1993），卢梭的《维希综合征，1944—1987》（1987）和拉库图尔的3卷本《夏尔·戴高乐》（1986）。应该看到，大量研究成果的出版有助于加深人们对"二战"史的了解，但目前在这方面仍有许多有争议的问题有待澄清。

除"二战"史外，古代史、中世纪史以及法国大革命前的旧制度史也再度引起史学界的重视。但在研究的目标和观点方面和以往有所不同。例如，对古代希腊、罗马的研究不再限于政治和军事，而是转向社会经济生活、心态和神话的研究。如安德罗的《罗马的金融生活——倒钱人的职业》（1987）和维尔诺的古希腊人的神话和思想——漫长的中世纪由于较少结构性的突变，且文献资料不甚丰富，因此成为新史学派对社会结构和心态进行"长时段"研究的理想领域。这方面的代表作当数布罗代尔的《物质文明，15—18世纪的经济和资本主义》（1979）和迪比的《骑士，妇女和教士——法国封建时代的婚姻》（1981）等。

法国大革命200周年纪念为大革命史研究的深入提供了良机。1989年前后召开了众多学术研讨会并出版了一批关于法国大革命的论著。在这些成果中，有一部分属于对长期争议问题的继续讨论，例如对大革命中不同派别和事件的性质及意义的评价。在这方面，索布尔充分肯定激进民主派的观点和孚雷提出的大革命"侧滑论"形成了尖锐的对立。目前，尽管史学界和社会舆论对于法国大革命中的许多问题还有争论和分歧，但与几十年前或19世纪相比，大革命已不再是人们盲目崇拜或刻骨仇恨的对象。绝大多数史学家已不再把大革命作为一个整体，即在赞成或反对之间被迫做出选择。一些历史学家则明确提出，应该站在新的高度重新阅读、分析、解释和理解大革命。这方面值得注意的成果有孚雷的《思考法国大革命》(1978) 和由他和奥祖夫主编的4卷本《法国大革命评论辞典》(1992) 等。

法国史学界关于大革命的争论有其深刻的政治根源。然而据法国学术界反映，这一根源似乎主要不是来自200年前的法国大革命本身，而是来自1917年的俄国十月革命！历史学家们出于对俄国革命的肯定或否定，自觉或不自觉地给法国大革命罩上光环或蒙上阴影。前不久来华访问的著名史学家勒华－拉杜里则指出，苏东共产主义的失败导致了索布尔关于大革命观点的垮台。但有不少历史学家提出，把这两个重大历史事件进行对照无疑有助于理解革命运动的发展过程。但是，不顾历史背景的巨大差距，把两个相隔一百多年的事件等同起来，这必然会造成认识的偏差和判断的失误。

3. 政治史的复归

自20世纪50年代以来，以倡导经济和社会史研究为主要特征的第一、第二代"年鉴学派"在法国史学界占据主导地位。在此期间，经济和社会因素被人们看作解释历史最重要的依据，而以往倍受青睐的政治史遭到了冷遇。然而近一二十年来，历史学家对政治史的兴趣重新高涨起来，法国的史学界出现了政治史复归的现象。正如著名史学家勒内·雷蒙所说，人类的历史知识是以交替运动的方式发展的，仿佛人们的智力不足以一下子认识全部社会现实，而只能断断续续地摸索前进。

当然，目前的政治史已和过去大不相同，它在吸收"年鉴学派"重视深层"结构"的观点和扬弃旧政治史的基础上实现了升华。以往的政治史多重事件的描述、上层权力的争夺或议会中的辩论。新政治史引进了社会学和政治学的方法和思路，把政治看作涉及面最广的社会现象。当前从事政治史研究的史学家尤其认为，在民主制条件下，政治生活和国家、民族以及每个人的命运息息相关。因此，他们特别注意研究各种选举活动及其结果，以及政治、思想传统、政治行为、共和模式等深层次和长时段的政治文化。这方面的主要著作有阿古隆的两卷本《掌权的马利亚娜，共和国的形象与象征》(1976, 1989)，尼高莱的《法国的共和思想，1789—1924》(1982)，于阿尔的《法国的普选，1848—1946》(1991)，罗桑瓦龙的《公民的加冕，法国的普选史》(1992) 以及雷蒙主编的《为了一部政治史》(1988) 等。

政治史的再度兴起和人们对事件的重新认识有关。以往的"年鉴学派"轻视事件，布罗代尔称其为"表层"或"尘埃"。新一代历史学家认识到，一些重要事件（如法国大革命）可以开创或改变"结构"，成为理解和解释历史的重要依据。另外他们还认为，由于历史发展存在不可预见性，常被各种事件所左右，所以事件往往可以揭示历史潜在的动向。基于此种认识，历史上的"危机"自然会成为最佳的研究主题。因为危机集中孕育着人们的行为和各种复杂因素出乎意料的作用和结果。在这方面，由第三代年鉴学派满腔热情代表人物费罗撰写的两卷本《1917年革命》(1967) 便是典型的例子。

4. 心态和文化史研究

随着前些年法国思想界对机械唯物主义的反思和批判，史学界也开始重新注意集体现实中的物质因素，如信仰、表象、追求、舆论现象和文化表现等。心态史的兴起可以说是法国史学史的新发展。在心态史中宗教史的研究最为活跃。和新老政治史的差异类似，新的宗教史在观念和方法上都不再像以往那样注重教会和教派活动。它突破现有宗教的范围，旨在探索和理解人类一切形式的宗教和信仰表现，把宗教看作具有社会意义的现象，并力求揭示其在社会生活、个人行为和心态中的影响。此外，宗教史还注意研究反省、施善和礼仪等现象，以及反宗教活动和世俗思想。主要的代表作有佛维尔的《死人与西方》(1983)、马克·布洛克的《神奇的国王》(1983)，芒德鲁的《法国17世纪的法官与巫师，历史心理分析》(1968)，由勒高夫和雷蒙主编的《法国宗教史》(1988—1991) 和由肖尔维和伊莱尔主编的《法兰西宗教史》(1985—1988)，德鲁莫的《原罪与恐惧，13—18世纪西方的犯罪感》(1983)、《安慰与保护，历史上西方的安全感》(1989) 和《天堂的历史》(1992) 等。文化史研究近年来也十分活跃。它的领域包括广义的文化，如文化机构、文化流通手段、教育制度、报刊、广播、电视等大众传媒等。这些已不仅仅是历史学家的信息手段，而且也成了他们的研究对象。对人类思想和科学发展史的研究刚刚起步，这一领域值得探索的问题还很多。这方面的主要著作有罗什的《巴黎的民众，17世纪的人民文化》

(1981)，夏尔的《知识分子的产生，1880—1900年》（1990），夏尔蒂耶的《法国大革命的文化根源》（1990），奥利和西里乃利的《法国的知识分子，从德雷福斯事件到如今》（1986）和由夏尔蒂埃与马丁主编的4卷本《法国出版史》（1983—1991）等。

公众舆论在当代社会生活中的重要作用以及它的难以把握性已为众所周知。然而，历史学家也把公众舆论纳入了研究范围。历史学家要再现那些尚无舆论调查时代的人心民意，这项工作无疑具有很大难度。在这方面已经出版了关于第一次世界大战前和维希政府时期公众舆论的研究，如法尔热的《表达与错误表达，18世纪的法国公共舆论》（1992）和拉波利的《维希政府时期的法国舆论》（1990）。

5. 人物传记增加

法国史学界以往的传统之一是重群众运动和集体现象，轻个人行为。尽管广大读者一向热衷于了解英雄和伟人的事迹与传奇，但撰写人物传记往往为第一流的史学家所鄙视。这和英、美、德等国家史学界同行的观念和习惯有很大区别。但近一个时期以来这种情况已大为改观。法国一些著名的历史学家也开始撰写人物传记，并获得了巨大成功，例如拉库图尔的3卷本《夏尔·戴高乐》（1986）等。从观念的变化上看，现在法国史学家已很少有人宣称伟人只是时代的产物，对历史发展无关紧要了。当代社会的现实使人们看到，一些伟人生前以至死后对社会和时代产生了何种巨大影响，他们开始认识到，"时势造英雄"和"英雄造时势"同是不相违的历史现实；对历史人物的研究不仅可以了解他所处的时代和环境，还有助于理解和解释历史的发展。

6. 被遗忘者的历史

历史学家往往把拨乱反正作为自己的使命。因此，那些被遗忘的人便成为当今历史研究的对象之一。这些人包括被社会排斥，生活在社会边缘和处于权力、财富和文化范围之外的人和团体。外来移民是长期未受社会重视的一部分人。法国目前有几百万外来移民，他们和法国社会的关系以及对法国民族特性的影响已经成为当前法国公众关注和讨论的热点问题。这促使历史学家对外籍人当初移居法国的原因、条件以及他们逐步和法兰西民族同化的过程展开深入的研究。

妇女在社会中不是少数,但在过去的历史中,男子是社会政治生活的中心,妇女往往默默无闻,处于从属地位。近 20 年来,在欧洲女权运动的促进下,妇女史的研究发展迅速。妇女的命运、妇女在家庭和社会中的作用等成为历史学家热衷的题目。在这方面有迪比和佩罗主编的 5 卷本《西方妇女史》(1991—1992),女性历史学家佩鲁的《一部妇女史是可能的吗?》(1984)和女性史学家尼高勒·娄罗关于古希腊妇女的一些著作。

此外,过去不被重视的乡村史和农民史开始受到极大关注;在过去研究较多的城市工人史方面,历史学家们的目光则从过去的工人运动、工会组织和活动家身上转移到广大工人群众和他们日常的生活及工作条件上,如拉杜里的《蒙塔尤,1294—1324 年的奥克语山村》(1982)和朗西埃尔的《无产者的黑夜》(1981)等。

7. 对史学自身的思考

历史学的发展离不开对自身的思考。研究史学成长和完善的进程无疑为史学理论和史学方法的不断丰富和提高创造了条件。另外,历史与记忆本是相辅相成的;人类如果没有记忆便不会产生历史;如果没有历史,人类的记忆也就无法保存和维持。因此历史学家应该经常探讨人类记忆的构成及其和史学的关系等问题。但是,勒内·雷蒙曾指出,法国历史学家过去不太注重这方面的研究,这主要是受残存的实证主义的影响。近年来这种状况大有改变,历史记忆已成为历史学家们研究的重要问题。有人对某些历史记忆重新加以清理,将其与其他客观的材料加以分析对照,从而对记忆的形成和影响做出准确的认识和评价。此外,历史学家们对于历史研究的"科学方法"存在的局限性也进行了反思,这使他们对记忆和史学的认识更加全面。史学史和史学方法论方面的主要著作有布罗代尔的《历史笔记》(1969),勒高夫和诺拉主编的 3 卷本《创造历史》(1974),维纳的《人们如何写历史》(1971),加博耐尔的《历史与历史学家》(1976)和布尔代和马丁的《史学流派》(1983)等。

二　政治学

法国的政治学是一门年轻的学科，它的兴起和形成独立学科只是最近半个世纪以来的事。在第二次世界大战之前，政治问题的研究往往夹杂在法学、现代史和社会学之中。

法国在1945年成立了全国政治科学基金会，50年代建立了法国政治学协会并创立了《法国政治学杂志》。60年代又建立起一批专门的研究中心，例如法国政治生活研究中心和国际关系研究中心等。70年代，政治学开始进入高等教育，许多大专院校开设了政治学课程并建立起政治学系或专业，国家同时也相应设立了政治学教师资格。正是由于这种发展，近30年来法国的政治学研究方才得以取得丰硕的成果。

应该指出，法国政治学最初的形成在很大程度上是依靠外部，尤其是美国的促进和推动。第二次世界大战以后，随着美国对欧洲政治影响的加强，北美的政治学不仅为法国的政治学提供了发展模式，甚至当时法国学者的观点和方法也都是从美国"引进"的。例如当年乔治·拉沃和贝尔特朗·巴第等人曾努力把"功能主义"从美国"搬"到法国。然而近几十年来，虽然国际间的人员接触和学术交流比以往大为增加，法国政治学对美国的依赖程度非但没有加剧反而大为减轻了。这固然是由于法国在政治和其他领域对独立自主的重视和强调，它同时也表明法国的政治学已逐渐成熟起来。

对选举的研究构成了目前法国政治学的强项，它的发展也表明了法国政治学的成长过程。由于德拉博朗什和杜尔凯姆等人推动，这项研究在19世纪末20世纪初在法国兴起，它当时主要属于地理学和社会学的研究领域。谢格福列德1913年出版的《第三共和时期法国西部的政治概况》可以说是法国研究选举问题的一部重要著作。继他之后，商盖尔在第二次世界大战后发表的《第三共和国时期的正常政治和《1871—1951年法国的选举地理学》成为法国政治学形成过程中有关选举的重要参考著作。60年代，法国政治生活研究中心继续开展这方面的研究，C.朗瑟罗本人为此做出突出贡献，他的《法国选举中的弃权现象》（1968）开创了法国选举研究的新起点。

法国的政治学研究在其他领域的发展也是如此。应该指出，无论在研究题目还是在研究方法上，由于受到法国特有政治条件、思想背景和文化传统的影响，法国的政治学已经初步形成了自己的特点。下面我们分别看一看近年来取得的研究成果。

通论、辞典和教材。近30年来，全面论述政治学的大型通论有两部，一是乔治·布尔多的10卷本《政治学通论》（1980—1986），一是格拉维校和勒卡主编的4卷本《政治学通论》（1985）。这两部著作在内容和主导思想方面不尽相同。布尔多的《通论》主要从哲学和法学的角度阐发了他个人的观点。而格拉维获和勒卡的《通论》则是在组织若干专家共同努力的基础上，全面总结和介绍了法国政治学研究的成果和正在从事的研究。这4卷本的题目为：《政治学和社会科学，政治秩序》《当代政治制度》《政治行动》《公共政策》。该著作较详细地介绍了法国当代政治学的研究范围和主要关注的问题。

和其他许多学科一样，法国目前还没有一部包罗万象的百科全书式的政治学辞典。但专门化的政治学辞典已经出版了多部，如介绍政治学主要成果的《政治著作辞典》（夏特莱等主编，1989），关于政治制度的《宪法辞典》（杜阿尔迈等主编，1992）和斯费兹主编的《传播评论辞典》（1993）等。

在为大中学生提供的政治学教材方面，近年来虽然出了不少成果，但远远不能覆盖政治学的所有领域。关于政治制度和政治机构的教材比较多，其他方面的则明显不足。例如在政治思想史方面，让·图沙尔的《政治思想史》几十年来一直是唯一的一部全面介绍各国主要政治思想的教材。帕斯卡·奥利主编的《新政治思想史》（1987）旨在弥补这方面的不足。杜维尔热的《政治党派》自1951年出版后始终没有被新的成果所取代，尽管后来又出版了夏尔罗的《保卫新共和联盟，对一个政党内部权力的研究》（1967）和伊斯马尔的《第五共和国的政治党派》（1989）。在政治生活方面，夏普萨尔1990年出版的《1940—1958年法国政治生活》几乎是唯一的成果。关于政治学的启蒙教材，自梅诺的《政治学引论》于1961年出版以来，出现了30年的空白。直到90年代初菲利浦·布罗的《政治社会学》（1992）和雅克·拉格瓦的《政治社会学》（1993）等才相继问世。值得注意的是，他们的著作都以社会政治学命

名,这表明法国政治学再度出现与基础雄厚的其他邻近学科相结合的倾向。(待续)

(选自《国外社会科学》1995年第1期)

法国社会科学的现状及发展(下)

马胜利

1. 政治思想研究

和60年代历史学史的"遭遇"一样,在法国的政治学中,以介绍各类思潮、思想家及其作品为主要内容的传统的政治思想史在70年代遭到冷遇。列维-斯特劳斯、布尔迪厄等著名学者都曾批评这种政治思想史过分依赖和轻信文献资料,忽视各种思想产生的作用和社会效果从而流于简单的介绍和叙述。所以,继图沙尔1959年发表的《政思想史》后,30年没有类似的著作问世。

然而在政治哲学方面则出现了不少新的成果,如勒佛尔的《马基雅维里著作的作用》(1986),克拉斯特尔的《社会反对国家,政治人类学研究》(1974),霍里和雷诺的3卷本《政治哲学》(1986—1992)等。他们在很大程度上受到哲学和人类学新思潮的影响,并在法国政治学领域形成了一股新的力量。

2. 政治制度研究

政治制度研究也是法国政治学的传统,它在这方面与法学有着密切的联系。在法国高等学校的教学和教材中,政治学和法学一般被视为一个整体。此外,作为一个长期稳定的政治制度,法兰西第五共和国为近年来法国政治制度的研究和出版提供了必要条件。因此,关于第五共和国的制度及其运行已经出版了大量研究成果,除了杜阿梅尔和帕罗蒂主编的《第五共和国宪法》(1988)等综合性成果外,数量众多的还是着重对1962年以前和以后、戴高乐执政前和执政后、密特朗执政期间"左右共处"前和"左右共处"后等不同阶段的对比和分别研究。此外，法国的政治学家也十分重视对外国政治制度的研究。在这方面较重要的成果有勒鲁埃的《英国的政府和政治》（1989）、夏尔罗的《英国的政治权力》（1990）和图阿内的《美国的政治体制》（1987）等。

3. 选举和舆论研究

通过民意测验对公众舆论进行调查的做法近几十年在欧美国家十分盛行，这一做法对政治学也产生很大影响，它使得对选举的研究从地理政治学过渡到社会政治学。民意测验的结果不仅可以验证人们对某一选区舆论倾向的估计是否准确，而且有助于准确确定选民的特点和跟踪变化。目前，经常性的（尤其是在选举前）舆论测验已经成为法国政治生活的组成部分和"培养舆论"的重要因素，甚至对选民的行为也产生越来越直接的影响。最近出版的《对选举的解释》《左翼的法国，投右翼的票？》《对法国选民的质疑》和《分散的选举》等研究成果表明了这种发展。此外，引入民意测验还促进了政治学研究的"社会化"。在这方面。佩尔什龙的研究提供了典型，他的代表作是《儿童的政治环境》（1974）。

4. 政党和政治组织研究

对政党和政治组织的研究在近20年中虽不如过去那样火爆，但仍然是法国政治学的重要领域。著名政治学家杜维尔热在系统研究政党理论方面做出了突出贡献，他的成果目前仍然代表着法国的最高水平。在政党方面，总体研究所有党派的综合性著作不多，而大量专题性的研究只涉及几个主要政党。近年来，研究的重点是戴高乐派的演变、1981年上台后的社会党和新近崛起的国民阵线。1989年后，新闻舆论和政治学界对左翼和极左翼势力的关注呈下降趋势，对右翼和极右翼的关注呈上升势头。对法国共产党的研究则逐渐由政治家传给了历史学家。工会运动的衰落对工会成员和活动分子无疑是个严重打击，对从事社会学和政治学研究的人也产生了影响：这方面的研究陷于冷落，成果急剧减少。在法国，对压力集团的研究是在60年代从美国引进来的，目前已不再时兴。现在，这方面的问题已不再以这种方式提出，政治学已把注意力集中在一些利益集团对欧洲的国际机构和组织的影响方面。另外，在工业发达的社会中，企业越来越成为一种名副其实的"社会事物"。因此，近年来迅速发展的关于企业和组织的社会学研究也开始和政治学结合起来，并成为它的一种延伸。

5. 多种形式的政治

在法国，政论家对于政治生活中各种事件的分析评述一般不属政治学研究，他们被视为介乎于记者和当代史学家的一类人。但也有例外，如雅克·夏普萨尔，他的《第五共和国的政治生活》（1990）一书已成为人们公认的经典著作。长期以来，人们把决策程序看作政治的主要内容。现在，对决策程序的理解已大为扩展，它现在已成为"公共政策"。格拉雅茨和勒卡的《政治学通论》中有一卷便是专门论述公共政策的。近年来这方面的研究成果大量涌现，这似乎表明政治的复归和政治的因素重新引起人们的重视。"国家的复归"与此一脉相承：前些年，来自英美国家的极端自由主义盛行一时，国家的价值受到普遍攻击。随着它的衰落，崇尚国家作用的倾向再露端倪。

6. 国际问题研究

当今，全球化的发展使人们必须从国际范围考虑问题。在政治学研究方面，法国也开始突破本国界限，走向世界。法国国际问题研究中心的不少研究人员对其研究的国家和地区有深入的了解，甚至已经成为国际知名的专家，例如英国问题专家夏尔罗、勒鲁埃，西班牙问题专家埃尔迈，拉丁美洲问题专家鲁基耶，非洲问题专家巴亚尔，苏联问题专家当克斯，伊斯兰问题专家勒沃、卡雷和克佩尔，德国问题专家格罗塞等。

法国在国际关系研究方面也十分活跃并取得不少成果。这些研究主要涉及各国的对外政策，发达国家与发展中国家之间的关系、国际组织的干预等问题。1989 年以来，随着苏联和东欧的剧变，冷战结束，旧的国际格局瓦解，东西方之间的分野不复存在。面对这一根本性的变化，应该如何对其做出准确的判断和估价？应该如何正确认识这变幻莫测的世界已经和将要形成的新空间和新体系？这些都是法国政治学家们正在研究和思考的问题。这方面有论文集《国际新秩序、南北关系与东西关系》(1991)和杜朗、雷维和勒塔耶最新出版的《世界、空间和体系》(1993)。

三 经济学

法国的经济学研究近年来实际上面临着一种挑战，其原因和当今国际经济学的发展特点密切相关。

当今世界的经济学研究已形成了几个明显特征。首先，经济学的中心在经济发达、实力雄厚的美国。从刊登在各种主要经济学杂志上的文章来看，来自美国的学术论文占了相当大的比例，这是任何其他国家所不能比的。其次，在所有社会科学学科中，经济学的研究手段和成果出版最具有国际化的特点。在这方面一个明显的事实是，英语以压倒优势成为各国经济学家共同的工作语言。再次，在学术刊物上发表论文已成为介绍研究成果最流行的手段；书籍则基本成为针对广大读者的综合性普及读物或教材。

法国的经济学研究无疑会受到以上现实的影响。鉴于美国在经济学方面的主导地位和英语在学术交流中的作用，不少法国经济学家，其中包括最优秀的经济学家，都把目光转向国外，力图直接在英语刊物上发表成果。法国出版界在提高法国经济学地位方面也存在一些问题。例如，国际上，尤其是美国的重要研究成果几乎都被翻译成法文出版，而法国的重要成果则很少被介绍到国外。

新古典经济学是当今占主导的经济学流派，法国在其中并不居领先地位。然而这并不是说法国在经济学方面毫无长处。在描述经济、经济计量、数量经济、发展结构等研究方面，法国在国际上始终占有重要地位。面对国际经济学发展的压力和挑战，法国近些年来也采取了一些措施以赶上世界水平，如加强对经济研究的组织，调整研究机构和科研力量，改善高等学校的经济学教学和促进科研成果的出版工作等。

近年来出版的高等院校经济学教材有布尔吉纳的《国际金融》(1992)，布尔基农、夏波里和雷伊合著的《微观经济理论》(1992)，格勒福的《经济政策：规划、手段、前景》(1992)，拉丰的《微观经济理论教程》(1991)，佩鲁的《新劳动理论》(1992)和梯罗尔的《工业组织理论》（1992）等。1990 年，由格雷福、麦莱斯等人编纂的《经济百科全书》出版，这是一部有 2200 页的工具书。

法国还出版或再版了一些经济学经典著作，例如 10 卷本的《库尔诺全集》（1989）、12 卷本的《傅立叶全集》（1971）、15 卷本的《蒲鲁东全集》（1982）和瓦尔拉的 14 卷《经济学著作全集》（1990—1996）等。

出版的经济学论著种类颇多。经济史方面的有巴什雷的《资本主义的起源》（1971）、贝罗什的《欧洲 19 世纪的对外贸易和经济发展》（1976）、札纳内的《1967 年以来的法国经济》（1993）和《19 世纪以来的西欧经济》（1985）、佩鲁的《17 至 18 世纪的政治经济史》（1992）等。经济理论的论著有奥斯特鲁伊的《毛虫与蝴蝶：变态的经济》（1992），贝纳西的《宏观经济和不平衡理论》（1984），勒苏纳 14 的《秩序经济与混乱经济》（1991），巴兰沃的《经济计量学的统计方法》（1978）和《宏观经济的研究途径》（1991）以及素尔曼的《自由主义的出路》（1984）等。关于经济调控的论著有阿格利达的《资本主义的调节与危机》（1982），布瓦耶的《调节理论，分析评论》（1986），杜朗的《从计划经济到市场经济：国家对工业的干预》（1991）和马塞的《计划或以防万一》（1991）等。关于发展问题的论著有库梯、蓬梯和罗比诺的《发展：思想和实践》（1983），付拉斯梯耶的《20 世纪的巨大希望》（1989），戈尔兹的《资本主义、社会主义和生态主义：迷途与导向》（1991）和吉约蒙主编的《发展战略比较》（1955）等。

四 地理学

地理学是对人类世界各种地表现象变化关系所做的科学研究。在法国，地理学原包括人文地理和自然地理两类学科。但随着科学的发展，这一学科本身已发生了根本性的变化。在此之前，法国地理学界长期存在着人文地理与自然地理两种倾向的矛盾和论争。后来，"人文派"逐渐占了上风。前不久，法国地理学界通过协商，同意把地理学建设成人文科学，使之逐步和地貌学、气候学、生物地理学等纯自然科学划清界限。这样，法国的地理学便把研究社会同自然的关系明确作为自己的使命了。由于实行了这种改革，法国的地理学近年来有很大发展，和过去相比在许多方面发生了明显变化。

第一，法国的地理学研究改变了过去长期封闭和孤立的状态。过去，法国的地理学家似乎有一种"孤芳自赏"的心理，他们的研究工作仅限于本国范围，和其他国家的交流很少。这实际导致了法国地理学的落伍：在 70 年代，法国地理学家们所提出的，甚至尚未提出的许多课题当时实际已被其他国家攻克了。

近年来，他们开始放开眼界，主动吸收英国、美国、瑞典等处于领先地位国家的研究成果。这一转变已经取得了明显效果，法国的地理学目前已重新跨入了国际先进行列。

第二，和其他社会科学学科的融合收到良好效果。地理学是一个开放性很强的学科，它和许多学科都存在有机的联系。经济地理学是较早出现的学科间融合。此后，地理学和社会学、心理学、政治学、人类学等学科的结合或交叉大大扩展了地理学研究的领域和效用。表明这方面成果的有莱维的《政治地理》（1991）、莫尔和罗梅的《空间心理学》（1978）和克拉瓦尔的《空间与权力》（1978）等著作。

第三，研究和视角发生了较大的改变。过去，法国地理学只注重"中等"范围的空间，如地区或国家的研究。现在，地理学家对所有"尺寸"的空间都发生了兴趣：从微观的个人、某一场地到宏观的全球和整个世界。这方面的著作有布吕耐主编的 3 卷本《世界地理》（1991）和迪·梅欧的《人，社会，空间》（1991）等。

第四，新的地理学观念正在逐步形成。人们越来越认识到，地理学有能力为解决人类社会提出的许多重大问题做出贡献，所以它应该成为社会科学中一门蓬勃发展的学科。事实也的确如此，法国当今的地理学研究既涉及社会结构和各种行为者，如国家、个人、社会团体、企业等，也关系到社会发展动力方面的问题，如延续与断裂的关系、同时性与惯时性、个人和集体表象在社会变化中的作用、综合发展观念、文化和文明等。在这些新观念指导下，法国的地理学家已不满足于借鉴和综合其他学科的研究成果，而是力图为促进社会发展做出积极和特殊的贡献。这方面具代表性的著作有泰里的《国家和领土战略》（1991）、邦果和里皮埃茨的《获胜的地区、县与网络、经济地理的新范例》（1992）等。

目前，法国地理学界还存在着强调"空间"和强调"社会"两种倾向的分歧。但是，越来越多的学者开始认识到：地理学和社会科学的结合越是紧密便越能更好地发挥其空间科学的特长。

五 社会学和民族学

法国的社会学和民族学在社会科学领域具有很高地位。近 30 年来，这两个学科的研究表现出了极大的创造力，也取得了累累成果。布尔迪厄、图莱纳、列维－斯特劳斯等著名社会学家和民族学专家的理论和著作不仅在法国，而且在世界范围也产生了重要影响。

法国的社会学和民族学的关系密切，前者注重人类的当代社会，后者注重人类的原始社会。20 世纪初在迪尔凯姆时期还没有分离开，今天，著名社会学家和民族学家布尔迪厄正力图把这两个学科再度结合起来。

我们知道，知识凌乱无序、层次繁多、抽象程度不等是社会学和民族学的一个基本特征，它们包括了从最抽象的理论到最具体的描述。但在学术研究方面各国的特色不尽相同。与英国的经济主义传统和美国的相对主义倾向相比，法国的社会学和民族学研究具有两个突出特点。一是哲学性强：法国著名的社会学家和民族学家大都具备深厚的哲学素质，他们的研究和哲学思辨始终保持密切联系；二是理论性强：法国学者一向注重解释人类精神、物质和社会方面重大问题的原因，寻求具有普遍性和能把历史与现实结合起来的分析方法。因此，当代法国社会学和民族学的发展一直围绕着关于结构与事件、持续与变化、不变因素与运动逻辑、社会形态与社会活力这些基本理论问题的探讨和争论。

社会学在法国有悠久历史传统。社会学这一概念的产生便归功于奥古斯特·孔德。19 世纪末，迪尔凯姆创立了具有实证主义色彩的社会学。1906 年，社会学被巴黎大学正式定为由教授讲授的学科。今天，法国的社会学已经成为拥有庞大专业队伍和重要社会影响的学科，而在理论和成果上最具代表性的学者当数布尔迪厄、布东和图莱纳等人。

布尔迪厄由于其学术成就和世界影响而当选为法兰西学院院士。他认为，社会学家的责任是打破人们对社会运转的错觉。有些看起来十分自然的现象实际上是社会组织和建设的结果。应该帮助人们发现社会现象的实质，使他们加入社会竞争。他在社会学研究方面的一个突出成果就是揭示社会生活中的"竞赛规则"。他指出，社会的透明性往往是虚假的，它实际的竞赛则只有利于特权阶层。一些人的失败不是由于缺乏能力，而是因为缺少信息和社会关系。他以学校教育为例，指出由于教育内容（文科）属于特权阶层的文化，因而上层社会子弟显得能力强，更容易获得成功。60年代以后，他的研究范围扩大了许多，涉及艺术家、天主教徒、医生、法学家、科学家、大学教师、运动员等广泛社会职业和阶层。他同时在方法上提出，为克服特权阶层对这种理论的抵制，应创造一些"技术词汇"，以支持上述论据和保证其科学有效性。例如他在民族学研究中发现，决定婚姻的因素不仅有经济条件，而且还有荣誉、名望、威信等因素，他称之为"文化和象征资本"。他在研究现代社会时进一步提出，经济的、文化的、象征的"资本"不但可以带来收益，而且能够互相转化和交换：经济资本可供求学，文化资本即文凭可提高社会地位（象征资本），社会地位有助于扩大经济资本……布尔迪厄的主要著作有《再生产：关于教育制度理论的材料》（1970）、《实践理论提纲》（1972）和《社会学问题》（1980）等。

布东批评布尔迪厄把人只看作社会环境的"文化表现"，他强调人的主动和自觉行动，并从行为合理性的假设出发，提出社会中人的行动并非盲目和无意识，而是表现出对合理性的不断追求，从而促进社会的演变的论点。他以对印度南部农村的研究表明，这个表面上看起来不变的传统社会中一些文化如何在削弱，另一些文化如何在加强：实施灌溉后，甘蔗产量大增。为防止生产过剩，政府制定生产配额制度。农民为了多得配额便提早把地产分割给子女，从而削弱了传统家族中子女对家长的依附关系。另外，由于地产不能分割得过小，无地子女便进城做工，挣钱养家。这也改变了旧的社会关系和结构。他著有《社会的逻辑：社会学分析引论》（1979）和《如何相信似是而非的思想》（1990）等。

如果说布尔迪厄是对一个稳定社会的矛盾、对立和冲突进行"同时性"综合研究的话，那么图莱纳的研究则以社会发展过程中"历时性"的发展变化为目标。从60年代起，他着重研究关于社会结构的理论。他提出，当代社会的特征并不是后现代化，而是后工业化。自启蒙时期以来，人类社会经历了种种动荡和磨难，现代化已不再成为人们的理想，只是科学技术一直影响着人类的经济生活和社会生活的各个方面。在这一历史过程中，统治阶级处于垄断的地位，它把自身的利益同社会利益和文化模式混同起来。这种以技术官僚专政为特点的社会结构必然受到部分社会力量的反抗。因此，图莱纳十分强调社会活动分子的作用，他对工人运动、反核运动、奥克语区的地方主义和波兰团结工会等社会运动都进行过考察研究。图莱纳的主要著作有《为了社会学》（1974）、《活动分子的复归：社会学评论》（1984）和《话语与鲜血：拉丁美洲的政治与社会》（1988）等。

民族学的发展同样也伴随着不同理论的探索和学术观点的争论。60年代，列维－斯特劳斯在语言学和音位学方法的启发下创立的结构人类学理论，引起了学术界和社会的广泛注意。他在批判摩根的单线演变论和马林诺夫斯基的功能主义的基础上，提出应集中注意社会中无意识的深层结构，并把各种要素结合和对置的关系（即结构）作为分析的基础。他把这种理论用于对亲属关系制度、原始社会的图腾和神话的研究，并提出一套二元关系系统（如《生食与熟食》）以解释各种社会和文化现实。其代表著作为《结构人类学》（1958，1973）和4卷本《神话》（1964—1971）等。

列维－斯特劳斯的结构主义也受到挑战。有人批评他是反历史主义的，并否认人的主观作用，甚至说他回到了卢梭主义。哲学家阿尔都塞和人类学家高德利耶等曾以马克思对社会现象的分析反驳结构主义的一些论点。高德利耶试图超越列维－斯特劳斯的学说，他在保留结构主义方法的同时对其所依据的"人类心理的普遍性"提出异议。他提出一套新的方法以解释历史变化的结构性原因：社会的功能分为不同等级，一部分功能占主导地位，它们控制资源的获取和利用，决定着社会的再生产。高德利耶认为自己的理论是对马克思主义和结构主义的发展。实际上，在辩论过程中，马克思主义者和结构主义者都从对方汲取了许多养料。高德利耶的著作有《地平线：人类学的马克思主义进程》（1973）和《精神与物质、思想、经济、社会》（1984）。

一些研究非洲民族的学者认为，列维－斯特劳斯忽视了人类改变命运的能力，把历史的发展归为永恒的人生。针对非洲大陆面临的新处境，他们把欧洲殖民统治对非洲社会经济的影响作为研究题目。他们的研究表明，在现有的世界经济秩序的影响下，非洲社会再度出现了殖民化时期存在的剥削关系。而非洲地区间发展的不平衡和依赖关系在殖民化之前就可以找到一些根源。因此，对前殖民化时期非洲各种族的研究活跃起来，这对于理解非洲国家的起源做出了贡献。

杜蒙的研究横跨社会学和民族学两个学科。他在吸收结构主义的同时对非西方社会特有的综合价值准则，如对印度的种姓制度进行了探讨，研究了西方社会价值观的起源和表现，从古典思想到德意志的唯心主义，从专制现象到民族主义的思想起源。这种比较社会学研究既有对思想史的深入研究，也有对民族学的复杂考证。他的主要著作有《种姓制度及其蕴涵》（1967）、《论个人主义》（1983）和《德国的意识形态……》（1991）等。

埃利梯耶发展了列维－斯特劳斯关于亲属关系的理论，揭示了某些"复杂"和"半复杂"的联姻结构并不建立在关于婚姻的具体规定之上，而是建立了禁止从某些社会单位或亲属关系中选择配偶的做法上：这种以否定方式为特点的择偶规则似乎提供了更大的自由。埃利梯耶还发现了严格遵守非成文规定的联姻渠道，它以生理不变因素为基础，把性别和血亲标准结合起来。其主要著作有《亲属关系》（1981）和《联姻的复杂性》（1991）等。

自80年代以来，在美国和英国，后现代主义思潮取代了以内省认识论对理论原则问题的探讨。法国的社会学和民族学家对重大范例的研究也有所减少，但并没有形成反实证主义的运动。他们在很大程度上继承了结构主义的传统，相信人类学的目的就在于从不断变化的社会文化现象背后找到由无意识的规则支配的社会关系所具有的规律。他们没有放弃对理论的探讨，只是缩小了范围和对其涉及整个人类的理论问题暂时被放在一旁，地区性的和适用于一定范围的理论提上了研究日程。当前法国社会学和民族学的新特点表现为地区性理论、短期性假设和与相邻学科融合。这些并不意味着法国社会学和民族学的削弱和动摇，而是表明它们在不断反思和探讨的过程中逐步成熟起来。

（选自《国外社会科学》1995年第2期）

法国社会科学的现状和趋势

［法］M. 贡达等　李培林译

自萨特去世以后，紧接着拉冈离开了人间，阿尔都塞也退出了舞台。从那以来，新闻界不断地提问：谁来填补他们造成的空白？

法国至少从伏尔泰以来，通常每个世纪都有一位伟大的人物出现在世界文坛上。20世纪可说是"萨特的世纪"，但一想到21世纪法国也许将不再有这样的伟人问世，不禁令人坐立不安。

让我们先把这些无聊的操心放置一旁，来看看目前法国哲学界的情况吧！首先让人注意到的是，同其他行业一样，哲学界也是论资排辈。那些到了退休年龄、长期以来被看作哲学的忠诚实践者的杰出教授们自然而然地晋升为"哲学家"。V. 扬凯列维奇近来有幸得此荣耀，现在轮到 E. 勒维那斯，再往后就排到 P. 李科了。

然而从哲学体系的创造者意义上定义的哲学家在历史上是罕见的。萨特应用的是马克思的图示，根据这种图示，一种哲学思想是同一定的社会阶段相适应的。萨特本人在1960年曾认为，对于马克思主义哲学来说，他是一个"观念学者"，而马克思主义哲学只要产生它的条件没有变化便是不可超越的。

直到如今，新的哲学还没有产生。人们所称为"新哲学家"的那些人们，实际上只是些评论家和政论家，可以说他们卓有成效地展示了马克思主义在知识界的衰落，但他们中没有任何人提出新鲜的思想。至于马克思主义，它继续为历史学家提供一些不可缺少的精神武器，正如 F. 布隆代尔很乐意承认的那样。

从自由思想这边来看，R. 阿隆仍是历史哲学领域无可争议的大师。在左派那边，看来人们甚至摈弃了被看作是一种介入的政治哲学。连 C. 勒福尔这样一位注重社会斗争的哲学家都认为只有在暂时的"政治退避"中才能寻到新的政治思想。B. 巴雷-克里盖·格尔认为，政治哲学只有返回到对权利的思考才能得到新生，在自由怀疑论和马克思的唯意志论之间只能建立一种人权政治。受萨特思想熏陶的 A. 高尔茨在一种现实的哲学中看到了出路，这种哲学旨在创造摆脱生产性逻辑的新社会行为，不管这种逻辑是资本主义的还是社会主义的。

最富有创造性的思维方式正是出现在精密科学和人文科学的切点上。在精密科学领域，有生物物理学家 H. 阿特朗、数学家 R. 托姆、物理学家 I. 普里戈吉纳所取得的成就。在人文科学领域，E. 莫兰通过他中间批判人的角色确保了这一领域的信息沟通，他在《方法》一书中的探索可能很快就会被看作真正的当代哲学最富有意义的工作。

20 世纪 70 年代最引人注目的哲学家，如 M. 福柯、G. 德勒兹、J. 德雷达似乎都已失去了创造性思维。福柯继续他实际已远离哲学观念的历史学家的工作；德勒兹急匆匆地把他的性欲经济学发现隐喻化，对这些发现，J-F. 利奥达则从他的认识角度重新加以探讨；最后，德雷达把哲学看成一种诗意的询问，这种询问使他本人变得越来越深奥莫测。他的追随者 J-L. 南希和拉古-拉巴特则在一个首先说是文学的领域中竞相比试玄秘。至于 M. 塞尔，他在一本接一本地写书，这些书在解脱了令人力竭的概念工作后表现出文学上的漂移不定。

在随后的一代人中，除了 R. 德波莱或乔治外——他们毕竟已极为遥远了，哲学正大规模重新返回大学，复归以前由 J-F. 勒维尔、随后由 F. 沙特莱集结的教授们的哲学。可能有必要在哲学中引入 R. 巴尔特在作家和写作者之间所做的区别：除了我们前面所描述的哲学家，也有一些是吃哲学饭的人（philosophants），即做哲学性工作的人。

在目前的大学哲学中，存在着三股思潮，应当强调的是，这三股思潮几乎都未听任法兰克福学派的渗透。英国分析哲学在布夫莱斯的推动下姗姗来迟，它完全是一种语言哲学。以 G. 格拉奈尔为正宗代表的古典胡塞尔现象学，经过梅洛-庞蒂的血统演变，由年轻的哲学家 L. 克里坦和 D. 弗朗科所承继。最后，海德格尔的本体论哲学在脱离了 J. 波夫莱正宗派的守护之后，伴随 J. 马利翁越来越趋向神学。这些思潮促成了一些著作的问世，但这些著作在大学圈子之外根本没人去读，而且这些著作也不要求这一点。

在这些学院式著作之外，还有一些令人注目的哲学事业，如对神学进行激烈批判的 M. 德埃盖和继续现象学研究的 M. 里希所从事的工作。大学教员 C. 罗塞是大战期间的游击队员，他从叔本华和尼采出发试图设想"真实的两重性"。只有在勒维纳斯的前进路途上，犹太思想的复兴带来了一线希望，但现在对其结果加以评说还为时过早。

以上就是对哲学界概貌的匆匆一瞥，是一张平面图。对于"未来哲学将是怎样"这个问题，F. 乔治的回答同柏格森当年对此问题的回答是一样的："假若我知道这种哲学是什么样子，我就把它创造出来了。"

精神分析学：面临新的轨道？

[法] R. 亚卡尔

自拉冈去世以后，在法国精神分析学的舞台上只剩下了一个"精灵"：G. 德福勒。这个长期以来默默无闻的匈牙利血统的研究者，经过 M. 毛斯和 G. 罗埃姆的培养，建立了一个新的学科：人种精神病学。他的著作在整个世界得到日趋强烈的反响。在法国，他有 3 本书在今年出版：《女人和神话》、《平原地域一个印第安人的精神治疗法》和《包布（Baubo），神话般的外阴》，在这些著作里，德福勒附带地斥责了他的眼中钉之一：当代的女权主义。

德福勒经常地遭受精神分析学"权势集团"的白眼，这个"权势集团"以一种几乎是强迫式的规律不断地发表著作和出版杂志，其主要作用好像就是借此自我抬高身价。弗洛伊德曾渴望"惊扰世界的沉睡"，这无论如何已是一个当代精神分析学抛弃了的计划。

与此相反，在法国或世界上，对于精神分析学的奠基之父和它的前途的研究越来越吸引着读者们，这些读者很想了解在 20 世纪初参加弗洛伊德革命的男女们究竟何许人也。这可说是以下所列著作成功的原因之所在。当然这些著作本身也都是极有价值的：如 R. 达杜恩的《弗洛伊德》、E. 罗迪耐思库的《百年战争》、J. 勒利德的《奥托·维宁格之例》。另外，还有更有哲学色彩的著作，如 P. 阿索恩的《弗洛伊德和尼采》。

人们的兴趣不仅投向历史性的研究，同时也投向精神分析学的社会和政治含义。1980 年，两部完全不同凡响的著作标示了新的轨道，这就是 S. 莫斯克维奇的《人群时代》和 B. 埃德尔曼的《众之人》。今年，E. 昂利盖从弗洛伊德的社会学著作出发，想通过他的《从游牧部落到国家》一书勾勒出社会关系的概貌以及现代社会中的权力形式。

音乐是一个直到今日被精神分析学家们忽视了的领域。众所周知，弗洛伊德自称完全是"非音乐家"，拉冈在他《作品》一书囊括 200 个人名的索引中，没有提到一个音乐家的名字。从此可悟出《精神分析学和音乐》这样一本集体著作的独创性之所在，该书刚刚由美文学出版社出版，被列入 A. 米约拉指导的"精神分析学汇集"新丛书中。米约拉在这个新丛书中还汇集了十分谙熟弗洛伊德发现的音乐家 P. 沙费的著作与 5 位喜爱和实践音乐的精神分析学者的著作。这 5 位是 G. 罗索拉都、J. 卡伊思、A. 卡伊恩、卢索－杜亚旦和 J. 特利灵。

除了音乐，心理玄学也引起日益增长的兴趣。W. 格拉诺夫和 J. 雷伊的《弗洛伊德的思维对象——玄奥》一书的出版正表明了这种嗜好。

如果说精神分析学的杂志几无更新的话，那么由 J. 米勒领导并由瑟伊出版社发行的弗洛伊德—拉冈主义的刊物《驴子》则完全不是如此，它的每一期都是引人入胜的，期刊是论述精神分析学的，但它也总能以一个新颖的方式涉及人类学、哲学、电影、戏剧、政治等方面。

作为时代的征兆，反传统精神病学彻底衰落了。莱营、库珀、柏克和思扎兹的名字再也没出现在书的封面上。关于癫狂病的争论引不起任何人的兴趣了。

然而，让我们以一个令人欣喜的消息结束这个概述吧：《弗洛伊德全集》法文版最终将由法国大学出版社负责出版，首批卷册预计于 1985 年问世。

历史学：长辈们过长的阴影

［法］E. 托德

法国近 20 年造就了为数众多的杰出历史学家，这不禁使得三四十岁的新一代面对由他们标志着的学派和时代很难崭露头角。这些长辈包括：M. 阿吉龙、P. 阿利耶斯、P. 肖吕、G. 杜比、F. 菲莱、P. 古贝尔、J. 勒高夫、E. 勒华－拉杜里、R. 芒德鲁、P. 维拉和 M. 沃维勒。这济济的历史人才荟萃不只是一种偶然性，也是一种社会现象。我们可以并非冒昧地指出，这种高深度学术研究的盛况同近年来知识阶层大量读者们追忆往昔的兴趣是有联系的。但这科学研究兴趣不同、意识形态渊源各异的一队人，通过他们以往的建树，特别是现在的成果使新一代不禁大为相形见绌。由于自"二战"以来造成的概念断裂口，我们还不十分知晓新的一代会沿什么方向前进。

我们不能先天性地排除一种持续性甚至一种更新的假设，但我们也不能否认法国未来历史研究没落的假设。一个学派、一种知识潮流持续流行超过一代或两代人之久的事是极罕见的。法国历史编纂学派已经历了一个可说是较长的时间了。这个学派约在1929年由 M. 布洛克、L. 费弗尔和《年鉴》杂志的创刊宣告问世；"二战"一结束，F. 布隆代尔继续发展了这个学派；它真正造成影响则是从1970年开始的。

不久前，布隆代尔在回答《世界报》的访问时态度并非乐观。他认为历史研究的生命力依赖于法国社会科学的能量，特别是1880—1930年的法国社会科学。这些学科的衰落以及社会学、人类学、地理学存在的特别明显的踟蹰必然会在或长或短的时间内削弱这些领域的研究者对于历史学的信心。

然而也有众多的理由叫人保持乐观。历史学不同于其他学科，它不受一时意识观念幻灭的影响，特别是不会因马克思主义观念体系的解体而衰亡。实际上，历史学的发展从未真正依赖过马克思主义，当然我们承认历史学受马克思主义某些简单的方法论原则的影响，如定量的必然性原则和分析精神状态必然性的原则。但法国历史学家绝大部分却生活在政治斗争的边缘，拒绝教义式的争吵。第二次世界大战后的40年是令人幻想丛生、常常众议纷纭的时代，法国历史学在此期间则一直是经验主义和尊重事实原则的庇护所。

人种学和社会学：文化的大规模复归

［法］F. 戈森

200多位人种学家和社会学家参加了在南特大学举行的"人民文化"学术讨论会。这两个互不了解的领域的会聚标志着双重的趋向：一是大批的人种学家在由于非殖民化而被迫退出他们"异国的"领域后，再次折回到对法国本土的研究；再是众多的社会学家，由于厌腻了68年以后年月里的思想观念拍卖，为寻觅具体的风味而回到现实的土地上。

尽管"人民文化"这个概念的含义模糊，提交会议的 60 多篇论文仍足以显示出这一领域研究的多样性和活力。这里提出要研究的"人民"是指什么呢？是民俗学家们看重的人种团体或地域团体、传统团体呢？还是没有高深文化的无产者呢？人种学家们更倾向于对前一类感兴趣，社会学家们则偏爱后一类。

但这种区分将逐步解体。人种学家不局限在乡村和古代的范围；社会学家也不再满足于那种笼统地把社会分成一些固定不变的阶级的粗线条分类。他们都意识到对他们这些文人来说，"俯身于"人民而又不滑入一种双重的陷阱是甚为困难的。这个双重陷阱是指悲惨主义（"请看看穷人们是多么受统治文化的压榨、掠夺、被弄得两手空空吧！"）和民众主义（"面对富人们的百无聊赖，人民文化的朴实性和真实性是多么美好啊！"）。

这里提出的问题是在同一团体中具有不同的价值尺度、不同的实践以及不同的进化节奏的人群得以共存的问题。他们的连接是如何建立的？他们是怎样最终互相接近或反之加深他们的分歧的？人们会理解到，面对如此复杂的机制结构，求助于各种极不相同的方法并非无益。

人种学家可对理解法国社会提供多种途径，如经验的观察和对具体性、手势、暗指、亲属关系密码、食品密码、礼仪密码等的重视。社会学则可担负建立解释模式的使命，为我们提供理论工具和统计工具的支持。

关于社会学局限性的认识另一次在巴黎政治研究院的聚会上也提了出来，那次聚会把政治科学的专家们集结到"政治文化概念"这个题目上来。那次会议的推动者巴迪先生曾对政治文化这个概念轻轻一笔掠过。他认为政治有文化的一面。文化可定义为各种意义的体系，这个体系通过机构、法律、信仰、符号等组成人们之间的关系。

可以想象要理解在这样广义上运用文化概念，必须动员所有的社会科学：人种学、历史学、符号学、哲学、神学、法律学，等等。

人们还注意到，这种文化的大规模复归——以及在文化中政治的复归——大概是同经济在其傲慢的霸权时代之后的衰落相对应的。这一论点最近得到了证据：这就是不管是在发达国家还是在第三世界，经济的发展并非总能对社会产生预期的结果，某些被认为已陈旧腐朽的现实，仍显示出惊人的牢固。总而言之，在伊朗和波兰，难道不是"人民文化"（在宗教和民族的这种最"古老的"形式之下）使西方（资本主义的和马克思主义的）受挫吗？

（选自《国外社会科学》1984 年第 9 期）

世纪之交的德国科学研究政策

赖升禄

一 德国科研的现状

在经济全球化的冲击下,德国缺乏竞争的科研体系制约着德国经济、技术和社会的发展。这在德国引发了一场关于德国的未来的讨论。1999年11月,联邦德国产业联盟主席汉斯-拉尔夫·亨克尔博士在波恩大学一次颁奖大会上的致辞中,就明确地表达了对德国科研现状的忧虑,他说道,德国的科研体制已经不能适应现今科学技术发展的要求,在知识社会,人们应该有更多的机会就业,生活水平应该不断得到提高。亨克尔博士以美国的比尔·盖茨为例,对"知识就是力量"这句早就广为流行的格言作了新的解释。他说在知识社会里,比尔盖茨为自己创造的财富,是钢铁业、石油业、汽车业所根本做不到的。只有在知识社会,利用先进的信息技术才能做到这一点。而德国在信息技术等科学领域与美国的差距是很大的。欧洲在对知识社会的发展具有决定性意义的领域里,缺乏领先的信息技术,充其量只是一个步人后尘的角色而已。在科学研究领域,欧洲与美国的差距,也包括德国与美国的差距正在日益加大。在知识转化为生产力方面德国与美国的差距也是显而易见的。当然德国并非一无是处,德国在技术领域和经济领域还是世界强国之一。

随着经济的全球化,科学研究也将日益全球化。德国学术界普遍认为,德国的科学研究面临新的挑战。国际竞争日趋激烈,而德国的经济发展也更加取决于它的科学研究的效率。

德国的科学研究有其悠久的传统,其发轫可以追溯到德国第一批大学的建立。它们给德国培养了许多杰出的科学家。例如,约翰·古滕贝尔格(Johannes Gutenberg,1400–1468)、哥特弗里特·威廉·莱布尼茨(Gottfried Wilhelm Leibnitz,1646–1716)、亚历山大·冯·洪堡(Alexander von Humboldt,1769–1859)、威廉·冯·洪堡(Wilhelm von Humboldt,1767–1835)和卡尔·弗里德利希·高斯(Karl Friedrich Gaus,1777–1855),等等。

19世纪中期开始的德国经济繁荣时期,一直延续到20世纪20年代。这一时期也是德国科研繁荣昌盛的时期,出现了许多著名的科学家,使德国成为被世人公认的科学之国,在人文社会科学和科学技术领域的许多学科中居世界领先地位。

这些科学研究的先驱和缔造者建立了德国第一批科研机构,并利用这些机构为德国的经济发展出谋划策。德国的科研成为德国新兴经济部门发展的原动力,到20世纪初,德国被看作是科学和研究的策源地,打上德国制造字样的德国产品得到世界各国的承认。德国的科研并不仅仅有过辉煌,也有其低迷的时期。在纳粹德国时期,一些科学家被驱逐出德国,德国的科研也同国际社会隔绝。"二战"后建立了两个德国,联邦德国奉行的科研方针主要是自由的团体和个人开展研究的传统模式,而民主德国实行的是集中的集体开展研究的模式。1990年德国统一后,所有德国的科学研究人员和机构都纳入一个统一的传统科研结构。21世纪初,德国的科学研究仍将以其在历史上形成的研究广度和深度而有别于其欧洲邻国的和大洋彼岸的科研。

近50年来德国的科研体制逐步形成了多样性的特点。德国也像其他工业国家一样走在知识社会的大道上。其科研结构朝着科研集约度高的工业和知识集约度高的服务行业的方向发展,从而使服务和产品之间实现紧密的结合。联邦政府十分重视科学研究和教育,关注科学研究的现代化,并加强对科研项目的资助。基础研究和应用研究的联系也更加紧密。科学领域和技术领域之间的界限越来越模糊,而知识的转化以及科研和企业之间的合作越来越受到重视。

为了迎接21世纪的挑战,联邦政府对其教育政策和科研政策也加快了改革的步伐,以便履行其社会政治任务,促进经济发展,增强德国在国际上的竞争力。联邦德国的社会科学研究的主要目标就是为德国的社会经济发展服务。联邦德国科研领域中另一项新的重要任务就是让人们对科学研究及其发展的新趋势多一点了解，对德国未来的发展多一分关注。今天的德国仍然是一如既往地重视自然科学领域的研究，但是对社会科学也日益重视起来。联邦教育和研究部在2000年的年度工作报告中就明确指出，在工业国家，人文社会科学提出的问题和取得的认识变得越来越重要。社会发展的加快，人们观念的变化使得人文社会科学在维护传统文化和社会的同一性方面变得不可或缺。社会科学是对社会和历史的记忆，近年来，社会科学更开拓了许多新的研究领域。尤其是在过分强调"技术科学"的今天，人类因片面强调技术科学而面临文化丧失（Kulturverlust）的危险。而社会科学因其具有在人与人之间和人与社会之间加强联系的巨大潜力，已经成为与文化丧失抗衡的力量。社会经济学分析社会与经济发生变化和发展的原因，试图寻找解决社会问题的最佳方法。就这个意义上说，今天社会学、经济学所面临的巨大挑战就是要为人类社会找到一条可持续发展和有光明前景的道路。但是社会学、经济学的研究对可持续发展道路的问题还缺乏广泛和具体的认识。社会科学研究的对象林林总总，无论是研究神学还是哲学，无论是研究古代史还是现代史，无论是研究语言还是研究艺术，这一切都是人类文化的表现形式。[①] 德国的社会科学研究传统上是在大学里进行，非大学的社会科学研究机构也不少，有基金会设立的社会科学研究机构，还有私人注册的小研究所，主要从事社会民意调查，提供社会咨询服务，等等。例如，马克斯-普朗克学会虽然主要从事自然科学的基础研究和应用研究，但也从事社会科学的研究，特别是法学方面的研究。还有一些博物馆和档案馆也从事人文社会科学方面的研究，开展整理文献、典籍等保存人类文化方面的工作。这些从事社会科学研究的机构和个人都得到联邦政府和各州地方政府大力的财政支持。联邦教育和研究部计划在2001年要大力资助保护人类文化遗产方面的研究。图书馆、档案馆、艺术馆等都是联邦政府大力资助的对象。联邦政府和州地方政府对社会科学研究的重视由此可见一斑。

---

① http：www.bmbf.de rede index.html.

二 德国的新科研政策

联邦政府认为,经济和科学的创新力决定着德国未来的发展。在全球化浪潮中,为了把握好全球化的进程和从工业社会向知识社会过渡,不可或缺的先决条件就是改善教育和科研,大力促进市场的发展。德国拥有训练有素的人才和先进的科学技术机构。德国政府十分关注整个创新过程,并认为必须将德国和世界其他国家的先进科研成果尽快转化为新产品。德国政府决定在2001年实行税制改革和降低工资成本,以有力地推动德国经济的发展,为那些有创新精神的企业创造一个具有更大偿付能力的活动空间,在生产中投入更多的人力和物力,创造更多的工作岗位。德国政府实施的新的科研政策主要表现在下述几个方面。

1. 增加教育和研究方面的投资

在今天的知识社会中,教育和科研对社会的发展具有越来越大的意义。对教育和科研的投资也就是对未来的投资,而德国政府对教育和科研方面的投资也经历了从不够重视到逐步重视这样一个过程。从1993—1998年,教育和科研的经费曾减少了7亿马克。新一届联邦政府特别重视教育和科研,1999年财政年度关于教育和科研的支出则增加了10亿马克。联邦德国在今后几年还将进一步增加教育和科研方面的投入。1997年德国在研究和发展上的投资为84亿马克,1998年为87亿马克,到1999年上升到92亿马克。从教育和科研投入占国内生产总值支出的指数来看,1997年为2.29%,1998年为2.31%,而到1999年增加到2.37%。这些数字表明,联邦政府已经决定加大教育和科研方面的投入。

2. 改革科研体制,进一步发展德国的科学研究

德国是一个有科学研究传统的国家。但是德国的科研管理依然繁琐,决断程序复杂。要发展德国的科学研究,就必须要有灵活的科研体制,使高等院校和非高校的科研机构摆脱官僚主义规章的束缚,增加其自主权。因此,需要的不是对定员编制的过细管理和控制,而应该通过预算和一揽子支出使其有更多的灵活性。

对一些不合理的法规进行改革。例如，服务法（Dienstrecht）仍然是发展科学研究的一个主要障碍。改革的目的就是要提高科学研究体制的效率和创新力，以保证德国高等院校和研究机构在世界上的科研竞争能力。科研成果的鉴定过程要缩短，要加强对高等院校的支持。投入的手段要更加有效，使更多的人有接受科学培训的机会。联邦政府应该致力于更加灵活有力的以效率为取向的就业结构和报酬结构，提高教学质量，促进科学知识向经济的转化。

2000年4月，联邦教育和研究部还专门召集专家学者共同讨论如何进行在教育和科研方面的改革，对进一步发展德国的教育和科学研究提出了下述倡议：

——重新调整科研人才的培训；科研的主要力量应在大学任教至少6年，这也是聘任大学教授的通常资格。

——建立有竞争力的和灵活的报酬结构，取消至今仍在实行的资历等级，而代之以固定的最低报酬和浮动的收入。对在教育和科研方面做出特殊贡献的科研人员应给予超出大学平均聘用金的奖励。

3. 加强对科研项目的资助

在项目资助方面要有更大的灵活性，加强竞争性，并提出更高的质量要求。科研项目资助是科研政策的一个重要手段，利用这种手段可以对面临的新挑战做出更加灵活的反应。

4. 科学研究和经济部门共同致力于创新和创造工作岗位

在促进科研、技术和创新方面德国走的是一条新路。这就是要加强竞争和合作，使德国的高等院校、科研机构和经济部门共同努力，不仅加强应用领域的研究，也要加强基础研究。德国的创新水平处于中等，因此德国要为中小企业创造一个良好的生存环境，科研资助措施的制定应该充分考虑中小企业的利益。

5. 使科学研究国际化

不言而喻，今天跨越国界的学习、教学和研究将与日俱增，德国也有这方面的需求。德国需要更多的外国大学生来德国学习，鼓励更多的外国学者和研究人员来德国从事科学研究。为此需要采取一些新的和有吸引力的措施。在过去几年，德国曾经就德国教育和科研的国际化问题展开过热烈的讨论，并取得一些共识，为吸引国外的人才做了大量工作，取得很好的成绩。迄今为止所有的努力还要坚定地坚持下去，并要从长远的眼光来加强这一工作。德国加强在科研领域同其他国家的合作，首先就要积极参与欧洲高等院校的科研工作。德国必须向世界展示其科研的能力和成就，才能引起别人的注意，才会有更多的大学生和科研工作者来德国学习和从事科学研究工作。这样就能为开拓新的市场奠定坚实的基础，并使德国在国际上得到理解。

三　德国科学研究资助的重点

在德国，享有盛名的大学和一些卓有成效的研究机构是德国科研和发展的基础。这些大学和科研机构应该得到加强和实现现代化。基础研究创造新的知识，从而成为未来选择的基础。尤其是高等院校，从文化、经济和技术的观点来看，它作为知识集中保存和传播的场所将起着越来越大的作用，因此要为开展基础研究的大学和研究机构增加拨款。应用研究要适应中小企业的要求，这方面的科研拨款也应增加。现代信息技术和传播技术逐渐渗透到社会生活的所有领域，它在不断地改变经济结构，在世界范围内开创经济快速增长和工作岗位不断增多的美好前景。同样，德国的信息产业在就业和销售额方面也取得了很高的增长率。

1999年9月22日，联邦政府通过了关于"在21世纪的信息社会里的创新和工作岗位"的行动纲领，该纲领为创造一个信息社会、知识社会和教育社会提出了政治框架，要在未来3—5年内，使德国在利用现代信息技术方面加入主要工业国家的先进行列。

德国科研的另一个重点是要大力开展社会研究。社会研究不仅是做出重大决断的基础，而且也能获得重要的社会发展趋势方面的认识。对建立在民主基础上的政策来说，当务之急是要改善关于社会发展趋势和社会联系的知识基础。只有在可信的数据基础上，社会科学（社会学、经济学和法学）才能做出有根有据的分析，采取适当的行动，制定出有效的社会经济发展政策。有效的统计数据资料是开展具有国际竞争力的社会研究和经济研究的坚实基础。高质量的、可靠的和可供人使用的数据资料对开展社会研究具有重大的意义。

联邦教育研究部为此采取的第一个步骤是不断改善信息基础设施，并为此特意召开了信息机构委员会会议，以协调统计部门、管理部门和经济部门在统计数据方面的合作，将这三方面的所有数据汇总起来。要借鉴国际上的成功经验，对那些行之有效的方法加以运用。委员会还倡议在2000年年底完成这项工作。

联邦政府在社会科学研究的内容方面有了新的重点，那就是要加强对社会经济的可持续发展的研究。要重点资助那些从跨学科角度研究可持续发展问题的科研机构，以适应在生态、经济和社会这几个方面的可持续发展的要求。

德国政府制定资源政策的基础是经济科学和社会科学的研究成果，尤其是下述这些研究课题所取得的成果。

（1）家庭、老人、妇女和儿童、青年以及他们的关系结构是迫切而重要的科研课题，必须加强对这方面的新认识。

（2）对改善劳动条件的研究和发展是研究的重点，这包括什么是未来的劳动形态和创新的劳动形态，在新的劳动组织和形式中的劳动保护和劳动安全问题，人口变化对劳动的影响以及正在发展的服务社会和新的服务体制所产生的问题。

（3）对教育的研究可以采纳在教育现代化中的先行者的敢于创新的观点。应该关注其他学科领域，尤其是劳动市场和职业研究领域的一些新认识。已经取得的科研成果以及试验模式取得的经验应该是教育论坛开展研究的基础。

（4）社会政治框架的形成及其同其他政治领域的联系，例如同经济政策、结构政策和金融政策的联系将从观念上有助于政策的制定，对社会政治手段的作用应该加以分析和评价。

（5）法学研究注重探讨法规产生的社会、政治和其他方面的影响。犯罪学研究刑事犯罪的表现形式、原因和发展以及通过诉讼、行刑等去战胜刑事犯罪。

（6）金融学和经济学应研究长期的经济发展趋势，从科学的角度阐述经济发展趋势对制定金融政策和经济政策的重要意义，研究迫切的问题以及参与关于改革的讨论，以有助于金融经济政策的制定。

（7）联邦政府的税制改革政策应基于对经济作用的科学分析和行政上的可实施性。要进一步分析和预测整个经济，也就是世界经济和德国经济的发展，还要观察和分析德国新建州的适应过程。此外，与国际相联系的货币、资本和金融市场的问题也应受到重视。

（8）就关于德国竞争力的讨论而言，社会科学应该采用传统的技术和经济指标，并为了社会民主制度的长期稳定，来选择"社会效率"这一必要的标准。

（9）经验经济学研究的中心是观察和研究国内外的经济发展过程。在全球化过程中，与此相联系的国际经济关系具有重大的意义。

联邦政府还为高等院校的社会科学研究提供资助。联邦政府和各州政府的科研经费的划拨由德国研究联合会实施。

四　德国政府与德国的社会科学政策

从某种意义上说，德国没有单独的社会科学政策，它只是整个德国科学政策的一部分。德国政府分管科学研究的部门主要是联邦教育和研究部、联邦及各州教育规划与研究促进委员会（BLK）科学委员会，等等。

1. 联邦教育和研究部（Bundesministerium für Bildung und Forschung）**的前身是联邦教育、科学、研究与技术部**

1994年，按照当时联邦总理的决定，联邦教育与科学部、研究部以及技术部合并成联邦教育、科学、研究和技术部。1998年改名为联邦教育和研究部。按照波恩—柏林法，联邦教育和研究部是继续留在波恩的五个部之一，因此柏林和波恩都有联邦教育和研究部的处所。联邦教育和研究部有工作人员大约1000人，大部分在波恩工作。他们的主要任务就是管理和分配科研经费，指导和促使科研工作正常进行。在2000年联邦教育和研究部可支配的科研经费达146亿马克，约占德国预算的3.7%。联邦教育和研究部部长对联邦总理负责，执行总理制定的科研方针政策。还有两位国务秘书协助部长的工作，一位秘书是来自议会，另一位来自联邦政府。

联邦教育和研究部的工作任务是：

（1）根据德国的基本法，联邦教育和研究部在其权力范围内，制定和协调学校以外的职业教育和进修培训方面的立法；

（2）同各州政府一起制定教育法规，资助和协调高等学校的教学；

（3）为高等学校的扩建和兴建提供经费，并扩建和兴建院校的附属医院；

（4）资助有才华的学生、进修者和科研人员，资助对科研人才的培养；

（5）资助进修生、大学生和科研人员同其他国家进行学术交流；

（6）同各州政府一起制订教学计划和资助科研。

联邦教育和研究部以多种方式资助科研。它既资助基础研究，也资助应用研究，资助国家关注的科研项目，如环境、生态和健康方面的研究、海洋研究和极地考察、交通管理，以及宇航方面的研究等。

联邦教育和研究部的中心任务是资助教育和科研。它认为，德国最宝贵的财富是生活和工作在德国这块土地上的人，因此德国制定的科研政策最重要的一点就是以人为本。它认为一个国家可以不拥有原料，但是不可以没有理想和创造力。而教育则是培养人们的理想和创造力的必要手段。为了保证社会在未来仍然富足，为了在全球性竞争日趋激烈的情况下在世界上立于不败之地，就需要高质量的教育体系，在学校、大学和企业里教育人们，使他们做好准备，去迎接挑战。

联邦教育和研究部在制定其科研政策时有下述战略考虑。

（1）发挥所有人的才干

必须对所有人的思想潜能充分加以利用，就是说，在教育和培训方面不允许怠慢任何人，或者说不允许将任何人排斥在外。这里还包括给予妇女和男人平等的机会，妇女也可以进入领导层。对低收入阶层和天赋不够的人不能歧视，不允许对这些人接受教育培训设置障碍。对待这些人也要像对待有才干的人一样，给予他们相应的发展机会。

（2）资助具有创造性和卓越才干的人

要建立完善的教育进修体系，使每一个有才能的人都能充分发挥自己的聪明才干。在所有的教育设施里，首先是大学和教育机构要给这些优秀人才提供机会，让他们充分发挥其才干，造福于社会。在联邦教育和研究部看来，科研政策的一个最重要目的就是，教育要服务于人类。人们除了工作外，首先关心的是自己的健康和对环境的保护。因此必须开展对人类有用、有益的科学研究。对环境保护的研究，对维护人类健康的研究（包括基础研究和应用研究）是联邦教育和研究部资助的重点。尤其要资助那些有创见的研究和对社会的未来发展有影响的研究，以有助于人们采取有效的方式去适应技术、工业和服务行业的结构变化。

（3）科学研究应该使可持续性经济成为可能

地球这颗行星是可供我们居住的行星，因此我们必须限制对能源和自然资源的使用。科学研究，尤其是工业国家的科学研究更加有义务研究和开发新的生产方法和产品，以便我们能珍惜自然资源，在地球上应用这些生产方法和产品不会超出地球的"负荷能力"。

联邦教育和研究部下设欧洲国际合作部、普通教育和职业教育部、高校部、环境研究部、新信息技术部、健康和生物部、交通部、宇航部，等等。

2. 联邦及各州教育与研究促进委员会（BLK），根据德国基本法的规定，联邦政府负责制定政府的科研政策，而高校立法、行政管理则主要由各州自己负责

当今科研领域越来越具有跨地区的意义，因此联邦政府和各州政府之间、各州之间的工作协调显得极为重要。该委员会正是为了协调联邦与各州之间利益的常设机构，其主要任务是就双方在教育和科研方面的权限和义务进行协调。

3. 科学委员会（Wissenschaftsrat），科学委员会于1957年9月5日根据联邦和州共同管理协定成立

它不是政府的决策机构，而是为政府制定科学政策提供科学依据和咨询的智囊机构。其成员由联邦总理、联邦及州内阁任命。该委员会成立时的使命是为政府就有关科学发展规划，尤其是高等学校的发展规划提供学术咨询与分析。1975年6月30日联邦和州共同管理协定对科学委员会的任务作了新的规定：按照社会、文化和经济生活的要求，为高等学校、科研领域的发展提出切实可行的建议；承担联邦高等学校建设促进法所规定的任务为联邦、州政府部门就大学、科研的发展进行评估，提供政策依据。

科学委员会在60—70年代主要是制定科研体制，尤其是大学科研体制，随后是进行科研体制与大学教学体制的改革；在两德统一后，科学委员会的主要工作是在德国新建州建立有效的科研体制，评估前民主德国大量的非大学的科研机构和为新建州大学未来的发展提供建议。近10年来，在德国高等学校就读的学生人数增加8倍，为此而增加的教授职位的数量也十分可观。同时还建立了一大批大学外的科研机构。在21世纪开始的时候，从国民经济政策、工业政策和就业政策来看，科学、技术、科研政策具有毋庸置疑的意义，而科学也面临一系列的挑战。

提高科研和教学的效率是科学委员会另一项重要任务。科学委员会为联邦政府和各州政府提供咨询服务，对高等学校的科研内容和机构发展以及高等学校的基础设施的建立提出建议。

科学委员会的支柱是联邦政府和各州政府。科学委员会对科研，尤其是对社会科学的发展做出了自己的贡献。

五 德国科研质量的保证

德国科研在国际竞争中的质量和效率是德国科学研究进一步发展的准则。德国要屹立于世界民族之林，就必须在科学研究的各个领域努力进取。德国的科研有明显的多样性特征。德国大学的科研在德国研究联合会大力持续的资助下取得了丰硕的成果，这与德国研究联合会选出的科研成果评委会的工作是分不开的。评委会每4年选举一次，最新的一届评委会是1999年选出的。从88000名有资格入选评委会的科学家中选出了650位科学家负责对189个科学领域的科研课题申报和科研成果进行评估。这届评委会的人数多于上一届的523人，平均年龄为53.2岁，比上一届年轻了2.5岁。其中妇女所占的比例也由上一届的4.4%上升到7.7%。而且这次选出的评委会成员中有一多半是第一次当选，重新当选的只有200名科学家。从评委会的选举也能看出德国政府对科研的高度重视。此外为保证科研的质量，还采取了下述措施。

1. 评估

1996年11月，联邦和各州政府首脑共同做出"保证科研质量"的决议，开始对由联邦政府和各州政府资助的科研机构进行评估。评估是对德国科研的推动。例如，一个独立的专家委员会受联邦经济技术部的委托从2000年秋开始对工业一体化科研的资助情况进行评估，以便联邦经济技术部的资助体制在今后能更好地适应中小企业的要求。

2. 进一步发展德国科研体系的结构及其资助结构

德国科研的质量还取决于研究机构的结构。研究机构是接受特殊委托研究的基础。德国政府就未来的科研结构形式和组织工作进行了广泛的咨询，找到了共同的出发点，那就是：只要这种多样性有利于使科研机构的能力和资源适应不断变化的要求，科研机构的多样性有助于加强德国未来的竞争力。针对未来需要的研究首先就要使科研机构具有灵活性。为了迎接未来的挑战，在科研方面应该保证科研项目的灵活性。研究机构的人力和物力投入的标准应该有助于参与国际竞争。就是说，要进一步增强具有特殊效率的领域。创新的先决条件是要将各个领域的知识汇总起来，增强自己的实力和能力，还要加强合作以获得新的能力。从事基础研究和应用研究的科研机构的传统设置不应该当作未来科研机构设置的唯一标准。在多种可能性之间进行选择的观点具有决定性的意义。对公开的科研机构来说，选择才能使科研机构得到进一步的发展，才能跨机构地对科研项目进行调节。对高等学校和非高校的科研机构来说，科研组织管理的灵活性也是不可或缺的。

（选自《国外社会科学》2001年第4期）

德国科研资助体系的现状

祝伟伟[*]

德国向来是一个高度重视学术研究的国家，其自然科学和人文社会科学许多领域的研究都处于或曾处于世界领先地位，这与德国庞大而合理的科研资助体系密不可分。德国科研体系的主要组成部分是为数众多的研究机构和资助机构，它们与高校和经济界紧密合作，从事国际水平的基础研究和应用研究。其中一直作为基础研究阵地的高校，主要由政府给予资助，而其应用性研究则主要由经济界进行资助。

在德国，有关科研的支出被称作学术支出（Wissenschaftsausgaben），包括研究与开发支出（FuE-Ausgaben）、学术教学与培训支出以及相关的学术和科技活动支出。从1990年德国统一到2002年，德国的研究与开发支出从350亿欧元增加到524亿欧元。总的来看，与自然科学一样，德国人文社会科学学术支出的经费主要来源于联邦和各州政府、经济界、基金会以及欧盟。其中经济界的资助主要针对的是生物、科技、能源等自然科学应用性领域。

一 联邦及各州政府对科研的资助

联邦及各州政府是人文社会科学最重要的资助者，两者在提供资助方面既有分工，也有合作。

---

[*] 作者信息：女，1981年生，中国社会科学院文献信息中心研究实习员。

1. 联邦和各州的共同资助

在德国的科研资助体系中，联邦和各州共同担负着重要的责任。在德国统一之前，为了使共同资助工作得到组织保障，1957 年 9 月 5 日，原联邦德国的联邦和各州政府共同出资（各占 50%）建立了科学委员会（Wissenschaftsrat），致力于科研方面的政策建议，这是欧洲最早的科研政策咨询组织。科学委员会主要从两个方面提供专业咨询：一是科研机构（包括大学和专科高校内的研究机构）的结构、效率、发展和经费问题；二是涉及科研体制的重要问题，如研究和教学的结构问题，以及各专业领域的规划、评价和调控问题。此外，联邦和各州科研资助的任务甚至还以法律的形式被确定下来。1949 年颁布的《德国基本法》第 91b 条规定："联邦及各州根据协议在教育计划以及资助具有跨地区意义的科研机构和项目方面进行协作，并根据协议分担资助费用。"① 在此基础上，1970 年 6 月 25 日原联邦德国的联邦和各州签署了"关于建立联邦—州教育计划与研究资助委员会（BLK）的协定"（又称"BLK 协定"）。根据该协定，联邦—州教育计划与研究资助委员会是讨论联邦和各州共同进行教育及研究资助问题的常设论坛，为联邦和各州政府首脑提供有关教育计划和研究资助方面的建议。1975 年 11 月 28 日，原联邦德国的联邦和各州签署了"共同研究资助框架协议"（Rahmenvereinbarung Forschungsförderung，RV-Fo），之后还制订了一系列相关细则。根据框架协议，当时的联邦和各州共同资助的范围包括：德国研究联合会（DFG）、马克斯·普朗克协会（MPG）、莱布尼茨协会（WGL）、弗劳恩霍费尔协会（FhG）、大科学研究机构（如赫尔曼·冯·亥姆霍兹科研中心联合会，HGF）等。

2. 联邦政府的资助

在德国国家的研究与开发经费资助中，联邦资助一直扮演着举足轻重的角色。

（1）资助力度 联邦政府对研究与开发的资助力度一向高于各州。德

---

① 见 http：www.datenschutz-berlin.de.recht de gggg2 - de.htm#art91b。

国国家财政部每年都要根据上一年的学术支出情况做出本年度的财政预算，并向各大部委拨款。其中研究与开发领域的拨款对象主要包括联邦经济与劳动部（BMWA）、联邦国防部（BMVg）以及联邦教育与研究部（BMBF）。近20几年来，这三个部委的研究与开发实际支出共占联邦研究与开发总支出的近90%。1990—2002年，在德国研究与开发经费支出中，联邦研究与开发经费支出总体上呈增加的趋势。由于经济界资助力度逐年加大，联邦资助的比例从1990年的22.6%逐年下降至2000年的16.4%。但在2001年和2002年，联邦研究与开发资助力度明显加大，资助比例分别上升到17.3%和17.2%。

(2) 资助对象

在联邦研究与开发资助主要用于两大研究领域：民用研究和军用研究。近年来民用研究资助发展势头良好，2002年用于民用研究的资助占联邦研究与开发资助总额的88.7%。2003年这一比例有微幅下降，为87.8%；2004年又达到88.5%，接近2002年的比例。1993—2004年间，在联邦的研究与开发支出中，民用研究范围内的"接受资助的机构、高校建设和高校特别项目"一项所占比例最高。2002年这一比例为18.7%，2005年达到20.0%。该项目中"对德国研究联合会的基础性资助"所占份额最大，资助金额也逐年递增，2004年达8.4%。对"人文科学、经济和金融以及社会科学"的资助虽然占总支出的比例并不算高，但资助额度总体上也呈增加趋势。近年来，德国政府更加重视人文科学的发展，大幅度提高了对人文科学的资助力度。与2004年相比，2005年联邦研究与开发经费平均增加了1.7%，其中人文科学和社会科学领域的研究与开发经费增加了10.4%，2006年又比2005年增加了11.3%。

(3) 联邦教育与研究部的主要作用

在联邦对科研的资助中，联邦教育与研究部（BMBF）起着至关重要的作用，联邦的研究与开发经费中大约2/3是由联邦教育与研究部拨付的。从1997—2004年，财政部对联邦教育与研究部的研究与开发方面的拨款逐年递增，2004年比1998年增长了34%。[①] 联邦教育与研究部科研资助的主要形式有项目资助、机构性资助和高校资助。项目资助的重点

---

① 见 http: www. bmbf. de pub bufo2004. pdf。

是跨学科研究，尤其是人文与社会科学和自然与工程科学的跨学科研究项目。机构性资助是与各州政府一起，长期资助几个大型的研究机构和重要的人文社会科学机构，包括德国研究联合会、马克斯·普朗克协会、莱布尼茨协会、弗劳恩霍费尔协会、赫尔曼·冯·亥姆霍兹科研中心联合会、柏林社会研究（Wissenschaftszentrum Berlin für Sozialforschung, WZB）、社会科学基础结构建设协会（Gesellschaft sozialwissenschaftlicher Infrastruktureinrichtungen, GESIS）、社会经济调查（Sozio-ökonomisches Panel, SOEP）和莱布尼茨协会德语语言研究所（Institut für Deutsche Sprache）等。[①]高校资助主要针对高校的扩建与新建以及与高校相关的特殊项目。联邦教育与研究部对人文社会科学研究的资助致力于为后代保护好文化遗产，重点是解决重大社会和文化问题，主要包括：德国人文科学的现状和未来；促进人文科学研究的国际合作；文化和历史；人文科学对话论坛；人文社会科学数据库建设；现实问题的合作研究（如现代社会的融合与分化）；以可持续发展为目标的社会与自然之间关系的研究；自然科学和工程学的新方法和新技术在人文科学中的运用（如自然科学的最新技术在古文物探测和年龄鉴定中的应用）；跨学科研究（如从事大脑研究的学者与哲学家合作的课题、语言学家与历史学家合作的课题）等。[②]赫尔曼·冯·亥姆霍兹科研中心联合会（HGF）是德国最大的科研机构，包括15个自然科学—技术研究中心和生物—医学研究中心；弗劳恩霍费尔协会（FhG）主要从事能源、技术、信息等领域的研究。

近年来，联邦教育与研究部对人文科学的资助力度不断加大。2003年联邦教育与研究部的研究与开发支出比上一年增加了0.5%，其中人文科学，经济、金融和社会科学领域的研究与开发经费支出增加了8.2%；2005年人文科学和社会科学领域的研究与开发经费支出比上一年又增加了28.1%。

[①] 赫尔曼·冯·亥姆霍兹科研中心联合会（HGF）是德国最大的科研机构，包括15个自然科学—技术研究中心和生物—医学研究中心；弗劳恩霍费尔协会（FhG）主要从事能源、技术、信息等领域的研究。

[②] 见 http：www.bmbf.de。

3. 各州的经费资助

在德国的研究与开发资助中，各州的资助也占有相当比重。1990—1999年间，从38.3%逐年提高至48.1%。2001年和2002年，由于联邦明显加大了对研究与开发的投入，各州支出所占的比例有所降低，分别为46.1%和44.8%。2004年，各州和乡镇政府学术支出总额达到196亿欧元，比上一年增长3.2%。在各州的学术支出中，原民主德国各州（包括柏林）的经费支出明显少于原联邦德国各州（不包括柏林）。1993—2005年，原民主德国各州的学术支出在全国16个联邦州的学术支出中所占的比例一直维持在22%—27%，虽然比例不高，但一直高于民主德国各州（包括柏林）的人口在全国人口中的比例（2005年20.4%）。根据1997—2002年关于各州学术支出的统计，北莱茵—威斯特法伦州的支出最多，约为35亿欧元；其次是拜恩州和巴登—符腾堡州，分别为27亿和24亿欧元左右。①

除了与联邦的共同资助任务外，各州研究与开发的经费支出主要用于高校、州及乡镇学术研究机构和科学院，其中对高校的资助是重中之重。作为获得政府经费最多的科研机构，高校在德国的研究体系中发挥着极其重要的作用。高校的研究既有基础研究，也有应用研究。高校中的研究所虽然在组织、人员及空间方面与高校联系紧密，但在法律上是完全独立的研究机构。高校经费主要来源于联邦和各州、基金会和第三方资助，其中政府的资助是最重要的。具体而言，各州对高校的资助力度最大，其次是联邦对高校特殊计划及高校建设的资助，之后是德国研究联合会对高校的资助。从1991—2002年，在高校（包括高校医院）获得的官方资助中，各州的资助占88%左右。这一时期各州科研经费中约有86%用于高校（包括高校医院），其中75%左右用于资助联邦德国各州（不包括柏林）的高校。1996年（73.6%）以来这一比例逐年提高，2002年已达到76.7%。国家对高校的资助经费主要有两大用途，一是作为高校的基础经费，二是用于高校发展与学术研究。2004年高校研究与开发支出共计91亿欧元，其中有83.7%来自政府（联邦和各州）。第三

---

① 见http：www.bmbf.de pub bufo2004.pdf。

方科研任务是指大学所属的研究机构与政府和学校以外的其他机构或组织（如企业等）签订合同，接受对方委托的研究任务，由此获得的资助被称为第三方资助（Drittmittel）。目前这种"第三方研究"已成为大学科研任务中不可或缺的一个组成部分。一所大学所获得的第三方资助的多少，也是衡量其科研能力的重要标准。

总的来说，高校的研究与开发支出呈增加的趋势，但各个研究领域经费支出的情况并不均衡。从1998—2004年，医学研究支出增长幅度最大，增加了30%；其次是工程科学（17.6%）和人文社会科学（15.5%）。高校的研究与开发支出在原民主德国和原联邦德国地区的分布也十分不均衡。2004年在德国高校的研究与开发支出共计91亿欧元中，原联邦德国地区（不包括柏林）的高校支出占80%，原民主德国地区（包括柏林）的高校支出只占20%。

二　德国研究联合会（DFG）

德国研究联合会是德国科学的中央自治机构，至今已有80余年的历史。德国研究联合会的章程中明确规定了其核心任务：资助所有学科领域的研究计划；就科研问题向联邦议会和政府机构提供咨询；通过资助合作研究和跨学科研究促进科研人员的合作；通过资助项目促进国内外学者的联系与交流，以实现德国科研国际化；资助年轻学者，加强德国学术后备力量的培养。

1. 经费与支出

德国研究联合会的经费有99%左右来自联邦政府和各州，其余部分来自于德国科学基金联合会（Stifterverband für Deutsche Wissenschaft）、欧盟、个人捐款和联合会自身的收入。最近几年联邦和各州对德国研究联合会的资助总额一直维持在13亿欧元左右。2001年之前（含2001年），资助比例根据不同的项目而有所不同，分别为：一般性研究资助50：50（联邦：各州）、特殊研究领域资助75：25、莱布尼茨计划资助75：25、博士生院资助 63∶35（1998 年之前）和 50∶50（1999 年起）。① 根据 2001 年 4 月 11 日的研究资助框架协议和德国研究联合会共同资助协议细则，从 2002 年开始，联邦和各州对德国研究联合会的资助比例统一调整为 58∶42，这一比例适用于联合会所有的资助形式。德国研究联合会的经费有大约 97% 用于资助研究，其余 3% 左右用于管理支出。其研究经费主要分配给高校，其次是几个主要的研究机构。1999—2001 年高校科研项目获得了该联合会 88.6% 的经费支持，其余 11.4% 的研究经费分别拨给了马克斯·普朗克协会（2.7%）、莱布尼茨协会（2.2%）、亥姆霍兹科研中心联合会（2.1%）、弗劳恩霍费尔协会（0.5%）、联邦和各州研究机构（1.5%），以及其他机构（2.4%）。从接受其资助的学科分布来看，近几年联合会的经费有 15% 左右用于资助人文社会科学领域的项目（2001 年人文社会科学项目申请经费占 15.7%，2002 年占 15.8%）。从资助分配比例来看，根据联合会 2005 年的年度报告，2005 年联合会的经费中有 55.5% 用于一般性研究资助，28.4% 用于特殊研究领域资助，5.9% 用于博士生院资助，2.6% 用于埃米—纳脱计划，1.1% 用于莱布尼茨计划，特别捐助支出、联合会研究中心经费支出和管理经费支出分别占 0.9%、2.0% 和 3.6%。②

2. 资助对象和资助程序

目前，德国研究联合会每年通过不同的程序资助 2.2 万项研究计划。总的来讲，德国研究联合会的研究资助形式主要有两种，一种是单项计划资助，另一种是合作及协作计划资助。

（1）单项资助

单项资助（原来称普通程序资助）是德国研究联合会最重要的研究资助形式，约占全部资助的 35%。申请单项资助的条件比较宽松，所有获得博士学位的研究人员均可以随时申请，且申请项目的内容不受限制。单项资助的期限最长不超过三年，但如果研究计划需要延长两三年，可以提出继续资助申请。根据联邦和各州的规定，德国研究联合会的资助

---

① 见 http：www.bmbf.de pub bufo2006.pdf。
② 见 http：www.dfg.de dfg-im-profil zahlen-undfakten mittelverwendung。

只能作为直接项目经费，项目主持人的薪水以及基础设施建设费用都不在资助之列。但单项资助中有一项专项补助，可以用于项目实施所需的任何支出，例如人员薪水、耗材、购置器械设备、差旅费等。申请专项补助的前提条件是，该项目的基础费用包括在所在机构的预算经费之中，此外还有一项印刷与出版补助。

（2）合作研究资助

德国研究联合会还对合作研究计划进行资助，资助对象主要包括：重点计划、人文科学中心、博士生院、特殊研究领域等。重点计划与单项课题最大的不同之处在于，重点计划是由德国研究联合会事先拟定好总目标选题，德国境内所有非营利性机构的所有专业的研究人员均可在总选题范围内自由申请研究课题。重点计划的拟定和审批均由学术评议会负责。每年5月，学术评议会都会确定下一年度新的重点计划，申请截止日期为每年的11月15日。

在一项重点计划中最多可以申报30个单项课题。重点计划的资助期限一般为6年，申请的成功率大约为13。德国研究联合会所资助的所有重点计划均可在其网页上查询到。截至2007年5月，受资助的102项重点计划中有12项（11.8%）属于人文社会科学领域。[①] 人文科学中心是德国研究联合会对新联邦州的一项科研资助方式。人文科学中心最初由科学委员会提议成立，目的是为了保持新联邦州的人文研究优势，自1996年起由德国研究联合会负责资助。人文科学中心建立的原则是跨学科和合作性，偏向文化科学（Kulturwissenschaft）并面向国际。目前已经成立了6个人文科学中心，分别是柏林的普通语言学、类型学及语言共性研究中心，文学研究中心，现代东方人文中心，波茨坦的历史研究中心，欧洲启蒙研究中心，以及莱比锡的中东欧历史与文化中心。这些人文科学中心的基本设施由所在州负责提供，专项项目经费则由德国研究联合会在科学评估的基础上提供。

博士生院是高校学术机构，其主要目的是帮助博士生参与各高校教师的协作研究计划，更好地完成博士论文。德国研究联合会从1990年开

---

① 见 http：www.dfg.de forschungsfoerderung koordiniert-programme schwerpunktprogramme liste spp-gesamt.html。

始资助博士生院计划。一所博士生院中通常有来自不同学科的 5—12 名高校教师和 15—25 名博士生,其中半数以上的博士生获得德国研究联合会的博士生奖学金。享受博士奖学金的学生由博士生院自行挑选,不受国籍限制。每年入选博士生院的博士生通常占当年博士生总数的 10% 左右。① 博士生院的研究计划通常不超过 9 年。特殊研究领域主要指研究型大学内的跨学科、跨机构以及跨系的研究合作,在一所高校确定研究重点的前提下,也可以与德国其他高校、校外研究机构、工业和经济界,以及国外高校、研究机构和研究人员进行合作。特殊研究领域的确定通常是由研究员发起一项研究,由其所在高校向德国研究联合会提出资助申请。特殊研究领域中的研究计划通常耗资巨大,持续时间长。截至 2007 年 5 月,受资助的 276 个特殊研究领域(其中有 37 个[13.4%]属于人文社会科学领域)分布于 58 所高校,其中有 10 所位于新联邦州。除了以上各种资助方式之外,德国研究联合会还设立多个研究奖项,在国际范围内资助研究和年轻学者,并且每年投入大量经费用于完善基础科研结构,例如购买大型器材,建设信息系统,建立科研服务机构等。

除了德国研究联合会之外,德国学术交流中心(DAAD)和洪堡基金会的资金也主要来源于政府。德国学术交流中心的资金有大约 86% 来自联邦,8% 来自欧盟,其余 6% 来自其他的资助者。其主要任务是通过交流学生和学者的方式,促进德国与其他国家的学术交流。DAAD 设有 200 多个资助项目,不受专业和国家的限制。

三 基金会

在德国科研资助体系中,基金会扮演着非常重要的角色。根据基金会监察局的统计,2004 年底,德国拥有法人地位的基金会有 12940 个。在这些拥有法人地位的基金会中,56% 的基金会其可支配资金不足 50 万欧元,可支配资金超过 2.5 亿欧元的只占 0.3%。② 从基金会经费来源来

---

① 见 http: www. dfg. de aktuelles-presse publikationen verzeichnis download aufbau-aufgaben. pdf.
② Bundesverband Deutscher Stiftungen, 2005, Verzeichnis deutscher Stiftungen 2005, Berliner Wissenschaftsverlag.

看,德国的基金会有国家资助基金会、经济界基金会以及私人基金会等几种形式,其中私人资助的基金会大多规模较小,而且很少资助科研领域。

1. 国家资助的基金会

亚历山大·冯·洪堡基金会(Alexander von Humboldt-Stiftung, AvH)是典型的由国家资助的基金会,该基金会的经费有90%来自联邦政府,由联邦外交部从文化经费中专项给付,有5%来自各州及私人资助,其余5%是基金会自身经营所得。2000—2002年,洪堡基金会的可支配资金分别为5230万、6763万和7274万欧元。[①] 根据洪堡基金会的章程,"基金会的目的在于通过提供研究奖学金和研究奖项,使优秀的外国科学家有机会在德国实施其研究计划,并由此建立学术联系,而不受性别、种族、宗教信仰或世界观的限制"。针对不同的对象,洪堡基金会设立了多种奖学金项目和研究奖项。其中针对德国本国学者的奖学金主要有费奥多尔·吕嫩研究奖学金(Feodor Lynen-Forschungsstipendien),用以资助38岁以下已获得博士学位的年轻学者在国外进行研究,每年最多资助150人,而洪堡基金会最主要的资助对象是外国科学家。例如洪堡研究奖学金(Humboldt-For-schungspreise)主要资助40岁以下已获得博士学位的优秀外国科学家来德国进行长期研究工作,不受国籍和专业限制,每年最多资助600名学者;格奥尔格·福斯特研究奖学金(Georg Forster-Forschungsstipendien)主要资助45岁以下的发展中国家的优秀学者来德国进行长期研究工作,每年最多资助60人。德国有一种特殊的基金会——政治基金会,它们的资金也来源于政府,与各大政党有着密切的亲缘关系。这样的基金会共有6个,即亲基督教民主联盟的康拉德·阿登纳基金会(Konrad-Adenauer-Stiftung)、亲社会民主党的弗里德里希·艾伯特基金会(Friedrich-Ebert-Stiftung)、亲基督教社会联盟的汉斯·塞德尔基金会(Hanns-Seidel-Stiftung)、亲自由民主党的弗里德里希·瑙曼基金会(Friedrich-Naumann-Stiftung)、亲90联盟绿党的海因里希·伯尔基金会(Heinrich-Böll-Stiftung),以及亲民主社会主义党的罗莎·卢森堡基金会

---

① 见 http: www. bmbf. de pub bufo2004. pdf。

(Rosa – Luxemburg – stiftung)。① 这些政治基金会的共同特点是与各政党联系密切，深受各大政党的影响。不仅基金会的经费来自相关的政府部门，而且许多现任或前任政府官员、议会议员以及各政党的政要也在各基金会中身居要职。由于有各政党作后盾，政治基金会的可支配资金十分可观，其经费数额也在一定程度上反映了各政党的政治实力（见表1）。②

从这些政治基金会网站上所列的资助项目可以看出，它们的资助主要集中于政治、外交等领域，如阿登纳基金会正在资助的项目有"欧洲统一""古巴人权与民主""全球化的形成""国际安全政策""伊斯兰与民主""年轻的外交官"等；艾伯特基金会正在资助的项目有"社会统一""人权手册"等。其中阿登纳基金会除了项目资助之外，还设有各种奖学金和奖项，如"青少年竞争奖""文学奖""记者奖"等。

表1　　2003 年政治基金会经费支出

	经费支出（单位：百万欧元）
弗里德里希·艾伯特基金会	106.525
康拉德·阿登纳基金会	106.040
汉斯·塞德尔基金会	42.614
弗里德里希·瑙曼基金会	40.763
海因里希·伯尔基金会	38.036
罗莎·卢森堡基金会	3.316

资料来源：Verzeichnis deutscher Stiftungen 2005, Berliner Wissenschaftsverlag.

2. 经济界基金会

除了国家资助的基金会之外，经济界基金会的地位也不可小视。经济界基金会主要有两种形式，一种是公司基金会，如罗伯特·博世基金会（Robert Bosch Stiftung）和克劳斯·奇拉基金会（Klaus Tschira Stif-

---

① 阎瑾：《德国外交政策决策过程中的政治基金会》，《国际论坛》2004 年第 2 期。
② Bundesverband Deutscher Stiftungen, 2005, Verzeichnisdeutscher Stiftungen 2005, Berliner Wissenschaftsverlag.

tung）；另一种是拥有自有资金的基金会，如大众汽车基金会（Volkswagen-Stiftung）和德国联邦环境基金会（Deutsche Bundesstiftung Umwelt）。公司基金会通常属于某一集团或公司，按照公司规定拥有一定的公司股份，股份收益就是基金会的资金来源，用于基金会自身的管理和运营以及从事公益活动。如博世基金会拥有罗伯特·博世有限公司92%的股份。为了将公司的赢利目的和博爱精神严格区分开，博世基金会不参与公司事务，没有管理权和表决权。在博世基金会的网页上，"科学与研究"位列6项资助计划之首。"科学与研究"计划中有一项促进人文社会科学的学者和学生相互联系的项目，该项目面向各个高校和研究机构的所有人文社会科学家，以及文理高中、综合中学和实用中学5年级以上的教师和学生，以帮助中学生和教师了解人文社会科学研究的最新进展。通过参与小型研究项目，中学生可以初步了解人文科学的研究对象和研究方法，从而决定日后是否要学习和研究人文科学以及学习哪一门学科。大众汽车基金会是拥有自有基金的基金会典型。与公司基金会不同的是，大众汽车基金会不持有大众汽车有限公司的股份，而是一个完全独立自治的非政府组织，基金会可独立支配自己的经费，每年所产生的收益用于支持基金会的自身运转和对外资助。大众汽车基金会从建立之日起就致力于各个学科领域科研计划的资助，迄今已资助了2.8万个项目，资助总额超过了32亿欧元。目前大众汽车基金会是德国最大的资助科研的基金会，每年的资助额度高达1亿欧元。其科研资助主要有五大方向共16项计划：机构和人员资助（包括利希滕贝格教授资助计划、顺彼得奖学金①、人文科学资助计划、未来高校计划以及学术研讨会和暑期学校资助计划）、国外学者资助［包括非洲南撒哈拉合作研究计划、欧洲与东方（中亚高加索）热点学术问题合作研究、欧盟扩展研究以及濒危语言文献计划］、专题资助（包括三项自然科学和生物科学领域的研究计划）、社会和文化挑战研究资助（包括影响社会未来问题的研究计划和人文科学重要题目研究计划），以及特殊项目资助（包括特殊项目开放资助计划和欧洲生命科学、思想科学和人文科学讲坛计划）。大众汽车基金会的科研资助不针对个人，而针对高校及其他研究机构，其中研究型大学每年所

---

① 顺彼得奖学金针对经济、社会科学和法学领域的优秀年轻学者。

获资助最多。根据大众汽车基金会2005年年度报告，2005年研究型大学有214项申请获得了该基金会的资助，资助金额达3670万欧元；其他研究机构有65项申请获得批准，总金额为850万欧元；外国学术机构有42项申请获得批准，金额总计550万欧元。从获批项目的学科分布来看，在2005年获批的项目中人文和社会科学领域的项目数量最多，有145项，获批金额为1570万欧元。

四 欧盟科研框架计划

除了国家、经济界和基金会之外，欧盟也是德国科研的一个重要资助者。欧盟对德国的科研资助主要是通过欧盟科研框架计划来实现的。20世纪80年代初，随着世界新技术革命的迅猛发展，国际市场竞争日趋激烈，高新技术以其巨大的活力不断改变着传统的社会生产方式和产业结构，推动社会生产力的飞速发展，并成为国家或集团之间竞争的主要手段。为对抗美、日的竞争，欧洲走向了科技联合的道路。1983年欧共体理事会出台了第一个"研究、技术开发及示范框架计划"（简称"框架计划"），总预算为32.7亿欧洲货币单位，计划执行时间为1984—1987年。之后欧共体以及后来的欧盟又推出了一系列的框架计划，每项欧盟框架计划持续时间为3—4年，经费由欧盟（之前是欧共体）委员会提供，并呈直线增加趋势（见表2）。到目前为止已经推出了7个框架计划，2007年1月15—16日，欧盟"第七框架计划"启动大会在德国的波恩召开。欧盟框架计划的主要目的是加强欧盟学术及科技力量，提高欧盟在国际上的竞争力。每项欧盟框架计划都会根据欧洲当时的科研需要以及各领域专家的评估与建议确定不同的重点，各成员国的学者和研究机构均可根据这一重点来申请项目。从第四个框架计划开始，欧盟开始重视对人文社会科学研究的资助，每项计划都为人文社会科学某个领域的研究预留了经费，第七个框架计划更是将"社会、经济及人文科学"列为资助重点之一，资助额度为6.1亿欧元。

表2　　　　　　　欧盟框架计划执行时间、经费及计划重点

		经费（单位：亿欧元）	重点
第一框架计划	1984—1987	32.7	能源
第二框架计划	1987—1991	53.6	农业和工业创新
第三框架计划	1991—1994	66	生命科学
第四框架计划	1994—1998	132	信息通信技术、新能源、交通、生命科学
第五框架计划	1998—2002	150	国际合作
第六框架计划	2002—2006	175	人力资源、综合项目、社会与科学
第七框架计划	2007—2013	544	空间与安全、国际合作、基础研究、社会与科学、社会经济科学和人文科学等

资料来源：科技部中国—欧盟科技合作促进办公室，2006，"欧盟科技框架计划介绍"。

　　欧盟框架计划的项目大多是合作性项目。在一个项目中，各个合作伙伴承担不同的任务，如实验、测量、理论研究、政策研究、应用测试、用户调研、生产方法，等等。欧盟框架计划规定，任何法人职能上具有互补性，至少来自4个国家；总体规模为200万—1000万欧元；项目周期一般为3—5年。为了保证项目的质量，欧盟有着非常严格的项目评审程序。通常欧盟委员会会在欧盟的官方文件上发布"专家招标书"来征选评审专家，被选中的专家根据项目申请人的研究能力、项目的创新水平、对欧盟政策和社会的贡献、对经济发展和科技进步的贡献等标准对项目进行评审。严格的评审程序就意味着中标的项目必须有很高的质量，中选的机构也必须具备很高的科研水平，因此从欧盟框架计划的中标项目及机构中可以看出各国的研究实力。在前几个欧盟框架计划的项目中，从欧盟成员国参与项目的情况看，以英国为最多，以下依次为：法国、德国、荷兰、意大利和瑞典等。德国在第六框架计划中得到了大约20%的研究资助，[①] 而在第七框架计划中德国将参与80%的研究项目，其中人

---

① 见 http：www.bmbf.de pub bufo2006.pdf。

文、社会和文化学（Kulturwissenschaft）等领域可以获得62300万欧元的资助。与其他国家优秀的科研机构合作，进一步促进了德国科研机构的科研能力与水平。

五　结语

综观德国的科研资助体系，可以发现以下几个特点。

第一，资助主体众多，形式多样。根据资助资金的来源主要可以分为官方组织（联邦、各联邦州、联邦教育与研究部、各政治基金会等）、半官方组织（德国研究联合会、德国学术交流中心、亚历山大·冯·洪堡基金会等）和非官方组织（罗伯特·博世基金会、大众汽车基金会等）。

第二，德国各级政府（联邦和州）在支持科研方面扮演着重要角色，不仅通过官方途径，也通过半官方的自主机构或基金会支持科研工作，表现出对于科学研究的高度重视。

第三，德国非常重视科研的国际化，不仅积极参与欧盟等国际项目，还支持德国学者出国研究，以及外国学者来德国进行研究。

第四，相比之下，德国对人文社会科学的资助力度较小，但德国政府已经逐渐意识到了人文社会科学的重要性，不仅加强了对人文社会科学的资助力度，而且还将2007年定为人文科学年，旨在推动德国的人文科学研究，普及大众的人文科学知识。同时，联邦教育与研究部还启动了"人文科学的自由空间"计划，致力于加强人文科学的后续发展。到2009年，联邦教育与研究部将拨款6400万欧元用于人文科学方面，尤其是开展国际合作研究。

（选自《国外社会科学》2007年第5期）

荷兰国家图书馆对数字资源保存的探索

张 静[*]

随着信息时代的推进，人类积累的数字资源正在以几何级数增加，以纸本形式存在的资源也在逐步数字化。图书馆管理人员时常会遇到这样的问题：由于存在 IT 技术更新、计算机置换和断线故障等因素，一些数字资源极容易迅速损失。因此，如何长期保存这些海量数字资源，已成为目前国外图书馆学界研究和探讨的重要问题。面对数字资料有可能丢失的风险，荷兰国家图书馆（Koninklijke Bibliotheek，KB）是世界上最早做出反应的机构之一，它的实践对我们的数字资源保存工作有一定的借鉴意义。

一 数字资源保存的意义和挑战

数字资源的保存，就是找到维护人类数字遗产的方式。而这种遗产与其他遗产的一个重要的不同之处，是其存在的形式多种多样，包括电子杂志、数据库记录、网站、电子邮件、数字影像、视听材料、互动程序以及所有其他各种二进制的数据。

数字出版的优势是明显的：在任何地方可以方便地使用。学术期刊

---

[*] 作者信息：张静，1965 年生，中国社会科学院文献信息中心研究馆员。

越来越多地以数字的形式出版。过去十多年里，期刊的出版越来越走向数字化，尤以科学技术和医学领域的出版物最为明显。越来越多的科学家正在利用提供数字出版物的电子服务。

但是，一种劣势也逐渐显示出来：数字出版使得研究信息永久性保存充满危险。数字出版物的物理载体比纸质或皮质出版物的失效速度要快得多。由于格式、硬件、软件和载体过时，如不采取措施，数字信息可能会丢失，数字载体的格式可能会被毁坏或缺失，并可能无法恢复。或许在这种情况发生前，用来储存这种出版物的技术就可能已经过时了。另一个威胁是：如果要翻译、展示和利用那些数字载体中的信息，需要特定软硬件提供的功能，而这些功能也有可能会丧失。没有了这些功能，即便数字载体上的字节已经保存下来，信息也无法利用。因此，只有正视这些威胁，采取应对措施，才能成功地将数字出版物长期保存，以供未来使用。否则，人们迟早会失去数字资源或无法利用其中的信息。数字出版的蓬勃发展，也正在促使出版者和图书馆的角色和职能发生转变。数字出版对科学研究记录的持续保存构成了严重威胁。过去，图书馆只是承担对图书、报刊的采集、编目、典藏和服务的职能。现在，对于数字资源，图书馆自己并不拥有出版物，只是拥有出版者的使用许可。保存数字出版物，需要图书馆在政策和实践方面进行重大改变。尽管人们已经采取了一些措施，但数字资料的保存和实施仍然处于初始阶段。图书馆将需要大量资金，用于数字文献基础设施的探索性研究和开发。各个图书馆之间也必须密切合作，以便对 21 世纪的数字资料长期保存工作进行成功而有效地组织。

数字出版不只影响到图书馆的典藏角色，也影响到出版者的出版角色。对出版者来说，数字出版使工作重点从出版物的制作和销售转向了数字资料的搜索、链接和检索。为了履行出版者保存科学记录的职责，仅仅制作、营销出版物已经不够，需要为已出版的信息提供典藏方面的服务。一些科技出版商已经意识到了这一点。数字信息的典藏要比纸本信息的典藏更复杂。印刷出版物是一种物体，而数字出版物只是储存在实物介质中的理论上的物体。人类可以直接阅读印刷出版物，而要阅读和观看数字出版物中的信息，需要有软硬件提供的特殊功能。为了保证数字信息的永久利用，需要有各种解决方案，如迁移、规范化、仿真等。

选择哪一种技术,既取决于数字出版物的性质(如格式是什么),也取决于使用者的要求(他们是仅仅浏览信息,还是要处理信息)。迁移(有时候指转换)是计算机科学中常用的技术,然而,迁移实质上是改变原状,意味着存在破坏信息的风险。如果实行一连串的迁移,风险就更大。规范化是在典藏接受信息之前,将信息迁移到某种特定的格式上,这种方法也可能造成数字信息的部分丢失及其特征的隐匿。仿真也是一种方法,目的是使数字信息尽可能地保真。通过仿真,技术过时的风险可以通过电脑的软件编程(仿真器)和实现硬件替换的方式来解决,有时候,可以结合仿真和有控制的迁移这两种方法来使用。

目前,关于数字资源长期保存要面对的挑战,人们在以下三点已达成共识:(1)需要处理的数字资源量极其庞大,而且在迅速增加;(2)数字材料具有暂时性,尤其是其格式正在迅速变化;(3)数字材料的处理和保存,需要进行大规模的机构变革,包括投入相关的费用。

二 荷兰国家图书馆的数字典藏实践

KB 位于荷兰首都海牙,创立于 1798 年,目前工作人员约 320 人,近年来每年的预算约为 3900 万欧元。作为国家图书馆,为保存本国文化资产,该馆在 1974 年开始了版本收藏(deposit library)工作,专门收藏本国出版的各类出版物,如图书、期刊、报纸、学位论文和政府出版物等,目前该馆年入藏图书缴存本约 4 万册;1996 年起又将本国出版的电子出版物纳入馆藏范围。目前馆藏的数字藏品主要包括两大类:国内出版商缴存本和本馆馆藏的数字化制品。根据该馆目前正在实施的《荷兰电子出版物保存计划》(Deposit of Dutch Electronic Publications,DDEP),需要保存的电子出版物包括:在线数据库、光盘数据库、电子期刊、电子图书等类,目前这些种类的藏品的入藏量正以每年 12 万件的速度增加。

一般来说,国家图书馆储存出版物,或者是通过国家立法的形式管理,或者是资源缴存,即在协商一致的基础上,通过缴存协议这种不预先设定法律强制义务的民事法律行为来实现数字产品的缴存。在荷兰,国家图书馆对出版物的收藏主要是通过 KB 与国内外数据生产商之间的缴存协议来实现的。

1. 开拓性的工作

20世纪90年代初，当KB收藏第一批电子出版物的时候，是把它们作为纸本出版物处理并码在书架上。它们是"离线的"或者说是"可触及的"数字出版物，依据出版包装上的信息进行编目。为了学习对数字出版物进行信息处理，KB不得不在多个领域做开拓性的新工作，图书馆人员也尝试开发全新的工作流程和学习新的技能。同时，KB也尝试与IT合作伙伴建立密切的合作关系，并获取专门的IT基础设施。此外，KB还与出版商建立起信任关系，共同进行数字出版物的典藏试验。由此，逐步组成了一种由图书馆、IT公司和出版者之间的三方合作关系，这就是后来KB参与和实施欧洲NEDLIB（网络化欧洲储藏图书馆）项目取得成功的基础。为了获得更多的实际处理出版物的经验，KB还着手利用Elsevier和Kluwer Academic等出版机构提供的电子期刊样本，进行收藏在线数字出版物的试验。

在荷兰国内，Elsevier出版公司一直参与KB自1993年以来的典藏试验。1995年，KB与Elsevier一道探讨了收藏荷兰语电子出版物的可能性。1996年，双方签订初步协议，由Elsevier先着手收藏、储存其出版的电子杂志。1999年，KB又与荷兰出版商协会（Dutch Publishers Association）做出了类似的安排，收藏数字出版物的做法延伸到了一般的荷兰出版商。到了2003年，荷兰各大学联合启动了"数字学术知识库"（Digital Academic Repositories，DAR）项目，建立各自的知识库。这些机构建立的知识库所发表的数字信息由KB负责典藏，并确保其连续性和一致性。这一项目已经成为KB后来成功运行e-Depot的核心。

在开发新的数字典藏措施的同时，KB对典藏Elsevier所有电子杂志所需承担的更大责任进行了调研。为此，KB向所属的荷兰政府教育、科学与文化部汇报了这个计划，并获得批准。2002年，经过对合作伙伴的共同兴趣和各自的能力做出细致考察之后，KB与Elsevier签订了一项协议，典藏Elsevier的所有电子杂志。这份协议的目的主要是：（1）建立正式的典藏关系，确保出版物的永久性保存；（2）保证数字信息的完整性，确保这些出版物的永久性使用。在与Elsevier签订协议之后，KB又与Kluwer、BioMed Central、Blackwell、Taylor and Francis、牛津大学出版社、

Springer、Brill 等多家国际出版商签订了协议。在这些典藏协议中，关于 KB 典藏的数字出版物的使用，做出如下规定：（1）这些出版物的元数据可以纳入到 KB 的网上公共目录和荷兰的《国家文献目录》（National Bibliography）当中；（2）出版物只允许在 KB 馆内使用和经过 KB 许可的人使用；（3）如果属于开放利用的出版商和非营利性出版商，这种馆内使用限制则不适用；（4）对于得到许可的 KB 人员，允许馆内使用和远距离使用；（5）典藏出版物可以供荷兰国内馆际互借时用于复印或复制；（6）不允许以任何手段向馆外发送或转移这种电子文档。

2. 安全场所战略

通过数年的试验及与合作伙伴的合作，KB 设计了一种称为"安全场所策略"（safe place strategy）的典藏方法。它由三个步骤构成。第一步是建立一种能够容纳所有必藏出版物的典藏环境。这种典藏环境的技术核心是一个与图书馆的实物书架有着同样功能的存储系统（deposit system）。这种典藏环境为电子出版物的存储、维护和管理提供了特定的受控条件。第二步是组织并执行对数字对象的"完美"复制，以备对存储介质的更新。这一步骤必须在旧的存储介质状况恶化或技术上过时之前完成。由于收藏的出版物不断增加，复制量巨大，因此复制并不是一件小事。第三步也是最复杂的一步，是确保这些出版物在将来继续使用。因此，必须对解读数字信息的功能进行登记、保存和更换。这些作业都需要不断进行研究和开发，因为信息技术正在不断快速地发展。

为了管理在线数字出版物，KB 认识到需要有一种特殊的计算机系统，因此着手寻找愿意提供一个试点系统的 IT 合作伙伴。

1995 年，KB 开始与 AT&T 公司及其贝尔实验室组成一个团队。AT&T 为 KB 提供了一个馆称为"Right Pages"的系统，该系统的设计是为了处理一定数量的电子期刊文章。除了建立在线数字出版物工作流程之外，KB 和 AT&T 共同研究了 Right Pages 系统升级的潜力，以便管理数量越来越多的数字出版物。

虽然 KB 和 AT&T 的合作项目取得了良好进展，但 AT&T 在 1997 年关闭了其开发和营销 Right Pages 系统的欧洲分部，KB 被迫另寻合作伙伴。在经过对可选用产品进行一番搜寻之后，IBM 的"数字图书馆"

(Digital Library) 被选定为替代者。KB 建立数字图书馆，KB 和 IBM 公司需要做出巨大努力，该公司于 1998 年 1 月开始运行这个试点系统。系统的规模比以前的要大得多，包含了处理和管理数字出版物的基本功能。该系统称为 DNEP 系统（DNEP 是"荷兰电子出版物存储库"，即 Depot voor Nederlandse Electronische Publicaties 的简称），包含了约 1.9Tb 的存储能力。DNEP 系统不仅用来下载和维护数字出版物，而且为图书馆工作人员和读者提供了利用数字内容的途径。

也是在 1998 年 1 月，一个称为"NEDLIB"的国际项目开始启动，它的目的是确定可运行电子存储系统的功能、技术和组织要求。NEDLIB 是"网络化欧洲储藏图书馆"（Networked European Depository Library）的缩略语，该项目的目的是定义和测试获取、保存、利用数字出版物所需要的基本设施和程序。

NEDLIB 项目是由在欧洲国家图书馆大会（CNEL）建立的多国国家图书馆合作组织 CoBRA + 发起的。该项目由欧盟委员会提供部分资金，历时 3 年，总预算 176 万欧元，参加者有 8 个国家图书馆、1 个国家档案馆、两家 IT 机构和 3 家科技出版商。KB 负责项目的协调和管理。NEDLIB 为电子出版物存储系统的总体设计方案开发出一种功能格式，并处理长期保存和长期利用的问题。在此过程中，还要对电子出版物存储系统做出技术说明，并提供一个原型。

在 NEDLIB 提出电子出版物存储系统最初原始模型的第一个草案的时候，国际标准组织的《开放档案信息系统参考模型白皮书》（OAIS Reference Model White Book）也于 1998 年发布。经过将 NEDLIB 模型与 OAIS 模型相对照，NEDLIB 决定采纳 OAIS 模型，同时致力于对其进一步开发，将其运用到国家图书馆和国家档案馆中。NEDLIB 项目的最终成果是发表了 6 个系列研究报告，这些报告又为 KB 的电子存储系统的开发和实施提供了非常有价值的参考。通过 NEDLIB 项目，欧洲各国国家图书馆得以开发符合国际标准组织 OAIS 典藏标准的储存系统。

3. 存储系统的研发

根据试验性的存储系统的经验和 NEDLIB 项目的研究成果，KB 提出了电子出版物存储系统的要求。1999 年，通过对 IT 市场的考察，KB 决策者认为存储系统可以购买到,当时 IT 市场也正对设计和开发存储系统表现出浓厚的兴趣,因此,1999 年年底,KB 决定对存储系统进行招标。

在招标前,KB 认为,电子出版物存储系统的总体要求是,它应该提供一种受控的典藏环境,应该能够支持对数字出版物的维护,不丢失数据或不使数据残缺,能保证现在和将来都能利用。在 KB 的招标书中,归纳了这方面的要求:(1)存储系统的设计,应能处理不断增加的电子出版物的种类和数量;(2)系统应是耐用的,技术上能够不断更新,同时不影响典藏流程的可靠性,不危及已经典藏的内容;(3)存储系统的功能设计,应该符合国际标准组织的 OAIS 典藏标准;(4)存储系统应是一个独立的系统,但其界面应与提供传统功能如编目、检索等的数字图书馆基础设施的界面相通;(5)进入其环境的界面应当友好,易于维护;(6)系统应尽可能采用经过检验的技术和现成可用的模块来建造。

KB 与 IBM 公司于 2000 年 10 月签订了合同。合同谈判期间要解决的主要问题是,KB 要建立一个可运行的、全面的、符合 OAIS 的存储系统,包含保存数字资源的全面功能(规划、管理和永久使用)。但在当时,KB 尚未能对保存功能的要求做出确切定义,因此无法提出明确要求。为了解决这个问题,合同分为两个部分:可运行存储系统的开发和交付;定义长期保存和永久使用要求的补充研究。这种补充研究作为"长期保存研究"项目来实施,与建立存储系统同时进行。IBM 将这项研究的结果用于"数字信息典藏系统"(DIAS)的设计和开发,研究的结果也在 2002 年 12 月以 6 份报告的形式发表。在进行合同谈判时,KB 同意 IBM 公司对这种典藏系统享有完全的知识产权。KB 希望,这样做可以鼓励 IBM 公司将这种典藏系统作为一种产品,冠以品牌进行营销并不断更新。

尽管"数字信息典藏系统"是 IBM 与 KB 一起开发的,但它并不是特地针对 KB 的,甚至也不是专门为图书馆设计的系统,而是一种一般意义上的数字典藏解决方案。根据要求,"数字信息典藏系统"依据的是 NEDLIB 公布的"电子出版物存储系统"模型,这使它的建立成为 OAIS 参考模型的第一次具体应用。符合 OAIS 典藏标准,表明"数字信息典藏系统"包括以下功能:(1)缴送和提取,即从出版商那里接受数字出版物,检查其质量,制成"缴送信息包"(Submission Information Packages, SIPs),并向收录部门演示服务和功能;(2)收录,即检查和接收"缴送信息包"的服务和功能;(3)典藏存储,即存储、维护和检索"典藏信息包"(Archival Information Packages, AIPs)的服务和功能;(4)数据管理,即保存、维护和利用已收藏的出版物和其他管理数据的描述性信息的服务和功能;(5)管理,即控制日常运行的服务和功能;(6)保存,即规划、监督和执行保存策略和措施的服务和功能;(7)使用,即定位和检索已典藏的信息并制成"传播信息包"(Dissemination Information Pack-ages, DIPs)的服务和功能;(8)打包和交付,即对已打包进入"传播信息包"的信息进行前期处理,并检查交付给用户的服务和功能;(9)监管和记录,即对浏览和使用行为进行注册和报告的服务和功能。IBM利用现成的组件以及为建设"数字信息典藏系统"特地开发的组件以实现各种功能。

现有"数字信息典藏系统"已经包含了保存功能。然而,KB和IBM为"数字信息典藏系统"又开发了一个"保存子系统",它将支持技术元数据(technical metadata)的注册并提高电子资源保存所需要的其他功能。这个子系统由三个部分构成:(1)保存管理器,是用于注册技术元数据的组件;(2)永久利用工具箱(PATbox);(3)保存处理器,用于执行保存操作。保存技术元数据,是长期保存电子出版物的一个关键部分,其中的一个重要方面就是元数据的提取。每种已典藏的数字出版物,都必须注册元数据。NEDLIB将"开放档案信息系统"的"再现信息"概念进一步开发成一种保存层次模型。为了实际应用这个分层模型,IBM进一步将其开发成"保存层模型"(Preservation Layer Model, PLM)。"保存层模型"是保存子系统注册、维护和管理技术元数据时使用的模板结构。用于某种特定数据格式的具体"保存层模型",被称为"浏览路径"。

4. e-Depot 的成功运行

电子资源长期保存功能的核心组成部分,是支持技术元数据管理的保存管理器(preservation manager),它登记了每一种数字出版物的浏览路径并监测其可行性。保存管理器由IBM公司新近研发,并经过了KB的测试。目前,它已经被集成到新一代的"数字信息典藏系统"之中。具体来说,保存管理器的目的是:支持元数据登记和管理,监测信息利用功能的完好性等。

e-Depot 是 KB 用于典藏数字出版物的基础设施和组织的名称，国内有学者称之为"电子资源保险箱"。它包括处理和典藏数字出版物的工作流程，即数字资源的采集、标引、书保存研究和管理等业务流程工作。e-Depot 馆这个名称也适用于 KB 提供数字信息的生产者和使用者的典藏服务。e-Depot 基础设施的核心是提供常见数字图书馆功能的"数字信息典藏系统"，并附带有较小规模的支持系统及其他系统。

目前，在 KB 内部，有三个部门共同负责 e-Depot 服务的运行和 e-Depot 基础设施的发展。（1）采访编目部（Acquisitions and Processing Division）负责获取、检查和下载出版物（包括元数据）的日常业务；（2）信息技术部（Information Division）负责 e-Depot 基础设施的技术维护。这项工作包括"数字信息典藏系统"的维护，以及扩展其存储容量、保证备份、提供介质迁移等。这个部门还负责管理将存储系统集成到总体数字图书馆基础设施之中；（3）研究发展部（Research and Development Division）负责进一步开发 e-Depot 功能的研究和试验。这些活动通常是与前面两个部门共同进行的项目，并经常有外部技术合作伙伴参与。该部门还组织或参与国际性的活动，如制订标准、保存研究、项目合作、举办会议等。

由于建立 e-Depot 是一项具有战略意义的活动，对 KB 的政策和组织有着巨大影响，因此为了协调这方面的活动并制定与 e-Depot 有关的政策，KB 还建立了一个 e-Depot 管理委员会（e-Depot Steering Board）。除了前面提到的三个部门之外，用户服务部也是这个委员会的参与者，它负责按照与出版商签订的典藏合同所规定的条件为用户服务。

KB 的目的，是将 e-Depot 发展成为一个"可信赖的数字知识库"（Trusted Digital Repository，TDR）。这一概念是 2002 年世界两大信息组织——研究型图书馆集团/联机图书馆中心（RLG/OCLC）的数字档案属性工作组（Working Group on Digital Archive Attributes）提出的。在这个工作组的报告中，对"可信赖的数字知识库"作了如下定义："可信赖的数字知识库，是一种在目前和将来，以使目标社区能可靠、长期使用可控数字资源为使命的知识库。"

2002 年 10 月，IBM 公司将"数字信息典藏系统"正式移交给 KB。该系统执行和处理数字出版物的工作流程和程序到位之后，开始了数字出版物的下载工作。原来的试验性系统——荷兰电子出版物存储系统（DNEP）于2004年年底关闭，因为其所有功能都已经被e-Depot所接替。几年来，e-Depot正常运行并且越来越完善，为广大读者特别是科学研究人员带来了极大的便利。

（选自《国外社会科学》2008年第6期）

俄罗斯社会科学研究的组织与管理

于文兰

一 概 况

自 1991 年 12 月苏联解体以来，俄罗斯社会科学研究的组织与管理主要有以下特点。

第一，总的说来，苏联解体对俄罗斯社会科学研究的水准及其组织与管理并未产生不良影响，因为有 60% 以上的原苏联主要科研机构都在俄罗斯境内，70% 以上的有关学者基本上集中在莫斯科和圣彼得堡（原列宁格勒），部分集中在新西伯利亚和远东地区。独联体最大的社会科学中心是位于莫斯科的俄罗斯科学院社会科学五大学部及其下属研究机构，这里的大多数研究人员都是在社会科学不同领域从事研究的高水平专家。除上述研究机构都保留下来以外，还有分布在俄罗斯境内其他地区的原苏联科学院三大分院、科学中心及其下属基层研究机构，一些从事社会科学研究的高等院校和综合性大学的社会科学系与专业也都保留了下来。

俄罗斯境外稍大一些的原苏联社会科学家群体是在乌克兰科学院和摩尔多瓦科学院，但是后两者在组织规模上与前者相比，都显得比较弱小，甚至有些学科或研究领域的机构只是近几年来才刚刚成立起来的年轻组织，其研究人员多数来自大学和师范学院。此外，在吉尔吉斯、白俄罗斯、外高加索和波罗的海沿岸诸共和国也有社会科学的研究机构，但从数量上更不如前者。因此，从这个意义上讲，如果说苏联是世界上科研队伍十分庞大、某些学科的研究颇有影响的国家的话，那么，苏联解体后的俄罗斯在组织规模和科研实力上仍居世界领先地位。

第二，如果说俄罗斯社会科学在苏联解体后遭受了某种损害，那么其根源在于俄罗斯政治和经济改革的新自由主义理论、方针和政策的失误以及由此造成的社会政治动荡和严重的经济危机。在这种情况下，俄罗斯社会科学同其他科学一样饱经了危机带来的严重打击和改革带来的负面影响。1991年以后，由于危机，国家科研拨款被大幅度地压缩到只能维持生存的地步，俄罗斯境内的科学工作者从收入丰厚的居民群体变成了低收入的群体之一。结果，许多中青年学者从学术界流向商业机构或国家机关，读研究生的人数骤减，学术著作的出版受到冲击，国际学术交流活动被迫中断。直到1996年以后，由于国家采取了一系列有力措施，此种情况才基本上得到遏制，1997年开始出现复苏迹象。

第三，随着苏联解体以及改革开放而开始的科学非意识形态化的总过程给俄罗斯科学，尤其是社会科学带来了一定好处，社会科学研究领域不再有研究禁区。许多历史档案（其中包括原苏共中央档案）得以开放，大大充实了文献资料库。俄罗斯历史学家于1993年开始编辑出版多卷文献集《联共（布）、共产国际及民族解放运动》，其中增添了许多鲜为人知的关于联共（布）和共产国际的档案材料。

第四，在社会科学科研组织与管理方面，领导层系统发生了根本变化。科研管理由苏联解体前的党和国家的指令性科研行政管理体系与计划性科研行政管理方式开始向国家与科学相互关系的体系方向转移。在俄罗斯，向社会科学界强行"下达"某种"指令"和"要求"的情况少了，社会科学研究已基本成为社会科学家自己的"事情"。社会科学界研究什么课题，发表什么作品，出版什么杂志，杂志上发表什么文章，社会科学家站在什么立场，坚持什么观点，参加何党何派，全由自己做主。

二 管理结构

俄罗斯社会科学管理结构也发生了变化。按其职能和隶属关系分为以下5组。

第一组，由联邦部和主管部门以及基层科研机构组成的自上而下的科学管理体系。联邦一级的管理结构包括：总统和总统行政事务管理局；政府和中央机关管理机构。总统行政事务管理局下设科学技术政策委员会，并由总统助理专门负责科研问题。政府和中央一级的科学管理机构包括：俄罗斯联邦会议及其下属科学、文化、教育、保健与生态委员会和科学分委员会；国家杜马及其下属教育和科学委员会与科学分委员会；中央机关中的科学和教育部；跨主管部门科技政策协调委员会。部和主管部门一级的管理机构包括：俄罗斯科学和技术政策部；科学、高等教育和技术部；科学院等。基层科研管理机构包括：科学中心；研究所；地方研究机构以及仍处于萌芽状态的独立研究机构。

第二组，随着改革不断深入和社会对科学需求的变化，俄罗斯境内最大的社会科学研究中心——俄罗斯科学院社会科学研究的组织结构发生了某些变化，新增设了一些市场需要的科研机构，那些过时的、脱离市场需求的机构被撤销了。自20世纪90年代以来，俄罗斯科学院除保留了苏联科学院时期设置的4个社会科学学部（即历史学部，经济学部，哲学、社会学、心理学和法学学部，文学和语言学部）以外，新增设了世界经济与国际关系学部，原社会科学总部被撤销了。目前各学部的科研组织结构具体变化如下。

历史学部除保留原有的考古学研究所、通史研究所、俄罗斯史研究所（原苏联史研究所）、斯拉夫和巴尔干学研究所、米克卢霍-马克来民族学和人类学研究所、东方学研究所、俄罗斯科学院档案馆（原苏联科学院档案馆）以外，新增设了物质文明史研究所、彼得大帝民族学和人类学博物馆。学部设以下学术委员会：历史研究理论和方法论问题委员会，俄罗斯革命史问题学术委员会，社会改革与革命史问题学术委员会，俄罗斯国际关系与对外政策史学术委员会，亚洲、非洲和拉丁美洲民族一般发展史和特殊发展史学术委员会，宗教在历史中的作用学术委员会，世界历史过程中的俄罗斯学术委员会，俄罗斯与世界经济史问题学术委员会，历史编纂学和历史科学学术委员会，历史人口学和历史地理学学术委员会，古文献学、档案学和历史—语文邻近学科委员会，历史研究中的数学方法和电子计算机应用委员会，纹章学委员会，俄罗斯历史学家全国委员会（原苏联历史学家全国委员会），斯拉夫文化研究与普及学术委员会。撤销了伟大十月社会主义革命史学术委员会，社会学问题学术委员会，东方学学术委员会，斯拉夫学学术委员会，苏联外交学术委员会，科学史学术委员会，社会主义和共产主义史学术委员会，历史地理学和制图学学术委员会，考古学学术委员会，国民经济历史科学数据委员会，苏联历史学家全国委员会，俄罗斯巴勒斯坦协会。对以下学术机构实行科学方法论领导：俄罗斯国家历史公共图书馆，西伯利亚分院历史、语文和哲学研究所，俄罗斯国防部军事史研究所，布良斯克社会科学研究所，雅库茨克科学中心语言、文学和历史研究所，远东分院远东民族史、考古学和人类学研究所，乌拉尔分院历史和考古学研究所，乌法科学中心历史、语言和文学研究所，塔吉斯坦科学中心历史研究所，鞑靼斯坦科学院伊勃拉吉莫夫语言、文学和历史研究所，乌拉尔分院卡累利阿科学中心和科米科学中心语言、文学和历史研究所，卡尔梅克社会科学研究所。

哲学、社会学、心理学和法学学部保留了原有的国家与法研究所、哲学研究所、心理学研究所和社会学研究所，新增设了社会—政治研究所和人学研究所。撤销了自然科学和工程学史研究所。设以下学术委员会和协会：哲学教研室圣彼得堡哲学教研室、俄罗斯国际法协会（原全苏国际法协会），俄罗斯政治科学协会（原全苏政治科学协会），俄罗斯美学协会，俄罗斯心理学家协会，俄罗斯社会学家协会（原苏联社会学协会），全俄社会学家和人口学家协会，俄罗斯哲学协会（原苏联哲学协会），科技史和科技哲学全国委员会，人的活力问题科教中心，科技哲学和社会学问题学术委员会，俄罗斯生物伦理学全国委员会。撤销了国家、政府和法的发展学术委员会，无神论和宗教批判综合研究学术委员会，宇宙空间法律问题委员会。

经济学部除保留了原有的中央经济数学研究所，圣彼得堡经济和数学研究所，农工联合企业社会—经济发展问题研究所，远东研究所，索契科学研究中心，生产力和自然资源研究委员会（原生产力委员会），经济理论和企业经营教研室，经济研究所，社会—经济问题研究所，人口社会经济问题研究所，沃洛格达科学协作中心。新增设了国民经济预测研究所，市场问题研究所，国际经济与政治研究所，就业问题研究所，对外经济研究所，国民经济研究院与俄罗斯科学院过渡时期经济问题研究所。撤销了计划和标准科学研究所，全苏控制论科学研究所，国际社会主义体系经济研究所，国际工人运动研究所。设以下学术委员会：市场经济及其职能机制形成问题学术委员会，经济最佳职能系统理论基础学术委员会，农业改革问题学术委员会，地区经济与国际关系问题学术委员会，社会和文化发展综合问题学术委员会，俄罗斯经济部和俄罗斯科学院人口和劳动资源问题学术委员会，中国综合研究学术委员会，经济科研机构协会。撤销了从社会主义向共产主义过渡经济学术委员会，"两个体系和不发达国家经济竞赛"学术委员会，苏联国民经济概况学术委员会，价格形成的基础学术委员会，国民经济最佳计划与管理学术委员会，人口的社会和经济问题学术委员会，苏联生产力配置学术委员会，基金、基本投资和新设备学术委员会，生产的经济核算和物质刺激学术委员会，生产力委员会，发展中国家问题学术委员会。对以下机构实行科学方法论领导：俄罗斯经济部和俄罗斯科学院过渡时期经济政策研究所，西伯利亚分院工业生产的经济与组织研究所，雅库特科学中心北部自然资源的综合开发经济研究所，布里雅特科学中心社会经济研究所，远东分院经济研究所，阿穆尔斯克综合科学研究所，乌拉尔分院经济研究所，科米科学中心北部经济与社会问题研究所，乌菲姆科学中心经济研究所，科拉科学中心经济问题研究所，卡累利阿科学中心经济部和俄罗斯科学院塔吉斯坦科学中心社会经济研究所。

  世界经济与国际关系学部下设世界经济与国际关系研究所，美国和加拿大研究所，欧洲研究所，非洲研究所，拉丁美洲研究所，比较政治学与工人运动研究所，世界研究所。成立了美国问题综合研究学术委员会，非洲国家经济、社会—政治和文化发展问题学术委员会。文学和语言学部保留了原有的高尔基世界文学研究所，俄罗斯文学研究所（普希金家），俄罗斯语言研究所，语言学研究所，卡尔梅克社会科学研究所，外语教研室，圣彼得堡外语教研室，伊勃拉吉莫夫语言、文学和历史研究所。设有"俄罗斯和世界精神文化（语言、文学、民俗学和艺术）基础研究规划"学术委员会，世界文化史学术委员会，民俗学学术委员会，俄罗斯斯拉夫学全国委员会，俄罗斯联邦突厥学家全国委员会，俄罗斯芬兰—乌戈尔语系语言学家全国委员会，语文科学史委员会，普希金委员会。撤销了当代世界文学发展学术委员会，苏联民族语言发展学术委员会，"马列主义文艺理论、诗学和小说风格学问题"学术委员会，俄罗斯古典小说史学术委员会，苏联语言学理论学术委员会，词汇学和词典学学术委员会，民间创作学术委员会，方言学和语言史学术委员会，苏联斯拉夫语文学家委员会。

第三组，支持科学发展的基金会。对于俄罗斯社会科学来讲，基金会的成立是俄罗斯人文社会科学研究组织与管理系统中出现的一种全新的科研管理形式，是俄罗斯改革的直接结果。目前，俄罗斯有三个较大的基金会——俄罗斯基础研究基金会、俄罗斯人文科学基金会和俄罗斯技术发展基金会。此外还有一些小型的基金会，其中包括地区的、地方的和城市的基金会。上述三大基金会属国家独立机构，同俄罗斯科学院、科学和技术政策部有密切联系，但其工作性质有原则区别。它们的成立为俄罗斯人文社会科学家的科研课题和论著的出版提供了物质保障，活跃了人文社会科学研究，引进了竞争机制和初步创建了专家鉴定体系。除此之外，在这一组中还应该包括外国在俄罗斯设立的基金会，它们之所以能在俄罗斯科学舞台上出现也完全是同俄罗斯的改革分不开的。因此，它们的出现也可算作俄罗斯科学结构发生变化的一个新特点。尽管它们不涉及俄罗斯科学研究管理结构，但它们给予了俄罗斯科学组织或机构以及部分学者非常现实的财政支持。

第四组，"社会组织"的成立，包括各种学术团体、职业学者联合会、研究院或协会、各种国际研究院或协会。它们在规模上、结构上、权威性和其他参数上都各不相同。这些社会组织的成立，说明俄罗斯科研人员积极性的高涨和科学结构化的进程远远没有结束。另外，随着改革不断深入，我们还可以发现在俄罗斯科学管理系统中由部级单位和科研机构联手成立的两个机构：一是由科学和技术政策部与俄罗斯科学院主席团联合成立的地区科技合作中心，该中心的出现说明国家科技政策发展的新方向；二是由科学和技术政策部与国家科学、高等教育和技术部联合成立的共和国专家鉴定委员会科研咨询中心。该中心是独立机构，负责对科研规划和草案的鉴定与评估，落实国家科技政策。共和国专家鉴定委员会科学咨询中心的成立标志着过去时期在数量上占统治地位的主管部门鉴定委员会评定的质的变化，即中心采用非意识形态化的、客观的、独立的和正确的现代方法对研究规划与草案做出恰如其分的鉴定结论，真正发挥专家鉴定应尽的职能作用。

第五组，"科学和科学服务"部门所有制的新形式。最近几年，随着经济改革和大规模私有化的深入发展，在俄罗斯科学组织中出现了独立的科研机构或部门。这些机构和部门的建立或是靠原先属于国家的科研组织和企业的私有化，或是靠有关"科学和科学服务"部门的各种私人企业而建立起来的。但由于俄罗斯今天仍处于"混乱时代"（俄罗斯人用这个本来专指俄国 16 世纪末 17 世纪初变乱迭起的那个时期的术语来表征和指称当今的俄罗斯），加之有关数据不全，甚至在一部著作中前后说法都不一致，所以，对于目前俄罗斯的国有与私人独立科研机构或部门在数量上的对比关系很难做出评价。再者，这里所讲的俄罗斯改革时期出现的独立科研机构又往往集中在部门科学系统和工厂科学系统内，也有一部分是设在科学院科学系统和高等院校科学系统的"科学和科学服务"部门以及科学中心内，其研究对象多为自然科学或自然科学与社会科学的交叉学科，所以在此不做过多描述。

三 科研经费

俄罗斯在改革年代已形成自己一套新的科研资金筹措系统。科研经费除主要依靠国家预算拨款外，还依靠部分预算外资金，以及大企业家、高等院校、私人非营利组织、国外和学术组织的资助和捐赠。

由于预算外资金和地方以及国外资金比较分散，所以在此着重介绍国家预算拨款。

苏联解体后，俄罗斯科研经费（包括人文社会科学研究经费）的国家预算拨款分为 5 个方面：(1) 部和主管部门；(2) 专项预算基金；(3) 优先发展规划；(4) 支持学科带头人和主要学派的竞争资金；(5) 基础科学和基础教育计算机联网和数据库的建设资金。资金管理由俄罗斯科学和技术政策部负责。

俄罗斯科研经费拨款来源的构成（%）

	1994	1995	1996
国家预算拨款	61*	60.5*	60.7*
预算外资金	6.3	6.7	6.2
大企业家资金	19.9	17.4	15.3
高等院校资金	0.2	0.1	0.1
私人非营利组织资金	0.1	0.02	0.5
国外资金	2.0	4.6	5.6
学术组织资金	10.5	10.6	11.5

资料来源：《俄罗斯科学数据：1997年（统计手册）》，莫斯科：科学研究与统计中心出版社1997年版，第45页。

1. 部和主管部门的科研经费

该项预算内科研经费包括科学院系统、部门科学系统和高教科学系统的拨款。由于俄罗斯社会科学机构主要集中在科学院系统的俄罗斯科学院内，所以在部和主管部门的预算拨款中着重介绍俄罗斯科学院的科研经费。

俄罗斯科学院预算内科研经费分为两大部分：一是日常经费；二是科研机关、其他科学设施和工程项目的建设投资。日常经费主要包括"基础研究"预算经费。俄罗斯科学院的"基础研究"预算经费分属于俄罗斯科学院院部、西伯利亚分院、乌拉尔分院和远东分院，其结构共分四大项：地质考察；住房补贴；科研机构经费；专项计划开支。后者又分为科学文献出版费、购买图书文献费、优秀学者和青年学者的国家奖学金、研究所科研设备费、房屋修缮费、国际学术交流活动经费、俄罗斯科学院博物馆开支、俄罗斯科学院主席团经费、俄罗斯科学院管理的储备金等19项支出。科研机构经费包括科研费用和工资。俄罗斯科学院院部的"基础研究"预算经费，由俄罗斯科学院主席团决定和直接拨给下属18个学部（其中包括5个社会科学方面的学部），科学中心，圣彼得堡科学中心主席团，俄罗斯科学院机关。最后，各学部和科学中心等根据下属科研机构具体预算申请情况再进行分配。

2. 专项预算基金

该项预算拨款包括对俄罗斯基础研究基金会、俄罗斯人文科学基金会、科技领域小企业发展基金会的拨款。因后者主要资助的是具体企业经营方面的应用研究，所以在此不作介绍，而主要介绍前两个基金会的经费与管理。

根据1992年4月27日俄罗斯总统第426号《成立俄罗斯基础研究基金会》的命令，俄罗斯政府每年向俄罗斯基础研究基金会拨款3%的联邦科学预算资金。1992年11月3日俄罗斯政府通过第845号《关于俄罗斯基础研究基金会》的决议，正式批准基金会章程。一个月以后基金会课题招标工作启动，1993—1994年共认真审查3.6万份申请（包括人文社会科学方面的2000份申请），其中6000份获得资助，资助率只占16.6%。资助率不高的原因并非完全由于内容偏差和质量不高所致，而是由于资金有限。为此，俄罗斯政府于1994年将俄罗斯基础研究基金会3%的联邦科学预算拨款提高到4%，从而缓解了基金会1995年和1996年的科研计划招标活动。

俄罗斯基础研究基金会绝大部分资金主要用于研究报告和出版基金。1993年，这两项费用占基金会预算拨款总额的60%，1994年占75%。除此之外，基金会对举办学术会议、科研集体的物质基础设施和信息化系统及数据库的建设也给予资助。俄罗斯基础研究基金会的活动经费（包括场地租赁费、人员待遇、技术装备费、专家鉴定费等）只占费用总额的1.2%。

俄罗斯人文科学基金会是于1994年11月在俄罗斯基础研究基金会的基础上成立起来的。因此，1994年头10个月，俄罗斯人文科学基金会的经费是从俄罗斯基础研究基金会那里分得的，1994年最后几个月的经费则由俄罗斯政府通过国家科学和技术政策部拨给的，这笔联邦预算经费共计53亿卢布。也就是说，俄罗斯人文科学基金会1994年的经费来自两个渠道，共计142亿卢布。据俄罗斯科学研究与统计中心的统计资料证实，1995年国家从"基础研究和科技进步"联邦预算中共拨给俄罗斯人文科学基金会236.656亿卢布，1996年为481.511亿卢布，1997年为1361亿卢布。俄罗斯人文科学基金会的预算拨款主要用于资助人文社会科学方面个人或小集体的课题研究、出版、考察、会议、国际交流等活动。

以上数据表明，近年来俄罗斯政府通过俄罗斯人文科学基金会为课题研究和著作出版等提供的经费呈逐年上升趋势。这在某种程度上不仅解决了人文社会科学成果出版难的问题，同时也使人文社会科学家间接地获得了国家拨款的资助，缓解了人文科学家工资收入偏低的局面，稳定了科研队伍。

优先发展规划经费该项预算内拨款包括以下7项规划用费：
（1）国家科学中心发展规划研制经费；（2）国家科技规划研制经费；（3）地区科学中心和地区科研规划研制经费；（4）国际性草案和规划研制经费；（5）重点国民经济规划和草案研制经费；（6）科学创新基础设施发展规划研制经费；（7）急需购置仪器和设备规划以及其他经费。其中，国家科技规划、重点国民经济规划和草案以及国际性草案和规划从苏联解体后就开始列入了俄罗斯联邦预算拨款项目，其余各项从1993年和1994年才开始立项并同时列入国家预算拨款。近年来，俄罗斯政府根据俄罗斯科学改革发展战略和俄罗斯社会需要，对科研优先发展方向作了适当调整：撤销了俄罗斯大学发展规划；增加了科学创新基础设施发展规划、急需购置仪器和设备规划以及其他规划的拨款项目；把国家科学中心发展规划放到了科学发展的重中之重的位置；地区科学中心和地区科研规划也从原来的第七位升至第三位。

在规划的管理上，每项规划都设有各自的学术委员会，其成员主要是从事相应问题研究的科研机构的代表。基础科学研究方面的一些规划，除每项规划设有学术委员会外，还设有科学政策委员会。科学政策委员会不仅有俄罗斯科研机构代表参加，而且有国际组织的代表参加。此外，还有一些规划是按学科划分的，每一学科都设有自己的学术委员会。这些委员会主要负责专家鉴定，具体草案的筛选、审核和成果评估工作。从总体上看，在学术委员会中都设有一个由主席、副主席、学术秘书和学科委员会主席组成的领导核心小组。核心小组每年举行1—2次会议，主要解决向各个学科规划拨款和与资金划拨有关的资金分配问题。

（选自《国外社会科学》2000年第6期）

俄罗斯科研经费资助结构的变化

高 媛[*]

苏联解体之初，俄罗斯作为其最大的继承者基本沿袭了苏联的科学组织管理体制，也基本保持了它的科研规模和科研实力。但是随着俄罗斯经济改革的失误以及由此造成的社会政治动荡和严重的经济危机，俄罗斯的科研事业遭受了沉重的打击。国家拨款锐减，人才大量流失，学术著作的出版受到冲击，国际学术交流活动被迫中断。直到1996年以后，由于国家为了科学事业的发展采取了一系列有力措施，制定了一系列发展规划和法律保障性文件，并随着经济的逐步好转加大了对科学特别是人文社会科学的投入，情况才得以不断改善。而俄罗斯对基础科学的投资规模也发生了改变。

一 20世纪90年代以来俄罗斯科研经费的结构及变化

1. 20世纪90年代以来俄罗斯国内研发经费的总体情况

20世纪末至21世纪初，由于国内的经济和社会问题，俄罗斯对于科学研究的投入受到很大影响。其国内研发经费总额及占GDP的比例都远远低于很多发达国家。例如2000年，俄罗斯国内科研支出仅占GDP的1.05%；而同年大部分经合组织国家的研发经费都超过该国GDP的2%，

---

[*] 作者信息：高媛，1977年生，硕士，中国社会科学院文献信息中心助理研究员。

其中瑞典为3.8%,日本为3.04%,瑞士为2.73%,美国为2.64%,德国为2.44%。①

尽管如此,从20世纪90年代以来俄罗斯的科研投入情况来看,在经历了苏联解体初期带来的混乱和1998年金融危机之后,它的科研支出呈现出稳步上升的趋势(见表1)。俄罗斯的国内研发经费来源于以下7个部分(见表2)。

表1　　　　　　　　1992年以来的俄罗斯国内科研支出

年代	国内科研支出总额(亿卢布①)	占GDP的百分比(%)
1992	1405.9	0.78
1994	51461	0.82
1995	121495	0.79
1997	244497	0.99
1998	250.8	0.92
1999	480.5	1.01
2000	766.97	1.05
2001	1052.6	1.18
2002	1350	1.25
2003	1698.6	1.28
2004	1960.4	1.15
2005	2308	1.07
2006	2888	1.08

资料来源:Наука России в цифрах:Статистический сборник. М.:Центр исследований истатистики науки 2005,2007;俄罗斯联邦国家统计委员会报告《科学与创新》,http://stra.teg.ru/lenta/innovation/1200/prin。(26/02/2008)

---

① 由于苏联解体后俄罗斯通货膨胀严重,俄罗斯政府于1998年进行了货币改革,每1000元旧卢布折合为1元新卢布。上表中1998年以前的单位为旧卢布,1998年以后为新卢布。

表2　　　　　　　1995—2006年俄罗斯国内研发经费结构表

资金来源 \ 资金比例(%) \ 年代	1995	1997	1998	1999	2000	2001	2002	2004	2006
国家预算拨款	60.5	59.6	52.2	49.9	53.7	56.2	57.3	59.6	60.1
预算外基金	6.7	6.0	5.5	6.9	6.5	5.2	4.1	2.5	1.6
企业部门资金	17.4	15.5	17.3	15.7	18.7	19.6	20.7	21.4	19.7
高等院校资金	0.1	0.1	0.1	0.2	0.08	0.1	0.1	0.1	0.2
私人非营利组织资金	0.02	0.8	0.9	0.04	0.04	0.2	0.09	0.05	0.1
国外资金	4.6	7.4	10.3	16.9	12.0	8.6	8.0	7.5	9.4
科学机构自筹资金	10.8	10.6	13.7	10.4	9.0	10.1	9.6	8.8	8.9

资料来源：Наука России в цифрах：Статистический сборник. М.：Центр исследований истатистики науки 2005，2007；俄罗斯联邦国家统计委员会报告《科学与创新》，http：//stra.teg.ru/lenta/innovation/1200/print。（26/02/2008）

（1）国家预算拨款；

（2）预算外基金（主要涉及部门的技术科学，与人文社会科学关系不大）；

（3）企业和其他经营性部门的资助；

（4）高等院校资金；

（5）私人非营利组织资金；

（6）国外（包括国外基金会或国际组织）资助；

（7）科研机构的自筹资金，即科研机构和组织通过自身的某些经营活动所得到的收入。这部分资金占10%左右，在整体的科研经费中所占的比例不断加大。以俄罗斯科学院为例，2001年出租房屋所获得的收入达1870万美元。此外，俄罗斯科学院另一个增加收入的措施是出售技术。科学院计划成立一个直属于主席团的高科技管理局，其目的就是为了让科学院的科研成果适应国际高科技市场的需要。①

俄罗斯对科学的投入主要来自国家预算拨款。然而，经过十来年的

---

① 许华：《俄罗斯科学院印象》，《东欧中亚研究》2002年第5期。

转型和改革,俄罗斯科研经费的来源结构已经发生了变化,经费来源实现了多样化,市场因素开始显露,国家拨款的比重不断下降。不过,由于基础研究的特点,国家预算仍然是其最主要的经费来源。俄罗斯联邦预算对民用科学的拨款包括"基础研究和促进科学进步"专项联邦预算和"航天领域的科研和设计工作"专项联邦预算,2004年又新增了"国际活动"专项联邦预算。其中与基础科学研究相关的主要是"基础研究和促进科学进步"专项联邦预算,它是俄罗斯基础研究经费的主要来源,因此也是本文所考察的重点(见表3)。

表3　1998—2004年俄罗斯联邦预算对民用科学的拨款情况

	1998	1999	2000	2001	2002	2003	2004
联邦预算对民用科学拨款总额(亿卢布)	74.4	143.6	211.1	277.7	367.8	468.7	553.1
"基础研究和促进科学技术进步"联邦预算总额(亿卢布)	62.4	116.2	170.9	230.2	299.6	402.4	461.6
联邦预算对民用科学拨款在联邦预算中所占份额(%)	1.58	2.15	2.05	2.10	1.79	1.99	2.05
"基础研究和促进科学技术进步"专项联邦预算在联邦预算中所占份额(%)	1.32	1.74	1.66	1.74	1.46	1.71	1.71
联邦预算对民用科学拨款占GDP的百分比(%)	0.28	0.30	0.29	0.31	0.34	0.36	0.33
"基础研究和促进科学技术进步"专项联邦预算占GDP的百分比(%)	0.24	0.24	0.23	0.26	0.28	0.30	0.28

资料来源:Наука России в цифрах: Статистический сборник. М.: Центр иследований и статистики науки, 2005.

"基础研究和促进科学进步"专项联邦预算拨款又分为以下几个部分(见表4)。

表 4　　20 世纪末至 21 世纪初俄罗斯"基础研究和促进科学技术进步"联邦预算分布

单位：亿卢布

预算年代 \ 项目	"基础研究和促进科学技术进步"联邦预算总额	部和主管部门经费	专项预算基金			科学技术优先发展规划经费
			俄罗斯基础研究基金会	俄罗斯人文科学基金会	促进科技领域小企业发展基金会	
1998	62.4	43.17	3.19	0.70	0.56	14.78
1999	116.2	80.98	6.9	1.16	1.16	25.99
2000	170.9	115.20	9.8	1.63	1.62	42.63
2001	230.2	161.89	13.35	2.20	3.11	49.68
2002	299.6	220.88	17.35	2.89	4.34	54.17
2003	402.4	294.39	19.64	3.24	4.91	80.22
2004	461.6	361.14	23.76	4.09	6.39	66.22

资料来源：Наука России в цифрах: Статистический сборник. М.: Центр исследований и статистики науки. 2005.

（1）部和主管部门经费

该项预算内科研经费包括对科学院系统、部门科学系统和高校科学系统的拨款。目前俄罗斯的基础研究仍然主要集中于科学院系统。俄罗斯科学院预算内科研经费又分为两大部分：一是日常经费（主要包括"基础研究"预算经费，分属于俄罗斯科学院院部以及西伯利亚、乌拉尔和远东三个分院）；二是科研机关、其他科学设施和工程项目的建设投资。

（2）专项预算基金

该项预算内拨款的对象包括对 20 世纪 90 年代出现的俄罗斯基础研究基金会、俄罗斯人文科学基金会（详见下文）和促进科技领域小企业发展基金会（其资助科技项目的年计划拨款总额为联邦科学预算的 1%）。这些基金会是在竞争的基础上对研究者或研究组织提供资助的。专项预算基金在推动俄罗斯科学，特别是人文社会科学发展方面做出了突出的贡献（见表 5）。

表5　　1993—2004年专项预算基金在"基础研究和促进科学技术进步"联邦预算中所占份额*

年代	1993	1994	1995	1996	1997	1998	1999	2000	2001	2002	2003	2004
专项预算基金拨款（%）	2.58	5.0	5.52	4.7	5.24	7.13	7.95	7.66	8.1	8.2	6.9	7.4

资料来源：Наука России в цифрах: Статистический сборник. М.: Центр иследований и статистики науки, 2000, 2005.

*专项预算基金包括俄罗斯基础研究基金会、俄罗斯人文科学基金会和促进科技领域小企业发展基金会。

(3) 科学技术优先发展规划经费

该项预算内拨款包括联邦专项规划研制经费、发展科技领域的人才潜力经费、建设基础科学和教育领域的计算机网络和数据库经费、发展地区科技潜力经费、支持国际科技合作和信息展览活动经费、发展科学创新基础设施经费、大型设备的维护费用等几方面。其中以联邦专项规划研制经费最为重要，在本项拨款中所占比例在20世纪90年代末曾达到73%，后来不断下降，近几年维持在30%以上。[①]

2. 20世纪90年代以来俄罗斯科研经费投入结构的变化

以上这些科研经费来源的所占份额随着国家宏观经济形势的变化而不断改变。在20世纪90年代中期以前，科研资金的90%以上都是预算内的，到了90年代末和21世纪初，国家预算拨款的份额下降到50%左右。而且，从90年代中期开始，俄罗斯国家科学基金会相继成立并开始运作，科研机构的经济独立性增强，俄罗斯学者的国际交流和联系扩大，人文社会科学的投资结构因此发生了变化。1996—1997年，由于预算外投资的增加，科研经费投入的总体水平有所提高，但由于1998年金融危

---

① Наука России в цифрах: Статистический сборник. М.: Центр исследований и статистики науки, 2005, с. 73 – 74.

机的爆发，国家预算拨款急剧缩减，情况再次恶化。从 2000 年起国家对科学研究的拨款状况趋于稳定甚至改善了很多，这与那段时期俄罗斯经济发生实质性增长，（与发生危机的 1998 年相比，2004 年的国内生产总值增长了约 40%）和国家领导层对科学问题的进一步重视有关。按照现行的价格计算，2004 年国家对科学研究的拨款额比 1998 年增加了 8 倍（如按 1991 年的固定价格计算则为 1.8 倍）。现在国家对科研的拨款额还在继续增加，特别是 2006 年对民用科学的预算内拨款增至 724 亿卢布，2007 年达到 890 亿卢布。① 以上统计数据显示，预算内拨款在科研支出的总体结构中所占的份额呈下降趋势，而同样是来自国家预算的专项预算基金拨款增加——从 1993—2003 年增长了两倍，同时，来自国外的资金也逐渐成为支持俄罗斯科学发展的一支重要力量。

另一个趋势是科学活动无论在财政计划还是内容计划上均越来越独立于行政管理部门。在表 2 中所列出的各项科研经费来源中，与人文社会科学领域相关的主要是国家预算拨款、国外资金和科学机构自筹资金。其中科学机构自筹资金主要包括出租房屋或土地的租金（可达到科学机构预算的 10%—20%）和完成经济合同工作所获得的报酬。② 有数据表明，某些科学机构多达 60% 的预算都是来自一些机构内部的"影子"活动。

总之，在 20 世纪末至 21 世纪初，俄罗斯科研经费结构发生了以下变化：来自国外的、商业部门的投资以及机构的自筹资金所占份额增大，换言之，研究机构对于国家预算的依赖性降低。来自国家基金会的资助并没有影响到拨款的总量，而是在于资金的再分配。西方基金会的贡献有其特殊性。但总的来说，对基础研究提供资助的基金会得到了积极的评价。

---

① Клименко А. В. Состояние и перспективы развития российской науки, http://www.coway.com.cn/ctrlpnl/eWebEditor, UploadFile/2006112823528760.doc.

② Социально-экономическое положение России/Госкомстат России. М. Декабрь. 2000.

二 资助俄罗斯人文社会科学研究的本国和国外的基金会

之所以把俄罗斯科学基金会和西方的基金会在俄罗斯的活动单独作为一个部分加以详细介绍，是因为这种资助方式是在俄罗斯的转型时期出现的，不同于苏联时期的传统科研资助体系。而且，基金会在俄罗斯科学的发展中发挥着越来越重要的作用，其所倡导的竞争机制也成为俄罗斯科学改革的重要内容。俄罗斯本国的科学基金会（以预算内基金会为主）和西方的基金会（多数为私人基金会）从20世纪90年代初开始在俄罗斯运作。

1. 俄罗斯的科学基金会

预算内的俄罗斯科学基金会是预算资金再分配的渠道和有目的地支持科学发展的工具。基金会的成立是俄罗斯科学研究组织与管理系统中出现的一种全新的科研管理形式，是俄罗斯改革的直接结果。它们通过资助那些最有前途的学者、科研团体、学派和研究方向来实现促进本国科学进步的目的。

目前，俄罗斯设有5种较大的科技基金——俄罗斯基础研究基金、俄罗斯人文科学基金、促进科技领域小企业发展基金、联邦生产创新基金和俄罗斯技术发展基金。在这5种基金中，前4种都是来自预算资金，后一种来自预算外资金。此外还有一些地区、地方和城市的小型基金会。

在上述大型基金会中，资助人文社会科学发展的是俄罗斯基础研究基金会和俄罗斯人文科学基金会。这两个基金会均属国家独立机构，同俄罗斯科学院、俄罗斯联邦科学和技术政策部有着密切联系，但其工作性质有原则区别。它们的成立为俄罗斯人文社会科学家的科研课题和著作出版提供了资金保障，活跃了人文社会科学研究，引进了竞争机制，初步创建了专家鉴定体系。

（1）俄罗斯基础研究基金会（Росийский фонд фундаментальных иследований，РФФИ）

俄罗斯基础研究基金会是于1992年4月根据俄罗斯总统第426号令

成立的。它虽然是国立基金会，但是不隶属于任何部门，是一个完全独立、自主管理的机构。

根据俄罗斯基础研究基金会章程，其主要目标包括：促进基础科学的发展；帮助科学家提高学术水平；与国外同行进行科技交流合作，交换和传播俄罗斯联邦和国外基础研究的信息；支持基础科学方面的国际合作研究；支持最有能力的研究团体、科技院校和杰出的科学家。

它所资助的知识领域主要有：数学、力学、信息学；物理学、天文学；化学、生物学、医学；地球科学；人文社会科学。

俄罗斯基础研究基金会的经费来自俄罗斯的国家预算。到21世纪初，俄罗斯政将对基金会的拨款从联邦科学预算的3%提高到6%。除此之外，它也接受企业、机构、组织和公民及国外的捐助。按照法律，为基金会的科学研究提供支持的组织可享受部分免税待遇。然而国家对基金会的拨款远不能全部到位，而且是不稳定的。1999—2004年基金会的预算总数分别为：1999年6.98亿卢布；2000年9.556亿卢布；2001年12.29亿卢布；2002年17.6377亿卢布；2003年19.6377亿卢布；2004年23.866亿卢布。在1992年以后的10年中，俄罗斯基础研究基金会共资助了来自1500个机构的俄罗斯学者的约2.6万项研究课题，并资助出版了1276种图书。每年受到俄罗斯基础研究会资助的学者都会在将近2900种国内外的学术刊物上发表文章。其中在被数据库简介期刊引用报告（Journal Citation Reports）所收录的873种刊物中就发表了55%左右的文章。而且，76%以上的文章可以被国外的学者获取。1999—2004年，基金会共资助人文社会科学领域的研究项目1034个（各年度分别为165个、217个、179个、170个、154个和149个），其中经济学占31%，社会学（这里包括社会民族学、社会人口学、社会人类学研究）占23%，科学学和历史学占12%，文化学和文化史占10%，哲学占5%，政治学占3%，跨学科研究占16%。①

(2) 俄罗斯人文科学基金会（Росийскийгуманитарныйнаучныйфо-

---

① *Козлова. Л. А.* Изменение структуры финансовых инвестиций и личных доходов в российских социальных и гуманитарных науках. 1990 - х —начало 2000 - х годов Социальные науки в пост-советской России. М. : Академический Проект, 2005.

нд，РГНФ）

在支持俄罗斯人文社会科学发展方面，发挥作用最大的是俄罗斯人文社会科学基金会。它是俄罗斯政府于1994年9月成立的自治的国家机构，其宗旨是对发展人文科学、普及人文科学知识、弘扬俄罗斯人文科学传统提供国家支持。它所提供的各类资助均建立在竞争的基础之上。

俄罗斯人文科学基金会是目前俄罗斯唯一一个专门资助人文科学的国家基金机构，其经费来自政府科学技术政策部每年从国家预算科学拨款中划拨的资金。基金会建立初期，其资金额占科学事业拨款的0.5%。在2000年前后，随着俄罗斯国家经济情况的好转，对科学事业的国家拨款年年增加，加之国家领导人普京对人文科学的高度重视，基金会所获得资金的比例已经增至1%。[①] 2004年以后，基金总额以每年20%—25%的比例迅速增长：2004年拨款4.5亿卢布，[②] 2006年拨款7.17亿卢布，2007年达到8.9亿卢布。国家对基金会的拨款分为两个部分：第一部分用于对各类科学项目的资助，第二部分是用于基金会自身的行政管理、人员工资、设备的维护和购置等运作费用。以2006年和2007年为例，基金会获得的国家拨款分别为7.17亿卢布和8.9亿卢布，其中用于资助的费用为6.84亿卢布和8.46亿卢布，用于自身运作的费用为0.33亿卢布和0.45亿卢布。[③]

根据俄罗斯人文科学基金会的数据，在1995—2003年间，基金会共收到了3.5万份以上的资助申请，其中14074份申请得以通过。受资助者所属的机构遍及俄罗斯的所有地区。不过在21世纪初以前，大部分受资助者集中在莫斯科、圣彼得堡、新西伯利亚等几个大的科学教育的中心地区。

1995—2006年间，俄罗斯人文科学基金会共对52103个项目进行了鉴定，并资助了其中的13210个研究课题（大部分在3年内完成），3710部研究著作的出版，807个考察活动、田野研究、科学修复和实验计划，

---

① 黄立、王丹：《俄罗斯人文科学基金会拯救了俄罗斯的人文科学》，《国外社会科学》2006年第6期。
② 同上。
③ Вестник РГНФ. No. 2. 2007.

1586 个学术会议，711 个信息系统创建项目，1794 项俄罗斯学者到国外参加学术活动的项目以及 330 项发展人文科学领域的电信和基础设施建设的项目。

基金会不仅资助个人的科研课题，还资助 10 人以下的集体科研课题。虽然基金会目前所获得的资金在联邦科学预算中所占的份额已经提升至 1%，但是资助金额总数仍不能满足需要，也无法消除自然科学和人文科学在所获拨款方面的巨大差距。为此，基金会请求俄罗斯联邦政府能将每年的拨款在联邦科学预算中的比例提升到 1.5%。

2000 年，拨款总额约 1.6 亿卢布，对个人课题资助的最高额度是 3 万卢布，集体课题是 10.5 万卢布；2001 年对个人和集体课题的最高资助额分别为 5 万和 15 万卢布；2003 年为 6 万和 20 万卢布；2004 年为 9 万和 25 万卢布。每年都有 40%—50% 的申请能够获得资助。此外，在 2003 年，基金会共资助了 620 个课题，平均每个课题获得的资助为 11 万卢布，比 2000 年每个课题的平均资助额增加了 6.4 万卢布。[①] 到 2007 年，平均每个课题获得的资助额达到 20.8 万卢布，又增加了将近一倍。

俄罗斯人文科学基金会建立以来的这十余年正值俄罗斯人文社会科学跌入低谷又重新开始振兴的时期。它在俄罗斯经济出现危机导致的科研经费奇缺、人才流失严重的情况下帮助人文社会科学家获得国家的资助，稳定了科研队伍，在一定程度上解决了人文社会科学成果出版难的问题，有力地推动了人文社会科学的发展和重振。

2. 国外基金会在俄罗斯的活动

国外基金会在俄罗斯科学舞台上的出现是与俄罗斯的改革分不开的，也是俄罗斯科学结构发生变化的一个新特点。国外基金会的年平均资助额都在 1.5 亿—2 亿美元，为俄罗斯科学的发展提供了资金支持。

西方的科学基金会同俄罗斯学者的合作始于 20 世纪 80 年代末。[②] 第

---

① Козлова Л. А. Изменение структуры финансовых инвистиций и личных доходов в российских социальных и гуманитарных науках. 1990 - х —начало 2000 - х годов Социальные науки в пост-советской России. М.：Академический Проект. 2005. с. 360.

② 在此之前也有苏联学者与国外的基金会合作，但由于当时西方的基金会在苏联境内没有代表处，因此这里没有将这种境外的合作计算在内。

一个为了资助苏联社会科学而在莫斯科设立代表处的是德国的弗里德里希·艾伯特基金（Friedrich-Ebert-Stiftung），这是一个亲德国社会民主党的研究机构。该代表处成立于1989年，主要资助与社会民主思想发展相关的课题研究。

到了20世纪90年代初由于苏联的解体，俄罗斯面临着一系列政治、经济和社会的重建和转型问题。俄罗斯的科学研究也陷入低谷，不仅缺少科研经费，而且由于国家制度的变化和经济形势的恶化，人民面临着经济、政治等危机，科研人才的流失极为严重。在这种情况下，很多外国基金会趁机进入俄罗斯，希望通过资金资助等方式来左右俄罗斯学术研究的方向。这其中包括福特基金会（Ford Foundation）、索罗斯基金（Soros Foundation）、麦克阿瑟基金（The MacArthur Foundation）、斯宾塞基金会（Spencer Foundation）等。

从1991年至21世纪初，外国机构为俄罗斯的研发投入的资金超过了40亿美元，其中1.3亿美元来自索罗斯基金会。①

国外对于俄罗斯人文社会科学的支持以资助个人或集体研究课题为主，同时也资助学术会议、人员实习以及学术著作的出版。在科研课题方面，它们以资助政治研究（市民社会的建立、民族关系和民族冲突、人权等）和俄罗斯社会和经济转型方面的研究（如市场关系的建立等）为主。在俄罗斯学者中间比较有声望的几个外国基金会是索罗斯基金会、麦克阿瑟基金会、福特基金会、卡内基基金会等。

不可否认，这些西方国家的基金会登陆俄罗斯确实在某种程度上有助于俄罗斯在最困难的时期保持较高的科研水准，改善科研人员的福利，推动俄罗斯科学的发展，但是，这些基金会在俄罗斯的活动同时也带有通过金钱来左右俄罗斯社会科学界的学术发展方向、进而影响俄罗斯的社会意识形态和社会发展进程的目的。

有西方学者在谈到国外对俄罗斯科学投入增加的原因时指出，"被普遍提及的一个原因是阻止俄罗斯的科学家将其专业技能用于一个流氓国家"。也有部分小型基金会希望帮助俄罗斯建设市民社会，向俄罗斯灌输

---

① Loren R. Graham, The Crisis in Russian Sciences and the Impact of Foreign Foundations, http://daviscenter.fas.harvard.edu/seminars-conferences/graham-02-25-02.pdf.

西方的思想，特别是在科学资助领域推行同行评议和竞争机制来改变俄罗斯传统上的科研资助体制。①

应该说，对于国外资助的种种目的，俄罗斯政府有着比较清醒的认识。1996年11月，俄罗斯联邦国家科学技术委员会通过并批准了一份国际和国外机构、国际和国外非商业性和慈善组织（基金会）的名单，接受这些机构为支持俄罗斯科学发展而提供的一次性资助（无偿援助）不必缴纳所得税。名单中共列出了129个不同学科领域的机构和组织，其中和人文社会科学有关的组织有56个（占43%以），属于人文社会科学的有19个。也就是说，名单中所列机构的资助不列入学者应缴纳所得税的总收入之中。但是到了2001年3月，俄罗斯政府的立场向不利于受资助者的方向转变。政府令颁布的新名单只收入了69个机构和组织，其中22个（约32%）组织涉及人文社会科学领域，其中完全集中在人文社会科学领域的机构只有6个——索罗斯基金会、麦克阿瑟基金会、卡内基基金会、欧亚基金会、美国国家人文基金会会和美国苏联独立国家公民研究与发展基金会。

随着俄罗斯经济形势的不断好转，俄罗斯政府也在不断加大对科学的投资，特别是与通过创立和发展俄罗斯基础研究基金会、俄罗斯人文科学基金会等国有基金会，不断挤压西方基金会在俄罗斯的活动空间，保护俄罗斯科学发展的自主性。

三 小 结

通过对于俄罗斯科研经费资助结构的评析，可以看出俄罗斯人文社会科学发展过程中有以下几个特点。

（1）人文社会科学事业的发展与一个国家的政治稳定和经济状况有着密切的关系。这明显地体现在俄罗斯20世90年代以来对于科研事业的资助力度的变化上。国家的综合国力决定着科研事业的发展规模和方向。

（2）俄罗斯在继承了苏联的科研体制框架的同时，也进行了一系列

---

① Loren R. Graham, The Crisis in RussianSciences and the Impact of Foreign Foundations, http://daviscenter.fas.harvard.edu/seminars-conferences/graham-02-25-02.pdf.

的改革，具体体现为科研经费来源的趋于多元化和国家作用的削弱。

（3）俄罗斯对于人文社会科学研究的资助力度远不及对自然科学的支持力度，而在人文社会科学领域，对于经济学和社会学的支持力度最大，这也是目前世界上绝大多数国家中的普遍现象。值得注意的是俄罗斯对跨学科研究的重视（名列第三）反映了俄罗斯顺应整个世界科学研究向多学科、跨学科研究的方向发展的总体趋势。

（4）国外资助在俄罗斯科研的恢复和发展中扮演了重要的角色。对此，俄罗斯在充分利用外国资源的同时，也比较全面地认识到国外资助的意义和目的，并在政策上做出了相应的调整。这也是值得我国相关机构参考借鉴的方面。

(选自《国外社会科学》2008年第5期)

美国政策科学的形成、演变及最新趋势

陈振明

政策科学或政策分析（又称政策研究）是第二次世界大战后首先在美国兴起的一个全新的跨学科领域，它的出现被誉为当代西方社会科学尤其是政治学和行政学领域的一次革命性变化，用 Y. 德洛尔的话来说是一次"科学革命"，用 A. 里夫林的话来说是"当代社会科学发生的一次静悄悄的革命"，国际政治学会主席 K. 冯贝米称"政策分析的发展是国际政治学会成立 20 年来最重大的突破"，W. 罗迪则称"当代公共行政学最重要的发展是政策研究的兴起"。

政策科学的迅速发展以及它对各国政府的政策制定和社会进步的影响，使它成为各国共同关注的学科；现在，政策科学已取得了长足的发展，被公认为是政治学、行政学、经济学乃至整个社会科学中一个极为重要而富有活力的部分，有的学者如 D. 拉纳称政策科学构成了整个当代社会科学的核心，一些政治学家和行政学家甚至主张用它取代传统的政治学、行政学的研究。例如，W. H. 莱姆布莱特便直截了当地说："公共行政就是公共政策制定"，言下之意是，行政学就是政策科学。由此可见政策科学或政策分析在当代西方社会科学特别是政治学和行政学中的显著地位。本文将考察美国的"政策科学运动"，主要评述美国政策科学的形成演变及最新趋势。

政策科学的奠基人拉斯韦尔将政策科学一般地定义为对政策相关知

识（即公共决策过程的知识以及这一过程所使用的知识）的研究。从这一定义来看，可以说政策科学源远流长，与人类文明同样古老，因为有了人类社会，就有了公共事务的管理，也就需要政策相关知识的研究。我们可以从古代及中世纪的历史文献中找到大量关于政策及政策相关知识研究的论述。而近现代特别是19世纪和20世纪上半期社会科学的发展为政策科学的诞生奠定了坚实的基础；在经济学、社会学和政治学等领域新积累起来的丰富的政策相关知识、政策研究的理论和方法，则直接构成了政策科学发展的先导。因此，有些西方学者把这段时期称为"前政策科学运动"（pre-policy sciences movement）时期。[1]

1951年，斯坦福大学出版了由拉纳和拉斯韦尔主编的《政策科学：范围和方法的最近发展》一书，这标志着现代政策科学作为一个独立研究领域的出现。此后，在美国兴起了一场旷日持久的"政策科学运动"（policy sciences movement），这个运动的背景是美国知识分子尤其是社会科学家对社会科学解决问题能力的不满以及对战后美国"重建"和60—70年代社会改革运动的批判反思；运动的目的则是创立一门实用的、行动取向的和跨学科的社会科学。

《政策科学》一书标志着美国政策科学运动的开端，拉斯韦尔在该书"政策的方向"一文中，首次对政策科学的对象、性质和发展方向做出规定，奠定了政策科学发展的基础。拉斯韦尔对美国当时的社会科学和离心力量（centrifugal forces），即对社会科学的零散的专门化感到不满和担忧。在他看来，哲学和科学的专门化是不可避免的，但这种专门化的结果却是理论与实践的脱离。他认为政策科学或社会科学中的政策方向可以超越社会科学的零散的专门化，确立起一门全新的、统一的社会科学。政策科学将与过去决裂。它不是那种战时在华盛顿特区中分化出来的应用社会科学，也不是社会科学家的活动主义；相反，政策科学将致力于一般选择理论（general theory of choice）的研究，时下局部的问题并不是政策科学所关心的问题。这种以理论为方向的政策科学与在"二战"期间流行起来的那种作为政府婢女的实际政策分析的传统不同。尽管这种

---

[1] 参看 Peter Deleon and E. Sam Overman, A History of Policy Sciences, in J. Robin, W. B Hildreth and G. J. miller（eds.）Handbook of Public Administration, NY, Mancel Oekker Inc, 1989.

实际的政策分析是政策科学的组成部分，但是在拉斯韦尔看来，政策科学是某种不同于应用社会科学的东西，因为政策科学主要关心"社会中人的基本问题"，它将采取一种全球观点强调政策的历史脉络，重视对变化、创新和革命的研究。①

虽然拉斯韦尔指明了社会科学中的政策研究方向，竖起了政策科学发展的第一个里程碑，但是在50年代到60年代中期这一段时间，政策科学并没有取得突飞猛进的发展。这一时期政策科学所取得的主要成就是使人们确立起政策科学或政策分析必然有助于政策问题的解决这样一种信念（这为政策科学在70年代的迅速发展奠定了思想基础），并且在政策过程特别是在政策分析的定时分析及技术方面取得较大的进展，这一时期的政策分析中经济学途径占主导地位，运筹学、系统分析、线性规划等定量方法及技术被广泛应用到政策分析之中，特别是以这些方法为基础的计划—项目—预算系统（PPBS）先在国防领域出现，后迅速扩展到联邦政府的许多部门，使政策分析受到政府的高度重视。此外，林德布洛姆所提出的渐进主义分析方法也有一定的影响。

60年代中期以后，情况发生了很大的变化，政策科学取得了突飞猛进的发展。这首先必须提及著名科学哲学家库恩1962年出版的那本名为《科学革命的结构》的著作，该书在当时起到了方法论的解放作用，给政策科学的发展注入了新的活力。但为政策科学的迅速发展做出重要贡献的是当时在美国工作的以色列学者德洛尔。他在1968—1971年短短的几年里出版了政策科学"三部曲"：《公共政策制定检讨》（1968）、《政策科学构想》（1971）、《政策科学的进展》（1971）。在这些著作中他发挥了拉斯韦尔的政策科学理论，对政策科学的对象、性质、方法论等作了具体而详尽的论述，形成了拉斯韦尔－德洛尔的政策科学传统，使政策科学的模式趋于成熟。德洛尔的著作构成政策科学发展史的另一个里程碑。

在整个70—80年代，政策科学的研究领域得到了很大扩展，在政策系统与过程的研究上取得显著的成就，特别是在政策评估、政策执行和

---

① 参见 D. Lerner and H. D. Lasswell, The Policy Sciences: Recent development in Scape and Method, Stanford, CA: Stanfond University Press, 1951, pp. 3 – 15。

政策终结等方面形成了各种理论。首先，政策评估成为一个重要的研究领域。60年代美国联邦政府推行了许多重大的发展政策，70年代初期联邦政府机关对大约300项政策加以评估研究，总经费约3000万美元，而70年代末期评估的政策达到1000项，总经费达1.7亿美元，这在客观上促进了政策评估研究的发展。按照某些美国学者的看法，在美国，60年代初政策评估的焦点是效率测量，60年代末强调田野研究，70年代则转入社会实验。其次，政策执行也成为政策科学研究的一个重要课题。针对60年代美国社会政策的失败，许多政策科学家不仅加强评估研究，而且加强对政策执行的研究。哈佛大学肯尼迪政策学院首先发表了一篇《公共科学的执行问题的报告》，指称政策执行过程的政治与官僚的方面往往为政策官员和政策分析者所忽视；有些学者如哈格罗夫则指出，在政策形成与政策成功之间存在着一种忽略了的环节——政策执行，必须加以补充，才能使政策生效。而这方面最有影响的是普雷斯曼和韦尔达夫斯基等人在对奥克兰计划案例的跟踪研究基础上写成的《执行》（Implementation）一书，该书令人信服地指出，再好的政策方案，如果没有正确、有效的执行，仍将导致失败。最后，一些研究者还加强了对政策终结及政策周期的研究，他们力图解决失误的政策能否终止、如何终止以及采取何种策略等问题，由此形成相关的终结及周期理论。此外，70年代崭露头角的公共选择（public choice）理论也可以视为政策科学在这时期所取得的一个成就。

80年代中后期之后，美国的政策科学运动及政策科学本身的发展出现了一些新的趋向。1986年，德洛尔在他的新著《逆境中的政策制定》中回顾了60年代末以来美国政策科学的发展情况，针对存在问题提出政策科学必须在14个方面加以突破，包括提供关于政策制定和政策科学的哲学和智力方面的理解；增强历史和比较的观点，真实地处理政策实际；寻求宏观理论；政策范式批判；探讨宏观政策创新；研究政策制定和统治设计；考察改善政策制定的途径；探索政策制定的输入方式；加大学科的基础；开发多维的方法论、方法和技术等。

由那格尔主编的《政策研究百科全书》则根据80年代的研究情况，预测政策科学在90年代的8个发展趋势：（1）从事政策研究的社会科学家的数量增加；（2）强调政策评价和贯彻而不是仅解释不同政策之间的差异;(3)运用微观经济学的推理方式,而非仅靠统计数字;(4)对政策问题关心的范围更大;(5)在社会科学各学科中,关心各分支学科在相关的政策研究中的性质、作用和影响;(6)在传统的哲学的规范评价和科学的定量分析之间进行融汇;(7)在社会科学学术研究与实际工作之间,通过训练计划与政府作用相互沟通;(8)从政策研究的多种方向影响其他学科。

美国政策科学运动及政策科学本身发展的最新趋势主要有。一是加强了对政策价值观或公共政策与伦理关系问题的研究。政策科学可以说是对一般选择理论的研究,而选择则以价值作为基础。因此,价值、伦理问题在政策科学及政策分析中占有突出的重要地位,以至于有的学者如邓恩称政策科学或政策分析为应用伦理学。根据一些学者的说法,80年代以来美国政策科学中对政策价值观的研究主要采取三种途径:(1)从政治哲学的立场探讨政策伦理的最一般方法,如罗尔斯《正义论》主张用分配的正义取代传统的功利主义伦理学;(2)从特定的伦理案例分析政策伦理或价值,如从国家安全、社会福利、堕胎、死刑等一类案例引申出伦理问题,这方面的著作有布坎南的《伦理与公共政策》等;(3)从政府机构或职业组织的伦理问题入手分析公共责任与义务,即探讨政策分析的职业伦理规范问题,代表作为高罗普的《公共部门的管理、系统与伦理学》等。

二是政策科学与公共行政学日益相互融合,并出现用"公共事务"(Public affairs)统括这两个领域的新趋向。公共政策与行政管理如同一个硬币的两面,密切相关,难分彼此。公共政策必须靠行政管理来推行,而行政管理主要是对公共政策的管理。林恩在《管理公共政策》一书中认为,必须融合管理与组织行为以及政治与政策形成理论于一炉,才能有效管理公共政策。美国政策科学或政策分析的最权威的组织——政策分析与管理学会的成立,目的之一就是希望沟通政策分析研究和管理研究,促进组织政治与公共政策的融合。目前在美国,政策科学、公共行政学和公共事务三者之间的关系并不明朗。许多行政学者主张吸收政策科学的成果来丰富行政学的内容,因而现行的不少美国行政学的著作有相当的篇幅讨论政策科学或政策分析;另一些学者则认为公共行政就是政策的制定和执行,主张用政策科学取代传统的公共行政学;还有一部分学者主张用"公共事务学"来包容行政学和政策科学两个领域,将两者有机地统起来。笔者1993—1994年在美国康奈尔大学进修期间,曾就"公共行政"、"公共政策"和"公共事务"三个概念之间的关系请教了该校公共事务研究所所长多森教授,他说可以将这三者基本上视为同一个研究领域在不同时期的名称,60年代以前流行"公共行政学"概念,70—80年代许多人更喜欢称之为"公共政策学",而现在的趋势是将二者合而为一,称之为"公共事务学"。由此看来,从公共行政到公共政策再到公共事务,反映了同一学科发展的新阶段。

三是政策科学研究视野进一步拓宽。一些学者认为过去的政策科学片面强调以经济理性或技术理性为基础的选择理论,并主张以决策者的偏好排列优先顺序以选择和解释方案。这种研究途径无法解释丰富多彩的政策现象,因为不存在能被全体公众所接受的最佳政策,好的政策仅仅是那些具有法律正当性的政策,因此这些学者主张用社会、政治和法律的理性取代经济和技术的理性,用"政策研究"(policy inquiry)取代"政策科学"。

目前政策科学在美国已经体制化了,首先一批学术团体(如政策研究组织、评估研究会、公共政治分析与管理学会等)和非大学的民间政策研究组织或思想库(如布鲁金斯研究所、斯坦福研究所、企业研究所和传统基金会等)相继出现。其次,在出版渠道方面,出现了一批政策科学或政策分析的专业期刊(如《政策科学》《政策分析》《政策研究杂志》《公共政策》《政策分析与管理杂志》等)以及一批周边期刊(如《美国公共行政评价》《美国政治科学评论》);同时出版了大量的论著、丛书。笔者于1993年初到康奈尔大学时,在该校图书馆以"政策科学"为主题词输入寻找文献,输出竟有839本相关著作的书名。再次,在教育培训方面,美国各地的研究性大学均成立了公共政策研究生院、研究所或中心,都有公共政策或公共事务的硕士、博士学位点,其中MPA(公共事务硕士)与MBA(工商管理硕士)在美国职业研究生教育中占有同等重要的地位。一般的大学都普及了政策科学、公共政策或政策分析的教育。最后,在职业方面"政策分析家"已成为一种正式的职业,联邦、州和地方政府均设立了政策分析和政策研究的单位,再加上大学和研究所的教育研究人员和思想库的工作人员,政策科学的职业化已达到相当的规模。

总之,在政策科学运动推动下,经过了 45 年的发展,美国的政策科学已成为一个独立的有影响的和有强大生命力的社会科学研究领域。正如杜克大学教授乔尔·弗格什曼所说:"目前已经发展起来的公共政策分析和管理专业,首次成为正式的教育科目,仅仅是在短短的 20 年里(即 60 年代末——引者注)这是令人震惊的。在回顾 20 年的发展时,人们既对这一学术的新发展表示赞叹,又对在这样短短的时间内取得如此大的成就感到吃惊。"①

(选自《国外社会科学》1995 年第 11 期)

---

① 单天信主编:《当代美国社会科学》,社会科学文献出版社 1993 年版,第 166 页。

加拿大的社会科学和人文科学

穆洁林

一

加拿大的科学研究分别由三个理事会负责协调和管理，它们是：加拿大社会科学与人文科学研究理事会、加拿大医学研究理事会和自然科学与工程学研究理事会。

加拿大社会科学与人文科学研究理事会（Social Sciences and Humanities Research Council of Canada）创建于 1977 年，正式开展工作是在加拿大议会通过了 1976—1977 年社会科学与人文科学研究理事会法之后的 1978 年 4 月，接管由加拿大理事会（Canada Council）负责管理的社会科学项目。

加拿大社会科学与人文科学研究理事会的主要职责是管理政府拨发的科研经费，该经费主要用于以大学为基地的社会科学研究及其他社会科学学术活动。该理事会是一个基本的拨款单位，它通过国务秘书处向议会报告，经议会批准后而获得基金。

根据 1976—1977 年《社会科学与人文科学研究理事会法》第四条规定，理事会的宗旨是"促进和支持社会科学与人文科学的研究和学术成就；向部长提供咨询服务"。

为了推动和支持加拿大的社会科学与人文科学的研究和学术成就，该理事会承担如下主要职责：

(1) 通过支持社会科学与人文科学的基础研究来促进知识进步；

(2) 支持国家重点领域的战略研究；

(3) 通过对社会、人文学科实行先进的训练方法来保证加拿大在社会科学与人文科学方面研究和专门知识的国家能力；

(4) 建立加拿大学者同国外学者的联系，促进人们对科研成果的认识和使用，这些成果是学术团体、公共部门、私人单位和一般大众受助于社会科学与人文科学研究理事会而取得的。

为了达到上述目的，理事会为研究训练、研究资源和后勤工作而掌管基金项目，为学术研究、国际学术交流、学术出版、学术会议和其他与学术研究相关的活动提供赞助。此外，理事会还承担咨询和完善研究加拿大政策的领导作用，在政府与学术团体之间起着纽带作用。

加拿大社会科学与人文科学研究理事会在有 22 名成员的理事会领导下开展工作，这些成员来自学术团体和相关的主要社会部门。

理事会下设：

主席 1 人，现任主席 P. 列杜克（Paule Leduc）

副主席 1 人，现任副主席瓦坎特（Vacant）

项目部：部长 E. 伊萨贝尔（Elaine Isabelle）

研究基金处

战略基金处

研究员基金处

研究通讯和国际关系处

办公厅：秘书长 L. 潘杜兰德（L. Pan-durand）

政策与规划处、评估与统计处

通讯处

秘书处

总务部：部长 M. 多伊尔（M. Doyle）

财务与管理处、人事处

信息管理处

加拿大社会科学与人文科学的学术研究和学术活动主要由两个组织来协调：即加拿大社会科学联合会和加拿大人文科学联合会。

加拿大社会科学联合会（Social Sciences Federation of Canada）始建于 1940 年，当时称社会科学研究理事会，主要目的是加强社会科学各个学科间的联系，促进整个加拿大的社会科学研究。1977年改为现在的名称，是国立的非营利组织，并带有慈善组织性质。

当今，该联合会依然代表着社会科学各学术团体的利益，并从事疏通学科联系、通讯研究、公共认识和信息服务等诸多活动。

该联合会现有24个学会，1.57万名会员。其中以心理学学会（4136人）、经济学学会（1252人）、地理学学会（1222人）、政治学学会（1212人）、社会学与人类学学会（1155人）和教育研究学会（1005人）为最大。

学会成员来自三个方面：国家级协会、大学和议会推荐的人选。

该联合会设有理事会，为领导机构，负责制定发展政策。

执行委员会负责日常事务，工作人员有5人，即执行主任、政策分析员、联络员各1人，秘书2人。

加拿大人文科学联合会（Canadian Federation of Humanities）是国立的非营利组织，它汇集了人文科学32个学科的8000多名学者和他们所关心的问题。联合会的成员有加拿大各大专院校的教师、研究人员和在读研究生也包括个体学者。

该联合会在1943年建立时称为加拿大人文研究理事会，1978年改组后使用现名。该机构的目的是促进人文科学的学术研究。它所囊括的学科有：

——哲学（包括所有哲学分支）；

——历史（包括艺术史、数学史、医学史、科学史和技术史）；

——古代语言和现代语言；

——语言学（包括符号学和姓氏研究）；

——文学（包括比较文学）、音乐、戏剧和艺术；

——考古学；

——宗教研究和神学（包括宗教史、宗教著作的批判研究和宗教哲学）。

联合会有34个学会，会员近9000名，其中在读学生近2000名。加拿大历史学会、加拿大哲学学会、加拿大大学英语教师学会和加拿大古典派学会为最大，每个学会拥有会员400—600人。

二

加拿大社会科学与人文科学的研究与教学力量是比较强的。由于加拿大的科研是以大专院校为基地，因此，笔者对加拿大科研力量的分析所使用的统计数据均来自加拿大的大专院校。

加拿大的师资力量每年都在增长。当然，各学科及男女的增长比率是不均衡的。1976—1988 年，大学教师的总数增长了 15%，平均每年增长 1.2%，即从 3.16 万人，增到约 3.64 人。其中，人文科学仅增长 1.6%，几乎没有什么增长。而社会科学却增长了 22.1%。另外，工程与应用学学科增长 18.8%，医疗保健增长最多，达 32%。相反，教育和娱乐下降了近 5%。

这期间，女性教师增长 50%（而男性仅增长 9%），即由 1977 年的只占教师总数的 14.4%，上升到 1988 年的 18.8%。增长的比率在各学科中却极不均衡。有的学科 15 名教师中仅有 1 名女教师，如工程学，1988 年女性教师只占 2.9%，而人文、医疗保健等学科每 4 名教师中就有 1 名女教师。

让我们看一看下面一组数字：

年度	人文		社科		教师
	人数	占总数	人数	占总数	总数
1976	5970	18.9%	7545	23.8%	31648
1980	5928	17.8%	8125	24.4%	33299
1985	5915	16.8%	8819	25.1%	35171
1988	6064	16.7%	9211	25.3%	36386

教师的素质也在逐年提高，1976—1988 年，教师中具有博士学位或相当于这一水平的教师人数增长了 29%，即从 2.05 万人上升到 2.65 万人。由 1976 年占教师总数的 65% 上升到 1988 年的 73%。这个趋势表明，具备博士学位将是大学教师和科研工作的先决条件。在社会科学和人文学科，具有博士学位的教师、教授，13 年中增长了 30%，自然和工程学

科增长20%，医疗保健学科增长42%。当然，这种情况也造成了学科发展的偏向。

加拿大拥有大学或相当于这一档次的学校共89所，大学教师总数截至1988年约为3.64万人。1976—1988年教师总数增加了15%，平均每年增长1.2%。但是，这个增长在各个层次并不同步，助理教授或更低一层的教师数量，进入80年代后才刚刚开始增长，在此之前则呈下降趋势。而正、副两级教授的数量却在上升。1976—1988年的13年间，正教授增加了66%，副教授增加了16%，正副教授总数占教师总数的三分之二强。根据这个数字推算，在1.52万名社会科学与人文学科的教师中，正副教授可达万人以上。而自然、工程和医疗保健等学科的正副教授只有5700人。可见，到目前为止，加拿大的社会科学与人文学科方面的研究力量在各个学科中占有绝对优势。

然而，女性教授所占比例极低，仅有7%，女性副教授也只占18%。

加拿大的大学教师趋向于中老年化。30岁以下的教师1976年将近2000人，而到了1988年则刚刚过600人。其不同年龄层人数的变化请看下表：

年龄组	1976年	1980年	1984年	1988年
	（占教师总数的百分比）			
30岁以下	6.1（%）	3.0（%）	2.3（%）	1.7（%）
30—34岁	19.7	12.6	9.0	8.1
35—39岁	22.4	21.9	16.4	13.8
40—44岁	17.9	20.5	22.3	18.3
45—49岁	13.6	15.9	18.5	21.2
50—54岁	9.5	11.8	14.1	16.4
55—59岁	6.1	8.2	10.2	11.9
60岁以上	3.4	4.5	6.3	7.1
平均年龄	41.4	43.4	45.3	46.5

后备力量也有所增长，但社会科学与人文科学增长的幅度不及自然科学与工程学和医学。请看下列数字。

在读硕士生	1980 年	1985 年	1989 年	10 年增长
人文	4372 人	4664 人	4876 人	11.5%
社科	9942 人	11486 人	12528 人	26.0%

在同一时期，自然科学与工程学和医学学科的在读硕士生分别增长了 62% 和 100%。

在读博士生	1980 年	1985 年	1989 年	10 年增长
人文	1913 人	2233 人	2812 人	47%
社科	2646 人	3246 人	3762 人	42.2%

在同一时期，自然科学与工程学和医学的在读博士生却分别增长了 166.7% 和 133.6%。

在社会科学中，尤以工商管理和哲学学科的博士生人数增长幅度最大，分别增长 164.6% 和 51.1%。人文学科中，宗教学的博士生增长 140.7%，发展得相当快。自然科学与工程学的博士生增长迅猛，尤其是工程学与应用科学，在 1980—1989 年的 10 年间竟然增长了 8 倍。医疗保健与同期其他学科相比，也成倍地增长。

从上述统计数字看，加拿大的社会科学与人文科学的潜在力量仍然很雄厚，在近一二十年内不会出现断层现象。

三

社会科学和人文科学的重点科研项目由加拿大社会科学与人文科学研究理事会确定，并通过《项目申请指南》向全国颁布。重点科研项目每年有所不同，但总体上变化不大。1992 年度的重点科研项目如下：

▲应用伦理学是指对价值、伦理标准及其在人类决策中的实践之系统分析，预测伦理学的自然现象和作用的基本反映；预测在民主和多元社会中的权利和责任的基本反映。

预期目标：

（1）研究成果直接用于解决当今复杂社会中的价值冲突和道德选择；

（2）研究成果供各个行业的政策制定人和实践者参考使用，供人们在行业职责或日常生活中参照实施；

（3）检验各种伦理观点并在宏观层次（公共政策、法律、社会资源的分布）和微观层次（在特殊情况下制定决策）制定决策中贯彻实施。

应用伦理学的领域主要包括如下方面。

（1）生物医学伦理学的医学知识提出了许多难以预见的道德观点。不断上涨的费用需要制定很难确定的关于资源或从外部或在医疗体系内部配给的政策，比如：由谁来承担心脏移植这个救命过程的费用；再比如：艾滋病患者是否在临床实验还没有完成之前应该有使用新药的办法。其他有关的方面，包括涉及人类主题的实验伦理学。

（2）行业与职业伦理学。行业与职业伦理学是指在我们工作、生活和职业实践过程中出现的伦理学观点。职业伦理学尤其是指职业标准的钻研精神、实施规则，以及更广泛地涉及社会作用和职业实施者的责任等方面的观点。对这些观点的研究应该包括职业规则或标准义务的自然表现，雇主的权威与利益，消费者与被雇人的利益之间潜在的冲突和紧张关系。

（3）环境伦理学。环境伦理学是指与使用和开发自然环境相关的一些观点。它要探索的是在自然秩序中，人类所处的位置这一基本问题和我们对其他生物的尊重和保护。

全球竞争对策是指面对全球竞争的挑战，加拿大的管理人员要有一个回应，其主要内容有如下方面。

（1）技术资源管理技术进步正在变成全球竞争的主要动力。技术资源的有效管理与采用和创新技术、技巧的能力是加强竞争地位的生命力。而新技术和新产品，包括制作新产品的过程中所使用的新技术，被卓有成效地商业化是关键一环。因此，大学实验室、公司和世界市场的关系也必须处理好。

（2）人类资源管理训练有素、技术全面、灵活性强的劳动者是竞争中的关键因素。在变幻无常的世界环境中，人类资源必须得到创造性地使用。在这个环境中，生产正越来越向知识密集型发展，服务业将变成最大的雇佣者。人们对环球思维的能力和水平是关键的竞争因素。目前正在开发的人类资源，包括对劳动者的再培训和对新技术的获得，以及教育、培训和管理都是最基本的。

（3）财政资源管理。加拿大的财政市场与机构的独立和活力正面临也许是来自资本日益环球化的挑战。认清环球化对加拿大财政机构、对流向加拿大的资本和对加拿大股票市场的影响是十分必要的。为了在全球经济中获得成功，必须采用新的变革的财政手段。

（4）市场机会管理越来越多的加拿大公司正在向海外扩展，以寻求新的市场、资源和思想。反过来，日益增长的外国公司也正在进入加拿大市场。加拿大人必须在新的环球市场中学会认识机会，学会管理市场，学会服务于顾客。

预期目标：

（1）促进对管理工作中出现的问题走向的研究，加强加拿大人在实践中的竞争能力；

（2）改善加拿大公司的实践活动；

（3）提高经理和劳动者的素质；

（4）促进对研究的方式、方法的变革。

研究技巧包括案例研究、历史分析、优秀公司的实践报告、机构作用或实践的演变的研究和加拿大及其竞争者管理实践的比较研究。

加拿大的科技政策这里指对社会科学资源的使用、提高、基金和方向等相关的一些公共政策，也包括以科技专门知识为基础的公共政策。

具体内容是：

（1）开发研究基地，以支持长远政策的地位或选择性。同时，为加拿大科技政策的争论提供内容；

（2）为技术评估而精心设计新方法和分析框架，包括把社会消费与利润融进传统的消费与利润中去的分析方法；

（3）在政策开发中，探索对风险的分析和评估的作用；

（4）探索由新技术而产生的涉及法律和原则上的一些观点，包括保护公民自由、个人隐私、生活标准和知识产权等；

（5）检验为使人们理解科技观点和文化而进行公共教育所使用的宣传媒介和其他宣传工具的作用和影响；

（6）评估科技对各种行业因素的影响，如能源、自然资源和信息传播，并据此制定相关的政策。

妇女与就业。在过去的20年中，加拿大妇女就业的人数发生了戏剧性的增长，几乎占了工薪阶层的一半。然而，统计数字表明，这些妇女所得报酬仍低于同行中的男士，而且很少被提升到领导岗位。

预期目标：

（1）鼓励学者去研究那些能使人们对在工作岗位上妇女地位的更深理解的问题；

（2）强调妇女在社会各个方面的贡献；

（3）开发一个有助于系统阐述政策的选择性的研究基地，为在加拿大社会中改善妇女地位而创造社会政策起个基地作用。

变革社会中的教育与工作教育是一个长期生活过程。在迅猛发展的社会，我们必须坚持不懈地为获得新知识和新技巧而努力，以便有效地适应变化的工作生活的需要，研究机构也必须适应它们变化的环境和需求。

研究范围：

（1）推动研究那些能使人们深刻理解个人与集体（或者机构、教育系统或社会）两个层次的教育和工作之间的关系所涉及的问题。

（2）允许深刻理解家长、学生、雇主、教育者和其他同教育工作有关的人所持的观点和态度。由此项目基金赞助研究的成果也许会影响这些观点和态度。

（3）促进研究那些能为有关机构（如教育机构、政府部门、企业组织）的政策发展和战略制定过程提供内容的问题。

（选自《国外社会科学》1993年第8期）

九十年代拉丁美洲的社会
科学和政治前景

[秘鲁] J. 科特勒[①]　徐世澄　杨仲林译

对 20 世纪末拉美社会科学将面临的问题和机遇的思索，如同其他任何情况一样，会有两种风险。一种风险是根据当前在我们拉美国家和在社会科学的各个学科中存在的主要问题和研究的课题作一种简单的推论，并加以引申和复杂化。第二种风险是开拓一个全新的、非同寻常的领域，即一种"社会幻想"或一种"乌托邦"，这种"趋向"和目前存在的情况之间并无联系，其理论根据主要建立在各种形式的唯政治意识论所形成的思想意识的基础上。

看来没有什么办法能使我们摆脱和改变这两种极端风险的可能性。因此，只好容忍某种程度上的模棱两可，我们不得不满足于一种比较含糊不清的前景。因此，这种两难处境不能不使我们认为，在现实和愿望的原则之间不可避免地存在着一种长期的紧张关系，需要设法使这两者以合理的方式协调起来。

从这点来看，对拉美社会科学在 20 世纪，也是本世纪还剩下的 12 年里的前景的探索，其出发点应该是确定目前在不同类型的国家提出的主要问题和建立哪些学术和机构性的资源，以应对这些问题。

鉴于上述考虑，需要靠想象力和足够的现实主义，根据目前拉美各

---

① 作者信息：科特勒，秘鲁研究所前所长、美国哥伦比亚大学客座教授。本文是作者为 1988 年 6 月在北京举行的"跨入九十年代的拉丁美洲"国际学术讨论会所提供的论文。

国不同的技术、政治、文化和其他有关的条件，和它们可能发生的结果，并在考虑上述可能性的情况下，才能在确定20世纪末这些问题可能会达到的程度和可能会发生的情况方面取得进展。最后，应该重视社会科学的机构性资源，以便在可能的情况下，能够以有助于建设和巩固能真正推动社会正义的方式来对付这些问题和情况。

1. 较现代化的拉美国家的课题和资源

在拉美相对来说较早实现社会和经济体制现代化，并拥有推动其社会实现全国一体化的政治经验的国家，如南美洲的巴西和墨西哥，它们经常是被含糊地当作分析和解释拉美"问题"的"样板"，这些国家以不同的方式经历了社会的复杂化和分化的过程，它为各民众和中产阶级在不同时期政治运动的发展创造了条件。

这里不想分析那些社会和政治的进程、导致这些进程的原因和上述政权所具有的不同特点。再说，不少拉美学者已经详细地论述过这些问题了。我们想谈的是这一事实，即经济和社会现代化的进程，导致出现了多种多样的社会行为者，他们既有共性，又抱有各自的希望；他们陷入了长期的冲突之中，而没有能够围绕着他们共同的准则、方法和目标，扫平道路，合为一体。

相反，同现代化有关的各种现象，终于在60和70年代的对抗中和在建立被奥唐奈称之为官僚—专制的镇压性政权的过程中，促使了社团的分裂和政治上的两极分化。这些政权粗暴地践踏了居民的政治权利和一般的人权，不仅是群众组织的领导人和成员，而且也包括中产阶层、自由职业者和知识分子阶层。此外，由于这些官僚—专制政权具有明显的承袭特点，因此，某些大产业主也都经历了各种形式的政治"排斥"。

这些经历给上述社会及其社会科学主要感兴趣的问题打上了烙印，引起对上述现象的思考，并确定了一种旨在"永远"不再重现最近几十年发生的令人失望的经历的方针。因此，今天这些国家所存在的核心问题都集中在肯定政治权利和人权方面；为此，社会科学也在集中精力研究确定建立和（或者）重建"文明社会"及其存在于一种民主秩序中的政治关系的条件。

同时，在文明社会和政治秩序之间，这类关系的建立是受调整和适应"国际新秩序"有关问题制约的。而巩固民主的需要则被认为是解决这些国家在新的基础上重新参加国际体系的问题的条件。

关于第一点文明社会的建设问题，对这方面感兴趣的课题集中在对作为社会主体的行为者的出现或再现所持有的各种各样的看法：也就是说，对相对独立于政治组织和国家，并有能力确定其利益和获得这些利益的组织的出现或再现所抱有的不同看法。因此，要研究不同的民众行为者的组织和表现，无论是工会、居民、教徒和妇女的社团，或是企业、专业、宗教性质的组织和涉及各种青年利益的协会，都应该对他们进行研究。

在研究时还应该注意在不同人物之间存在的关系，以及他们在能容纳各种身份和志向的意识形态、纲领和组织方面可能会建立的关系。

关于第二点，它同一种民主秩序的政治建设有关，其核心是两类问题。第一类是关于公民权利以及马歇尔[①]所说的公民权利的延伸问题，它同重新分配各种社会经济资源的可能性和必要性直接有关。第二类是损害这些组织的效率、一体化的能力以及各种社会行为者之间的互相信任、容忍和政治平等的体制和文化性质的问题。总的说来，这种信任、容忍和平等关系能使不同的社会主体（无论是那些符合工会和阶级利益的主体，还是那些并非一定属于阶级范畴的主体，如种族团体、居民、体育、妇女、专业和宗教信仰组织的主体）之间采取一种协调的和合法的行动。在这方面确定关于各种机构的活力（即一种"政治工程学"）感兴趣的课题，以及对政治文化的形成和社会化进程的研究。

最后，第三点是各种国际机构和代理人在巩固这些国家的文明社会和民主秩序中所发挥的制约作用。因此，回顾这几年主要是拉美和美国之间政府与非政府级的关系，以及拉美和西欧、苏联以及日本之间关系的发展，可以看到，最近拉美国际关系的领域明显扩大了。在这种背景下，同前几十年的情况不一样，现在提出了一种"帝国主义"和"依附"相对论。

这些研究集中在三类问题上。第一类是当前非常紧迫的问题，如外债、国际贸易、经济和技术资源的转让等问题。这方面，拉美学者的论

---

① 阿尔弗雷德·马歇尔，英国经济学家，剑桥学派的创始人。——译者注

述是很多的，他们对在比目前更加有利和更具有竞争性的条件下参加国际市场的问题，提出了各种看法和政治上的选择。第二类是与拉美和美国之间日益冲突的关系有关的研究，特别是在中美洲问题上，以及在贩毒问题上，这些问题越来越损害了美国同墨西哥和安第斯地区国家的关系。第三类是新的思潮问题，即自由主义、新保守主义和社会民主主义的新思潮，正在力图对拉美国家和社会之间的关系，以及拉美国家和"中心国家"之间的关系从意识形态上做出新的表述。

正如拉美较发达国家的经济和社会比较复杂一样，墨西哥政权长期奉行的遏制政策，以及特别是巴西和南美洲南端国家曾经历的，现在在智利依然存在的令人发指的镇压，决定了要对这些社会的特点、要求和可能性重新确定其整体的定义，而社会科学家在完成这一任务中发挥了重要的作用。结果是从学术上和政治上引起了关于人权问题，这个不可避免地必须要涉及理性和政治的问题，以及有关确定建设和巩固民主制度所必需的因素的辩论。

因此，如果说在 60 和 70 年代这些国家的社会科学被革命和社会主义的要求所控制，那么今天他们的注意力就会转向其他问题，如民主问题和某种"改良主义"的社会主义问题，这些问题只是在表面上不那么激动人心，但是对这些资本主义"外围"国家来说却是行之有效的。

新的需求和新的学术趋向，可能正在结束迄今为止只注重"分裂"的表现模式的社会思想和政治活动史中一段很长的篇章，这些模式在确定政治体制的定义中除经济因素外，优先考虑的是结构方面的因素。从这一立场有时会不断地转向这一问题：即如何在前所未有的、同欧洲或美国的阶级经历完全不同的条件下，建设或重建一个民主的政治社会，它能允许社会不断民主化的进程，以便建立一个其政治形式属于社会主义和民主的体制。因此，社会科学这种方针上的变化意味着又回到了传统的马克思主义所制订的社会与政治之间的关系上了。

实际上，从对结构性问题的兴趣转向政治性质（无论是组织的、思想意识上的和象征性的）方面，使得从理论和实际上解决国家与社会之间的冲突关系成为悬而未决的问题。

毫无疑问，重新确定这些国家主要感兴趣的课题和其实用的社会科学，已从世界性的文化生产和传播中得到益处，因为文化传播有利于吸收具有新概念和有价值的模式；当然，这也是由于致力于密切注视这些社会的复杂性，并为它们寻找解决办法的知识分子的人数和通信工具增加的缘故。最后一点，但不是不重要的一点，由于政府、企业、通信部门和各种国际机构对这些新方针的重视和支持，使重新确定课题也从中得到了益处。

由于这些国家具备了前述的新条件，因此，其文化市场的"国际化"和"工业化"肯定有利于传播信息、接受和建立新的评价标准和社会思潮的流派，它们与拉美前现代化和反现代化特征的传统的学术建设相反和对立，这种学术建设是以经院式的和"机体论"的想法、目的论的假设以及决定论和唯意志论的评估为依据的。

这些革新使得能对存在的不同社会模式进行比较和重新考虑拉美的现象，如有利于恰如其分地说明"实际存在的社会主义"和它们所经历的，并和南欧社会民主的改良主义明显不同的变革的复杂过程。

这种形势由于在我们所论述的国家里存在着一个比较重要的，带有竞争性的，并渗入到社会科学里去的文化市场而得到了巩固。这一事实和高等院校以及科研机构的增加有关，它们在各自政府和（或）各类具有不同的学术和政治方针的国际机构（基金会、技术性组织、教会、政党，以及在某些情况下还有本国企业和外国政府）的支持下，已经建起了一个使它们之间保持互相联系，以及使它们同本地区和北半球其他国家的类似机构建立广泛联系的联络网。

从制度上对正处于重新确定社会科学方向进程中的高等院校和研究机构的支持，可以使公众舆论形成一个新的"共同意识"，有利于加强这些机构的能力，促使它们在全国和世界范围内得到承认，并保障其研究工作的连续性；同样，这种支持还有利于使其中最杰出的人才有可能在国内学术界取得领导地位，并在国际学术界也占有一定的地位。

这一复杂而又广阔的文化市场同大量的，并仍在不断增多的教师、学生、研究人员以及文化产品，特别是同经济、历史、社会学、政治学有关的文化产品的"消费者"有关。

同样还必须考虑国际上一些不同性质的代理人，如学者、企业家、政治家、军人等的供求关系，他们提供和要求得到有关经济、社会和政治方面的信息和研究，这是因为他们不仅重视这些工作，而且还对这些国家的发展寄予关心。

所有这些因素使得有必要扶持一批评论家，以便局部更新和宣传已经参加地区和国际性学术辩论的新的学术建设。如果说以前的研究课题是"贸易比价""依附""本国殖民主义"等，那么后来则是"官僚—专制制度""向民主过渡的阶段和问题"，以及对外债问题、"国际新分工"的变革的分析等一些最主要的课题。

但是，另一方面，文化市场的发展也意味着其他类型的"联络者"的出现和发展，在没有其他合适名称的情况下，我们可以称他们为"群众性"的知识分子，他们在如何对待社会问题上和学者竞争，并有时还处于有利地位，从而在一定程度上损害了高等院校可信赖的价值。

由于社会的不断复杂化而造成的这种复杂情况，损害了"知识分子"传统的性质、定义及其思维的支配地位，人们看到，"知识分子"被专业人员、某一方面的专家和被官僚主义地确定其作用和职能的工作队的成员的概念所取代。在这样的条件下，知识分子（特别是社会科学家）应该尊重世俗的要求，而成为一个专门针对某些课题的"专业工作者"，而且不置身于争论之外。实际上，了解和社会有关的文章和材料已不再是得到普遍承认和接受的足够的理由了；与此同时，所形成的社会问题是公众辩论和感兴趣的话题，各种专业工作者也都参加这些辩论，他们的鉴定被认为是相对的，并和社会上的意见、观点和兴趣相悖的。

但是，对知识分子和社会科学家重新确定的"社会评论家"这个定义，有利于他们发展与大众和各社会、政治行为者之间的关系，并同其打成一片，因而也就为他们参加各种机构提供了方便条件。这些机构致力于提出问题并为其社会制订可供选择的解决办法。知识分子以这种新型的姿态深入到社会中去，这同以往传统的，在学术上的闭门造车不一样，这样他们能超越清高的界限发挥作用，从而使他们有可能在推动某个有价值的领域和旨在巩固一个建立在民主基础上，并推行使国家有效发展和实现社会主义措施的政治实体的社会实践中，做出卓有成效的贡献。

但是，尽管这些社会的政治定义经历了重要的更新，估计这一倾向有可能会逆转。如果民众和中间阶层的社会加以"排斥"和政治矛盾倾向继续加剧，扩大公民权利的诺言就不可能兑现，只能是装装门面，从而引起人们对政治的失望。

这是因为国内和国际上占统治地位的政治和社会主体不会接受甚至会拒绝这些国家社会各阶层所提出的要求，这些要求想从根本上改变国际关系准则和目前国内社会财富的分配不均。这些要求是使这些国家能更好地进入国际市场，同时使它们有办法使民众阶层实现社会和政治团结所必不可少的，尽管还不是很够。

但是，看来由于技术的变革，目前外部制约会继续下去，甚至会加剧，因此，这种情况会越来越严重。在这种情况下，民众和中间阶层集体参与和结合的可能性越来越缩小，协调社会、政府和国家的不稳定的机构遭到破坏。因此，可以预见，在这些国家不久的将来，社会冲突、政治和宗教的原教旨主义的各种表现、社会"病态"（犯罪和吸毒）、神经错乱（"反常状态"）和国际人口流动会发展到侵蚀民族生存基础的地步。

这一形势（有人比作《圣经》启示录中恐怖场景，因而不是现实的）可能会产生社会两极分化和国际冲突的局面，导致打破目前不稳定的国内国际共处条件的政治力量的再现。在这种情况下，青年们受极左或极右思想和行动的影响是不足为怪的，这造成政治冲突和暴力成为社会问题的轴心和社会科学的中心议题。同时，受这些冲突路线的影响，学术界也会引起分裂和分化。

但是，很可能在未来的10年中，拉美较发达的国家会出现介于这两种情况之间的复杂形势。上述两种情况的主要问题和研究课题会部分地交错和结合。看来，很可能会这样，因为12年时间很短，不足以解决同巩固民主制度、形成一个政治共同体有关的问题，更何况国际环境也捉摸不定。其次，还由于在民主条件下，文明社会的发展以及发达的国家机器和准国家机器不加区别地镇压的威胁有助于使那些使用革命手段、抱有革命宗旨的组织带着各种矛盾的心理加入政治舞台，但并不是与之结合（但是，这并不排除一部分革命者拒绝加入政治舞台，而是从这一舞台上冲杀出去）。最后，由于国际上各种利益和权力将注意力集中在这些国家，使它们能喘口气，也许会给它们一点必要的援助，以避免内部发生分裂，脱离其势力范围，甚至会危及目前国际格局。

因此，不久的将来这些国家行动进程的特点很可能是：各种相互对立的、难以互相接受的社会政治方针和实践的并存。事实上，很可能在出现民主和改革前景的同时，出现革命的、极端主义和机体论者的思想和实践，出现民众主义的主张以及自由主义、新保守主义、反国家主义的主张和行动，而每种主张都会援引不同社会和国家的某部宪法条文。

在这种情况下，正如目前在一些国家所出现的情况那样，每种主张将会有它自己的研究和教学中心，这些中心将成为它的"智囊"。这样，可能会产生文化界新的分层和分裂的形式，与社会和政治总的情况相呼应。

面临发生这种充满混乱和不安的灾难性情景的可能性，国内国际各种政治和社会的行为者把必须做的事装成出于好心才做的，建议制定"社会契约"来提出行之有效的全国合作和团结一致的建议。尽管并不认为各种利益间正在谈判的这些建议和前景能成为解决多种不平衡现象的出路，但是，据估计，也许通过这一途径能形成一个使各方面都能意识到自己是集体的组成部分的机制。

2. 欠发达国家的问题和前景

同较现代化的国家不同，中美洲国家和安第斯地区国家的特点是尚未解决殖民时期和寡头统治时期遗留下来的悬而未决的问题。这些国家经历了迟到的、断续的现代化进程，因此旧的生产方式同资本主义性质的、现代化生产方式矛盾地交织在一起。同时，这一结构同以世袭关系为基础的、传统的社会政治组织机制并存。在世袭关系中，占主导地位的是社会地位、社团、主顾关系。因此，普遍的看法是，这些国家的结构具有两重性，传统组织的首领同现代组织的首领并存、交织在一起。

这种情况阻碍了文明社会的发展，文明社会对国家保持相对的独立性，它协调从传统统治下解放出来的阶层的利益。与此同时，占统治地位的传统阶层同新的阶层的结合妨碍了现代化体制形式的形成。现代化体制将大多数居民：农民，特别是印第安农民和在城市逐步扎根和取得经验的人数越来越多的民众的公民代表性和参与权在全国范围内和在政治上结合在一起。

因此，在这些国家可以看到，与各种现代化现象并存的是对社会新的需求进行抵制，政治与国家相互排斥，国家采用寡头的形式。这种矛盾往往在社会斗争使政治制度具有民主制特点的地方更为尖锐。但是，事实上，它只能使传统统治方式合法化，而不是正统化。

的确，在所有这些国家可以看到国内的和向国外的人口流动，城市化迅速进展，教育，特别是中、高等教育增长之快令人注目，随着电子通信手段的普及，有利于社会活动的、代表成功的进步思想得到了推广。

但是，总的看来，这些进程力图改变这些社会的形态和功能，想通过对生产结构、就业和收入的轻微的变革来对付陈旧的商品生产形式，否认进步和现代化的诺言能够兑现。这些国家经济发展脆弱，很不稳定，其特点是很少打入国际市场，国内消费可能性很窄，特别财富过于集中，这决定了上述情况的出现。

由于这些欠发达国家人口的变化，这些矛盾变得更加尖锐。人口的变化不仅反映在城乡人口的分布方面的急剧变化，而且反映在人口迅速地增长，使青年人越来越多，所占比重越来越大。这些青年刚刚城市化，他们受过较高的教育，受到通信媒介的刺激，热衷于在社会行动的各种范围里进行社会活动。这是由于青年这个阶层尽管在现代化方面参与较多，经验较丰富，但他们在经济和政治上很少能够介入现代劳动市场，很少能介入工会、政党和政府机构的实践。

这一矛盾看来正在恶化。如果说今天青年人已是城市居民重要组成部分，那么到2000年，不到25岁的青年人将占居民的大多数。如果目前这一趋势继续下去（看来不会改变），那么青年人的特点将是：基本上是城市居民，有可能受到教育，能充分利用通信手段，但是难以找到固定的、有满意的收入的工作。

因此，青年居民也难以找到制度方面的手段来介入新的环境和参与重新制定政治基础，这就使青年特别是印第安青年和农村出身的青年必须通过非官方和反官方的途径来重新确定其社会地位。

这些因素对排斥青年和认为青年精神失常的概念的确立起决定性的作用，同时使青年同所有可能成为其竞争者和（或）对他们以及多数民众处境负有责任的人采取敌视和对抗的态度，并且拒绝现行的合法的方式。

这些现象促使并同民众为实现现代化的诺言进行政治动员的多种方式相结合。这一新的政治参与充分反映在个别阶层或几个阶层的活动中，他们力图成为主体。它是通过体制机制来体现的，但是，很可能通过非国家的手段促使新的一体化形式的发展。

这些新形式一开始可能具有"地方"性质，因为它们着眼于眼前的目标，因此，其特点是多样性的。但是，随着这些做法逐渐巩固，可能发展成为一种动力，使更多的社会阶层被包括进去，有利于学会用新的方式、在新的场所搞政治。其中包括"幸存"的妇女组织，农民和贫民区居民针对国家机器失效和运转不灵或摒弃国家机器自行建立的社会控制新机制，贫民区居民和农民所建立的信息、组织和维护其利益的体系。

但是，这些新形式也导致非法活动的发展，如走私、毒品生产和国内外走私竟达到令人震惊的地步，使经济和政治活动受到危害。哥伦比亚、秘鲁、玻利维亚，还有墨西哥在毒品走私方面同美国的关系达到前所未有的规模。

所有这些非政府和反政府的表现被官方的批评者、国际组织和美国发言人称之为社会"病态"。这种"病态"会引起社会分化并会破坏其他国家的秩序，实际上正在破坏现存的基本准则。大多数居民直接或间接地、明确或含蓄地要求重新制定规定来理顺社会关系，来兑现公民的政治和社会权利。

孤立的社会运动、最集中的组织形式和被青年和中等阶层日益增长的要求所鼓舞和引导的思想主张，由于遇到封闭的、占统治地位的政治社会秩序，迅速地具有破坏性的特征。在这种情况下，社会的无情敌视，国家代理人对人权，特别是对印第安人人权的践踏暴露在光天化日之下。国家代理人的所作所为充分暴露了他们拒绝采用民主手段，而这正是其合法性的基础。与此同时，传统的社会和文化模式依然存在，它们保存了世袭社会组织的政治关系。

由于社会不同范畴改革的速度和尺度不同，在新老社会行为者之间产生深刻的、紧张的矛盾和隔阂，不能合法地造就一个有能力和办法来制定和确保政治秩序制度方面的改造。

因此，这些国家首要的问题是要提出和解决同社会、政治和国家民主化有关的问题，这是能将民众特别是青年结合到集体和国家秩序中去的必要条件。

但是，随着冲突的加剧，有可能并已引起战争的局势，再加上屠杀

（在某些情况下甚至对中产阶层进行屠杀）和权力机构的武装干涉，造成一种对这种社会可行性表示怀疑的局面。在这种情况下，政治组织和知识分子团体提出自己的见解，这些见解往往充满说教，旨在赢得公众支持来结束这一混乱的局面，但迄今为止，还未取得什么结果。

在这种情况下，知识分子和社会科学工作者，出于自己的社会责任感，力图提供证据来揭露困扰这些国家多种问题的根源。因此，他们对寡头殖民统治时期制定的宪法和对美国的依附进行抨击，对剥削农民、印第安居民和民众的机制的研究是为了解释并替他们争取权益的要求作辩护。这样，这些研究人员力图成为、实际上已经成为动员全国民众的组织者，他们具有明显的动机和思想计划，这些计划带有过分的政治唯意志论的色彩。

政治暴力状况的发展使少数知识分子和社会科学家同拥有民众组织支持的左派组织结合一起，提出一些与拉美较发达国家的社会科学家所提出的、前面已提及的主张相类似，旨在奠定社会政治制度民主化的基础。

但是，有些较重要的活动余地可以也应该加以利用来扭转这些倾向，如民众阶级和中等阶层的组织天天以多种形式强调文明社会的民主化等。具有民主倾向的社会科学家应利用这些社会手段来同准备与这一严峻的局势作较量的行为者一起，参与制定避免局势更加恶化的战略。这一前景的威胁可能成为一个强大的理由，把非做不可的事装成出于好心才做的，将各种行为者集合在一起来对付这一局面。

（选自《国外社会科学》1988 年第 12 期）

澳大利亚社会科学研究概况

李瑞华

一 战后的发展

澳大利亚的社会科学起步较晚，基本上是第二次世界大战以后逐步发展起来的。不过，人类学和经济学却是例外，它们在19世纪就发展起来了。

自从1788年欧洲人来到澳大利亚之后，有关长期同外界隔绝的澳土著居民的文化、行为和体征等的研究便开始了。1840年苏格兰移民W.威斯特加斯写了几本关于土著居民历史的书；波兰探险家C.斯特泽列斯基也对土著居民进行过广泛的研究。W.B.斯潘塞（英国牛津大学的解剖学家，1887年成为墨尔本大学的第一名生物学教授）同吉伦一起进行了一系列人种学方面的考察，并在1899—1927年间发表了一系列著作，为系统的土著居民人种学（或文化学人类）奠定了基础。

19世纪50年代和60年代的淘金热，导致百余万欧洲移民涌入澳大利亚。淘金热结束后，澳面临大批居民就业的问题，这就使一些人，特别是维多利亚州的人们为支持地方工业而力主采取保护关税的政策。这同当时在英国占统治地位的自由贸易和不干涉主义的传统观念互相抗争。这方面的争论促进了澳大利亚经济学的发展。但是，尽管如此，这两门学科在20世纪以前也未能在大学中立足。

澳大利亚社会科学发展得比较缓慢的原因，据哲学家P.H.帕特里奇分析，是由于这个国家的文化基本上是殖民地性质的，是从它的宗主国英国衍生出来的,因而比较保守。社会学家 S. 恩塞尔则认为,由于澳很多教授出身于英国的牛津和剑桥,因而带来了这两个古老大学的因循守旧的传统。

第二次世界大战以后,澳大利亚社会发生了一系列变化。由于英国在亚洲的势力被削弱,澳对英国的依赖发生了根本性动摇;大战期间及战后的大规模工业化,形成了一系列新的社会关系;大规模的移民活动导致社会种族结构发生决定性变化。对这一系列新情况需要进行调查研究,因而促使澳大利亚社会科学迅速发展。

同时,同英国及整个欧洲的关系的变化,促进了澳同亚太地区的关系,因而开展了关于亚洲语言、历史、政治、经济和社会结构的教学和研究。

战后澳高等院校发展较快。1950 年仅有 6 所大学,1960 年增加到 9 所,1980 年发展到 19 所,学生人数由 1946 年的 25500 人增加到 1980 年的 163156 人。从 1968 年起,政府还投资建立了高等教育学院,到 1980 年已发展到 70 所,学生 159466 人。由于大学和高等教育学院的课程不同,一般说来,在大学里学习的是社会与行为科学,法律、教育、经济、贸易和商业等课程,在高等教育学院学习的则是与文科、教学、贸易和商业有关的课程,要精确统计出学习社会科学的学生人数比较困难。但澳社会科学院院长 C. 罗利博士 1979 年在亚洲社会科学理事会协会马尼拉会议上做报告时曾谈到 1977 年的一项统计数字:大学生共 145788 人,学习社会科学的学生 44946 人,占学生总数的 31%;高等教育学院学生 140312 人,学习社会科学的学生为 99252 人,占学生总数的 71%。

从事社会科学教学的人员,1950 年为 225 人(占大学教学人员总数的 12.5%),1960 年增至 604 人(占大学教学人员总数的 24%);1979 年则达到 5133 人,占教学与研究人员总数 13727 人的 37%。

二 政府的政策

第二次世界大战以后,社会科学受到澳大利亚政府的重视和支持。

孟席斯政府时代建立了一个关于澳大利亚大学未来情况的调查委员会。在该委员会的建议下于 1959 年成立了澳大利亚大学委员会,该委员会在与各州协商的基础上每三年一次向联邦政府就大学的计划提出建议并报告工作。1977年6月成立了高等教育委员会,主要职责是就对高等院校的财政扶持的必要性、条件及经费分配等进行调查,并向联邦教育部长提出建议。

澳大利亚的大学全部由政府建立,由政府拨付经费。从50年代到60年代联邦政府的教育经费逐年稳步增长,后来,尽管政府削减整个公共开支,基本建设费用大大削减,但每年实际费用仍维持在固定的水平上。

澳政府重视社会科学还表现在下列几个方面。

第一,建立了不同标准的奖学金制度。例如给攻读硕士和博士学位的研究生奖学金,为他们支付大学中的一切费用;对其中有些人还给定期生活津贴(从1981年1月起,基本生活津贴每年4620澳元,并给依靠他生活的配偶生活津贴每年2220澳元,给他的孩子每人每年520澳元)。在大学生中目前实行"高等教育援助计划"(TEAS)的生活津贴制度(根据对学生家庭情况调查,1981年起每个走读生最高生活津贴每年为1675澳元,住校生最高生活津贴每年为2583澳元)。

第二,比较重视教学与科研结合。除澳大利亚国立大学设立了一个专门从事研究和培养博士生而不进行教学工作的社会科学研究院外,其他各大学和高等教育学院的教师都必须既参加教学工作又参加研究工作。

第三,重视研究人员的机动灵活性。澳大利亚高等教育委员会关于1982—1984年的报告中提到为促进教学研究人员的机动灵活性可能采取的措施,它包括:更多地使用非全日制人员和签订合同的人员;在任职和提升方面更加严格;从政府和私营部门借调人员;在各研究机构之间以及研究机构同政府和私营企业之间交流人员;按小时录用;提前退休(强制退休年龄为65岁);进行重新训练;等等。

第四,鼓励高质量的研究。1966年,为鼓励在非政府机构中或个人进行自然科学、社会科学、人文科学方面的高质量研究,在一项研究补助金计划下,设立了澳大利亚研究补助金委员会,就拨付补助金问题向科学与技术部部长提出建议。

为鼓励高质量的政策研究工作,澳总理在1980年10月大选前的施政演说中表示,政府将支持在各大学中建立"优秀成品研究中心"。高等教育委员会关于1982—1984年的报告中也指出,在拨付研究经费时大学应该注意个人和小组高质量研究的潜力。1981年5月,政府宣布任命以S. B. 迈尔为首的四人委员会,责成该委员会就大学中建立"优秀成品研究中心"的问题提出建议,并为此在1981年拨款100万澳元,1981—1984年共拨款1500万澳元,作为中心的经费。澳政府规定一般每个中心有10人左右,1964年大约只有6个这样的中心,1979年发展到95个,其中约有半数从事社会科学研究。

三 研究体制

澳大利亚社会科学研究机构大致可分为三类:(1)高等院校和大学附设的研究院所。澳高等院校分为三个系统:大学、高等教育学院、技术与进修教育机构。大学是重点开展社会科学研究的地方,它拥有较充实的图书资料、较完善的科研设备、较多的高资历的教学与研究人员。大学的教学人员既要从事教学,也要从事学术研究。高等教育学院主要是对学生进行职业训练,同工业、商业和其他雇佣单位建立直接联系,教学人员主要从事教学,也进行某些研究工作。技术与进修教育则完全从事技术与职业训练。澳各大学从1948年开始招收攻读博士学位的研究生,目前各大学中都有大批攻读硕士和博士学位的研究生,他们也是社会科学研究中的一支巨大力量。根据澳高等教育委员会关于1982—1984年的报告中列举的数字,1980年澳各大学中攻读高级学位的学生20549人,占学生总数的12.6%,其中攻读社会科学各类学科的研究生比例大体上占30%。

60年代以来,某些大学开始附设一些研究所、研究中心,如墨尔本大学的应用经济与社会研究所;弗林德斯大学的劳动研究所;澳大利亚国立大学的发展研究中心;新南威尔士大学的社会福利研究中心;等等。

独立的研究所,如澳大利亚土著居民研究所、澳大利亚教育研究委员会、澳大利亚犯罪学研究所等。此外,还有一些非政府团体,如澳大利亚国际关系研究所、澳大利亚城市研究所、澳大利亚政治科学研究所等。

澳大利亚社会科学院。这是一个社会科学家的法人团体,创立于

1971年7月。它的前身是1952年成立的澳大利亚社会科学研究理事会。社会科学院的职责是：（1）促进澳大利亚社会科学的发展；（2）作为一个协调团体来推动社会科学的研究和教学；（3）鼓励研究并资助社会科学研究成果的出版；（4）促进并协助其他全国性社会科学或其分支学科的协会或机构的建立；（5）作为国家代表参加与社会科学有联系的国际组织；（6）作为社会科学的顾问和咨询机构。

在社会科学领域中被认为在学术上有卓越成就者得以当选为社会科学院的会员，截至1981年6月30日，共有会员181名，其中绝大部分是大学教授。

社科院为便于开展活动把会员划分为四个专门研究小组。A组：人类学、人口学、地理学、社会学、语言学。B组：经济学、经济史、企业管理。C组：历史、法律、政治学、社会哲学。D组：教育学、心理学、社会医学。各专门研究小组就会员资格、选择新的研究课题和整个政策问题向社科院提出建议。

社科院的学术活动包括如下方面。

（1）研究工作。近年已完成，并已出版的四个主要研究项目是：澳大利亚妇女、澳大利亚税收、澳大利亚社会中的土著居民和澳大利亚移民。后来又开始新的研究项目：澳大利亚与西南太平洋。此外，在过去两年中还进行了一系列较短期的研究项目。由于研究人员同联邦和州一级政府官员和各部密切合作，大大有利于研究工作的进行。社科院作为一个研究机构所起的作用，已得到澳大利亚研究补助金委员会等提供资金的机构的重视。

（2）召开学术专题讨论会、组织学术报告和各种会议。1980年以来专题讨论会内容有：《难民：未来的挑战》《青年失业问题》《液体燃料的地位变化：在社会调整方面提出的挑战》。学术报告内容有：《社会科学中纯科学与应用科学之间的区别》等。

（3）国际活动：继续同亚洲社会科学研究理事会协会及国际社会科学理事会联合会保持联系。1980—1981年开始执行同中国社会科学院交换学者的计划。

（4）主持或协助出版研究成果。包括出版重大研究项目的研究报告：M. 麦肯齐《澳大利亚妇女》、R. I. 唐宁等人合著《澳大利亚税收：改革的日程》，关于土著居民的丛书 14 种；关于移民的丛书 9 种；澳经济问题丛书以及社科院的各种出版物将近 20 种。

四 研究经费

澳大利亚社会科学研究经费主要有以下来源：联邦政府、州政府和一些提供补助经费的基金会。

联邦政府根据高等教育委员会的建议给各高等院校拨付经费，大学和高等教育学院经费完全由联邦政府提供，各州政府负责州技术与进修教育系统的经费，但联邦政府也对各州政府给予补助。这笔经费约占国内收入总值的 1.4%。高等教育委员会建议 1982 年给三个系统拨款 16.6 亿澳元（其中大学和高等教育学院 14.7 亿澳元，技术与进修教育系统 1.9 亿澳元）；1983 年增至 16.71 亿澳元；1984 年为 16.76 亿澳元。联邦政府的经常性费用拨款占大学通过高等教育委员会所得经费总额的 95%，这笔经费提供了他们所需的基本研究费用。此外，联邦政府还向各州大学提供一些补助金作为给一些重大研究项目的研究人员的补助费用。

除高等教育委员会外，联邦还通过其他途径给一些研究项目以补助，其中最主要的是澳大利亚研究补助金委员会。教育研究与发展委员会也提供某些补助，但这个委员会只管教育领域中大部分与中小学教育有关的研究项目。

澳大利亚研究补助金委员会在过去五年中收到的研究人员提出的总申请数增加了 27%，其中，从事人文科学和社会科学的研究人员提出的申请增加 60%。委员会拨款以人文科学和社会科学的变化最大，从 1966 年占补助金总额的 8.3%，发展到 1981 年的 21.3%。近年来拨款的情况如下：1980 年补助金总额为 1297.5 万澳元；1981 年为 1600 万澳元；1982 年为 1798 万澳元，其中拨给人文科学和经济学 264 个项目的 2682959 澳元，拨给与社会科学有关的 127 个项目的 1521630 澳元，合计 4204589 澳元，占 1982 年补助金总额 23.3%。经费开支如下表。

	人员开支	设备	计算机	生活费用	旅行费用	总计
人文科学与经济学	1936921	13733	11240	171722	549343	2682959
社会科学	1349054	34704	5668	69220	62948	1521630

澳大利亚社会科学院和其他三个科学院（科学院、技术科学院、人文科学院）一样，从澳大利亚政府得到拨款，支付行政费用。1979—1980年度澳政府拨款58000澳元，1980—1981年度增至64000澳元。社会科学院从会员每年缴的会费、版税和其他积蓄中积累了一小笔研究经费，这笔经费仅能支付一些短期研究项目的行政费用，或作为某个重大研究项目的种子基金。社科院在承担某些重大项目时，必须从政府以外的其他方面筹集经费，如澳大利亚研究补助金委员会或教育研究与发展委员会，或在其他基金或企业的支援下进行。1980—1981年社科院把会员的会费提高一倍到每年60澳元，1981—1982年增至70澳元。澳社科院和人文科学院在执行同中国交换学者的协议方面，从政府另外得到拨款。

五 教职工情况

1980年澳各大学有相当于全日工作的教职工34634人，还有相当于2343个全日工作的非全日工作人员。

从职称方面看，1975年澳各大学共有助教以上的人员11075人，1980年增至11782人，其中教授由980人增至1096人，副教授由1042人增至1265人，高级讲师由2625人增至3436人，讲师由3062人减少为2917人，高级助教由943人减为819人，助教由2396人减为2249人。

助教和高级助教一般招收刚刚毕业、尚未取得博士学衔的人员，他们可以从事非全日学习以取得硕士或博士学位。讲师或在大学中从事研究工作的人员，大部分需要有博士学衔的人。高级讲师和副教授，根据每个人的教学和研究工作的情况，一般由内部晋升。最高一级教授要登广告，招聘由个人提出正式申请，经全国甚至国际范围的比较，然后从中选拔。

每个大学都设立一个委员会（称为 senate 或 council）负责大学行政

管理工作，委员会下设一个学术领导机构教授理事会，负责学术方面的任命、晋升、课程安排等。

过去，大学中每个系只有一名教授，近年来每个系已有多名教授。大体上教职工的比例是：教授占10%，副教授12%，高级讲师32%，讲师26%，高级助教、助教20%。

根据1981年2月的一项决定，澳大学各级人员年薪水平为：教授40067澳元；副教授33831澳元；高级讲师最高为29917澳元；讲师19132—25133澳元。

多年来各大学讲师以上的教学、研究人员还享受"研究休假"，这种休假一般是出国研究，工资照发；旅费公付。

高级讲师以上以及讲师中相当大部分的职位是永久性的；讲师以下的职位一般都不是永久性的——有的是签订3—5年合同，有的是非全日工作者。

附：澳大利亚主要社会科学研究团体和专业性学会

（1）澳大利亚社会科学院（略）

（2）澳斯特雷拉西亚历史与哲学科学学会

建立于1967年，宗旨是促进对科学、技术、医学史以及科学哲学等有关课题的研究。每年召开年会。出版物：《业务通讯》。会员约有100人。

（3）澳斯特雷拉西亚哲学学会

建立于1922年，宗旨是促进哲学研究。研究兴趣：哲学科学、认识论、逻辑、伦理学、形而上学、历史。每年8月举行年会。出版物：《澳斯特雷拉西亚哲学杂志》。会员约有300人。

（4）澳大利亚农业经济学学会

建立于1957年。宗旨是鼓励对农业经济学这一学科的学习、研究和发展工作。每年2月份第二周举行年会。出版物：《澳大利亚农业经济学杂志》《分会业务通讯》和专题著作。设置的奖金有：杂志论文奖（每年1篇），硕士论文奖（每年1篇），巴布亚新几内亚大学奖学金（每年1名）。会员共1300人。

（5）澳大利亚、新西兰社会学学会

建立于1963年。宗旨是促进澳、新社会学的发展并努力使学会成为讨论一切与社会学及社会学家有关的问题的讲坛。每年 8 月召开年会。设立了 J. 马丁奖金（每两年一次，奖励一篇优秀论文的作者）。出版物：《澳大利亚、新西兰社会学杂志》。目前有会员 634 人。

（6）澳大利亚社会工作者协会

建立于 1946 年。宗旨是研究和提高社会工作专业的价值准则、知识和技能；促进和发展专业社会工作的实践。研究重点：社会政策、社会计划和行政；社会工作与社会福利教育；社区的发展；少数民族的权利和需求。每两年召开一次全国性会议。出版物：《澳大利亚社会工作》（季刊）。设立了三种奖金：诺玛·派克奖金（每年奖给一名完成作业最好的社会工作的学生）；威尔嘉·弗莱明奖金（每年奖给杂志中发表的最佳论文）；艾索贝尔·斯特劳汉奖金（每年奖给一名墨尔本大学最后一年的实地工作者）。会员有 1600 人。

（7）澳大利亚系统分析研究所

建立于 1968 年。宗旨是促进人们更广泛地了解和接受系统分析的功能作为有效管理的组成部分。该所每月召开会议。出版物：《催化剂》杂志。会员约 340 人。

（8）澳大利亚城市研究所

建立于 1967 年，并于 1970 年设立永久性秘书处。宗旨是支持、促进、发起并进行澳大利亚城市问题的研究，推广研究成果。研究重点：城市发展、城市的住宅区和设备、自然环境、居民和社会特点、经济学、运输动向与交通、政府、行政等问题。每年举行年会。出版物：《澳大利亚城市研究所会议事项》、《澳大利亚城市研究》（季刊）、《城市问题》（季刊）。会员 546 人。

（9）澳大利亚心理学学会

建立于 1966 年，其前身为英国心理学学会澳大利亚分会。宗旨是促进心理学的科学研究与专业实践；通过鼓励发展心理学的各分支学术来促进公共福利；促进和提高心理学的研究；等等。每年召开年会。出版物：《澳大利亚心理学杂志》（每年出版 3 期）、《澳大利亚心理学家》（每年出版 3 期）。

（选自《国外社会科学》1981 年第 1 期）

新西兰社会科学的发展状况

[新西兰] J. H. 罗布[*]

在新西兰,社会科学包括四个领域:(1)大学的教学工作;(2)大学的研究工作;(3)政府的研究工作及其研究成果在政策上的应用;(4)不属于政府和大学的研究工作。

在大学里,社会科学学科是逐步建立的:20世纪初开始讲授经济学;第一次世界大战后不久增加了教育学;到了20世纪30年代,有两所学院设立了心理学;第二次世界大战前有一所学院设立了政治科学系。

1950年前后,在惠灵顿进行了专业性社会工作训练,并在奥克兰讲授社会人类学。有关政治科学的教学工作在所有大学里开展起来。1957年在五所大学里开设了社会学课程。后来,所有大学都讲授商业管理。至于地理学,原来主要是讲授自然地理学,现在增加了社会地理学和人文地理学的比重。人口统计学在所有大学里仍作为独立学科开课。

由政府参与社会科学研究工作,开始时招致了相当严重的损失,1936年成立了一个社会科学研究局,这个局是作为科学和工业研究部的一部分建立的。但它很快就在政治上不受欢迎,1940年借口实行战时节约措施悄悄地解散了。由于这段经历,社会性研究工作就不为负责社会服务的行政官员所欢迎,直到最近,社会服务部才又有了若干社会研究单位。

唯一长期存在的、独立的社会研究单位是新西兰教育研究理事会,

---

[*] 作者信息:罗布,新西兰惠灵顿市维多利亚大学社会学教授。

它是在 1933 年建立的，有一笔由卡内基公司捐助的补助金。1958 年建立了新西兰经济研究所（社团），是非营利性的研究团体，其经费既来自政府方面，也来自私人方面。最近又成立了几家调查研究商业市场情况的公司。还有一个非官方的社会研究团体是新西兰妇女问题研究会。

总之，直到第二次世界大战以后，新西兰社会科学方面的教学和利用才有了迅速的进展。而且在新西兰的社会科学中，除经济学、教育学、社会心理学、政治科学外，一向缺乏自己培养的有经验的社会科学专家。大学里的社会科学专家，在相当大的程度上还是由海外培养的，而且通常是隶属别国国籍的人。

从狭义的范畴来讲，社会科学是指下面这些学科或者学科分支，它们主要包括三种性质：

（1）集中注意社会结构和人类行为的相互关系；
（2）着重于经验的调查研究，搜集数据；
（3）试图发展或利用系统论。

从这样的观点出发，社会科学的主要领域便是：社会人类学、社会学、社会心理学、社会人口统计学和这些学科在诸如教育学、犯罪学、公共行政与社会行政以及与工业有关的事项等领域的应用。

一 大学的教学与研究工作

从 20 世纪 50 年代中期以来，新西兰人口大量增长，大学入学人数迅速增加，直到 70 年代初期，入学人数才稳定下来。所有的新西兰大学差不多都是由政府给予财政支援的，并且所有教学职位差不多都是专职。社会科学教学人员的配备赶不上学生数目的增长，结果大部分社会科学的系，长期以来人员配备不足。

如前所述，社会科学的教学人员常常是年轻的、没有经验的，而新来的外来移民又不熟悉当地历史或目前环境的详细情况。外来移民带到新西兰的新鲜观点以及多种多样的背景，是很有价值的，但他们一直沉浸在改进当地资料不足的教学工作之中（比如，在很大的比重上，是靠海外课本和数据），这样，只能慢慢地使他们本身或由他们培养出来的毕业生胜任发展那些实际的研究项目。

不论从绝对的或者相对的意义来说，各大学的各门社会科学都有很重大的进展。1974 年，新西兰的所有注册在案的大学肄业生中，有将近 31% 的人是学习社会科学的，各大学毕业生中，有将近 22% 是主修社会科学的。但从另一方面来说，似乎无可怀疑的是，各门社会科学培养出来的获硕士学位和博士学位的毕业生，比起各门自然科学所培养出来的要少一些。这种情况表明，在大学中由毕业生进行的社会科学研究工作的数量是极为有限的，而培养出来的受过良好训练的研究人员，比预期的人数要少。这是一种恶性循环：一方面由于缺乏在研究职位方面的任职机会，使得毕业生们对于从事研究工作心灰意冷；另一方面，由于缺乏有资格、有经验的研究工作人员，政府和私人部门便拿这些做借口，不肯设立更多的研究职位、不肯提供更多的研究基金。

不难理解，在上述情况下，大规模的、高质量的社会科学研究，特别是新兴学科的研究，尽管有不少成果，但都不是很大的。

新西兰各大学的研究单位只有为数不多的几个，规模都很小，通常是既负责教学工作，又负责研究工作。在大学里几乎没有领取私人资助研究基金的传统。由私人设立的基金会规模小，数量少，它们只为社会研究工作提供小额补助金，而且主要是用于福利性方案上。政府提供的补助金，有促进研究的因素，但这类因素主要限制在购买设备上，因此，与其说它有利于社会科学，不如说更有利于自然科学。

二 政府的研究工作及其在政策上的应用

最近十年中，政府有关保健、教育、社会福利的各个部都建立了一些小型的进行社会调查研究的单位。虽然这些单位中的一部分，不时作出一些有关重要研究成果的报告，但是它们的大部分精力却集中用于它们所在部的统计报告和进行实地调查。

另外，由于人员配备、定级和薪金制度等方面的限制，常常使一个公职人员在研究社会问题方面，很难有重大进展。

在新西兰，科研工作的四分之三是由政府出经费的。1974 年，政府用于科研工作的费用，总数约为 4200 万美元，其中只有 67.5 万美元（总数的 1.6%）用于社会科学方面。

由此可见，即使政府想把社会研究作为制定政策或情况调查的基础，但实际上是很难办到或者不能办到的，因为无法取得这笔经费。总之，能够获知的情报，几乎都是与政府各部的职责有关的，而属于新的领域的或独创性、基础性的则是很少的。

官方经营的研究工作，还有一种很严格的限制，即：除非所研究的题目是根本不会引起争论的，或者所研究的人物被认为是变态的或反常的，不然就容易被说成对人家的事情"多管闲事"，而要担心可能使自己上法庭或产生其他不利后果。又由于有社会科学研究局那么一段历史，在一些敏感的领域内，要把政治管理或政治影响纳入到社会研究方面去，那是相当不容易的事情。

三 私人部门

在新西兰，在大学和政府之外进行的社会研究，数量很少。不论从质量上或者数量上来看，在私人部门中研究工作完成得最出色的是新西兰教育研究理事会。尽管它是一个独立经营的机构，很大一部分经费却是由政府资助的。它努力从事的研究工作并不仅仅限于教育或教学法，而是社会科学的各个领域。

新西兰的另一个独立自主的研究单位，是新西兰经济研究所，它把精力集中在研究专门的经济问题上，尽管该所发行的刊物，经常提供一些有关社会科学狭义范畴的背景材料，可是它的直接贡献，也不过仅此而已。

还应该提到一个很值得注意的机构，就是妇女问题研究会，它或许是新西兰特有的机构。这个机构是在 1966 年成立的，是非官方的研究机构，它依靠会员（主要是妇女）的零星义务性服务来维持工作。到目前为止，已经提出了大约 15 份研究报告。其中大部分是小规模的、带有试验性质的，或者是实例调查研究，但是也有一些很有分量的研究作品，质量是相当高的。

四 社会科学研究的基金来源和组织问题

政府为社会研究工作提供基金，总起来说是通过三条主要渠道。

（1）通过大学补助金委员会发给六所大学。

（2）通过医学研究理事会。该理事会近年来对于流行病学和职业病学做出了许多贡献。该会的基金，目前是支援社会科学研究工作的重要因素。

（3）通过根据全国研究咨询理事会主管的预算方案。政府对其各部的研究工作，像对团体和个人提供补助款项一样，都要列入科学预算方案。

全国研究咨询理事会的成员由政府任命（包括科学家）。该会负责向科学部部长汇报。直到最近，该理事会内没有一位社会科学家，它的基金也没有用在社会科学方面，该会似乎从未留意过社会科学的研究工作。

大约从1969年以来，社会发展理事会等团体就建议政府建立一个有自己的预算方案，并有权直接会晤科学部部长的社会科学研究理事会。最近，政府组成了一个有权威的全国计划理事会，任命一些精通社会科学的人在该会工作。可以认为，这个理事会对社会科学研究工作是起支持作用的。

根据新西兰目前的经济情况，想要政府增加社会科学新领域的研究经费是很难的。看来，最有希望的发展方式，可能是那些通过科学预算方案领取补助金的政府各部将会被允许把补助金的一部分用于下述用途：由大学和其他不属于政府的研究机构用这笔补助金从事社会科学研究。当然，这也是有局限性的。

可以说，新西兰的社会科学正处在一种危机的时刻。这个国家正在探索对自我的认识和了解。在这方面，重要的问题或许在于，新西兰的社会科学应该更加注意少数民族，尤其是毛利族和波利尼西亚民族的文化变革与发展。对于一个多种文化的社会的内容和要求进行研究，将可能是新西兰对社会科学的一项重要贡献。

还有，一种自发的"福利社会"正在引起社会科学家们对社会政策的强烈兴趣。吸引研究工作者注意的领域还有：种族关系、老年学、城市规划、医学社会学、教育社会学、社会阶层、社会团体研究、犯罪学和劳资关系。遗憾的是范围广泛、意义重大的农村问题却被社会科学家们忽视了。人口问题的研究似乎在增长，和它齐头并进的还有：环境设施、移民政策和人口政策以及地区性的发展问题。

总之，新西兰对社会科学的兴趣正在不断增长。缺点是经费不足，不仅不能及时地把研究成果应用到政策上去，还使地方上的学术基地无法建立。

（王祖望摘译自1978年出版的《亚洲社会科学家》新闻通讯第2期）

（选自《国外社会科学》1979年第6期）

后 记

"《国外社会科学》精粹（1978—2018）"丛书为中国社会科学院信息情报研究院主办的大型学术期刊《国外社会科学》创刊40年来所发表论文的精选集。1978—2018年，《国外社会科学》共出版330期，发表文章1万多篇。编辑部力图从中精选能够反映各个学科发展的综述性文章，介绍新学科、新流派、新理论且有助于我国哲学社会科学领域学科构建和理论创新的文章，在发表当时具有创新性意义、当前仍具有重要意义的理论或方法论文章；涉及我国政治经济社会生活重点关注领域和重要问题的文章；以及能够反映刊物栏目设置特色等方面的文章，以期能够从中窥见我国哲学社会科学发展40年之路。丛书共分为八卷，分别为：社会科学总论卷（张静、赖海榕主编）、国外马克思主义卷（陈永森、张静主编）、政治与治理卷（祝伟伟、傅慧芳主编）、经济与社会卷（高媛主编）、国外中国学卷（赖海榕、高媛主编）、生态与环境卷（陈云、张静主编）、人文卷（高媛主编）、文化教育卷（祝伟伟主编）。此外，中国社会科学院冯颜利研究员、唐庆博士后，清华大学吴兴德博士，中国社会科学院大学赵斌博士、魏士国博士、李怀征博士、张丹博士、陈兴亮博士、杜利娜博士，以及福建师范大学的郑丽莹、任远、宁鑫、杨臻煌、林林、霍文娜、李震、郭斌慧、周晨露、肖巧玲、刘伟琼、钟亮才、任秋燚、马秀秀、陈倩倩、艾群、林佳慧、王莉、唐付月、凡欣、杨晶晶等人参与了丛书的编选和校对工作，特此致谢！

最后需要说明的是，因篇幅所限，还有许多优秀文章未能入选。且由于收录文章时间跨度大，编辑体例和格式差别较大，有些作者信息不全或者已发生变化，本丛书所注明的作者信息（包括职务、职称、工作单位等）皆以文章发表时所注为准。另外，本丛书在编辑排版过程中如有疏漏之处，敬请学界同仁批评指正。

《国外社会科学》编辑部
2020年2月